Ermittlungsmaßnahmen
über das Internet

Europäische Hochschulschriften

European University Studies

Publications Universitaires Européennes

Reihe II **Rechtswissenschaft**

Series II Law

Série II Droit

Band/Volume **5524**

Stephanie Schön

Ermittlungsmaßnahmen über das Internet

Analyse der Möglichkeiten und Grenzen in rechtlicher und tatsächlicher Hinsicht

PL ACADEMIC RESEARCH

Bibliografische Information der Deutschen Nationalbibliothek
Die Deutsche Nationalbibliothek verzeichnet diese Publikation in der Deutschen Nationalbibliografie; detaillierte bibliografische Daten sind im Internet über http://dnb.d-nb.de abrufbar.

Zugl.: Frankfurt (Main), Univ., Diss., 2013

D 30
ISSN 0531-7312
ISBN 978-3-631-64217-7 (Print)
E-ISBN 978-3-653-03638-1 (E-Book)
DOI 10.3726/978-3-653-03638-1

PL Academic Research ist ein Imprint der Peter Lang GmbH.
Peter Lang – Frankfurt am Main · Bern · Bruxelles · New York · Oxford · Warszawa · Wien

www.peterlang.de

Meinen Eltern

Vorwort

Die vorliegende Arbeit entstand in den Jahren 2011 sowie 2012 und wurde im Sommersemester 2013 vom Fachbereich Rechtswissenschaft der Johann Wolfgang Goethe-Universität in Frankfurt am Main als Dissertation angenommen.

Mein herzlicher Dank gilt meinem Erstgutachter Herrn *Prof. Dr. Ulfrid Neumann*, der mir einen schnellen und unkomplizierten Einstieg in das Promotionsverfahren ermöglichte. Besonderer Dank gilt zudem Herrn *Dr. Denis Basak*, der mir mit zahlreichen Anregungen und Gedanken eine wertvolle Betreuung bot, und der mir bereits während meines Studiums ein wichtiger Ansprechpartner war.

Weiter danke ich herzlich Herrn *Prof. Dr. Matthias Jahn* für die schnelle Erstellung des Zweitgutachtens.

Ein weiterer besonderer Dank gilt Herrn *Dr. Marc Fornauf*, der mir vom 1. Studiensemester an als Tutor einen kritischen Blick auf das Strafrecht vermittelte, und dessen Ermutigungen mich letztlich zur Aufnahme der Arbeiten an der vorliegenden Dissertation motiviert hatten.

Für seine Ratschläge in technischen Belangen bedanke ich mich bei Herrn Dipl.-Ing. *Gerhard Schubert*, der meinem netzwerktechnischen Verständnis von Zeit zu Zeit auf die Sprünge half.

Weiterer großer Dank gebührt Herrn *Dr. Helmut Häuser*, der mir den Schritt in die juristische Praxis ermöglichte und mir gleichzeitig ausreichend Freiraum für die zügige Erstellung der vorliegenden Arbeit ließ.

Schließlich danke ich Frau *Marleen Tiefel*, die meinen Weg bereits seit mehr als 20 Jahren begleitet und mir seither jederzeit freundschaftlich zur Seite steht.

Ein weiterer ganz besonderer Dank gilt Herrn *Andreas Rebell*, der mir an jedem einzelnen Tag sowohl Antrieb als auch Ruhepol ist.

Der wichtigste und größte Dank indes gebührt meiner Familie: Meinem Bruder *Christoph* und meiner Schwägerin *Alexandra* danke ich für die nötige Ablenkung und Zerstreuung.

Meinen Eltern, *Jutta* und *Manfred Schön*, danke ich für ihre bedingungslose Unterstützung und Bestärkung, mit der sie mir immer und in jeder Hinsicht zur Seite standen und stehen.

Ihnen widme ich diese Arbeit von Herzen.

Obertshausen im Juli 2013 *Stephanie Schön*

Inhaltsverzeichnis

Abkürzungsverzeichnis

Abs.	-	Absatz
AG	-	Amtsgericht
AGG 10	-	Ausführungsgesetz Art. 10-Gesetz
ARP	-	Adress Resolution Protocol
ARPA	-	Advanced Research Projects Agency
Art.	-	Artikel
Az.	-	Aktenzeichen
Bay	-	Bayerisch
BayVSG	-	Bayerisches Verfassungsschutzgesetz
BDSG	-	Bundesdatenschutzgesetz
BegleitGTKG	-	Begleitgesetz zum Telekommunikationsgesetz
Beschl.	-	Beschluss
BGH	-	Bundesgerichtshof
BGHSt	-	Entscheidungen des Bundesgerichtshofs in Strafsachen
BGHZ	-	Entscheidungen des Bundesgerichtshofs in Zivilsachen
BKA	-	Bundeskriminalamt
BKAG	-	Gesetz über das Bundeskriminalamt und die Zusammenarbeit des Bundes und der Länder in kriminalpolizeilichen Angelegenheiten
BPolG	-	Bundespolizeigesetz
BSC	-	Base Station Controller
BT-Drs.	-	Bundestagsdrucksache
BTS	-	Base Transceiver Stations
BVerfG	-	Bundesverfassungsgericht
BVerfGE	-	Entscheidungen des Bundesverfassungsgerichts
bzw.	-	beziehungsweise
CCC	-	Convention on Cybercrime
CES	-	Consumer Electronic Show

CR	-	Computer und Recht (Zeitschrift)
CSD	-	Circuit Switched Data
DCC	-	Direct Client Connections
Denic	-	Deutsches Network Information Center
DNS	-	Domain Name System
DRiZ	-	Deutsche Richterzeitung
DSL	-	Digital Subscriber Line
DT	-	Deutsche Telekom
DuD	-	Datenschutz und Datensicherheit
Edge	-	Enhanced Data Rates for GSM Evolution
EDV	-	Elektronische Datenverarbeitung
EGPRS	-	Enhanced GPRS
Einl.	-	Einleitung
etc.	-	et cetera (und weitere)
EuGH	-	Europäischer Gerichtshof
FDMA	-	Frequency Division Multiple Access
FTP	-	File Transfer Protocol
G 10	-	Gesetz zur Beschränkung des Brief-, Post- und Fernmeldegeheimnisses / Gesetz zu Artikel 10 GG
GG	-	Grundgesetz
GGSN	-	Gateway GPRS Support Node
GIZ	-	Gemeinsames Internetzentrum
GOBT	-	Geschäftsordnung des Deutschen Bundestags
GPRS	-	General Packet Radio Service
GPS	-	Global Positioning System
GSM	-	Global System for Mobile communications
GTAZ	-	Gemeinsames Terror-Abwehr-Zentrum von Polizei und Nachrichtendiensten
GVBl	-	Gesetz- und Verordnungsblatt

GVG	-	Gerichtsverfassungsgesetz
HFR	-	Humbold Forum Recht (Zeitschrift)
HK	-	Handelskammer
HRRS	-	Höchstrichterliche Rechtsprechung im Strafrecht (Zeitschrift)
HSCSD	-	Highspeed Circuit Switched Data
HSDPA	-	High Speed Downlink Packet Access
HS-DSCH	-	High Speed - Downlink Shared Channel
HS-PDSCH	-	High Speed - Physical Downlink Shared Channel
HSUPA	-	High Speed Uplink Packet Access
HTML	-	Hypertext Markup Language
HTTP	-	Hypertext Transfer Protocol
HTTPS	-	Hypertext Transfer Protocol Secure
ID	-	Identification
IMAP	-	Internet Message Access Protocol
IMAS	-	Internet Monitoring und Analysestelle
IMEI	-	International Mobile Equipment Identity
IMSI	-	International Mobile Subscriber Identity
IP	-	Internet Protocol
IPv4 / IPv6	-	IP-Version 4 / 6
IRC	-	Internet-Relay-Chat
IS	-	Informatik Spektrum (Zeitschrift)
IT	-	Informationstechnik
i.V.m.	-	in Verbindung mit
JA	-	Juristische Arbeitsblätter (Zeitschrift)
JR	-	Juristische Rundschau (Zeitschrift)
Jura	-	Juristische Ausbildung (Zeitschrift)
JZ	-	JuristenZeitung
Kbit/s	-	Kilobit pro Sekunde

K&R	-	Kommunikation und Recht
KritV	-	Kritische Vierteljahresschrift für Gesetzgebung und Rechtswissenschaft
LAN	-	Local Area Network
LG	-	Landgericht
LKA	-	Landeskriminalamt
LT	-	Landtag
LTE	-	Long Term Evolution
LT-Drs.	-	Landtagsdrucksache
MAC	-	Media-Access-Control
MAN	-	Metropolitan Area Network
Mbit/s	-	Megabit pro Sekunde
MMR	-	Multimedia & Recht (Zeitschrift)
m.w.N.	-	Mit weiteren Nachweisen
MX	-	Mail Exchange
NJW	-	Neue Juristische Wochenschrift
NRW	-	Nordrhein-Westfalen
NStZ	-	Neue Zeitschrift für Strafrecht
NVwZ	-	Neue Zeitschrift für Verwaltungsrecht
o.g.	-	oben genannt
PAG	-	Gesetz über die Aufgaben und Befugnisse der Bayerischen Staatlichen Polizei
PC	-	Personal Computer
PDA	-	Personal Digital Assistant
PDP	-	Packet Data Protocol
PKS	-	Polizeiliche Kriminalstatistik
POG	-	Polizei- und Ordnungsbehördengesetzes
POP	-	Point of Presence
RDV	-	Recht der Datenverarbeitung (Zeitschrift)

RFS	-	Remote Forensic Software
RIM	-	Research in Motion
Rl-P	-	Rheinland-Pfalz
Rn.	-	Randnummer
SGSN	-	Serving GPRS Support Node
SIM	-	Subscriber Identity Module
SLIP/PPP	-	Serial Line Internet Protocol/Point to Point Protocol
SMS	-	Short Message Service
SMTP	-	Simple Mail Transfer Protokoll
StÄG	-	Strafrechtsänderungsgesetz
StGB	-	Strafgesetzbuch
StPO	-	Strafprozessordnung
StraFo	-	Strafverteidiger Forum (Zeitschrift)
StV	-	Strafverteidiger (Zeitschrift)
TCP	-	Transmission Control Protocol
TDMA	-	Time Division Multiple Access
TKG	-	Telekommunikationsgesetz
TKÜ	-	Telekommunikationsüberwachung
TKÜV	-	Verordnung über die technische und organisatorische Umsetzung von Maßnahmen zur Überwachung der Telekommunikation
TU	-	Technische Universität
UMTS	-	Universal Mobile Telecommunication System
URL	-	Uniform Ressource Locator
USB	-	Universal Serial Bus
UTRA	-	UMTS Terrestrial Radio Access
Vgl.	-	Vergleiche
VoIP	-	Voice-over-IP
Vorb.	-	Vorbemerkung
VSG NRW	-	Verfassungsschutzgesetz Nordrhein-Westfalen

WAP	-	Wireless Application Protocol
WCDMA	-	Wideband Code Division Multiple Access
WLAN	-	Wireless Local Area Network
WWW	-	World Wide Web
z.B.	-	Zum Beispiel
ZRP	-	Zeitschrift für Rechtspolitik
ZStW	-	Zeitschrift für die gesamte Strafrechtswissenschaft

A. Einleitung

Aus dem alltäglichen Leben ist es nicht mehr weg zu denken. Bankgeschäfte werden hier getätigt, Reisen gebucht, Medikamente gekauft, Freundschaften gepflegt – alles innerhalb weniger Minuten und Klicks, vom Schreibtisch zu Hause oder der Couch aus, vom Arbeitsplatz oder unterwegs. Ohne das Internet – das „Netz der Netze“[1] - sind für unzählige Menschen ein effizientes, schnelles und unkompliziertes Arbeitsleben sowie ein modernes, angenehmes Privatleben kaum noch vorstellbar.[2] Jederzeit erreichbar und immer informiert sein - eine solch umfassende, flexible und zudem kostengünstige Dienstleistung für Jedermann stellt das Internet dar, das sich entsprechender stetig wachsender Beliebtheit erfreut.

Je intensiver das Internet genutzt wird, sei es im privaten Bereich oder im geschäftlichen, durch erwachsene Personen oder Kinder, ob gewollt oder ungewollt, desto mehr „Spuren“ hinterlässt der Nutzer im World Wide Web und je nach Nutzung auch auf dem verwendeten Rechner. Dies geschieht zum einen bereits durch die bloße Eingabe von Webseiten in der Suchleiste eines Internetbrowsers, die zumindest vorübergehend gespeichert werden und so Rückschlüsse darauf zulassen, welche Inhalte sich der Nutzer im Internet zu eigen macht bzw. zumindest aufsucht.[3] Daneben kann zum anderen durch eine aktivere Nutzung des Internets auch eine größere Menge an Daten und Informationen preisgegeben werden, etwa durch Beteiligungen in Chats oder Foren, gegenwärtig besonders relevant ist die immer stärker zunehmende Aktivität von Internetusern in sogenannten Social Networks wie Twitter und facebook.[4] Alleine das Anmelden in seinem solchen Netzwerk erfordert die Hinterlegung verschiedener Angaben über den Nutzer, wie beispielsweise eine E-Mail-Adresse.

Im Netzwerk facebook werden mitunter neben der Veröffentlichung des aktuellen Beziehungsstatus, privater Fotos und zugehöriger Kommentare sogar Orte des gegenwärtigen Aufenthalts einer Person angezeigt.

---

1 *Lee*, S. 39; *Malek*, S. 5, mit genauer Darstellung von Geschichte, Begriffsbestimmung und Funktionsweise des Internets; ebenso: *Meininghaus*, S. 5ff und *Seitz*, S. 5ff.

2 Sehr empfehlenswert, da anschaulich zu Funktionsweise und Aufbau und Rechnernetzen und Internet: *Weiß*, S. 10ff.; *Collardin* CR 1995, S. 619; *Rux* JZ 2007, S. 285; *Vetter*, S. 25; *Rau*, S. 4; *Meininghaus*, S. 38.

3 Zu den technischen Details mehr ab S. 27.

4 Vgl. S. 69ff.

Neben diesen nur exemplarischen Möglichkeiten der Rückverfolgbarkeit von persönlichen Informationen infolge von Internetnutzung, die an späterer Stelle dieser Arbeit nochmals weiter ausgeführt werden, sind regelmäßig noch erheblich mehr persönliche Informationen auf Informationssystemen einzelner Personen hinterlegt, klassisch hier der Personal Computer (PC), im Laufe der letzten Jahre aber auch immer mehr Smartphones, also Mobiltelefone, die auf eine Internetnutzung ausgerichtet sind und wie eine Art Miniatur-Computer fungieren können. Daten, seien es Fotos, Textdokumente, Sprachnachrichten, die der Einzelne auf seinem Rechner speichert, können als Einzelnes, aber auch und gerade in der Summe dezidierte Rückschlüsse auf Persönlichkeit, Lebensumstände und Gewohnheiten der Person zulassen. Alleine der Zugriff auf solche Daten, die sich auf informationstechnischen Systemen befinden, kann folglich ein relativ geschlossenes Bild über Personen und deren Leben schaffen.

Es ist naheliegend, wenn nicht gar offensichtlich, dass diese attraktive Quelle für Informationen über Personen oder Personengruppen auch in juristischer und ermittlungstechnischer Hinsicht erhebliches Interesse auf sich zieht.[5]

Insbesondere im Rahmen von Ermittlungsmaßnahmen im Strafprozess und der Gefahrenprävention können sich entscheidende Beweise oder Hinweise aus Daten ergeben, die sich in Informationssystemen einzelner Personen befinden oder etwa aus deren „Spuren" im Internet ergeben.[6]

Dieser steigenden Bedeutung des Internets für Strafrechtswissenschaft und Praxis wurde auch im Rahmen des 69. Deutschen Juristentags im September 2012 Rechnung getragen, der sich unter der Abteilung Strafrecht mit dem Thema „Straftaten und Strafverfolgung im Internet" befasste.[7]

---

5 Die Überwachungsskandale durch die USA und Großbritannien, die im Sommer 2013 aufgedeckt wurden und die unter anderem auf eine umfassende Datenerhebung in Deutschland zielten, führen dies deutlich vor Augen. In diesem Zusammenhang tritt unwillkürlich die Frage auf, ob nicht ohnehin bereits alles, was staatlicherseits aufgezeichnet werden kann, auch aufgezeichnet wird. Zu den Spähprogrammen Prism und Tempora siehe *Stöcker/Horchert*.

6 So wurde die Thematik beispielsweise auch in dem Fernsehfilm „Tatort: Borowski und die Frau am Fenster" aus dem Jahr 2011 aufgegriffen. Einen sowohl in praktischer wie auch juristischer Hinsicht guten Einstieg bietet der Bericht von *Burger*, S. 1ff.

7 Vgl. hierzu die Homepage des DJT unter www.djt.de/die-tagungen/69-deutscher-juristentag/; zu den Überlegungen zum Strafprozessrechts vgl. *Sieber*, S. 64ff.

O'zapft is![8] Ein aktuelles Beispiel aus Bayern zeigt zudem, dass bzw. wie die Ermittlungsmöglichkeit über das Internet auch tatsächlich genutzt werden kann und genutzt wird.[9] Die die Diskussion auslösende Maßnahme soll 2009 stattgefunden haben, entfachte jedoch erst im Oktober 2011 die Debatte rund um die verdeckte Online-Durchsuchung neu, als Details über die eingesetzte Software bekannt wurden.[10] In diesem Fall sollen mit Hilfe eines speziell aufgebrachten Software-Programms der Behörden neben einer Quellen-Telekommunikationsüberwachung[11] auch die Erstellung und Übermittlung von Screen Shots, also Kopien des jeweiligen Bildschirminhalts, im Intervall von 30 Sekunden am Rechner einer verdächtigen Person ohne deren Kenntnis angeordnet und durchgeführt worden sein; das LKA bestreitet diese über die Quellen-TKÜ hinausgehende Nutzung der Software jedoch, gibt allerdings zu, dass ein solches Vorgehen technisch ohne Weiteres möglich wäre.[12]

Die vorliegende Arbeit beschäftigt sich mit der Frage nach Technik und Zulässigkeit von Ermittlungsmaßnahmen im Umfeld von Internet und informationstechnischen Systemen, deren rechtlicher Grundlage und der Möglichkeit der Rechtfertigung von Eingriffen in die Rechte der Betroffenen. Es wird angestrebt, eine valide Aussage über effektive Erfolgsaussichten der Ermittlungen via Internet zu treffen, die Notwendigkeit entsprechender Maßnahmen und deren Vereinbarkeit mit der Verfassung zu hinterfragen. Zudem wird an geeigneter Stelle Bezug zu nehmen sein auf die vorhandene Rechtsprechung zu dem aufgeworfenen Themengebiet sowie zu neueren Entwicklungen in der Gesetzgebung von Bund und Ländern.[13]

---

8 Welch große Wellen die ganze Angelegenheit um Bayern schlägt, zeigt sich beispielsweise an dem Aufwand, der unter http://0zapftis.info/ gegen den Einsatz von Überwachungssoftware und für genaue Aufklärung der Geschehnisse betrieben wird.

9 Vgl. http://ijure.org/wp/archives/476; LG Landshut MMR 2011, 690ff; *Lischka/Reißmann* II, S. 1f. wonach in diesem Zusammenhang bereits diverse Software-Varianten des Staatstrojaners gefunden worden sein sollen.

10 http://ccc.de/de/updates/2011/staatstrojaner.

11 Dazu mehr ab S. 116ff.

12 *Lischka/Reißmann*, Teil 1, 3; http://www.tagesschau.de/inland/trojaner100.html; http://www.tagesschau.de/inland/trojaner112.html; mehr hierzu ab S. 198ff.

13 Aufgrund der speziellen Relevanz, die hier dem Verfassungsschutzgesetz NRW zukommt, wird betreffend den vorhandenen Regelungen der Länder der Blick auch über hier im Vordergrund stehenden Regelungen zu Repression und Prävention hinausgehend auf einzelne Bestimmungen des Verfassungsschutzes gelegt.

Dabei wird in einem ersten Schritt in erforderlichem Maße auf die technischen Voraussetzungen des Internets eingegangen (*Kapitel B*)[14], woraus sich bereits infolge der Infrastruktur von Netzwerken Ansatzpunkte für den behördlichen Zugriff auf Informationen über Personen, oder genauer ausgedrückt Nutzer, ergeben können.

Im Anschluss daran erfolgt eine ausführliche Darstellung der relevanten Möglichkeiten an repressiven und präventiven Verhaltensweisen und Ermittlungsmöglichkeiten der Bundes- und Landesbehörden via Internet *(Kapitel C und D).* Der Schwerpunkt der vorliegenden Arbeit wird infolge des enormen politischen, medialen und wissenschaftlichen Echos hier sowohl im Bundes- wie auch im Landesrecht auf der verdeckten Online-Durchsuchung liegen, die sich anders als die netzwerkbezogenen Ansatzpunkte in Kapitel B nicht auf das Internet als Ganzes stützt, sondern an einem spezifischen Endgerät oder Personenaccount ansetzt.

Sich an die Überlegungen zu den Möglichkeiten der Beweiserhebung über das Internet anschließend folgt eine Ausführung zur Frage um die Verwertbarkeit der online erhobenen Informationen (*Kapitel E*).

Abschließend wird in *Kapitel F* der Blick gelenkt auf internationale Entwicklungen, insbesondere auf die Konvention über Internetkriminalität („Convention on Cybercrime“).

Die folgende Bearbeitung orientiert sich somit an den folgenden Kernfragen:

Wie funktionieren Netzwerke und wie können Informationen darin gewonnen werden? Was sind die neusten, relevanten Entwicklungen in der Netzwerktechnik?

Auf welche Art und Weise sind virtuelle Maßnahmen der deutschen Behörden vorstellbar und sind diese Maßnahmen durch verfassungsmäßige Ermächtigungsgrundlagen legitimiert? Welche Folgeprobleme treten nach entsprechenden Maßnahmen auf?

Gibt es internationale Ansätze, um Netzwerke als Ermittlungstool erfolgreich, vor allem aber in rechtmäßiger Weise einsetzen zu können?

Die umfassende Beantwortung dieser Fragen ist Ziel der vorliegenden Arbeit.

---

14 Der Schwerpunkt der vorliegenden Arbeit ist natürlich juristischer Natur, sodass Kapitel B lediglich die zum Verständnis der einzelnen Maßnahmen erforderlichen Kenntnisse über Funktionsweise des Internets sowie der verschiedenen Maßnahmen der Ermittlungsbehörden in informationstechnischer Hinsicht umreißen soll.

B. Technische Grundlagen

Bevor die Frage geklärt werden muss, *ob* die Strafverfolgungs- und Ermittlungsbehörden Ermittlungsmaßnahmen über das Internet in rechtlich unbedenklicher Weise durchführen dürfen, ist es zunächst erforderlich, darzustellen, *wie* ein Zugriff auf Informationen in Netzwerken in technischer Hinsicht stattfinden kann und wo sich relevante Ansatzpunkte für die zuständigen Behörden ergeben. Der Komplexität des Internets in seinen Anwendungsformen ist es dabei geschuldet, einen genaueren Blick auf die technischen Grundmauern dieses Netzwerks zu richten, da eine nur punktuelle Betrachtung einzelner Aspekte kein angemessenes Bild der verschiedenen Zugriffsmöglichkeiten zuließe.

Dabei sei jedoch klar betont, dass es sich bei der vorliegenden Ausarbeitung um die Klärung einer juristischen Fragestellung handelt und dies trotz der hier vorgenommenen technischen Einleitung fraglos im Fokus der Untersuchung steht. Insofern können im Folgenden nur entscheidende Grundpfeiler netzwerktechnischer Gegebenheiten dargestellt werden.

Dennoch bedingt die Frage der technischen Möglichkeiten die Klärung juristischer Problematiken insbesondere in praktischer Hinsicht maßgeblich: wäre ein Zugriff durch Ermittlungsbehörden auf Informationen unter Zuhilfenahme des Mediums Internet schon aus technischer Sicht unmöglich, würde die Frage nach der juristischen Einordnung eines solchen Zugriffs als sodann rein theoretische Maßnahme ohnehin entfallen.

Damit gilt: nur wenn es Ermittlungsbehörden technisch tatsächlich möglich sein sollte, über das Internet an spezifische, relevante Informationen zu gelangen, die Rückschlüsse auf Personen oder Sachverhalte erlauben, dann stellt sich die Frage nach den rechtlichen Grundlagen, auf deren Basis der Zugriff stattfinden kann oder eben nicht.

Daher erfolgt zunächst eine Darstellung netzwerk- und informationstechnischer Grundlagen, wobei das Augenmerk auch hier immer auf derjenigen Bedeutung der jeweiligen technischen Besonderheit liegt, die sich hieraus als Ansatzpunkt für die Ermittlungsbehörde ergibt.

Um Missverständnisse zu vermeiden:

Das folgende Kapitel betrachtet die Netzwerke als Gesamtkonstrukt und die Spuren von Nutzern, die sich in ihnen zugunsten der Behördentätigkeit finden lassen.

Der Zugriff auf einzelne, spezifische Rechner oder personenbezogene Accounts von verdächtigen Personen wird in Kapitel C analysiert.

Im folgenden Kapitel der technischen Grundlagen findet sich neben der generellen Einführung in die Netzwerk- und Informationstechnik (Unterpunkt I) ein Exkurs zu den neuen und höchst populären Erscheinungsformen des mobilen Internets sowie sozialer Netzwerke und dem ebenfalls neuartigen Phänomen des Cloud Computing (Unterpunkt II).

I. Einführung in die Technik des Internets

Internet steht für „Interconnected Networks"[15] und bedeutet damit Netz verbundener einzelner Netzwerke.

So allgegenwärtig, so unersetzlich wie das Internet in der heutigen Zeit geworden ist, so komplex und undurchsichtig ist dessen Funktionsweise und Technik für informationstechnische Laien. Um mögliche Ermittlungsmaßnahmen über das Internet und hier insbesondere die noch genau zu beleuchtende Online-Durchsuchung auch aus technischer Sicht nachvollziehen zu können, ist es daher erforderlich, die Grundlagen der Funktionsweise des Internets zumindest zu umreißen.

1. Computersysteme und Rechnernetze

Grundlegend ist festzuhalten, dass das Internet wenngleich das bedeutsamste, dennoch aber nicht das einzig existente Netzwerk in der Informationstechnik bildet.

Besonders für Unternehmen etwa von Interesse sind sogenannte Intranets, die anders als das grundsätzlich allgemein zugängliche Internet nur einem geschlossenen Teilnehmerkreis wie etwa den Angestellten des Unternehmens vorbehalten sind und für die Öffentlichkeit nicht gedachte Informationen schnell und gezielt vermitteln können oder Arbeitsprozesse zu verbessern und zu beschleunigen geeignet sind.[16] Der Zugang zu solchen Intranets wird regelmäßig über

---

15 *Seitz*, S. 5.

16 *Weiß*, S. 11 beispielsweise durch Verbindung mehrerer einzelner Rechner mit einem gemeinsam genutzten Druckersystem oder ähnliches; Lipinski, http://www.itwissen.info/definition/lexikon/Intranet-Intranet.html.

Sicherheitssysteme wie Passwörter oder Verschlüsselungsmechanismen erreicht. Außer der Beschränkung des Teilnehmerkreises und ähnlichen praktischen Aspekten gibt es allerdings kaum wesentliche, insbesondere keine grundlegend netzwerktechnischen Unterschiede zwischen Internet und Intranet.[17]

Zu Beginn der Entwicklung der Netzwerktechnik waren jedoch weder Internet noch Intranet noch anderweitige komplexe Computernetzwerke denkbar.

Die wenigen existenten einzelnen Rechner und Computersysteme waren zentralisiert organisiert und konnten aufgrund der hohen finanziellen Belastung nur von Universitäten für die Wissenschaft oder anderen staatlichen Stellen oder aber von einflussreichen und finanzstarken Unternehmen getragen werden.[18]

Das Potential und die Bedeutung, die die Informationstechnik und der Personal Computer in heutiger Zeit erreichen konnten, war selbst den in der IT einflussreichen Unternehmen nicht ansatzweise bewusst; so äußerte Thomas Watson, IBM-Vorsitzender, im Jahre 1943: "*Ich denke, dass es einen Weltmarkt für vielleicht fünf Computer gibt.*"[19]

Vernetzungs- und Kommunikationsmöglichkeiten der einzelnen Computersysteme zu sogenannten Rechnernetzen, bei denen mehrere solcher Computersysteme miteinander interagieren, folgten im Laufe der Zeit als Ergebnis des informationstechnischen Fortschritts.[20] Die Interaktion, also der Informationsaustausch zwischen den einzelnen Computersystemen, kann auf unterschiedliche technische Art erfolgen, exemplarisch über Satellit, Kupferdraht oder Glasfaser.[21] Durch die Entwicklung dieser Rechnernetze und die Verbesserung der Technik und Funktionsweise der Vernetzung konnten immer größere und komplexere Rechnernetze geschaffen werden, die mehr und schneller Informationen untereinander austauschen konnten.

Im Zuge technischer Entwicklung und Steigerung der Effizienz und Effektivität wurde Computertechnik zuletzt preisgünstiger und letzten Endes zur kommerziellen Massenware, die nach Beginn des Internet-Siegeszugs mit Ende der 1970er Jahre auch den Bereich privater Nutzung eroberte und bis zum heutigen Tage in

---

17 Zimmermann, www.www-kurs.de/intranet.htm. Abgesehen natürlich von den Unterschieden, die sich durch die im Intranet regelmäßig geringeren behandelten Datenvolumen und die Steuerbarkeit durch den Anbieter des Intranets gegenüber dem Internet ergeben, also z.B. höhere Stabilität des Intranets; www.megerle.de/intranet.htm.

18 *Weiß*, S. 10.

19 *Manhart*, S. 4.

20 *Weiß*, S. 11.

21 *Weiß*, S. 11; *Lipinski*, www.itwissen.info/definition/lexikon/Glasfaser-fiber-glass.html.

einem regelrechten Internet-Boom gipfelte.[22] Hier ist als populäres Beispiel der kommunikativen Vernetzung über Computersysteme etwa der Austausch von E-Mails oder Internettelefonie zu nennen.[23]

2. Internet

Aufgrund der besonderen Popularität und Allgegenwärtigkeit des Internets im täglichen Leben, besonders aber wegen der Relevanz für vorliegende Arbeit soll das Internet als „Netz der Netze"[24] in seiner Funktionsweise nochmals genauer dargestellt werden.

a) Historie

Wie auch der Rundfunk als klassische Form massenmedialer Kommunikation hat das Internet seinen Ursprung im staatlichen, genauer benannt im militärischen Bereich. Mit Gründung der Advanced Research Projects Agency (ARPA) im Jahre 1957/1958 in den USA sollte zugunsten des Militärs ein auf Telefonleitungen gestütztes System entwickelt werden, das eine schnelle, dezentrale und vor allem neuartige Kommunikation ermöglicht.[25] Auslöser für das Erfordernis einer solchen Dezentralität der Kommunikation war die Furcht vor massiven physischen Auswirkungen im Rahmen der Kubakrise; sollte infolge eines Angriffs das vorhandene Netz an Kommunikationsmöglichkeiten zerstört werden, war ein Kommunikationsweg erforderlich, der unabhängig von einem einzigen zentralen und für das Funktionieren erforderlichen Knotenpunkt auch bei teilweiser Zerstörung des vorhandenen Netzwerks Bestand haben kann.[26] Um diese Flexibilität zu erreichen, war es erforderlich, möglichst viele Knotenpunkte als Kommunikationskanal zu schaffen, über die der Informationsaustausch stattfinden kann, wenn die Kommunikationsverbindung an anderer Stelle zusammengebrochen war.[27] Der Grundstock zu einer neuen Dimension der Kommunikation und der Vernetzung war geschaffen. Im Zuge der Entwicklung des

22 *Weiß*, S.10f.; *Zimmermann*, http://www.www-kurs.de/historie.htm.
23 *Störing*, S. 6f.
24 *Weiß*, S. 13.
25 *Zimmermann*, http://www.www-kurs.de/historie.htm.
26 *Störing*, S. 5; *Weiß*, S. 13; *Zimmermann*, http://www.www-kurs.de/historie.htm.
27 *Störing*, S. 5.

ARPANETs wurden immer mehr zu dieser Zeit noch zentral organisierte Rechner zu einem dynamischen, flexiblen und komplexen Netzwerk verbunden, innerhalb dessen eine einfache und schnelle Kommunikation ermöglicht wurde. Während das ARPANET bei Inbetriebnahme anno 1969 noch 4 Knotenpunkte aufwies, waren es 1971 schon 15; 1984 waren bereits 1000 Rechner vernetzt und 1987 sogar schon 27.000.[28] Im Jahre 2003 sind etwa 172 Millionen Rechner mit dem Internet vernetzt gewesen, neuste Zahlen und Statistiken liegen aus dem Jahre 2010 vor: mit über 800 Millionen Hosts weltweit hat der Boom des Internets eine neue Rekordmarke erreicht.[29]

b) Terminologie und Funktionsweise

Im „Internet" sind heute unzählige Rechnernetze weltweit miteinander verbunden und kommunizieren miteinander, tauschen also Informationen aus; beteiligt sind dabei gegenwärtig insbesondere Rechnernetze von Unternehmen, von Universitäten und anderen Forschungseinrichtungen, sowie sogenannter Provider, die unter anderem Privatpersonen den Zugang zum Internet ermöglichen.[30]

aa) lokale Netzwerke

Die kleinste gedankliche Einheit an Rechnersystemen ist das lokale Netzwerk, dessen räumliche Ausdehnung relativ eng abgegrenzt ist und innerhalb dessen Grenzen einige Rechner zu einem System zusammengeschlossen sind.[31]

Zwischen mehreren lokalen Netzwerken wiederum besteht dann eine weitergehende, räumlich größere Vernetzung, wenn zumindest jeweils ein Rechner bzw. Endgerät (z.B. ein WLAN-Router) eines lokalen Netzwerks mit einem Rechner oder Endgerät eines anderen lokalen Netzwerks kommuniziert; diese nach außen verbundenen Geräte werden als „Router" bezeichnet, jene Rechner, die mittelbar

---

28 *Störing*, S. 5,; *Meinel/Sack*, S. 27.

29 *Zimmermann*, http://www.www-kurs.de/int_stat.htm; *Donath*.

30 *Weiß*, S. 13.

31 Sie werden auch als Local Area Networks (LAN) bezeichnet, *Zimmermann*, http://www.itwissen.info/definition/lexikon/local-area-network-LAN-Lokales-Netz.html; Beispielsweise mehrere Computer innerhalb eines Hauses und innerhalb eines sogenannten WLAN-Netzes, die über eine gemeinsame Internetverbindung (Router) funktionieren; Ausführlich zur Unterscheidung in LAN, MAN, oder WAN-Netzwerken: *Tanenbaum*, S. 14ff.

über die Router den Kontakt zu anderen Netzwerken haben, werden „Hosts“ genannt.[32] Router und Hosts unterscheiden sich lediglich durch die Art der verwendeten Software, die Routern anders als Hosts die Verbindung zu und die Vernetzung mit anderen lokalen Netzwerken erlaubt.[33]

Will nun der Host eines lokalen Netzwerks Informationen an den Host eines anderen lokalen Netzwerks übermitteln, werden die Daten zunächst an den eigenen Router weitergegeben, der diese dann wiederum an die mit ihm verbundenen Router transferiert; die externen Router prüfen dann, ob der an sie übermittelte Inhalt für einen der Host innerhalb ihres lokalen Netzwerks gedacht ist und geben die Information in diesem Falle an den entsprechenden Host weiter.[34] Damit stellt das Internet gewissermaßen eine Ansammlung von unzähligen lokalen Netzwerken dar, die durch Router miteinander verbunden sind.

bb) IP-Adresse und dynamische Adressierung

Nach der Vernetzung der beteiligten Rechnernetze zueinander erfolgt der Austausch der Informationen von Netzwerk zu Netzwerk, also die eigentliche Datenkommunikation, über das sogenannte Transmission Control Protocol/Internet Protocol (TCP/IP), einem Netzwerkprotokoll, das den Austausch der zu übermittelnden Daten zwischen den Computern ermöglicht.[35] Dies geschieht durch Festlegung eines gemeinsamen Software-Standards, der mit jeder Form von Hardware bzw. Netzwerktechnik kompatibel ist; selbst wenn verschiedene Hardware- oder Netzwerklösungen als solche nicht miteinander kommunizieren

---

32 *Seitz*, S. 5; *Zimmermann*, http://www.itwissen.info/definition/lexikon/Host-host.html: ebenfalls in diesem Zusammenhang nennenswert, für das Verständnis der Funktionsweise des Internets aber nicht weiter erforderlich, ist das sog. Client-Server-Prinzip: „Server“ ist ein Rechner, der dem „Client“ als Gegenpart angefragte Informationen zur Verfügung stellt; wenn also eine Internetseite aufgerufen wird, dann ist der Rechner, der die Informationen bereithält, der Server, während der aufrufende Rechner als Client fungiert.

33 *Zimmermann*, http://www.itwissen.info/definition/lexikon/Router-RO-router.html; *Seitz*, S. 5.

34 *Seitz*, S. 6; *Zimmermann*, http://www.itwissen.info/definition/lexikon/Router-RO-router.html.

35 *Seitz*, S. 9; *Zimmermann*, www.itwissen.info/definition/lexikon/transmission-control-protocol-internet-protocol-TCP-IP-TCP-IP-Protokolle.html.

können, ist dies dann unerheblich, wenn die Endgeräte jeweils den IP-Standard erkennen, über den eine Kommunikation dann letztlich doch ermöglicht wird.[36]

Das IP ist dabei zunächst dafür verantwortlich, dass ein Datenpaket von einem Knoten zum anderen verschickt werden kann.[37]

Das TCP versucht dagegen, einen fehler- und störungsfreien Ablauf des Datentransfers zu gewährleisten und veranlasst im Falle eines Übertragungsabbruchs das erneute Verschicken des Datenpakets.[38]

Den beteiligten Rechnern der einzelnen zum Internet verbundenen Netzwerke sind zur Identifikation sogenannte IP-Adressen zugeteilt, über die der einzelne Nutzer bei der Kommunikation via Internet als Sender oder Empfänger von Informationen identifiziert werden kann.[39] Regelmäßig wird die IP-Adresse unterteilt in eine Netzwerk-ID[40], die als Identifikationsnummer für ein lokales, via Router mit dem Internet verbundenen Netzwerk als Ganzes gilt, sowie eine Host-ID, die einem einzelnen Rechner zugeordnet ist, der wiederum über das lokale Netzwerk die Verbindung zum Internet sucht.[41] Über die Host-ID kann ein Rechner, der lediglich an ein lokales Netzwerk angeschlossen ist, unzweifelhaft identifiziert werden; handelt es sich bei einem Rechner jedoch um einen Router (dem ja seinerseits wiederum eine Host-ID als Teil der IP-Adresse zugeordnet ist), so verbindet dieser Rechner wie oben dargestellt mindestens zwei lokale Netzwerke miteinander.[42] Dann sind diesem Rechner aber auch mindestens zwei IP-Adressen zugeordnet, und damit zwei oder mehr Host- oder Netzwerk-IDs.[43]

Wird von einem Router ein IP-Datenpaket an den Router eines anderen Netzwerks gesendet, so kann bei Abfangen dieses Pakets durch Ermittlungsbehörden bestimmt werden, wer Absender und wer Empfänger dieses Datenpakets ist; insofern stellt das Abfangen von IP-Datenpaketen eine für Ermittler interessante Informationsquelle dar.[44]

---

36 *Seitz*, S. 9ff., hier auch sehr detailliert zur genauen Ausgestaltung und Funktionswiese der Standardisierung mittels IP-Adresse.

37 http://fbeit.htwk-leipzig.de/kontakte/fechner/projekte/internet/tcp_ip.htm.

38 http://fbeit.htwk-leipzig.de/kontakte/fechner/projekte/internet/tcp_ip.htm.

39 *Weiß*, S. 14; *Seitz*, S. 10.

40 Wobei ID die Abkürzung für Identification ist.

41 *Seitz*, S. 11.

42 *Seitz*, S. 19.

43 *Seitz*, S. 19.

44 *Seitz*, S.17; diese Rückverfolgung von Transportprozessen wird auch als „Tracing“ bezeichnet.

Zu bedenken gilt jedoch, dass es möglich ist, eine IP-Adresse zu fälschen bzw. die Aktivität eines anderen Hosts vorzutäuschen; dies wird als IP-Spoofing, also IP-Schwindel, „Host File Hijacking" oder „Hopping" bezeichnet.[45]

Ob ein Host beim Versenden von Daten eine falsche IP-Adresse angibt, kann der Router feststellen, indem er zwar von der gefälschten IP-Adresse als Absender Daten bezieht, bei eigenem Anfragen dieser IP-Adresse als Empfänger jedoch keine Antwort aus dem Netzwerk bekommt.[46] Die Spur zur eigentlich handelnden IP-Adresse endet dann jedoch an dieser Stelle.

Aufgrund der extrem hohen Anzahl von Internetnutzern[47] ist nicht jedem Nutzer eine eigene statische, eigene IP-Adresse bzw. Netzwerk-ID zugeordnet, vielmehr wird dem Nutzer bei jeder Einwahl ins Internet über einen Internet-Dienstanbieter (Provider) eine neue IP-Adresse zugewiesen, was als dynamische Adressierung beschrieben wird.[48] Für die Internet Access Provider hat dies den Vorteil, dass sie mehr Kunden ins Internet bringen können, als ihnen IP-Adressen zur Verfügung stehen, da nicht alle Kunden gleichzeitig die Verbindung zum Internet suchen.

Hier wird jedoch zugleich zulasten der Ermittlungsbehörden die eindeutige Identifizierung eines sich einwählenden Rechners erheblich erschwert, zumal sich die zugeordnete IP-Adresse sogar innerhalb einer Session in kurzen zeitlichen Abständen ändern kann; die Ermittlung des sich einwählenden Anschlusses wird damit zur zeitaufwendigen Suchaktion.[49] Theoretisch wäre allerdings auch die Rückverfolgung der dynamischen IP-Adresse denkbar, zumindest dann, wenn man die einzelnen vergebenen Adressen innerhalb eines Zeitraums mit den bei dem Dienstanbieter mitunter vorübergehend gespeicherten Verbindungsdaten abgleicht und so Rückschlüsse ziehen kann, wer wann online gewesen ist.[50]

Zielführend ist hier im Bereich der dynamischen Adressierung allein die Einsicht der Logfiles der zum Verbindungsaufbau genutzten POP-Server; hier ist

---

45 http://searchsecurity.techtarget.com/definition/IP-spoofing.

46 *Seitz*, S.22.

47 2007 nutzten 1,13 Milliarden Nutzer das Internet, *Weiß*, S. 13; Ende 2010 sind es schon über 2 Milliarden Menschen: http://business-panorama.de/news.php?newsid=76290.

48 http://www.greatnet.de/cms/front_content.php?client=1&lang=1&idcat=44&idart=336; http://www.computerbetrug.de/anonym-surfen-im-internet/; *Seitz*, S.33f, hier auch detailliert zum technischen Ablauf der Vergabe der dynamischen IP-Adressen.

49 *Seitz*, S. 34.

50 http://www.computerbetrug.de/anonym-surfen-im-internet/.

die Zuordnung von IP-Adresse zu Telefonleitung für den betreffenden Einwahlprozess zumindest einige Zeit lang gespeichert.[51]

Zuletzt ist in diesem Zusammenhang zu erwähnen, dass die Problematik um die dynamische IP-Adressierung gegebenenfalls in absehbarer Zeit und zugunsten der Ermittlungsbehörden[52] gelöst werden kann.

Seit 2002 finden Überlegungen und Vorbereitungen für die zeit- und vor allem kostenintensive Umstellung der Internet-Software von IP-Protokoll-Version 4 (IPv4) auf Version 6 (IPv6) statt.[53] Aufgrund aufgebrauchter Kapazitäten an verfügbaren IP-Adressen werden IP-Adressen verlängert[54] um eine größere Menge an IP-Adressen zur Verfügung stellen zu können.[55] Damit können auch jene Rechner mit einer statischen IP-Adresse versehen werden, die sich nur zeitweise ins Internet einwählen und gegenwärtig einer dynamischen IP-Adressierung unterliegen; die Identifizierung des agierenden Rechners würde somit erheblich vereinfacht, zumal es die technische Struktur der IPv6 mit sich bringt, die MAC-Adresse ebenfalls als Element der IP-Adresse zuzuordnen und so eine nachweisbare Eindeutigkeit der agierenden Internetnutzer erlauben würde.[56] Auf-

---

51 Zur Lokalisierung und geographischen Eingrenzung eines Rechnerstandorts über POP und IP-Adresse: *Seitz*, S. 35: über die zur Einwahl genutzte Telefonnummer, der für den Verbindungsaufbau eine dynamische IP-Adresse zugeteilt war, lässt dich der Rückschluss auf den genutzten Rechner ziehen. Inzwischen gibt es sogar online Anbieter, die eine IP-Recherche nach dem Standort anbieten: http://www.getpos.de/ip2location.aspx. Sehr informativ zur Geolokalisierung: *Kühn* DuD 2009, S. 1ff.

52 Aus Sicht der Internetnutzer wird demgegenüber von einer Bedrohung der Anonymität durch das neue IPv6 gesprochen: http://www.verivox.de/nachrichten/anonymitaet-der-internetnutzer-durch-ipv6-bedroht-81782.aspx; http://www.teltarif.de/ipv6- adressen-datenschutz-peter-schaar/news/44705.html.

53 www.computer.t-online.de/ipv6-umstellung-ip-adressen-im-internet-sind-aufgebraucht/id_44261476/index; www.chip.de/news/Verband-Deutsche-Provider-fuer-IPv6-geruestet_34212120.html; www.verivox.de/ratgeber/das -neue-internet- protokoll-ipv6-66366.aspx?p=1.

54 Von 32-Bit auf 128-Bit, http://computer.t-online.de/ipv6-umstellung-ip-adressen-im-internet-sind-aufgebraucht/id_44261476/index; http://www.verivox.de /ratgeber /das-neue-internet-protokoll-ipv6-66366.aspx?p=2

55 Vergleichbar mit der Umstellung des aus 4 Ziffern bestehenden Postleitzahlensystems auf das heutige mit 5 Ziffern – durch die Umstellung auf IPv6, bei der sich die Adressen neben Zahlen auch aus Buchstaben und Kombinationen zusammensetzen können, erhöht sich die Anzahl verfügbarer IP-Adressen von ca. 4 Milliarden (IPv4) auf 340 Sextillionen (36 Nullen folgend oder auch 2128); http://www.artikelmagazin.de/technik/internet/internetadressen-ipv6-kommt-einfuehrung-eines-neuen-internet-protokolls.html; http://www. elektronik - kompendium.de/sites/net/0812201.htm.

56 http://www.elektronik-kompendium.de/sites/net/0812201.htm.

grund der nach wie vor steigenden Bedeutung des Internets und des entsprechenden Bedarfs an IP-Adressen, ist es also lediglich eine Frage der Zeit, wann sich IPv6 flächendeckend etabliert hat. Die Vergabe der neuen IP-Adressen, die parallel zu den noch bestehenden alten IPv4-Adressen bestehen werden, sollte Medienberichten zufolge im Herbst 2011 durch die Deutsche Telekom im Geschäftskundenbereich beginnen; Privatpersonen sollten ab dem ersten Quartal 2012 mit den neuen IPv6-Adressen versorgt werden.[57]

cc) Netzwerkkarte und MAC-Adresse

Neben der IP-Adresse, die wie festgestellt für verschiedene Einwählprozesse verschiedenen Usern zugeordnet werden kann, ist besonders die sogenannte „Media Access Control"-Adresse, kurz MAC-Adresse,[58] erwähnenswert.

Soll ein Rechner mit einem Netzwerk verbunden werden, geschieht dies über eine Netzwerkkarte, die einen Host-Rechner an das Netzwerk anbindet.[59] Jedem innerhalb eines lokalen Netzwerks angebunden Rechner wird zur Netzwerkkarte zur eindeutigen Adressierung eine MAC-Adresse zugeordnet.[60]

MAC- und IP-Adresse unterscheiden sich in ihrer Funktion: während die IP-Adresse die Kommunikation zwischen verschiedenen lokalen Netzwerken ermöglicht, bezieht sich die MAC-Adresse auf die Kommunikation unter den einzelnen Rechnern innerhalb eines Netzwerks.[61] Innerhalb eines Netzwerks müssen die einzelnen Rechner in der gleichen Art und Weise miteinander verbunden sein um kommunizieren zu können; da die Kommunikation innerhalb des lokalen Netzwerks dabei auf verschiedene Weise ablaufen kann, also kabelgebunden, zunehmend per Funk oder Satellit, erfordert die netzwerkübergreifende Kommunikation die IP-Adresse als gemeinsamen Standard.[62] Die Netzwerkkarte ist das Interface, also die Schnittstelle, zwischen Rechner und Netzwerkteilnehmer in kabelgebundenen Netzwerken über das Netzwerkkabel. In abweichend aufgebauten Netzwerken findet sich die Netzwerkkarte als Hardware-Element des jeweiligen Endgeräts und dient auch hier als Vermittler zwischen den beteiligten Rechnern.

---

57 http://www.teltarif.de/ipv6-tag-deutsche-telekom-umstellung-paralleler-betrieb/news/42930.html.

58 *Mitchell.*

59 *Seitz*, S. 19.

60 *Seitz*, S. 19; *Mitchell.*

61 *Seitz*, S. 20; *Olbertz*, S. 1 f.

62 *Seitz*, S. 20.

Die Zuordnung einer MAC-Adresse zur Netzwerkkarte ist insofern für Ermittler interessant und gegenüber der Rückverfolgung einer IP-Adresse mitunter vorzugswürdig, da hier zum einen die Netzwerkkarte als solche, also als Hardwareelement eines spezifischen Rechners innerhalb eines Netzwerks, recherchiert und der betroffene Rechner ausgemacht werden kann; zum anderen ist die MAC-Adresse immer genau einer Netzwerkkarte zugeordnet, sodass es anders als bei einer IP-Adresse nicht zu einer variablen Verteilung der Adressen kommen kann.[63]

Dennoch können auch die Rückverfolgung einer MAC-Adresse und die Identifizierung eines Rechners die Ermittlungsbehörden vor Schwierigkeiten stellen: Weil die MAC-Adresse wie dargestellt nur der internen Kommunikation innerhalb eines lokalen Netzwerks dient, wird sie dann nicht gebraucht, wenn eine Kommunikation zwischen den Routern unterschiedlicher lokaler Netzwerke stattfindet.[64] Dann wird die zwar vom Host-Rechner übermittelte MAC-Adresse mangels Relevanz für den Übertragungsprozess zunächst vom Router des eigenen lokalen Netzwerks ignoriert, da die Kommunikation nach außen zu anderen Netzwerken ja gerade über die IP-Adresse stattfindet; die MAC-Adresse, die dann der Router seinerseits mitschickt, wenn er Kontakt zu dem Router des Empfängernetzwerks aufbaut, wird von diesem wiederum ignoriert, da auch hier kein Erfordernis der Speicherung der MAC-Adresse für die Kommunikation besteht.[65] Dann kann der Ausgangsrechner, der ein Datenpaket auf den Weg geschickt hat, nur ausfindig gemacht werden, wenn alle am Übertragungsprozess beteiligten Router in ihren Logfiles ihren Datenein- und Ausgang und damit die MAC-Adresse des vorherigen übermittelnden Routers gespeichert haben; Logfiles sind Dateien, die stattfindende Prozesse in einzelnen Rechnern oder Rechnernetzwerken aufzeichnen um Übertragungsfehler, Datenverlust und ähnliches zu verhindern oder im Nachhinein aufzuklären.[66] Dabei wird bei einer Kommunikation zwischen Rechnern auch die IP- sowie die MAC-Adresse des Kommunikationspartners hinterlegt.

Dann ist es zumindest theoretisch möglich, sich von Router zu Router und von Logfile zu Logfile zurück zu tasten, bis der Ausgangshost durch den ersten zugehörigen Router des lokalen Netzwerks ermittelt werden kann.

---

63 *Mitchell; Seitz*, S. 20.
64 *Seitz*, S. 21.
65 *Seitz*, S. 21.
66 *Lipinski*, http://www.itwissen.info/definition/lexikon/logfile-Log-Datei.html.

Wurden die erforderlichen Verbindungsdaten jedoch nur von einem einzigen beteiligten Router gelöscht, ist die Kette der einzeln übermittelten MAC-Adressen unterbrochen und die Rückverfolgung scheitert.

Zudem ist hier beachtlich, dass die Erstellung von Logfiles keine technische Notwendigkeit ist, sondern lediglich dann erfolgt, wenn der Rechner vorab entsprechend konfiguriert worden ist und dass die Logfiles zeitnah gelöscht werden können.[67]

Im Übrigen ist festzuhalten, dass die Hosts und der Router innerhalb eines lokalen Netzwerks untereinander keine direkte Kenntnis der jeweilig zugeordneten MAC-Adressen haben; soll eine interne Kommunikation stattfinden, wird vom Absender zunächst die angefragte IP-Adresse an alle im Netzwerk beteiligten Rechner geschickt. Sobald eine Übereinstimmung von angefragter IP-Adresse und angefragtem Rechner vorliegt, übermittelt der Empfängerrechner seine MAC-Adresse an den Absender, der dann mit der Datenübertragung beginnen kann.[68] Diesem Prozess liegt wiederum das Adress Resolution Protocol (kurz ARP) zugrunde.[69] In einer temporären Liste halten die Rechner dabei diejenigen MAC-Adressen bereit, mit denen in letzter Zeit ein Datenaustausch stattgefunden hat, um das mitunter zeitaufwendige Anfragen der MAC-Adressen über eine übereinstimmende IP-Adresse nach Möglichkeit zu umgehen und direkt mit dem Datenaustausch beginnen zu können.[70] Die Inhalte der temporären Listen werden je nach Konfiguration nach in der Regel maximal 6 Stunden gelöscht, falls keine Abfrage der gespeicherten Daten erfolgte.[71]

Die Kommunikation via ARP kann insbesondere dann für Ermittlungsbehörden relevant werden, wenn infolge von IP-Spoofing eine IP-Adresse verfälscht wurde. Denn trotz Fälschen der IP-Adresse hat der intern beteiligte Rechner, sei es als Host oder als Router, im Rahmen des ARP die richtige MAC-Adresse in der temporären Liste gespeichert; wird eine falsche IP-Adresse verwendet, ist es darüber hinaus wahrscheinlich, dass der Router die zugehörige MAC-Adresse in dem dauerhaften Logfile hinterlegt hat um den Absenderhost auch nach längerer Zeit noch benennen zu können.[72]

---

67 http://www.winfaq.de/faq_html/Content/tip0500/onlinefaq.php?h=tip0535.htm; *Seitz*, S. 62.

68 *Seitz*, S. 21.

69 *Zimmermann* TU, S. 2.

70 *Seitz*, S.22; http://www.elektronik-kompendium.de/sites/net/0901061.htm.

71 http://www.elektronik-kompendium.de/sites/net/0901061.htm, ein Umstand der dazu führt, dass den Ermittlungsbehörden für ein entsprechendes Herangehen ein denkbar kurzzeitiges Handlungsfenster bietet.

72 *Seitz*, S. 22.

Zuletzt besteht die Möglichkeit innerhalb eines via Netzwerkkarten verbundenen lokalen Netzwerks die Kommunikation zwischen Rechnern mitzuverfolgen ohne physisch in das Netzwerk eingreifen zu müssen, was als „Sniffing“ bezeichnet wird.[73] Die Anwendung dieser Software macht besonders vom Router aus Sinn, da hier auch die ankommende Kommunikation kontrolliert werden kann.

Sofern es Ermittlungsbehörden also gelingt, einen beteiligten Hostrechner oder gar einen Router mit einer Sniffing-Software auszustatten; können so zumindest aus technischer Sicht Daten und Informationen gewonnen werden.

dd) Modem, POP und SLIP/PPP

Die private Nutzung des Internets findet jedoch nicht notwendigerweise über die Einrichtung eines Netzwerks mit mehreren Rechnern statt; stattdessen wird vermehrt mittels eines Modems nach außen – heute oftmals schon integriert in einem DSL-Router als Verbindungselement - direkt über die Telefonleitung der Rechner eines Internetdienstanbieters (Internet Access Provider) angewählt, falls das eigentliche Endgerät eines privaten Nutzers nicht mit einer Netzwerkkarte ausgestattet sein sollte, was jedoch heutzutage die Ausnahme bilden dürfte.[74] Dieser Rechner des Dienstanbieters ist wiederum direkt mit dem Internet verbunden und fungiert so wiederum gewissermaßen als Internetrouter für den einzelnen Rechner des privaten Nutzers.[75] Man spricht insofern von einer „Punkt zu Punkt“-Verbindung zwischen einzelnem privaten Rechner und dem Rechner des Zugangsproviders.[76]

Diese Zugangsprovider leiten dabei über ein eigenes IT-System die vom Nutzer abgerufenen Informationen aus dem Internet an dessen Rechner weiter, sie vermitteln also gewissermaßen zwischen dem privaten „Endverbraucher“ und dem

---

73 Diese Überwachung kann bei direkt durch Modem verbundenen Rechnern nicht stattfinden, da hier immer nur zwei Rechner gleichzeitig miteinander verbunden sein können; Sniffing erfordert aber die Möglichkeit einen dritten Rechner als Sniffer einzusetzen. Hierzu auch Dirscherl.

74 Regelmäßig befindet sich die Netzwerkkarte bereits im Endgerät installiert, www.telefon.de/manuals/Netzwerk.html; genauso sind in aller Regel DSL-Modem und DSL-Router.

75 *Seitz*, S. 31; damit ist auch ersichtlich, weshalb keine MAC-Adressen erforderlich sind: durch die direkte Verbindung der beiden beteiligten Rechner via Telefonleitung ist eindeutig festgelegt, zwischen wem der Datentransfer stattfinden soll.

76 *Seitz*, S. 31.

eigentlichen Internet.[77] Dies bedeutet, dass beim Provider der gesamte ablaufende Datenverkehr zwischen dem Kunden und dem Internet als Medium überwacht werden kann bzw. könnte.[78]

Jene Rechner der Access Provider, die den privaten Rechnern das Einwählen ins Internet ermöglichen, werden als „Point of Presence", kurz POPs, bezeichnet.[79]

Die Internetverbindung via Modem und Zugangs-Provider ist im Übrigen jedoch regelmäßig unzuverlässiger als die direkte Verbindung ins Internet über Router und Netzwerkkarte im lokalen Netzwerk.[80] Eine Anpassung der Qualität der Internetverbindung via Modem an jene direkte Verbindung ist über das SLIP/PPP (Serial Line Internet Protocol/Point to Point Protocol) zu erreichen.[81]

Zudem haben die privaten Rechner, die über Modem ins Internet gehen, in der Regel keine dauerhafte Internetverbindung; vielmehr besteht diese lediglich im Zeitraum der Einwahl ins Internet und der Trennung der Verbindung.

c) Anwendungen und Dienste via Internet

Das Internet ermöglicht vielfältige Nutzungsmöglichkeiten und tritt in verschiedenen Anwendungsformen auf, denen wiederum Anwendungsprotokolle und Software zugrunde liegen. Folgend sollen die populärsten und für Ermittlungstätigkeiten bedeutsamsten jener Anwendungsformen dargestellt werden.

aa) World Wide Web

Terminologisch oft falsch verwendet ist das World Wide Web (WWW) nicht als Synonym zum Internet zu verstehen, sondern es bildet vielmehr eine Anwendungs- bzw. Erscheinungsform des Internets.[82] Dieses Fehlverständnis des Verhältnisses von Internet und WWW wurzelt in der massiven, nahezu ausschließlichen Nutzung des WWW im privaten Bereich; unter „Internetnutzung" wird größtenteils die Nutzung verschiedener Dienstleistungen verstanden, die über

---

77 *Weiß*, S. 14; *Seitz*, S. 11.

78 *Weiß*, S. 14.

79 *Lipinski*, http://www.itwissen.info/definition/lexikon/point-of-presence-POP.html; *Seitz*, S. 31.

80 Zur genauen technischen Erläuterung siehe *Seitz*, S. 32f.

81 http://www.blurtit.com/q532460.html.

82 *Weiß*, S. 13; *Seitz*, S. 46.

das WWW angeboten werden, also etwa Surfen im WWW und das Besuchen verschiedener Webseiten, soziale Netzwerke sowie Online Shopping oder Online Banking sind ebenfalls vielgenutzte Leistungen, die dem Verwender über die Plattform des WWW zugänglich gemacht werden.[83]

In technischer Sicht setzt sich das WWW aus den Elementen Uniform Ressource Locator (URL), Hypertext Markup Language (HTML) und Hypertext Transfer Protocol (HTTP) bzw. Hypertext Transfer Protocol Secure (HTTPS) als verschlüsselte http-Variante zusammen; nur die Verbindung aller drei Komponenten machen das WWW als solches in der uns heute geläufigen Form möglich.[84]

Dabei ermöglicht HTTP als gemeinsame Grundlage, dass sich eine auf dem Rechner installierte Client-Software wie Internet Explorer oder Mozilla Firefox, mit der Web-Server-Software in Verbindung setzen kann; die Web-Server stellen dabei die Inhalte und Anwendungen wie beispielsweise Webseiten zur Verfügung, die dann vom Client abgerufen werden können.[85] Die aufgerufenen Inhalte werden von HTTP also interpretiert und an TCP/IP weitergegeben.[86] Dabei besteht die TCP-Verbindung von HTTP-Client- zu Web-Server immer nur für die Dauer von Anfrage und Antwort der beteiligten Server; sie wird nach Austausch der Daten direkt getrennt.[87]

Bei der Übermittlung der vom Client angefragten Dokumente versendet HTTP neben den eigentlich abgerufenen Inhalten noch weitere Informationen, wobei dem sogenannten „Referer“ aus Ermittlersicht eine besondere Bedeutung zukommt: hier ist die URL jener Webseite hinterlegt, die als letzte vor Anfrage der neuen Webseite aufgerufen wurde.[88] Der Referer wird ebenso in Logfiles verzeichnet.[89]

---

83 Neben dem WWW dient insbesondere die Internet-Anwendung „File Transfer Protocol“ (FTP) dem Transfer, also sowohl dem Upload als auch dem Download, von Dateien via Internet; durch den steten Bedeutungszuwachs des WWW wird FTP als Anwendung jedoch mehr und mehr verdrängt. Zu den technischen Eckpunkten siehe *Seitz*, S. 39.

84 *Seitz*, S. 46f.

85 *Turner/Bedell*, S. 65ff.; *Hilbert*, S. 3, 6; *Seitz*, S. 46.

86 *Turner/Bedell*, S. 65ff.; *Hilbert*, S. 3, 6: *Seitz*, S. 46.

87 *Seitz*, S. 47; *Hilbert*, S. 8.

88 *Ott*; wurde der letzte Aufruf also über eine Suche in einer Suchmaschine getätigt, enthält der Referer nicht nur die URL, sondern zugleich die übrigen Treffer aus der Suche sowie die gesuchten Begriffe. Je nach in Frage stehender Straftat oder zu klärender Sachlage können sich hieraus für Ermittler interessante Informationen über Surf- und Suchverhalten von Personen ergeben.

89 *Ott*.

Die Erstellung und Darstellung der einzelnen Webseiten, die aus einzelnen Textdateien bestehen, wird von der Programmiersprache HTML ermöglicht.[90] Die einzelnen Textdateien werden von der Server-Software über TCP/IP an den Client übersendet und dort von diesem mittels der eingehenden HTML-Befehlen zur angefragten Webseite zusammengesetzt.[91]

Zur eindeutigen Adressierung von Webseiten sowie deren Bestandteilen ist URL erforderlich. Würde von einem Client lediglich nach der IP-Adresse eines Servers gefragt, so könnten damit unzählige abgelegte Dateien und Inhalte gemeint sein; um eine genaue Anfrage nach einer spezifischen Datei zu ermöglichen, muss bzw. kann auf URL zurückgegriffen werden.[92]

Wie bereits dargelegt, besteht zwischen HTTP-Server und Client keine dauerhafte Verbindung; vielmehr wird diese für jede einzelne angefragte Information neu und unabhängig von der vorherigen aufgebaut. Der Server kann nicht ohne weiteres einen Zusammenhang zwischen den einzelnen Anfragen feststellen.

Um insofern eine Vereinfachung der Kommunikation und einen schnelleren Zugriff auf erneut angefragte Informationen zu ermöglichen, kann auf sogenannte „Cookies" und „Web-Bugs" zurückgegriffen werden.

aaa) Cookies

Wird eine Anfrage über Dokumente an den Web-Server via HTTP gegeben, so kann dieser bei der Antwort den Anhang „Set-Cookie" an die übermittelten Informationen hängen.[93] Dieser wird vom Client automatisch in einer entsprechenden Datei auf der Festplatte abgespeichert;[94] wird eine Domain vom Client angefragt, wird erst überprüft, ob zu dieser Domain bereits Informationen aus einem Cookie vorhanden sind; ist dies der Fall, werden die vorhandenen Informationen hieraus neben der eigentlichen Dokumentenabfrage übermittelt, also

---

90 http://velociraptor.mni.fh-giessen.de/html/einfuehr1.html.

91 http://www.fask.uni-mainz.de/cafl/doku/multimedia/webseiten-uebersetzung/2.2funktionsweise_html.htm.

92 *Seitz*, S. 48, hier auch zu den genaueren technischen Voraussetzungen.

93 http://php.net/manual/de/function.setcookie.php.

94 Es sei denn, der verwendete Web-Browser verfügt, wie heute üblich, über die Möglichkeit, die Speicherung von Cookies zu verweigern.

jedenfalls die den Cookie versendende Web-Seite und das Datum der Dokumentenanfrage.[95]

bbb) Web-Bugs

Ein Web-Bug ist eine extrem kleine Grafik- oder Bild-Datei von in der Regel nicht mehr als 1x1 Pixel, deren Besonderheit darin liegt, dass sie beim Abruf eines Dokuments (also beispielsweise einer Webseite oder einer E-Mail) von einem anderen Web-Server geladen wird als die restlichen Inhalte des Dokuments. Aufgrund der geringen Größe des Elements ist selbiges nicht ohne Weiteres im Dokument zu erkennen, es sei denn, der HTML-Quellcode wird angezeigt, in dem der Befehl zum Abruf des Web-Bugs über einen anderen Server hinterlegt ist.[96]

Folglich wird bei der Abfrage etwa einer E-Mail ohne Kenntnis des Nutzers auf Informationen eines fremden, nicht primär angefragten Web-Servers zugegriffen, der den Web-Bug bereitstellt. Wie bei jedem anderen bewussten Anfragen auch werden hier vom anfragenden Client ebenso Informationen an den Server übermittelt.[97] Zu diesen übermittelten und seitens des Servers abgespeicherten Informationen zählen neben der IP-Adresse des (ohne Kenntnis) anfragenden Rechners auch Datum und Zeit der Anfrage, der Typ des anfragenden Internet-Browsers sowie die URL jener Webseite, die den Web-Bug verwendet hat.[98] Diese Übermittlung geschieht auch, wenn ein Web-Bug in einer E-Mail enthalten ist und diese online abgerufen wird: dann kann der Server, der den Web-Bug übermittelt, die hier aufgeführten Informationen der betroffenen E-Mail-Adresse zuordnen, da diese beim Anfragevorgang als Identifikationsmerkmal in der URL des Clients mit übermittelt wird.[99] Über den Web-Bug-Server können Ermittlungsbehörden, soweit es sich um Web-Bugs in E-Mails handelt, verschiedene Informationen in Erfahrung bringen: ist eine E-Mail-Adresse auf einem Web-Bug-Server hinterlegt, kann vom Zeitpunkt des Abrufs des Web-Bugs auf den Zeitpunkt der Abfrage der E-Mail geschlossen werden, sowie auf die IP-Adresse

---

95 *Hilbert*, S. 14; *Seitz*, S. 49; siehe hier auch zu den sehr spezifischen ermittlungsbezogenen Fragestellungen. Auch ist denkbar, dass Ermittlungsbehörden selbst Cookies verschicken, um über den Austauschvorgang die IP-Adresse in Erfahrung zu bringen, an die die Cookies verschickt wurden.

96 *Seitz*, S. 50; http://www.anonymsurfen.net/web-bugs/.

97 *Seitz*, S. 50.

98 *Seitz*, S. 50; http://w2.eff.org/Privacy/Marketing/web_bug.html.

99 *Seitz*, S. 51; http://w2.eff.org/Privacy/Marketing/web_bug.html.

des Rechners, von dem aus die E-Mail abgefragt worden ist.[100] Da die Web-Bugs anders als Cookies keine eigenförmige, von anderen Grafiken zu unterscheidende Datei darstellen und der Browser diese insofern nicht von anderen Grafikelementen unterscheiden kann, kann das Abrufen eines Web-Bugs zudem nicht umgangen werden. Anonymität kann in dieser Hinsicht vom Nutzer daher nur erreicht werden, wenn er die E-Mail ungelesen löscht oder sie sich offline anzeigen lässt.[101]

ccc) Proxy-Server und Anonymizer

Oftmals ist bei einer Anfrage nach einer Webseite von Web-Browser an Server ein weiterer Server, der sogenannter Proxy-Server, zwischengeschaltet.[102]

Durch den Einsatz eines Proxy-Servers als sogenannter Proxy-Cache-Server[103] kann die erforderliche Zugriffszeit auf eine Webseite verkürzt werden: Erfolgt die Anfrage eines Web-Browsers nach einer Webseite, kann der Proxy-Server im temporären Speicher prüfen, ob die angefragte Webseite bereits im Cache gespeichert ist. Ist dies der Fall, so wird die Webseite direkt, also ohne weiteres Anfragen eines Web-Servers, an den Browser übermittelt.[104]

Andernfalls gibt der Proxy-Server die Anfrage an den Web-Server weiter, der die betroffene Web-Seite wiederum zunächst an den Proxy übermittelt; dort wird die Seite für einen bestimmten Zeitraum im Cache gespeichert und an den Web-Browser geleitet.[105]

---

100 *Seitz*, S. 51.

101 Mangels Verbindung zum Internet kann dann auch kein Austausch mit dem Web-Bug-Server stattfinden; ansonsten kann über Web-Bugs in E-Mails auch festgestellt werden, ob bzw. wann eine E-Mail geöffnet wurde: www.navina.ch/computer/webbugs.html, hier auch zur Technik von Web-Bugs.

102 http://www.uni-duesseldorf.de/Proxy/Artikel.shtml.

103 Eine Cache-Benutzung dient als temporärer Speicher: http://www.uni-duesseldorf.de/Proxy/Artikel.shtml. Auch gibt es die Möglichkeit, zuletzt besuchte Webseiten sowie erfolgte Eingabebefehle über den „Verlauf" (Microsoft) bzw. „Chronik" (Mozilla) einzusehen und aufzurufen. Hier werden die zuletzt verfolgten Links vorbehaltlich einer abweichenden individuellen Einstellung dauerhaft hinterlegt: http://windows.microsoft.com/de-DE/windows-vista/Delete-webpage-history.

104 http://www.uni-duesseldorf.de/Proxy/Artikel.shtml; *Seitz*, S. 52.

105 *Seitz*, S. 52; http://www.linofee.org/~jel/proxy/Knowledge/german.shtml.

Zudem können Sicherungssysteme wie etwa Firewalls über den Proxy implementiert werden.[106]

Zugunsten der Ermittlungsbehörden kann hinsichtlich der Nutzung von Proxy-Servern angeführt werden, dass sie die Vorgänge aller Rechner eines lokalen Netzwerks an einer Stelle bündeln und so die alleinige Überwachung des Proxy-Servers den stattfindenden Datenaustausch mit dem WWW abbilden kann.

Allerdings kann durch den zwischengeschalteten Proxy-Server nicht mehr zurückverfolgt werden, welcher spezifischer Host eine Web-Anfrage stellt: indem der Proxy die ausgehenden Anfragen übernimmt, wird bei jedem Datenaustausch über Proxy dessen IP-Adresse an den Web-Server geschickt.[107] Da den Proxy-Servern in der Regel mehr als eine IP-Adresse zugeteilt sind, um mehrere Anfragen gleichzeitig bearbeiten zu können, wird damit selbst der oben genannte Vorteil statischer IP-Adressen für die Ermittlungsbehörden relativiert, da der Proxy selbst variabel aus seinem Bestand an IP-Adressen wählt.[108]

Um den ursprünglich anfragenden Host-Rechner zu ermitteln, muss daher entweder der Proxy selbst überwacht werden oder aber dessen Logfiles.[109]

Eine Sonderform der Proxy-Server sind die sogenannten „Anonymizer“, die es ermöglichen, das WWW anonym zu nutzen.[110] Dafür muss zunächst die Seite des Anonymizers angewählt und dort dann die Webseite eingegeben werden, die besucht werden soll.[111] Durch den zwischengeschalteten Anonymizer wird die Übermittlung der eigenen IP-Adresse des anfragenden Hosts vermieden, stattdessen wird jene des Anonymizers übertragen. Dabei war jedenfalls bis zum Jahr 2001 zumindest beim Betreiber des Anonymizers die IP-Adresse des anfragenden Rechners hinterlegt, sodass eine vollständige Anonymisierung nicht möglich war:

2001 wurde jedoch an der TU Dresden ein Verfahren entwickelt („Java Anon Proxy“)[112], das es durch feingliedrige Verschlüsselungsprozesse und der Verknüpfung mehrerer Anonymizers[113] unter bestimmtem Voraussetzungen erlaubt,

---

106 http://www.linofee.org/~jel/proxy/Knowledge/german.shtml.

107 http://www.linofee.org/~jel/proxy/Knowledge/german.shtml; *Seitz*, S. 52.

108 *Seitz*, S. 52.

109 *Seitz*, S. 52.

110 http://www.computerbild.de/artikel/cb-Ratgeber-Kurse-Internet-Anonym-im-Internet-surfen-2206076.html.

111 http://www.computerbild.de/artikel/cb-Ratgeber-Kurse-Internet-Anonym-im-Internet-surfen-2206076.html.

112 *Federrath/Köpsell.*

113 Diese Verbindung von Anonymizer-Servern nennt man „Kaskade“, *Federrath/Köpsell.*

den Ursprungshost und damit die Identität des Nutzers gänzlich zu verschleiern.[114]

Sind diese Voraussetzungen gegeben, laufen Ermittlungen nach dem Ausgangspunkt einer Datenabfrage ins Leere.

ddd) Domain Name System

Speziell im Bereich des WWW trägt das Domain Name System (DNS) zur Popularität des Internets und seiner Anwendungsmöglichkeiten bei.

Das Internet stellt die diversen Kommunikationsmöglichkeiten durch die Verwendung von IP-Adressen zur Verfügung, deren Abbildung jedoch ein relativ kompliziertes und für den alltäglichen Gebrauch kaum praktikables Zahlensystem zugrunde liegt.

Um die Anwendbarkeit des WWW zu verbessern, wird den IP-Adressen über die Datenbank des DNS ein Server-Name zugeordnet, also etwa www.facebook.de. Wird dieser Name durch einen Rechner aufgerufen bzw. angefragt, durchsucht DNS die Datenbank und wandelt im Falle einer Übereinstimmung diesen zunächst wieder in die ursprüngliche IP-Adresse um; erst dann wird der eigentliche Kommunikationsprozess zwischen den Rechnern ermöglicht.[115]

Die Verwendung eines sogenannten Klarnamens ist keine Pflicht der Internet-Server, die theoretisch auch über Eingabe der zugeordneten IP-Adresse erreichbar sind; dennoch ist die Verwendung eines Klarnamens die absolute Regel.

Die Vergabe der den IP-Adressen zugeordneten Namen ist regional aufgeteilt und muss der Übersicht halber von einer zentralen Stelle aus koordiniert und geregelt werden; in Deutschland ist die DENIC (Deutsches Network Information Center) die für die Namensvergabe zuständige Einrichtung.[116]

Hier können sich im Rahmen von Ermittlungen über das Internet bzw. speziell im World Wide Web interessante Informationen über die Betreiber von Internetseiten ergeben.

---

114 Im Detail: *Federrath/Köpsell.*

115 *Seitz*, S.27, hier auch genauer eingehend auf die Struktur der Namensvergabe.

116 Siehe auch die Unternehmenshomepage: www.denic.de.

Zum einen müssen die Betreiber einer sogenannten Domain, also eines bestimmten Teilbereichs des DNS, DENIC diverse Informationen bereitstellen, um sich für die Zuteilung eines Klarnamens anmelden zu können.[117] Diese für die Anmeldung erforderlichen Informationen können wiederum auf der DENIC-Seite teilweise über das Tool „WHOIS“ eingesehen werden.[118] So können die Ermittlungsbehörden zumindest erste Informationen über die Betreiber einer Domain in Erfahrung bringen.

Zum anderen kann eine Abfrage von Inhalten aus sogenannten Zone-Files aufschlussreich und informationsträchtig sein. Die Zone beschreibt einen bestimmten Bereich des DNS-Adressraums, in dem ein Name-Server zuständig ist.[119] Diese Zone-Files sind besondere Fassungen von „Resource Records“; die wiederum vom Name-Server verwendet werden, um die eigene Datenbank hinsichtlich der vorenthaltenen Domains und Hosts zu verwalten.[120] Die hier enthaltenen Informationen werden dann ausgetauscht, wenn der Name-Server von einer anderen Anwendung angefragt wird.[121]

In den Zone-Files finden sich insbesondere Informationen über die Hosts und Sub-Domain-Hosts, also solche Domains, die hierarchisch unter einer anderen Domain liegen, sowie die zugehörigen IP-Adressen, die im Zuständigkeitsbereich einer Zone liegen.[122]

bb) E-Mail

Neben dem WWW besonders relevant ist die Internetanwendung des E-Mailing.

Durch die starke Verbreitung und Nutzung von E-Mail-Accounts wird der klassische Postweg mehr und mehr vom elektronischen Briefwechsel überlagert;[123] damit stellen E-Mails auch eine zunehmend interessante Informationsquelle für Ermittlungsbehörden dar.

---

117 Mitzuteilen sind Name, Anschrift, Telefonnummer und E-Mail-Adresse des Administrators einer Domain, wobei die E-Mail-Adresse und die Telefonnummer in der Regel nicht veröffentlicht werden: http://www.denic.de/domainrichtlinien.html.

118 http://www.denic.de/hintergrund/whois-service/abfragebeispiele-enum-domains.html.

119 *Seitz*, S. 29; *Helfert*, S. 1f.

120 http://web.mit.edu/rhel-doc/4/RH-DOCS/rhel-rg-en-4/s1-bind-zone.html.

121 *Seitz*, S. 29.

122 *Seitz*, S. 29; zu DNS im Zusammenhang mit E-Mailing siehe das folgende Kapitel.

123 http://www.bitkom.org/de/presse/62013_60576.aspx.

Der in technischer Hinsicht entscheidende Unterschied von WWW zur E-Mail-Anwendung, die ebenso wie das WWW auf diverse Protokolle und Standards gestützt wird, besteht darin, dass bei der Kommunikation via E-Mail keine gleichzeitige Verbindung zum Internet von Absender und Empfänger der Information gegeben sein muss: die abgeschickte E-Mail wird über den Server des jeweiligen vom Absender verwendeten Internet Service Providers solange an weitere Router übermittelt, bis der Mail-Router desjenigen erreicht wird, für den die Mail bestimmt ist.[124] Ob der richtige Empfänger gefunden wurde, wird auch hier wieder anhand der IP-Adresse ermittelt, die der Absender einer Mail, verpackt in Form eines Klarnamens als E-Mail-Adresse, als Zieldestination angibt.[125] Hat die Mail diesen Router erreicht, wird sie in einer Datenbank gespeichert und kann ab diesem Moment jederzeit vom Empfänger abgerufen werden. Dafür ist es aber gerade nicht erforderlich, im Moment der Speicherung der Mail mit dem Internet verbunden zu sein; die Verbindung ist erst dann notwendig, wenn die gespeicherte Mail abgerufen werden soll.[126]

Für Ermittlungsbehörden ergeben sich aus diesem Übertragungsprozess verschiedene Zugriffsmöglichkeiten auf E-Mails.[127]

Da eine E-Mail in der Regel mehrere Mail-Router passiert und dort kurzzeitig zwischengespeichert wird, bis sie den gewünschten Empfänger erreicht, könnte ein Zugriff zumindest theoretisch an jedem dieser Mail-Router erfolgen; jedoch wird die E-Mail als solche aber erst am Mail-Router des Empfängers als solche „enttarnt“, da die im Übertragungsprozess vorgelagerten Router nur die Übereinstimmung der angefragten IP-Adresse mit ihren Hosts prüft, nicht jedoch den Inhalt des betroffenen Datenpakets.[128]

---

124 *Seitz*, S. 40.

125 Zur Theorie der Absenderfälschung siehe Seitz, S. 42f.; ein veranschaulichendes Beispiel zur Absenderfälschung findet sich unter www.blafusel.de/book_stuff/442280_sample.pdf.

126 Das Verfassen einer E-Mail wird über ein normales E-Mail-Programm wie beispielsweise Outlook ermöglicht; das für das Versenden der Mail verantwortliche Protokoll nennt sich „Simple Mail Transfer Protokoll“ (SMTP), angekommene E-Mails lassen sich über das „Post Office Protocol“ oder zunehmend über das „Internet Message Access Protocol“ (IMAP) herunterladen, http://de.kioskea.net/contents/internet/smtp.php3.

127 Hier sei auf die Werke von Meininghaus und Störing verwiesen, die sich der ausführlichen Bearbeitung der sich in diesem Themengebiet ergebenden Problemkreisen widmen.

128 *Seitz*, S. 44.

Daher macht der Zugriff auf die E-Mail erst Sinn, wenn sie den Mail-Server des Empfängerrechners erreicht hat, an dem der gesamte E-Mail-Verkehr einer Person gebündelt wird.

Da die eingehenden Mails beim Mail-Provider abgespeichert werden, können die Ermittlungsbehörden hier die Inhalte unproblematisch kopieren; anders dagegen ist die Situation bei versendeten E-Mails: hier wird die versendete E-Mail regelmäßig nur kurz im Mail-Router des Dienstanbieters des Absenders zwischengespeichert, bis die Übermittlung an den nächsten Router stattgefunden hat.[129] Jedoch kann grundsätzlich auch die Adresse des Versenders über die im Mail-Router installierten Filterprogramme zurückverfolgt werden und so letztlich doch ein Zugriff auf die E-Mail erfolgen.[130]

Zudem ist der Zugriff denkbar im Moment der Übertragung der IP-Pakete zwischen Mail-Server des Anbieters und dem Betroffenen; dafür ist es erforderlich, dass sich die Ermittler in den verwendeten Übertragungsweg wie beispielsweise das Telefonkabel bei der Einwahl via Modem zwischenschalten.[131] Konnte erfolgreich auf eine E-Mail zugegriffen werden, können sich neben dem Inhalt der E-Mail insbesondere aus dem E-Mail-Header relevante Informationen ergeben. Der Header befindet sich immer ganz am Anfang einer E-Mail, wird erstmals automatisch von dem Mail-Programm erstellt, das die E-Mail für den Absender verschickt, und jedes Mal um Informationen ergänzt, wenn ein weiterer Server während des Übermittlungsvorgangs aktiv wird.[132] Enthalten sind im Header neben der Angabe von Absender- und Empfänger-Adresse sowie Betreff der E-Mail auch die IP-Adressen der beteiligten Rechner, was für die Rückverfolgung einer E-Mail besonders relevant werden kann.

In diesem Zusammenhang erwähnenswert und für Ermittlungstätigkeiten durchaus problemtisch sind die sich immer mehr verbreitenden sogenannten webbasierten E-Mail-Systeme wie etwa web.de, gmx.de usw. Hierfür ist kein eigenes auf dem eigenen Rechner installiertes E-Mail-Programm erforderlich; vielmehr stellt der Anbieter dieser Dienstleistung eine Webseite bereit, über die der Nutzer den Empfänger der E-Mail sowie deren Text festlegen kann; die Übermittlung übernimmt dann der Dienstanbieter, der die Eingaben des Nutzers in das eigentliche E–Mail-Format überführt und dem Empfänger als solche zustellt. Für den Nutzer höchst angenehm, für die Ermittler ein praktisch unlösbares Problem ist dabei die uneingeschränkte weltweite Zugriffsmöglichkeit auf die-

129 *Seitz*, S. 44.
130 *Seitz*, S. 44.
131 *Seitz*, S. 44.
132 http://www.pcmag.com/encyclopedia_term/0,2542,t=e-mail+header&i=42243,00.asp.

sen E-Mail-Service unabhängig vom Vorhandensein eines installierten E-Mail-Programms auf dem eigenen Rechner des Absenders; der Dienstanbieter kann den Server an einem beliebigen Standort weltweit haben, sodass der Zugriff auf die erforderlichen Logfiles schon aus praktischen Gründen nicht ohne weiteres möglich ist.[133]

Einen weiteren Baustein im E-Mailing-System bilden die sogenannten „Mail Exchange – Resource Records" (MX-Resource Records), die thematisch an die Darstellung zum DNS anknüpfen.[134] Auch das E-Mail-System greift auf die oben dargestellten Klarnamen zur Adressierung zu, also wie beispielsweise in vorname.nachname@uni-frankfurt.de.

Über diese MX-Resource Record ermitteln die verschiedenen E-Mail-Protokolle die IP-Adresse desjenigen Rechners, der die E-Mail für einen Benutzer empfangen soll; dieser Rechner wird als Mail-Server bezeichnet. Folglich ist hier auch nicht für Belang, wessen Name vor dem „@" steht, da sich die zu ermittelnde IP-Adresse aus dem Domainnamen dahinter ergibt.[135]

Für Ermittlungsbehörden ergibt sich nun folgende Möglichkeit: Zwar könnte der MX-Resource Record die zu übermittelnde E-Mail direkt an den Empfängerhost weiterleiten; stattdessen werden in der Regel jedoch weitere Rechner zwischengeschaltet, von denen aus die E-Mails dann gesondert weiterverteilt werden.[136] Der Vorteil dieser zentralen Rechner ist die Möglichkeit zur Einrichtung sogenannter Gateways, die als Schnittstelle und Vermittler zwischen Systemen und Anwendungen agieren, die unterschiedliche Protokolle verwenden und ohne Gateway nicht miteinander kommunizieren könnten.[137] MX-Resource Record ermöglicht nun eine Zuordnung dergestalt, dass alle E-Mails einer Zieldomain zunächst an einen spezifischen zwischengeschalteten Mail-Server geleitet werden.

Damit können Ermittlungsbehörden durch Anfragen des Name-Servers und Austausch der MX-Resource Records zum einen überhaupt feststellen, welche Mail-Server welchen Benutzern ankommender E-Mails zugeordnet ist und welche Gateways eingerichtet wurden.[138] Darüber hinaus ist aber auch denkbar, die

---

133 Zudem ist der Zugriff auf das Web-basiertes E-Mailing auch von öffentlichen Internet-Zugängen wie etwa einem Internet-Cafe aus möglich, sodass die Rückverfolgung einer potentiellen IP-Adresse des Nutzers schon am „eigenen" Internetzugang scheitern kann.

134 http://checked-site.net/MX-Resource-Recordrn.html.

135 *Seitz*, S. 30.

136 *Seitz*, S. 30; http://www.freewimaxinfo.com/network-gateways.html.

137 *Manhart* II; http://www.freewimaxinfo.com/network-gateways.html.

138 *Seitz*, S. 30.

Zuordnung zu einem Mail-Server in MX-Resource Record zu beeinflussen und so alle E-Mails umzuleiten, die einer bestimmten Domain angehören.[139]

Zuletzt zu benennen und besonders problematisch im Rahmen von Ermittlungsmaßnahmen sind sogenannte Remailer oder Remail-Server. Hierunter ist ein Internet-Server zu verstehen, der E-Mails anonym weiterverschickt, nachdem alle Absenderinformationen von der Datei entfernt wurden.[140] Dann ist es für den Empfänger einer solchen anonymisierten Nachricht nicht ohne weiteres möglich, den ursprünglichen Versender herauszufinden.

Zwar besteht auch hier die theoretische Möglichkeit, die Kette von Logfile zu Logfile der beteiligten, mitunter mehrerer Remailer zurückzuverfolgen um schließlich über die IP-Adressen den ursprünglichen Initiator der E-Mail herauszufinden. Gerade bei Remailern liegt es jedoch nahe, dass Logfiles entweder gar nicht erst erstellt oder falls doch, sehr zeitnah wieder gelöscht werden. Bereits die einmalige Unterbrechung der zurückzuverfolgenden Kette führt dazu, dass der Versender der E-Mail nicht mehr herausgefunden werden kann.

cc) Usenet

Usenet war das erste Netzwerk nach Schaffung des ARPANET, das in gleichem Maße dezentral, aber unabhängig hiervon agierte.[141] Das Usenet besteht aus weltweit ca. 20.000 Servern, über die die Nutzer jegliche Formen von Dateien bereitstellen und abfragen können; die einzelnen Beiträge werden thematisch in sogenannte Newsgroups unterteilt.[142] Eine Besonderheit besteht insbesondere darin, dass hier zum Datenaustausch bereits die Existenz einer Telefonanlage mit Modem ausreichend ist, und die Nutzung von Usenet keine Internetverbindung voraussetzt.[143]

Die einzelnen Usenet-Server kommunizieren untereinander über Peering-Vereinbarungen, über die sie die Daten einander gegenseitig zugänglich ma-

---

139 *Seitz*, S. 30.

140 http://whatis.techtarget.com/definition/0,,sid9_gci212886,00.html; die Absenderdaten sind im sogenannten E-Mail-Header hinterlegt, der durch Remailer herausgelöscht wird; www.pcmag.com/encyclopedia_term/0,2542,t=anonymous+remailer&i=37793,00.asp.

141 Zur Entstehungsgeschichte *Lindemann*, www.usenet-support.de/Usenet-Historie.html.

142 http://de.powerusenet.com/usenet.html.

143 *Lindemann*, http://www.usenet-support.de/Usenet_Info.html; dennoch wird die Nutzung von Usenet über einen Internetverbindung empfohlen aufgrund schnellerer Übertragungsraten.

chen.[144] So können die Nutzer unterschiedlicher Usenet-Server dennoch alle upgeloadeten Inhalte abfragen, auch wenn sie ursprünglich von einem Nutzer eines „fremden" Usenet-Servers stammen.[145]

Die Nutzung von Usenet erfordert in der Regel die Einrichtung eines Benutzer-Accounts mit Benutzername, E-Mail-Adresse und Passwort, wobei besonders in Newsgroups mit privaten, nicht beruflichen oder wissenschaftlichen Inhalten oftmals unechte Namen und E-Mail-Adressen sind.[146]

Inhaltlich kommt es praktisch zu keiner Kontrolle oder Zensur der Downloads über die Usenet-Anbieter, was an den enormen umgesetzten Datenmengen liegt; die Speicherung der Download-Aktivitäten in Logfiles würde ein immenses Volumen an Speicherkapazität von den Anbietern verlangen, was in der erforderlichen Dimension nicht realisierbar ist.[147] Insofern haben Ermittlungsbehörden hinsichtlich des Download-Verkehrs keine Handhabe um Informationen über die Nutzung zu gewinnen außer der theoretischen Möglichkeit zur unmittelbaren Überwachung des abfragenden Rechners.[148]

Gegenüber den großen Mengen an Downloads über Usenet machen die Uploads allerdings nur einen Bruchteil aus; hier bietet sich die Kontrolle nicht nur aus Praktikabilitätserwägungen hinsichtlich der zu speichernden Transferinformationen an, sondern bereits aus dem Grunde, dass die Usenet-Anbieter mitunter ein eigenes Interesse an einer wirksamen Spam[149]-Kontrolle haben. Dazu wird dem eigentlichen Usenet-Server ein sogenannter Abuse-Server vorgeschaltet, der die hochgeladenen Inhalte auf enthaltenen Spam hin durchsucht: lädt ein Nutzer zu viel Spam in Usenet, kann er vom jeweiligen Anbieter gesperrt werden.[150] Genauso kann aber auch der Server gesperrt werden, wenn über ihn zu viel Spam verbreitet wird, sodass hier eine effektive Kontrolle der Nutzer angestrebt wird. Erfolgt der Upload in Usenet über eine Internetverbindung, was in der überwiegenden Anzahl der Fälle aufgrund des schnellen Datenaustauschs anzunehmen ist, registriert und speichert der Abuse-Server nicht nur die Kundennummer und

---

144 http://de.powerusenet.com/usenet.html.

145 http://de.powerusenet.com/usenet.html.

146 *Lindemann*, http://www.usenet-support.de/Usenet_Sicherheit.html.

147 http://de.powerusenet.com/usenet.html; *Lindemann*, www.usenet-support.de/ Usenet_Sicherheit.html; lediglich hinterlegt ist die geladene Datenmenge, was mitunter aus Abrechnungsgründen relevant sein kann.

148 Zur verdeckten Online-Durchsuchung mehr ab S. 108ff.

149 Unter Spamming versteht man unerwünschte Zusendungen, die vordergründig aus Werbe-Zwecken an zahlreiche Empfänger verschickt werden, *Frank*, S. 4ff.

150 *Lindemann*, http://www.usenet-support.de/Usenet_Sicherheit.html.

Account-Daten, sondern auch die IP des anbietenden Rechners.[151] Somit bilden die Abuse-Server durchaus einen interessanten Ansatzpunkt für Ermittler, wenn es um die Informationsbeschaffung via Usenet geht.

dd) Telnet

Die Möglichkeit, von einem Rechner aus einen anderen quasi fernzusteuern, ermöglicht die Anwendung Telnet.[152] Der ferngesteuerte Rechner wird dann „remote"[153] bedient. Dies erlangt auch heute noch insbesondere im Bereich beruflicher Netzwerknutzung Bedeutung, wenn Mitarbeiter von einem anderen Ort als ihrem eigentlichen Arbeitsplatz aus Zugriff „auf ihren Rechner" im Büro nehmen möchten. Ob diese Technik noch auf lange Sicht Bestand haben wird, insbesondere hinsichtlich des sich rasend entwickelnden Cloud Computing, dürfte fraglich sein und muss abgewartet werden.

Voraussetzung für eine solche Fernbedienung ist zunächst das erforderliche Telnet-Protokoll sowie die Software zur Umsetzung der übersandten Befehle, ferner müssen verschiedene verbindungstechnische Informationen seitens des fernzusteuernden Rechners vorliegen um die erforderliche Verbindung aufbauen zu können.[154]

Ist dies gegeben, so ist es möglich, beliebige Befehle über den Remote-Rechner auszuführen sowie die dort abgespeicherten Daten und Inhalte einzusehen, ohne physisch anwesend zu sein. Um das in dieser Möglichkeit verkörperte Missbrauchsrisiko kontrollieren zu können, wird die Telnet-Software seitens des ferngesteuerten Rechners in aller Regel die Eingabe eines Passwortes verlangen, bevor die extern gesteuerte Befehlseingabe erfolgen kann.[155]

ee) Internet-Relay-Chat

---

151 *Lindemann*, http://www.usenet-support.de/Usenet_Sicherheit.html.

152 http://www.kibelka.de/go/netz/telnet.html.

153 http://www.easy-network.de/remote-desktop.html.

154 Dazu zählt beispielsweise die IP-Adresse, http://technet.microsoft.com/de-de/library /cc754976(WS.10).aspx; www.elektronik-kompendium.de/sites/ net/0902271. htm.

155 *Seitz*, S. 39.

Das Internet-Relay-Chat (IRC) ist eine weitere Anwendungsform des Internet im Bereich der Echtzeit-Kommunikation.[156] Dabei wird die an die übrigen Chat-Teilnehmer, die sich eigenständig in einen laufenden Chat einwählen können, zu übersendende Nachricht mittels der „IRC-Client-Software" zunächst an einen IRC-Server geschickt und von dort an die Chat-Teilnehmer weitergeleitet.[157]

Da der IRC-Server als Verteiler fungiert, können zunächst nur diese Rechner via IRC miteinander verbunden werden, die über den gleichen Server laufen; um eine weitläufigere Vernetzung zu ermöglichen, sind daher viele IRC-Rechner nochmals untereinander verbunden und können so die ein- und ausgehenden Nachrichten ebenfalls in Echtzeit von Server zu Server und von dort an die jeweiligen Chat-Teilnehmer weitergeben.[158] Sind Chat-Teilnehmer verschiedener IRC-Server nicht über die Vernetzung ihrer IRC-Server verbunden, kann hier keine Echtzeit-Kommunikation stattfinden.

Neben der Versendung von Textdokumenten können auch Bilddateien und Grafiken via IRC übermittelt werden, was vermehrt genutzt wird, um anderen Teilnehmern illegale Inhalte zugänglich zu machen.[159]

Die Besonderheit von IRC gegenüber dem WWW oder der E-Mail-Kommunikation besteht darin, dass es sich hierbei nicht um eine speicherbasierte Anwendung des Internets handelt. Aufgrund der großen übermittelten Datenmengen und dem Charakter des IRC als Kommunikationsmedium in Echtzeit, ist das Abspeichern der zu verschickenden Inhalte auf einem Server weder erforderlich noch ohne Weiteres möglich; das Rekonstruieren der IRC-Kommunikation scheidet also in aller Regel aus.[160]

Zudem besteht die Möglichkeit, auch ohne IRC-Server die IRC-Echtzeit-Kommunikation wahrzunehmen, was als Direct Client Connections (DCC) bezeichnet wird.[161] Dann gibt der IRC-Server lediglich eine Anfrage von IRC-Client an IRC-Client weiter, die dann direkt via TCP/IP miteinander kommunizieren und die Daten austauschen. Zwar kann dann beim IRC-Server nachvollzogen werden, dass eine Anfrage von Client zu Client stattgefunden hat sowie welche IP-Adressen beteiligt waren; daneben ist den Logfiles der an der DCC

---

156 http://irc.fu-berlin.de/einfuehrung.html#wasirc.

157 http://irc.fu-berlin.de/einfuehrung.html#wasirc; *Seitz*, S. 55.

158 *Seitz*, S. 55: eine solche Verbindung einzelner IRC-Server wird als Subnet bezeichnet.

159 *San Miguel*, S. 1.

160 *Seitz*, S. 56: eine Rekonstruktion wäre lediglich denkbar, wenn man den IRC-Server, soweit dieser an der Kommunikation beteiligt ist, im Vorfeld entsprechend konfiguriert hat.

161 http://www.iss.net/security_center/reference/vuln/IRC_DCC_Chat.htm.

beteiligten Router zu entnehmen, dass und wann eine IRC-Kommunikation stattgefunden hat. Jedoch kann zum einen der Inhalt der Kommunikation nicht nachvollzogen werden und zum anderen werden die Informationen, die beim IRC-Server über die Anfrage hinterlegt werden, binnen kurzer Zeit gelöscht, weil diese seitens des IRC-Servers mangels Einbindung in die DCC bedeutungslos sind.[162]

Bei der Teilnahme an einem IRC-Chat kann der Verwender sich selbst ein Pseudonym zulegen; jedoch kann auch hier über einen WHOIS-Befehl[163] recherchiert werden, welche IP-Adresse sich hierunter verbirgt, welcher IRC-Server eingebunden ist sowie an welchen Chats der Nutzer teilnimmt.[164] Will ein Nutzer seine IP-Adresse verschleiern, kann er einen Webdienst in Anspruch nehmen, der dann seinerseits eine Verbindung mit dem IRC-Server aufbaut und an diesen die zu übermittelnde Nachricht weiterleitet; dann kann WHOIS nur jene IP-Adresse eruieren, die vom Webdienst an den IRC-Server mitgeschickt wurde.[165] Die IP-Adresse des eigentlichen Absenders der IRC-Nachricht kann dann nur noch über die Logfiles des zwischengeschalteten Webdienstes nachvollzogen werden.

Eine Sonderform des IRC-Chats sind Dienste wie ICQ oder MSN-Messanger, die zwar auch Formen der Echtzeit-Kommunikation darstellen, jedoch nicht öffentlich sind. An Chats via ICQ oder MSN kann ein Nutzer nur dann teilnehmen, wenn er und sein Gegenüber derselben Buddy-List oder Freundesliste angehören und darüber miteinander verbunden sind. Dann kann ein Chat erst eröffnet werden, sodass die Einsicht durch Außenstehende erst nach Einladung durch einen der beteiligten Buddies möglich ist.

ff) File-Sharing

Ein weiteres, aufgrund der enormen Dezentralität beachtliches Problem für Ermittlungsbehörden ergibt sich zudem aus der Existenz sogenannter File-Sharing-Systeme.[166] Hier können bei bestehender Internetverbindung und mithilfe der entsprechenden Software von jedem beteiligten Rechner beliebige Dateien zum Download bereitgestellt werden, auf die jeder Rechner, der online ist, zugreifen,

162 *Seitz*, S.56.

163 http://www.denic.de/hintergrund/whois-service/abfragebeispiele-enum-domains.html.

164 *Seitz*, S. 56f.: über den „whowas"-Befehl gilt dies auch für den Zeitraum, unmittelbar nachdem sich ein Teilnehmer wieder vom IRC-Server abgemeldet hat.

165 *Seitz*, S. 57.

166 Besondere Bekanntheit genießen etwa Morpheus oder Limewire.

also downloaden, kann. Selbst wenn innerhalb dieses Systems einer der beteiligten Rechner ausfällt, ist der Datenfluss nicht gehindert und kann über die übrigen involvierten Rechner ungestört weiterlaufen.[167]

Es gibt zwei Wege, die IP-Adressen der Rechner, die eine Datei zum Download anbieten, anderen Nutzern zugänglich zu machen.

Bei einer der beiden Möglichkeiten geben die Rechner, die Dateien bereithalten, Informationen über den Inhalt der Datei an einen eingeschalteten Server weiter, der dort die verschiedenen Dateien kategorisiert und Verzeichnisse darüber anlegt, also etwa sortiert nach Musik-Dateien, Film-Dateien oder Bild-Dateien. Sucht nun ein Nutzer nach einem bestimmten Inhalt und kommt es zu einem Treffer in einem Verzeichnis, wird dem Nutzer die IP-Adresse des Rechners mitgeteilt, von dem die Datei angeboten wird. Bei Interesse kann dann der anfragende bzw. suchende Rechner eine direkte Verbindung mit dem bereithaltenden Rechner herstellen und von diesem die Datei downloaden.[168] Hier könnte zumindest seitens der die Verzeichnisse führenden Server ein Ansatzpunkt für Ermittlungen gefunden werden, wenn auf deren Server nach einem bestimmten Stichwort gesucht worden ist. Der direkte Kontakt der eigentlich am Datenaustausch beteiligten Rechner kann kaum mehr nachvollzogen werden.[169]

Die zweite Möglichkeit des File-Sharings nimmt den Ermittlungsbehörden faktisch auch diesen Ansatzpunkt. Hierbei fungiert kein Server als quasi Sammelstelle für Informationen über verfügbare Dateien. Stattdessen wird eine Anfrage über eine bestimmte Datei von Rechner an Rechner weitergegeben, bis es bei einem Rechner zu einer Übereinstimmung kommt; da der Rechner, der eine gesuchte Datei bereithält, in diesem System aber nur die IP-Adresse des ihn anfragenden Rechners kennt und nicht jene des Rechners, der ursprünglich den Suchauftrag abgegeben hat, kann die betreffende Datei auch nicht direkt an den downloadenden Rechner übermittelt werden.[170] Vielmehr muss die Datei sozusagen den Rückweg über alle Rechner und IP-Adressen nehmen, über die auch die Anfrage gelaufen ist, bis sie bei Ausgangsrechner ankommt.

Soll hier im Wege von Ermittlungen eine Datenabfrage zurückverfolgt werden, müssen die Behörden den ununterbrochenen Transfer vom bereitstellenden Rechner bis zum Downloader nachrecherchieren; sobald dies an einem einzigen

---

167 *Seitz*, S. 58.

168 *Seitz*, S. 58; http://www.scheinschatten.de/wie-funktioniert-filesharing-und-kostenlos-downloaden.html.

169 *Seitz*, S. 58.

170 *Seitz*, S. 58; http://www.scheinschatten.de/wie-funktioniert-filesharing-und-kostenlos-downloaden.html.

der beteiligten Rechner scheitert, kann der End- bzw. Ausgangspunkt der Transaktion nicht mehr ermittelt werden.

Während diese Verbindungsvariante für File-Sharing vor noch nicht allzu langer Zeit noch die Ausnahme bildete, da die Internetnutzung aus Kostengründen regelmäßig nur von kurzer Dauer über Modem aufgebaut wurde und sich damit die Masse an verfügbaren Dateien sowie Verbindungswegen von mit dem Internet verbundenen Rechnern in Grenzen hielt,[171] ist heute hierin durchaus ein erhebliches Problem für die Ermittler enthalten: immer mehr Rechner, seien es stationäre Computer oder mobile Endgeräte, sind dauerhaft mit dem Internet verbunden, fördern so die Weitläufigkeit der Vernetzung der einzelnen Rechner und folglich auch die Dezentralität von File-Sharing-Systemen.

gg) Voice-over-IP

Zudem gibt es die Möglichkeit, über die Internetverbindung zu telefonieren, was insbesondere auch im Bereich Ländergrenzen überschreitender Telefonverbindung jedenfalls in finanzieller Hinsicht eine attraktive Alternative zur klassischen Telefonie über das Telefonnetz darstellt.[172] Diese Internet-Telefonie wird als Voice-over-IP (VoIP) bezeichnet und kann sowohl von Rechner zu Rechner als auch von Telefon zu Rechner (und umgekehrt) als auch direkt von Telefon zu Telefon stattfinden.

Erforderlich für die Teilnahme an VoIP sind die entsprechende Software sowie ein Mikrofon, das an die Soundkarte angeschlossen wird. Nachdem die Sprache über das Mikrofon aufgenommen und auf dem Rechner gespeichert wurde, wandelt die Software die Sprache in digitale Einheiten um, die dann als Datenpakete über IP an einen für VoIP spezifischen Server verschickt werden; sofern der andere an der Telefonie beteiligte Rechner ebenfalls und zur gleichen Zeit mit diesem Server verbunden ist, kann er von ihm diese IP-Pakete empfangen und nach erneuter Umwandlung als Sprachnachricht entgegennehmen.[173]

---

171 *Seitz*, S. 59.

172 Methoden zur Übertragung digitaler Sprache entstanden in Grundzügen schon Anfang der 1970er Jahre im ARPANET, wirklich massentauglich wurde die Internettelefonie jedoch erst Anfang des 21. Jahrhunderts, www.via-voip.de/Historie+der+Telefonie-VoIP-Technik-3.html. Neben VoIP hat sich insbesondere die Telefonie-Software Skype als Internettelefonie-Dienst etablieren können, die allerdings nicht die Datenübertragung via IP realisiert, sondern auf einer Peer-to-Peer-Grundlage beruht: http://www.voip-information.de/peer-to-peer.html.

173 *Seitz*, S. 59; http://www.voip-4u.de/wie-funktioniert-voip.html.

Soll als Endgerät ein Telefon fungieren, muss entweder das Telefonsystem an einen Rechner angeschlossen sein, der die IP-Pakete in für das Telefon empfängliche Signale umwandeln kann, oder ein funkfähiges Telefon als Endgerät an einen VoIP-fähigen DSL-Router angeschlossen sein.

Im Bereich der Internettelefonie kommen als Ansatz für Ermittlungen die Logfiles der beteiligten Rechner in Betracht, da die zu IP-Paketen umgewandelten Sprachnachrichten hierüber vermittelt werden.[174]

3. Zusammenfassung

Nachdem nun der erforderliche technische Einstieg gefunden wurde, erfolgt hier nochmals ein zusammenfassender Überblick darüber, was die technischen Gegebenheiten des Internets den Ermittlungsbehörden an Möglichkeiten und Ansatzpunkten zur Erhebung relevanter Daten eröffnen.

Grundsätzlich entstehen überall dort, wo IP-Pakete transferiert werden, Daten über diesen Prozess, die gespeichert und gesammelt werden können. Diese Daten sind dabei zum einen die angefragten Daten und Inhalte selbst, die für die Übermittlung in IP-Pakete zerlegt und auf der Festplatte des beteiligten Rechners abgespeichert wurden, sowie die Informationen, die über die Anfrage sowie den Datenaustausch in den Logfiles der beteiligten Rechner gespeichert werden.

Die angefragten Daten selbst werden in der Regel nur endgültig auf den am Transfer beteiligten Rechnern abgespeichert; Router müssen enorme Datenmengen bewegen, sodass eine Speicherung die entsprechende Speicherkapazität in Form von Festplatten etc. erforderte und somit hier eine auch nur kurzzeitige Speicherung aus finanziellen Gründen ausscheidet.[175] Deshalb werden die eine Übertragung betreffenden Daten nach Abschluss des Prozesses vom Router umgehend gelöscht.

Wie oben bereits erwähnt, erstellt ein Rechner nur dann Logfiles über den stattgefundenen Datenverkehr, wenn dies vorab so konfiguriert wurde.[176] Dies mag seitens von Internet Access Providern vornehmlich dann geschehen, wenn die

174 Der Klarheit halber sei an dieser Stelle nochmals betont, dass es hier ausschließlich um die Ansatzpunkte für Ermittlungen geht, die sich aus der eigentlichen Netzwerktechnik ergeben können. Darüber hinausgehende Ansatzpunkte über beispielsweise manipulierte Softwareprogramme werden im Zusammenhang mit verschiedenen webbezogenen Herangehensweisen der Behörden dargestellt.

175 *Seitz*, S. 62.

176 Vgl. S. 37.

Kenntnis über Verbindungsdaten beispielsweise für eine Abrechnung (beispielsweise bei einem volumengebundenen Internettarif) von Bedeutung ist. Durch die verbreitete Nutzung von Flatrates, also zeit- und volumenunabhängigen Pauschaltarifen, erübrigt sich das Interesse der Provider jedoch zunehmend. Vielmehr ist es so, dass eine Erhebung und Speicherung entsprechender Daten ohne begründetes Interesse des Providers unzulässig ist.[177] Ebenso wenig sind die Verbindungsdaten im Bereich öffentlicher Internetzugänge wie Universitäten oder Internet-Cafes für die Provider interessant. Außerdem wäre auch hier bei der vorfindlichen Datenmenge die Anschaffung der erforderlichen Speichermedien notwendig, was wiederum einen beachtlichen Kostenfaktor darstellen kann. Abgesehen von diesem wirtschaftlichen Interesse ist noch denkbar, dass Daten aus Logfiles für statistische Zwecke oder zur Aufdeckung von Sicherheitslücken in Rechensystemen verwendet werden.[178]

Ansatzpunkte für Ermittlungsmaßnahmen bilden neben den die angefragten Daten endgültig abspeichernden Host-Rechnern zusammenfassend also insbesondere die Logfiles folgender Orte:

- Server, die den Internetzugang gewährleisten, also Router bei Anbindungen mittels Netzwerkkarte bzw. Server der Internet Access Provider bei Einwahl übers Telefonnetz
- Proxy-Server
- E-Mail-Server
- Web-Server
- IRC-Server
- Router

Je nach Konfiguration durch den Systemadministrator und abhängig von der Art der Internetverbindung und des betroffenen Ortes werden hier die am Austauschvorgang beteiligte IP- und MAC-Adressen, E-Mail-Adressen, Tag sowie Uhrzeit des Kontakts gespeichert, etwaige Identifikationsmerkmale wie Nutzernamen und Passwörter, Dateinamen und Pfade der Dateien, DNS, URL und Eingabe sowie Reaktion auf Befehle hinterlegt.[179]

177 Vgl. § 97 TKG.

178 *Seitz*, S. 63.

179 Hierzu nochmals sehr ausführlich *Seitz*, S. 64ff.

II. Exkurs: Mobiles Internet, Social Media und Cloud Computing

Nachdem die Grundlagen der Internettechnik dargestellt wurden, erfolgt an dieser Stelle ein Blick auf drei Facetten bzw. Vorkommnisse im Bereich der Internetnutzung, die in zunehmendem Maße Anwendung finden.

Zum einen spielt mobile Internetnutzung über Mobiltelefone oder Surfsticks[180] eine wachsende Rolle.[181] Zum anderen wird in immer größerem Maße über Social Networks wie Twitter[182] und facebook[183] kommuniziert. Da auch über die Netzwerke der Austausch von Dateien möglich ist, stellt sich auch hier die Frage, ob und wie ein Zugriff von Ermittlungsbehörden aus zunächst technischer Sicht möglich ist. Darüber hinaus gewinnt das sogenannte Cloud Computing mehr und mehr an Bedeutung, bei dem große Internetunternehmen ihre Server-Kapazitäten an Dritte gewissermaßen untervermieten und so eine nochmals gesteigerte Dezentralität des Internets erwirken.

1. Mobiles Internet

Nicht nur aufgrund der Flexibilität, die mobiles Internet insbesondere über Mobiltelefone bietet, sondern auch wegen immer attraktiverer Tarife und einfacher Bedienbarkeit der Endgeräte und der Funktionen genießt die Internetnutzung auf mobilen Endgeräten zunehmende Beliebtheit.[184] Neue Applikationen und web-

180 Surfsticks können Notebooks und ähnliche tragbare Computer via USB-Port über das Mobilfunknetz ins Internet einwählen. Da es insofern keine technischen Besonderheiten zum direkten Einwählen ins Mobilfunknetz über Handys gibt, beziehen sich die weiteren Ausführungen hierauf.

181 Von 2009 auf 2010 ist der Anteil an mobiler Internetnutzung laut statistischem Bundesamt um 78 % gestiegen: http://www.destatis.de/jetspeed/portal/cms/Sites /destatis /Internet/DE/Presse/pm/2011/02/PD11__060__63931,templateId=renderPrint.psml.

182 http://twitter.com/, äußerst übersichtlich: http://www.seo-united.de/blog/internet/twitter-in-zahlen.htm.

183 https://www.facebook.com/, äußerst übersichtlich: www.seo-united.de/blog /internet/ facebook-in-zahlen.htm.

184 Während sich der Verkauf von Mobiltelefonen von 2009 auf 2010 insgesamt um knapp 32 % auf 1,6 Milliarden Verkäufe weltweit gesteigert hat, stieg der Verkauf von Smartphones dabei um knapp 72 %, was nun bereits 19 % aller verkauften Mobiltelefo-

basierte Programme, die speziell für die Kommunikation über Mobiltelefone entwickelt werden, erfordern bereits eine Internetverbindung über das Handy, um den Dienst nutzen zu können.[185]

a) Historie

Zu Beginn des mobilen Internets via Mobiltelefonie konnte eine Internetverbindung über die Software WAP (Wireless Application Protocol) hergestellt und genutzt werden. WAP funktioniert vergleichbar einem Web-Browser und übermittelt Webseiten, E-Mails etc. aus dem WWW auf das Mobiltelefon. Dies geschieht in den Anfängen des mobilen Internets um 1997 jedoch noch zu geringen und unkomfortablen Übertragungsraten, hohen Gebühren und zudem auf kleinen, untauglichen Displays der Endgeräte.[186] Bis heute hat sich dieser Bereich jedoch wie kaum ein Zweiter weiterentwickelt. Über EDGE, HSDPA, HSUPA, UMTS und GPRS kann man Internet unterwegs heute nahezu genauso schnell und komfortabel nutzen wie von zu Hause oder dem Arbeitsplatz aus.

Die mobilen Endgeräte können dabei heute beinahe als PC in Miniaturformat beschrieben werden: BlackBerrys etwa, der Vorreiter im Smartphone-Bereich des Herstellers Research in Motion (RIM), verfügt über eine komplette Tastatur, was die Eingabe von Befehlen oder das Verfassen von E-Mails erheblich vereinfacht; das iPhone 4 des Herstellers Apple verfügt über eine Speicherkapazität von bis zu 32 Gigabyte.

Im Folgenden werden die heute vorhandenen verschiedenen Zugriffsmöglichkeiten von Smartphones auf das Internet kurz dargestellt sowie mögliche technische Ansatzpunkte der Ermittlungsbehörden aufgezeigt. Für die Verfügbarkeit der einzelnen Verbindungsmöglichkeiten ist es selbstverständlich prinzipiell erforderlich, dass ein Endgerät seinerseits die jeweilige Technik unterstützt, was an dieser Stelle für die weitere Untersuchung unterstellt wird.

---

ne ausmacht: http://news.preisgenau.de/android-iphone-statistik-smartphone-verkaufe-wachsen-um-72-in-2010-17492.html.

185 Beispielsweise das Programm “WhatsApp”, das es Nutzern von Smartphones erlaubt, bei bestehender Internetverbindung kostenfrei im Echtzeit-Chat Textnachrichten, Bilder und Videos auszutauschen.

186 http://www.areamobile.de/ratgeber/handy/internet/mobiles-internet-wie-funktioniert-internet-auf-dem-handy.

b) GPRS, UMTS, EDGE, HSDPA und HSUPA

GPRS steht für General Packet Radio Service, bedeutet also übersetzt allgemeiner paketbezogener Funkdienst; GRPS ist ein Übertragungsdienst des herrschenden Mobilfunk-Standards GSM, was heute wiederum für Global System for Mobile communications steht.[187] GSM greift auf Funkbereiche zu, die national zugeteilt und an verschiedene Lizenznehmer aus dem Mobilfunkbereich verteilt werden; diese Funkbereiche können via GPRS unter anderem auch zur Einwahl ins Internet via Mobiltelefon genutzt werden.[188] GPRS arbeitet paketorientiert, was bedeutet, dass die übermittelten Daten beim Sender zunächst in Pakete zerteilt, sodann übertragen und erst beim Empfänger wieder zusammengesetzt werden.[189] Dabei besteht keine dauerhafte Verbindung ins Funknetz, sondern lediglich dann, wenn Daten auch tatsächlich übertragen werden. Die Übertragung der einzelnen Pakete erfolgt nicht zeitgleich, sondern immer Paket für Paket; solange ein Paket noch übertragen wird, kann kein anderes, auch nicht eines anderen Nutzers, der dieselbe Mobilfunkzelle nutzt, in der gleichen Geschwindigkeit übertragen werden.[190] Je mehr Nutzer sich deshalb gleichzeitig über GPRS einwählen, umso stärker nimmt die Übertragungsgeschwindigkeit ab, da abwechselnd von jedem Nutzer Paketelemente übermittelt werden müssen.

Zur Verbindungsherstellung muss das GPRS-taugliche mobile Endgerät zunächst eingeschaltet werden, woraufhin es mit dem GSM-Funknetz synchronisiert und somit die vorhandenen Funkkanäle nutzen kann. Den Abschluss der Synchronisation bildet die Verbindung zum Base Station Controller (BSC) und

187 Früher verbarg sich hinter GSM die Abkürzung für die europäische Kommission „Groupe Speciale Mobile“, die den Weg für digitale und damit mobile Kommunikation bereitete; mehr dazu unter http://www-lehre.informatik.uni-osnabrueck.de/mc/ material/smartphones/gsm_01.html.

188 Vgl. auch http://www.gsmworld.com/our-work/index.htm; eine detaillierte Erklärung zur Aufteilung und zum Aufbau des GSM-Netzwerks ist zu finden bei *Karadeniz*, S. 2ff.

189 Neben der paketorientierten Datenübertragung ist diese auch leitungsgebunden möglich, beispielsweise über Circuit Switched Data (CSD) oder weiterentwickelt zum Highspeed Circuit Switched Data (HSCSD); diese Techniken werden aber zunehmend von den paketorientierten, hier aufgeführten Verbindungsmöglichkeiten verdrängt: Im Detail zu CSD/HSCSD: http://www.rothberger.net/pages/faq/csd_hscsd_gprs.shtml.

190 Bundesnetzagentur UMTS, S. 1: so erklärt sich auch die niedrige Übertragungsgeschwindigkeit via GPRS.

den dazugehörigen Base Transceiver Stations (BTS); an die jeweils zuständige BTS werden die zu übertragenden Daten gesandt, womit die Synchronisation abgeschlossen ist und GPRS zur Nutzung bereit steht.

Den Datenaustausch ermöglichen im letzten Schritt Serving GPRS Support Node (SGSN) und Gateway GPRS Support Node (GGSN), die den Datenverkehr über GPRS organisieren und vermitteln.[191] Zunächst wird eine Verbindung via BTS von dem mobilen Endgerät zum Knotenpunkt SGSN hergestellt, der die Anfrage des Endgeräts auf eine Verbindung zum Internet an GSGN weitergibt. Dort wird dann letztlich die Verbindung nach außen in andere Netzwerke (etwa in IP) ermöglicht. SGSN und GGSN, die untereinander und nach außen ebenfalls über IP kommunizieren, sind also zunächst als Bindeglied zwischen dem mobilen Endgerät und dem Internet zwischengeschaltet. Durch das Packet Data Protocol Context (PDP-Context) vermittelt GGSN dem mobilen Endgerät eine IP-Adresse und somit die Anbindung des Endgeräts an das IP-Netz und ermittelt und realisiert die Kommunikationsparameter, die für den Datenaustausch zwischen mobilen Endgerät und dem angefragten Netzwerk erforderlich sind.[192]

Damit ist die direkte Verbindung zwischen IP-Netzwerk und mobilem Endgerät mittels GPRS vorhanden, sodass eine Internetnutzung, in der Regel das Aufsuchen des WWW oder von E-Mail-Diensten, über Service-Provider ablaufen kann.

Ansatzpunkt für Ermittlungen kann nun Zweierlei sein. Zum einen ist in der Logfile des zunächst von GGSN angefragten Servers diese Kommunikation, die ja direkt über IP stattfindet, zumindest zeitweilig hinterlegt; zum anderen kann anhand der Logfiles nachvollzogen werden, wie der interne Gang der Datenübertragung von externem Netzwerk und GGSN zu SGSN zu BTS stattgefunden hat, die ihrerseits auch über IP kommunizieren. Die ursprüngliche Synchronisation zwischen BTS und Endgerät kann anhand der Subscriber Identity Module-Karte (SIM-Karte) nachvollzogen werden. Die SIM-Karte ist die dem Nutzer eines Endgeräts zugeordnete Identifikations- und Abrechnungsmöglichkeit zugunsten des Mobilfunkanbieters, die als Chipkarte ins Endgerät eingefügt wird;[193] die Anfrage des Endgeräts an den BTS wird also allein schon aus Abrechnungsgründen beim Mobilfunkanbieter dokumentiert.

Weniger zielführend ist jedoch dagegen die Rückverfolgung der Verbindung, die mittels GPRS unmittelbar zwischen Endgerät und IP-Netzwerk hergestellt wurde: da es bei der über GGSN vermittelten Kommunikation gegenwärtig noch

191 Mehr hierzu unter http://www.virenschutz.info/Wie-funktioniert-GPRS-gprs-5.html.

192 Mehr hierzu unter http://www.virenschutz.info/Wie-funktioniert-GPRS-gprs-5.html.

193 http://www.umtslink.at/content/GSM_SIM_Karte-158.html.

zu einer dynamischen IP-Adressierung des Mobiltelefons kommt,[194] kann hier kein eindeutiges Identifizieren eines Endgeräts anhand der IP-Adresse durch Ermittlungsbehörden erreicht werden. Dieser Umstand könnte sich jedoch womöglich mit Umstellung der IP-Software auf die neuste Version IPv6 ändern; aufgrund mangelnder verfügbarer IP-Adressen soll ein neues Benennungs- und Verteilungssystem für erheblich mehr freie IP-Adressen implementiert werden, dann könnte unter Umständen bald jedem Endgerät eine eigene, statische IP-Adresse zugeordnet und die zweifelsfreie Identifizierung auch mobiler Endgeräte zugunsten der Ermittlungsbehörden ermöglicht werden.[195]

Edge ist die Abkürzung für Enhanced Data Rates for GSM Evolution und wird auch als EGPRS (Enhanced GPRS) bezeichnet.[196] Wie es der Name schon andeutet, verbessert EDGE die bestehende GSM/GPRS-Übertragung. Basierend auf dem GPRS-Standard beschleunigt EDGE die Datenübertragung pro Zeiteinheit etwa durch Nutzung der Zeitschlitze zwischen den einzelnen Paketübertragungen in GPRS; selbst wenn sich also eine Vielzahl an Nutzern in eine Mobilfunkzelle einwählt, steigert EDGE die verfügbare Kapazität und damit die Geschwindigkeit, ohne dass wie bei UMTS eine erhöhte Frequenz erforderlich wird.[197] Anders als UMTS erfordert EDGE keine neuen technischen Anlagen um empfangen werden zu können; in der Regel genügt das Aufrüsten der vorhandenen GMS-Anlagen durch ein Software-Update, was wesentlich kostengünstiger ist als der Neubau entsprechender technischer Anlagen.

UMTS steht für Universal Mobile Telecommunication System und ist die Bezeichnung für Systeme des Mobilfunks der dritten und damit auf GMS/GPRS

---

194 Vgl. unter S. 32; *Schieb*, S. 1.

195 *Schieb*, S. 2.

196 http://www.teltarif.de/mobilfunk/edge/technik.html; http://www.hsdpaflatrates.de/magazin/was-bedeutet-edge/.

197 Inzwischen wird bereits die nächste Aufrüstung des GSM-Netzes nach EDGE geplant: Evolved EDGE soll die Übertragungsraten nochmals steigern und die Auslastung der Funkzellen weiter optimieren, vgl. http://www.dsl-magazin.de/edge/.

folgende Generation.[198] UMTS nutzt einen anderen Frequenzbereich als GSM und kann eine schnellere Datenübertragung gewährleisten.[199]

Wie die Übertragungen via GSM ist UMTS paketorientiert. Anders als bei der Übertragung via GSM allerdings entsteht hierbei zwischen den einzelnen Übertragungssequenzen keine Pause, sondern die Pakete können mittels UMTS als Ganzes und gleichzeitig mit Daten anderer Nutzer verschickt werden.[200] Dabei ist es erforderlich, dass jeweils nur der Empfänger einer Datei alleine befähigt ist, diese zu entschlüsseln, um nicht andere Informationen, die via UMTS alle über dasselbe Frequenzband übertragen werden, entgegennehmen zu können.[201] Um dies zu gewährleisten wird ein spezieller Code eingesetzt, der Wideband Code Division Multiple Access (WCDMA), der Sendern und Empfängern die jeweils zusammengehörenden Codes zur Entschlüsselung von UMTS-Nachrichten bereitstellt und zudem ermöglicht, dass durch eine vergrößerte Bandbreite höhere Übertragungsgeschwindigkeiten zur Verfügung stehen und mehrere Nutzer gleichzeitig und bei konstanter Geschwindigkeit über einen Frequenzkanal kommunizieren können.[202] Um einen Datenaustausch via UMTS zu ermöglichen, muss zunächst eine Kommunikation zwischen UMTS-Endgerät und der UMTS-Basisstation hergestellt werden, wozu die Schnittstelle UMTS Terrestrial Radio Access (UTRA) dient.[203] Aufgrund der für UMTS erforderlichen, von GSM abweichenden Frequenz müssen jedoch zum Teil neue Antennen- und Senderanlagen errichtet werden, um den Dienst anbieten zu können. Dies ist zum einen zeitaufwendig, zum anderen mit Kosten verbunden, sodass UMTS noch nicht flächendeckend verfügbar ist.

---

198 UMTS wird deswegen auf verschiedenen Smartphones, etwa dem Apple iPhone als „3G“ angezeigt. Heute praktisch bedeutungslos und obsolet ist die analoge erste Generation, bezeichnet als A-,B-, C-Netz, dazu siehe unter Bundesnetzagentur Mobilfunk, S. 1f. Eine weitere, noch in der Entwicklung befindliche Technologie und zukünftiger Nachfolger von UMTS ist Long Term Evolution (LTE), die die 4. Generation mobiler Internetnutzung bilden wird; *Sawall*. LTE wurde auf der Technologiemesse CES im Jahr 2012 bereits verstärkt als Zukunft der mobilen Datenwelt dargestellt und erste LTE-taugliche Endgeräte wurden vorgestellt.

199 Bundesnetzagentur UMTS, S. 1, 4, 7: die Geschwindigkeit der Datenübertragung beträgt 384 kbit/s bis 2 Mbit/s bei UMTS, während GSM lediglich 9,6 kbit/s und GPRS maximal etwa 171 kbit/s bereitstellen, wobei auch die Nähe und Erreichbarkeit der jeweiligen Basisstation eine Rolle spielt.

200 Bundesnetzagentur UMTS, S. 1.

201 Bundesnetzagentur UMTS, S. 1.

202 Bundesnetzagentur UMTS, S. 1; *Franz*, S. 1.

203 Bundesnetzagentur UMTS, S. 6; daneben, aber weniger verbreitet gibt es noch die Vermittler TDMA (Time Division Multiple Access), FDMA (Frequency Division Multiple Access), die die Kommunikation via UMTS ermöglichen.

Während also EDGE ein Upgrade des GSM-Netzes ermöglicht, erweitert der High Speed Downlink Packet Access (HSDPA) das UMTS-Netz und soll noch höhere Übertragungsgeschwindigkeiten, hier speziell beim Herunterladen von Daten, gewährleisten. Dem steht der High Speed Uplink Packet Access (HSUPA) gegenüber, der das Absenden, also den Upload von Daten, beschleunigt.[204] Ist eine Mobilfunkstation nur mit einem Upgrade versehen, funktioniert die beschleunigte Kommunikation in die jeweilige Richtung. Die Einwahl von UMTS in HSDPA/HSUPA und umgekehrt geschieht automatisch in beide Richtungen: wenn sich ein Nutzer im Empfangsbereich von HSDPA/HSUPA aufhält, kann er automatisch diese Geschwindigkeit nutzen. Sobald er den Radius verlässt, in dem HSDPA/HSUPA von einer Mobilfunkstation ausgeht, wählt sich das Mobiltelefon automatisch über UMTS ins Internet ein.[205]

HSDPA/HSUPA nutzt die vorhandenen UMTS-Frequenzen besser aus, als dies UMTS allein kann, und speziell HSDPA erweitert die UMTS-Frequenzen um verschiedene Highspeed-Kanäle, wie High Speed - Downlink Shared Channel (HS-DSCH) oder High Speed - Physical Downlink Shared Channel (HS-PDSCH).[206]Ab dem Kontakt mit der jeweiligen Basisstation läuft der Verbindungsaufbau und die Netzwerkarchitektur mittels UMTS, EDGE und HSDPA/HSUPA identisch wie bei der Internetverbindung über GPRS ab: zunächst wird SGSN kontaktiert, der die Anfrage an GGSN weitergibt. Hier wird dem mobilen Endgerät wiederum die IP-Adresse zugeordnet, die erforderlich ist, damit der direkte Kommunikationsaustausch zwischen Endgerät und Netzwerk, also dem Internet, stattfinden kann. Insofern gilt auch für die Ansatzpunkte von Ermittlungstätigkeit jeweils das oben für GPRS Gesagte.

Zuletzt im Zusammenhang mit dem GSM-Standard nennenswert ist die Thematik um die sogenannte „Stille SMS“: hierbei handelt es sich nicht um eine SMS in der klassischen Form, sondern um eine „stille“ Datenübertragung, die sich – eine Sicherheitslücke im GSM-Standard ausnutzend - lediglich auf die IMEI-Nummer[207] eines Mobiltelefons beschränkt, diese anfragt und von der der Empfänger keine Kenntnis erlangt. Dennoch fallen bei dieser Art des Datenaustauschs Verbindungs- und Netzwerkdaten an, die die Behörde über eine Anfrage bei dem jeweiligen Netzbetreiber des angepeilten Mobiltelefons in Erfahrung bringen kann und über die sodann auch eine Lokalisierung des Endgeräts mög-

204 http://www.hsdpa-hsupa.de/begriffserklaerung-was-ist-hsdpa-hsupa-umts-edge.
205 http://www.hsdpa-hsupa.de/begriffserklaerung-was-ist-hsdpa-hsupa-umts-edge.
206 http://www.hsdpa-hsupa.de/begriffserklaerung-was-ist-hsdpa-hsupa-umts-edge.
207 International Mobile Equipment Identity = Seriennummer.

lich ist.[208] Dass dies nicht nur eine theoretische Möglichkeit der Behörden darstellt, zeigt sich an verschiedenen Beispielen aus der Praxis: so sollen alleine im Jahr 2010 bundesweit über 440.000 Ortungsimpulse von Behörden versandt worden sein.[209]

c) Mobiltelefone, Laptops, Netbooks und Wireless Local Area Networks

Zuletzt ist auf die Möglichkeit einzugehen, sich mit einem mobilen Endgerät, also beispielsweise einem Smartphone, einem Tablet PC, einem Laptop oder Netbook, in ein bestehendes Wireless Local Area Network (WLAN) einzuwählen.[210]

Hierbei handelt es sich um lokale Netzwerke, deren WLAN-Router durch eine Funkverbindung auch solche Endgeräte mit dem Internet verbinden kann, die nicht durch Hardware direkt mit dem Router verbunden sind, eben „kabellos“. Grundsätzlich kann daher auch ein Mobiltelefon, sofern es über eine WLAN-Funktion verfügt, in das Netzwerk eingebunden werden.

Ist die Funkverbindung zum Router nicht durch ein Passwort bzw. durch einen Netzwerkschlüssel geschützt, kann sich das mobile Endgerät direkt in das Internet einwählen. Andernfalls ist die Eingabe des Passwortes bzw. Netzwerkschlüssels erforderlich, um über den Router eine Internetverbindung zu erhalten.

In dieser Konstellation verhält sich auch das Smartphone etwa wie ein normaler Computer und baut keine eigene direkte Internetverbindung über das Mobilfunknetz und die SIM-Karte auf, sondern geht über einen Internet-Browser, das lokale Funknetz und den jeweiligen WLAN-Router als Schnittstelle online.

Der Anwender nutzt in diesem Fall den WLAN-Router als Gateway ins Internet.[211] Viele moderne WLAN-Router können theoretisch gleichzeitig 255 WLAN-Geräte verwalten und mit dem Internet verbinden. Die lokalen IP-

---

208 Die Lokalisierung geschieht über Funkzellenzuordnung vgl. http://www.computerbild.de/artikel/cb-Aktuell-Sicherheit-Handy-Ortung-stille-SMS-stealthy-ping-7249890.html.

209 http://www.computerbild.de/artikel/cb-Aktuell-Sicherheit-Handy-Ortung-stille-SMS-stealthy-ping-7249890.html.

210 Darüber hinaus ist es heute bereits möglich, ein Smartphone selbst, etwa ein Apple iPhone, als eigenständigen WLAN-Router zu nutzen und sogar als Hot Spot für andere Endgeräte einzurichten.

211 http://www.was-ist-wlan.de/.

Adressen werden, je nach Parametrierung des Routers, dynamisch oder manuell statisch vergeben. Von "außen" ist nur die dynamische, vom Internetprovider vergebene, IP-Adresse des Routers sichtbar.[212] Die intern vergebenen IP-Adressen sind nur lokal vorhanden und von "außen" nicht erkennbar. Es ist deshalb anhand der IP-Adressen von "außen" nicht feststellbar mit welchem Gerät sich der bzw. die Anwender im Internet bewegen. Smartphones unterschieden sich dabei bei dem Zugriffsvorgang auf ein bestehendes WLAN nicht von anderen mobilen Endgeräten wie einem Notebook.

Zuletzt in diesem Kontext mobilen Internets zu nennen ist die umgekehrte Perspektive der technischen Anknüpfungspunkte, der Gateways, die es den Endgeräten innerhalb eines bestehenden Netzwerks ermöglichen ins Internet zu gehen.

Dem Administrator eines WLAN-Netzwerkes ist die Möglichkeit gegeben, den Zugang zu seinem Netzwerk durch verschiedene Verschlüsselungstechniken zu regulieren. Der private Nutzer wird dabei regelmäßig den Weg des Schutzes über eine Passwortverschlüsselung wählen: dann wird der Zugang zum Internet über einen Router nur hergestellt, wenn über das anfragende Endgerät das im Vorfeld festgelegte Passwort eingegeben wird.[213] Hat ein Administrator dagegen keine Verschlüsselung gewählt, so kann sich jedes mobile Endgerät, das sich innerhalb des Empfangsbereichs des Routers befindet, ohne Weiteres über diesen Router mit dem Internet verbinden. Die dann erfolgende Abfrage von Inhalten wird wie oben dargestellt auf die IP-Adresse des Routers zurückzuführen sein, das handelnde Endgerät dagegen kann sich in dieser Konstellation anonym im Internet bewegen.

Insofern ist die Nutzung einer Verschlüsselungstechnik zumindest jedem rein privaten Betreiber eines Routers dringend zu raten um die Möglichkeit einer rechtsmissbräuchlichen Verwendung eines Accounts zu verringern, zumal sich der Betreiber eines Routers im Falle rechtsmissbräuchlicher Internetnutzung über seinen Anschluss nur unter strengen Voraussetzungen exkulpieren kann.[214] Soweit gerade gewerbliche Anbieter bewusst einen nicht zugangsbeschränkten

---

212 http://www.tipps-tricks-kniffe.de/router-ip-herausfinden-die-ip-adresse-des-dslwlan-routers-ermitteln/

213 Zum Teil gibt es solche WLAN-Netze auch an öffentlichen Plätzen wie Bahnhöfen, Restaurants, Universitäten oder Bibliotheken; in der Regel wird auch an solchen so genannten Hot Spots die Eingabe eines Passwortes erforderlich sein, um eine Internetverbindung herstellen zu können.

214 Etwa über den Nachweis, bestmögliche Zugriffsbeschränkungen für seinen Account eingerichtet zu haben, die bewusst und unter einem gewissen Aufwand vom Schädiger umgangen wurden; BGH NJW 2010, S. 2061, 2062f.; BGHZ 158, 236, 251f.; Nenninger NJW 2010, S. 2065.

Hot Spot betreiben und insofern ein Interesse an der Offenheit des Zugriffs haben, stellen sich hier natürlich wiederum eine Vielzahl an Haftungsfragen im Missbrauchsfall; die entsprechende Handhabung ist jedoch hoch umstritten.[215]

d) Fazit mobiles Internet

Immer und überall ins Internet gehen zu können, gehört für immer mehr Nutzer zur modernen Kommunikation und ist aus dem Alltag kaum mehr wegzudenken. Neue Technologien und sinkende Preise[216] der Dienst- und Mobilfunkanbieter dürften auch zukünftig dazu führen, dass mehr und mehr Nutzer den Weg zum mobilen Internet finden werden. Was hinsichtlich flexibler und allgegenwärtiger Erreichbarkeit zwar fraglos attraktiv sein mag, sollte seitens der Nutzer nicht allzu leichtfertig und naiv gehandhabt werden. Zumindest in der Theorie hinterlässt auch der mobile Besuch des Internets die gleichen verfolgbaren Spuren durch Anfragen von Webseiten wie jeder andere Verbindungsaufbau an einem feststehenden Rechner. Diesen Umstand sollte sich der Nutzer mobilen Internets jedenfalls bei der Einwahl ins Internet vor Augen führen.

2. Social Media

Neben der steigenden Bedeutung von mobiler Internetnutzung gewinnen soziale Netzwerke immer mehr an Popularität.[217] Dienstleistungen, die interne Kommu-

---

215 Zumal im gewerblichen Bereich den jeweiligen Anbietern schon aus praktischen Gründen nicht in dem Maße Kontrollpflichten auferlegt werden können, wie im Falle privater Internetnutzung, vgl. BGHZ 158, 236, 251f. Im Übrigen handelt es sich bei dem angesprochenen Rechtsstreit in erster Linie um Fragen des privatrechtlichen Haftungsrechts, worauf im Rahmen der vorliegenden Arbeit lediglich verwiesen hingewiesen werden soll. Weitere Literatur zu diesem Themenkomplex findet sich etwa bei BGHZ 158, 136ff.; BGH NJW-RR 2002, 832ff.; LG Hamburg MMR 2006, 763ff.

216 Eine Flatrate für mobiles Internet gibt es heute bereits schon ab 10 Euro, siehe etwa www.base.de.

217 Hier kann nur eine exemplarische Darstellung zweier populärer Netzwerke, facebook und Twitter erfolgen, da die Masse an aufkommenden Netzwerken vergleichbarer Art hier zu weit führen würde. Lediglich ergänzend sei daher an dieser Stelle noch auf die technisch gleich aufgebauten Netzwerke MeinVz, Werkenntwen oder Xing hingewiesen, denen jedoch durchweg das gleiche System zugrunde liegt wie den hier behandelten Netzwerken facebook und Twitter.

nikation der Teilnehmer und aktive Erstellung von Inhalten erlauben, werden als social media bezeichnet.[218]

Die wachsende Bedeutung sozialer Netzwerke haben inzwischen auch Unternehmen der Wirtschaft als Ansatzpunkt für Werbe- und Marketingzwecke erkannt, was den hohen gesellschaftlichen Stellenwert entsprechender Portale unterstreicht.[219]

Durch die stetig steigende Bedeutung dieser Portale zum Informationsaustausch und zur Selbstdarstellung gewinnen soziale Netzwerke auch für Ermittlungsbehörden an Relevanz.[220] Im Folgenden werden die Funktionen und Möglichkeiten sozialer Netzwerke umrissen und Ansatzpunkte für Ermittlungen aufgezeigt.

a) Facebook

Facebook ging 2004 erstmals online; innerhalb von 7 Jahren haben sich bis Mitte März 2011 bereits über 645 Millionen Menschen weltweit angemeldet, in Deutschland allein zwischen 14 Millionen und 16,5 Millionen Nutzer.[221]

Sogar im Bereich der Tätigkeiten von Behörden hat die Faszination um facebook ihren Niederschlag gefunden. So haben bereits diverse Polizeibehörden einen Account in facebook, beispielsweise die Präsidien Wetzlar und Frankfurt.[222] Über das Portal facebook können beispielsweise über eine Art internes Postfach private Nachrichten, Bild- oder Videodateien an andere Nutzer verschickt, Textnachrichten, Weblinks oder Bilder auf der je nach gewählter Privatsphäre-Einstellung öffentlichen oder nur für Freunde der Buddyliste sichtbaren Pinnwand gepostet werden; es gibt die Möglichkeit zum Echtzeit-Chat zwi-

---

Im Übrigen ist in diesem Zusammenhang die Bezeichnung „Netzwerk" rein sozialgesellschaftlich zu verstehen, es besteht insofern kein spezifischer informationstechnischer Hintergrund.

218 *Nicolai*, S. 3.

219 Eine sehr genaue Darstellung der wirtschaftlichen Aktivitäten in social media findet sich bei *Nicolai*, S. 3ff.

220 Nicht zuletzt auch deswegen, da von sozialen Netzwerken mehr und mehr Gefahren ausgehen können; hier sei Cybermobbing mit zum Teil verheerenden Folgen nur als Stichwort genannt, genauer nachzulesen etwa bei *Brautlecht*, S. 1ff.; http://www.nzz.ch/nachrichten/hintergrund/dossiers/kolumnen_aus_der_digitalen_welt_/metatag/psychoterror_im_internet_1.1985806.html; siehe auch *Borchers* II.

221 http://www.socialbakers.com/facebook-statistics/germany; *Roth*.

222 https://www.facebook.com/pages/Polizeipr%C3%A4sidium-Wetzlar/187983851222681 und www.facebook.com/pages/Polizeipr%C3%A4sidium-Frankfurt /158839614140521.

schen in facebook miteinander befreundeten und zeitgleich eingeloggten Nutzern; Bilder können in Alben veröffentlicht und Freunde darauf verlinkt werden und zudem hat der Nutzer die Möglichkeit, private Informationen von sich preiszugeben, wie etwa Ausbildung und Arbeitsstelle, Wohnort und Lebensgefährte. Sogar der gegenwärtige Aufenthaltsort kann über Smartphones festgestellt oder über einen Desktop-PC eingegeben und auf der eigenen Pinnwand veröffentlich werden.

Neu vorgestellt wurde im September 2011 die tagebuchartige Chronik, die facebook „Timeline" nennt und die noch mehr Informationen über die Nutzer noch einfacher zugänglich machen soll.[223] Insgesamt bietet facebook also abschließend vielfältige Nutzungsmöglichkeiten zugunsten der Nutzer, die sich mit ihren Bekannten vernetzen möchten. Auf der anderen Seite dagegen hinterlässt ein aktiver Nutzer fast zwangsläufig Spuren im Netz, was schon mit der Registrierung anhand der E-Mail-Adresse beginnt.[224] Somit ist klar, dass sich auch und zunehmend im Bereich sozialer Netzwerke interessante Ansatzpunkte für Ermittlungen ergeben können.

b) Twitter

Zwar noch wesentlich weniger Mitglieder, aber dafür ein noch größeres Wachstum als facebook hat der Dienst Twitter von 2009 zu 2010 zu verzeichnen: 260.000 aktive deutschsprachige Twitterer, über 2,5 Millionen Seitenaufrufe von Twitter aus Deutschland und ein Wachstum von 27 % zeigen die stete Zunahme der Bedeutung von Kommunikation via Internet.[225]

---

223 Infos hierzu unter http://www.facebook.com/about/timeline. Die Funktion wurde im Dezember 2011 für deutsche Nutzer freigeschaltet.

224 Ganz aktuell ist hier auf die Klage eines facebook-Mitglieds aus Wien gegen facebook zu benennen, die die Art und Weise sowie Umfang der Speicherung persönlicher Daten und Nachrichten durch facebook angreift. Demnach werden Daten selbst dann gespeichert, wenn der Kläger ihre Löschung veranlasst zu haben glaubt, was zu einer vollumfänglichen Speicherung sämtlicher, jemals über facebook verarbeiteter Daten führt. Der Kläger hat zu dem Vorgang eine eigene homepage erstellt: http://europe-v-facebook.org/DE/de.html. Hier zeigt sich ganz massiv die negative Auswirkung, die die Nutzung von facebook für die Mitglieder mit sich bringt. Auf der anderen Seite kann das hier theoretisch verfügbare Datenvolumen für Ermittlungsbehörden von großem Interesse sein.

225 *Weigert.*

Twitter ermöglicht nicht wie facebook eine Vielzahl an Kommunikationsmöglichkeiten, sondern fungiert als Microblog. Darunter versteht sich die Möglichkeit, Kurznachrichten von einer Größe bis zu 140 Zeichen zu verfassen und mit der Community zu teilen. Aufgrund dieser Beschränkung der Dateigröße kann ein Nutzer eine große Anzahl an Nachrichten von verschiedenen Nutzern gleichzeitig bzw. innerhalb kurzer Abstände erhalten und darauf antworten.[226]

Die drei Möglichkeiten, über Twitter zu kommunizieren, bestehen darin, entweder öffentlich einen Tweet (so nennen sich die Kurznachrichten, was übersetzt Gezwitscher bedeutet) an eine bestimmte Person, eine Gruppe oder allen Nutzern zu senden, oder eine private Nachricht an eine bestimmte Person zu übermitteln sowie jeweils auf getätigte Tweets anderer Mitglieder zu antworten.

Dabei ist beachtlich, dass die Beiträge, also Tweets, von anderen befreundeten Nutzern, aber oft auch von angemeldeten Prominenten, abonniert werden können und dem Abonnenten dann regelmäßig angezeigt werden. Wer die Tweets eines anderen Nutzers abonniert, wird als dessen „Follower“ bezeichnet und bekommt dessen Tweets in chronologischer Reihenfolge in einer Liste, genannt „Log“, zusammen mit allen anderen abonnierten Beiträgen, angezeigt.

Durch den Fokus auf die Gewährleistung kurzer und prägnanter Nachrichten an eine relativ breite Öffentlichkeit kommt dem Dienst speziell dann eine besondere Bedeutung zu, wenn eine Information möglichst schnell verbreitet werden soll.[227]

c) Ermittlungsmaßnahmen im Bereich sozialer Netzwerke

Aus den massiven Verlagerungen von Kommunikation hin zur Nutzung sozialer Netzwerke ergibt sich hier aber auch durchaus ein interessantes Feld zur Informationsbeschaffung für Ermittlungsbehörden.

Da bei facebook und Twitter jedoch die interne Kommunikation über einen einheitlichen Server läuft, kann hier nicht über eine Rückverfolgung von Nachrichten oder anderen Inhalten anhand einer IP-Adresse vorgegangen werden; lediglich das Ein- und Ausloggen eines Nutzers auf den facebook- oder Twitter-

---

226 *Klau.*

227 Twitter diente beispielsweise 2009 bei den Präsidentschaftswahlen im Iran und den sich anschließenden Ausschreitungen als tauglicher und vor allem schneller Nachrichtenkanal, vgl. *Parr.* Im Übrigen twittern auch Prominente oder Unternehmen über aktuelle Geschehnisse und Neuigkeiten.

Servern kann als Datenaustausch über die IP-Adresse des anfragenden Rechners rückverfolgt werden.

Um Inhalte einsehen zu können, die innerhalb des sozialen Netzwerks facebook ausgetauscht werden, muss jedenfalls zunächst eine Registrierung bei facebook erfolgen, die sowohl die Angabe einer gültigen E-Mail-Adresse erfordert, als auch die Angabe des Vor- und Zunamens, die jedoch nicht generell auf Richtigkeit hin überprüft werden. Probleme können sich hier jedoch insbesondere dann ergeben, wenn ein Nutzer einen Phantasienamen zur Anmeldung wählt und so nicht anhand seines richtigen Namens gefunden werden kann.

Eine Registrierung wäre lediglich dann entbehrlich, wenn eine zu überwachende Person mit ihrem richtigen Vor- und Zunamen angemeldet ist und ihr Profil zudem auch nach außen, also nicht lediglich für andere registrierte facebook-Nutzer, sichtbar ist; dann kann schon die Suche nach Vor- und Zuname über www.google.de zur entsprechenden facebook-Seite führen.

Sobald ein Nutzer die Sicherheitseinstellungen für sein Profil restriktiver handhabt, kann eine weitergehende Einsicht freigegebener Daten nur durch Hinzufügen einer Person zur Buddyliste erreicht werden, sofern der Nutzer seine Informationen nicht auch für einzelne hinzugefügte Freunde sperrt. Dann kann beispielsweise bei facebook je nach Privatsphäre-Einstellung die Pinnwand einer Person, sowie die Bilder und die freigegebenen privaten Informationen eingesehen werden. Es gibt jedoch auch die Option, spezifische Bereiche wie etwa Fotoalben für bestimmte, selbst zu definierende Benutzer- und Freundesgruppen zu sperren.

Soll ein Zugriff auf gespeicherte private Nachrichten erfolgen oder ein Chat mit verfolgt werden, kann dies entweder durch Verwendung von Anmeldenamen und Passwort des Nutzers geschehen oder durch den Zugriff auf einen der facebook-Server, die den Dienst bereitstellen und die Inhalte der Verwender speichern. Sofern ein solches Vorgehen gewählt wird, kann jedoch nicht nur auf private Nachrichten, sondern auf jede denkbare Information zugegriffen werden, die der jeweilige Anbieter – ob mit oder ohne Wissen des Nutzers – über den jeweiligen Nutzer gespeichert hat.[228]

Wählt man als Nicht-Mitglied www.twitter.com an, so werden dennoch die verschiedenen Statusmeldungen einzelner Mitglieder angezeigt.

Nach einer Registrierung, die ebenfalls die Angabe einer E-Mail-Adresse sowie des Vor- und Zunamens des Neuanmelders erfordert, kann der Nutzer selbst Tweets erstellen, die je nach Einstellung öffentlich angezeigt werden oder nur

228 Vgl. http://europe-v-facebook.org/DE/de.html zur Veranschaulichung.

bestimmten Personen zugänglich sein sollen. Auch hier besteht die Gefahr von Falschangaben für Vor- und Zuname, was etwaige Ermittlungstätigkeiten bereits erheblich erschweren kann.

Soll auf private Nachrichten zugegriffen werden, gilt auch hier das zu facebook gesagte: entweder es erfolgt eine Einwahl über Anmeldenamen und Passwort auf den Account der Person, deren Kommunikation überwacht werden soll, oder es muss auf den Server des jeweiligen Dienstleisters zugegriffen werden, auf dem die Daten hinterlegt sind.

d) Fazit Social Media

Soziale Netzwerke vergrößern ihren Informationswert mit jeder einzelnen Anmeldung. Aus den oben aufgeführten Statistiken und den immensen Wachstumsraten einzelner Communities ist daher abzuleiten, dass die Masse an Informationen und Inhalten, die über social media ausgetauscht wird, ihren Höhepunkt noch nicht erreicht hat.

Insofern kann und muss davon ausgegangen werden, dass die Ermittlungsbehörden im Rahmen des zunächst technisch Möglichen[229] zukünftig auch vermehrt soziale Netzwerke zur Beschaffung von Informationen über Personen in die Ermittlungen einbinden werden.

3. Einführung in das Themengebiet Cloud Computing

Neben den Grundlagen zur Informationstechnik und dem Exkurs in neuartige Erscheinungen und Entwicklungen im mobilen Internet und Social Media gilt es, eine kurze rudimentäre Einführung ins sogenannte „Cloud Computing“ anzuschließen, eine Erscheinungsform des WWW, die die Behörden vor neue und wie sich zeigen wird erhebliche Problemfelder stellen dürfte.[230]

---

229 Ausführungen zur rechtlichen Sachlage folgen ab S. 86.

230 Eine sehr aufschlussreiche und umfassende Erklärung findet sich bei *Fehling/Leymann.*

a) Begriffserklärung und Funktionsweise

Zu klären ist zunächst die Bezeichnung „Cloud Computing".[231] Da diese Bezeichnung unmittelbar aus der informationstechnischen Besonderheit des Ansatzes resultiert, sind Funktionsweise und Terminologie notwendigerweise zusammenhängend zu definieren.

Cloud = Wolke und Computing = EDV. Wie passt das zusammen?

Wie auf den Seiten 23ff. dargestellt sind es – einfach ausgedrückt – grundsätzlich Server, die Internetdienste anbieten und zugänglich machen. So haben etwa Unternehmen wie google, Amazon oder Microsoft eigene zahlreiche große Serverlandschaften, von denen aus sie ihre Nutzer, Kunden oder Mitglieder mit ihren Angeboten versorgen.[232]

Diese Internetunternehmungen sahen und sehen sich dem Problem ausgesetzt, dass sie einerseits eine stetige Zunahme an Nutzern, Mitgliedern oder Kunden in technischer Hinsicht bewältigen, also Serverkapazitäten, Hardware, Software und die zugehörigen Anwendungen in steigender Anzahl bereithalten müssen. Andererseits besteht insbesondere für Internet-Versandhäuser wie Amazon oder auch Ebay eine Art Saisongeschäft beispielsweise in der Vorweihnachtszeit, sodass es zu einzelnen Terminen einen massiven punktuellen Anstieg der Nachfrage der Dienstleistung und damit der erforderlichen Serverleistung gibt.[233] Daher müssen zeitweise Serverkapazitäten verfügbar sein, die enorm von dem Volumen abweichen, die im normalen Tagesgeschäft erforderlich sind. Infolge dieser saisonalen Notwendigkeiten entstand die Idee, die erforderlichen Architekturen und Kapazitäten, die in dieser enormen Größe nicht ganzjährig erforderlich sind, nach außen hin quasi zur „Miete" anzubieten und darauf bei Eigenbedarf wieder zuzugreifen.[234]

---

231 Die folgenden Ausführungen beziehen sich ausschließlich auf Clouds via Internet, die „Public Clouds"; die ebenfalls denkbaren „Private Clouds", die von Firmen beispielsweise über das Intranet bereitgestellt werden können, werden nicht gemeint, vgl. dazu http://www.bundestag.de/dokumente/analysen/2010/cloud_computing.pdf.

232 Für google sind bis zu 1 Millionen Server im Gespräch, http://news.worldsites-schweiz.ch/google-verwendet-1-million-server.htm; für Microsoft stehen ca. 150.000 Server zur Debatte, http://blog.webmaster-homepage.de/item/2090.

233 Betreffend Amazon: www. businessweek.com/magazine/content/06_46/b4009001.htm.

234 *Schörner*, S. 1.

Diese Serverkapazitäten werden nun umfassend, also sowohl die Hardware, die Software als auch die Anwendungen, nach außen hin angeboten, sei es für private Nutzer oder ganze Unternehmen.

Zahlreiche Internet-Giganten wie google, Amazon oder Microsoft, aber auch Unternehmensberatungen wie IBM[235] bieten diese technischen Voraussetzungen inzwischen gezielt und als eigene Outsourcing-Dienstleistung an, um auf ihren „Server-Farmen" dezentral Hardware, Software und Anwendungen für ihre Kunden zur Verfügung zu stellen.[236] Anbieter von E-Mail-Dienstleistungen können so beispielsweise ihre Angebote über einen Server von google zugänglich machen, ohne über eine eigene netzwerktechnische Infrastruktur zu verfügen.

Wenn also nun von einer „Cloud", englisch für „Wolke", gesprochen wird, ist damit letztlich nichts anderes gemeint, als das Internet selbst.[237] Die „Wolke" gilt als Sinnbild für die komplexe Gesamtarchitektur des Internets von einzelnen Computernetzen und als vereinfachte Darstellung dieser komplizierten Infrastruktur.[238] „Computing" steht für EDV bzw. Rechenzentrum, sodass sich auch begrifflich die obigen Ausführungen widerspiegeln – das Internet als dezentrales Rechenzentrum und nicht mehr nur Netz der Netze, vielmehr trifft nun die Bezeichnung „Netze im Netz" zu.[239]

Cloud Computing steht also auf den Punkt gebracht für das internetbasierte Nutzen fremder Infrastrukturen vornehmlich durch andere kleinere Unternehmen und Anbieter.

---

235 www.ibm.com/smarterplanet/de/de/cloud_computing/ideas/index.html?csr=emde_agdsp-20110331&cm=k&cr=google&ct=101AE07W&S_TACT=101AE07W&ck=cloud_computing&cmp=101AE&mkwid=shUF1gRCr_11055619052_432i044571.

236 *Schörner*, S. 1.

237 www.ibm.com/smarterplanet/de/de/cloud_computing/ideas/index.html?csr=emde_agdsp-20110331&cm=k&cr=google&ct=101AE07W&S_TACT=101AE07W&ck=cloud_computing&cmp=101AE&mkwid=shUF1gRCr_11055619052_432i044571.

238 www.ibm.com/smarterplanet/de/de/cloud_computing/ideas/index.html?csr=emde_agdsp-20110331&cm=k&cr=google&ct=101AE07W&S_TACT=101AE07W&ck=cloud_computing&cmp=101AE&mkwid=shUF1gRCr_11055619052_432i044571.

239 So etwa *König/Kossel*, S. 1.

b) Konsequenz für die Behörden

Was bedeutet dies nun konkret für die Tätigkeit von Ermittlungsbehörden?

Während der Vorteil für die Nutzer einer Cloud zunächst offensichtlich scheint – keine Notwendigkeit eigener Hardware und Software, hohe Flexibilität und bedarfsgerechte Verfügbarkeit von Serverkapazitäten ohne zeitliche und räumliche Gebundenheit, die Problematiken rund um Datensicherheit einmal außer Acht gelassen -,[240] gehen mit dieser Art der Internetnutzung erhebliche Schwierigkeiten zulasten der Behörden einher. Wie schon aus den Seiten 44ff. ersichtlich wird, bestehen verschiedene Möglichkeiten, Betätigungen und (Nutzer-)Profile in Computernetzwerken zu verschleiern, sich in fremde Netzwerke einzuhacken oder IP- und MAC-Adressen zu fälschen.

Die faktischen Probleme, mit denen sich Behörden bei der Rückverfolgung und Zuordnung von Aktivitäten und Verantwortlichkeiten im Internet konfrontiert sehen, werden nun nochmals massiv gesteigert, wenn Inhalte, beispielsweise E-Mails, nur vermeintlich auf Servern des eigenen Providers hinterlegt werden, dieser aber seinerseits nur die Cloud eines anderen, größeren Unternehmens nutzt. So ist es nicht nur denkbar, sondern sogar wahrscheinlich, dass der Nutzer beispielsweise einer Web.de-E-Mail-Adresse tatsächlich eine Anwendung und die Speicherkapazität von Amazon oder google nutzt, ohne es zu wissen. Ebenso kann der private Nutzer nun Dateien wie Nachrichten und Bilder, die zudem zunehmend über Smartphones verwaltet werden, gänzlich online in Social Networks wie facebook, die ihrerseits zunehmend von Cloud Computing Gebrauch machen, hinterlegen und benötigt zumindest theoretisch keinerlei IT mehr in den eigenen vier Wänden - weder Rechner, noch Router noch Festplatten.[241]

Da folglich auch der Endanbieter einer Dienstleistung, also etwa Web.de, demzufolge über keinerlei eigene Technologie verfügt bzw. nicht verfügen muss, sondern seinerseits fremde Angebote ermietet haben kann, tritt dieser Endanbieter dann in informationstechnischer Hinsicht nach außen hin nicht weiter in Erscheinung; ihm sind weder eigene IP- noch MAC-Adressen zugeteilt, die auf ihn zurückführen könnten, sondern er nutzt jene des technischen Merkmale, die dem angemieteten Server zugeordnet sind. Zwischen dem Anbieter der Cloud und dem Mieter dieser Internetkapazität bestehen dann lediglich vertragliche Bezie-

---

240 Es wird die Steigerung des Branchenumsatzes von 971 Millionen Euro im Jahre 2008 auf circa 6 Milliarden Euro in 2013 erwartet, http://www.bundestag.de/ dokumente/analysen/2010/cloud_computing.pdf; *Schörner*, S. 1; wenngleich kritische Stimmen von Branchenkennern aufkommen, *Leitl*, S. 2.

241 *König/Kossel*, S. 1.

hungen, ohne dass es einer dauerhaften „Beziehung“ über Hardware oder Software bedarf.

Und je mehr Schichten, Beteiligte und Ebenen sich bilden zwischen Serverbetreiber, „Mieter“ und Endnutzer eines Online-Angebots,[242] desto abstrakter, komplexer vor allem aber undurchsichtiger wird das Konstrukt Internet. Wo sind Dateien hinterlegt? Wem sind diese zuzuordnen? Wie werden diese für andere Nutzer zugänglich gemacht? Für welchen Zeitraum werden die Inhalte zugänglich sein? Löst die Cloud die verkörperte Speicherung von Daten auf einem externen Endgerät wie etwa einer Festplatte auf lange Sicht komplett ab?

Dies sind nur wenige, sich aufdrängende Fragen, die die Behörden unter (Zeit-) Druck setzen werden, wenn es um Ermittlungen im Internet geht. Eine Prognose, wie weit diese Problematiken zu handhaben sein werden oder ob es unter diesen Umständen überhaupt Sinn macht, Energie in Online-Ermittlungen zu investieren, kann an dieser Stelle nicht getroffen werden. Es gilt, die Entwicklung der Infrastruktur des Internets weiter zu verfolgen und abzuwarten, wie die Behörden mit den neuen Herausforderungen zurande kommen.

Es liegt zudem auf der Hand, dass die Server der Unternehmen, die Cloud Computing anbieten und möglicherweise sogar von einem anderen, deutschen Unternehmen angemietet werden, nicht notwendigerweise in Deutschland angesiedelt sind, sondern weltweit ihren Standort haben können.[243] Unabhängig von der Frage, ob und wann Inhalte, die über Server im Ausland via Cloud Computing zugänglich gemacht werden, materiell gegen die Rechtsordnung des jeweiligen Landes verstoßen, in dem der Server steht, stellt sich in gleichem Maße die Frage nach der Zuständigkeit der deutschen Behörden in diesen grenzüberschreitenden Fällen.

Auf das hier angesprochene Territorialprinzip, demzufolge Behörden in erster Linie auf eigenem Hoheitsgebiet handeln dürfen, soll jedoch insoweit nur als Gedankenanstoß hingewiesen werden.[244]

---

242 Insbesondere durch private Nutzer, denen Cloud-Dienste bereits als Inklusiv-Leistung zu ihrem Internetvertrag angeboten werden, z.B. http://www.telekom.de/is-bin/INTERSHOP.enfinity/WFS/EKI-S9-Site/de_DE/-/EUR/ViewCategoryTheme-Start;sid=iPc3BSdIU_ciBWh7Ntc5sSxNxWAEVCyitPqVMgvhgx0LCETxe56yUM-LjMjcAg==?KeywordPath=cloud%2Ftelekomcloud&mlid=1199.14.250167.f330a756bfcd9b739502c1cc4443805f...0.1328791072.1.1331383072.

243 *Leitl*, S. 1.

244 Wenngleich sich gerade in dieser grenzüberschreitenden Problematik ein für die Praxis zunehmend wichtiger Punkt sein dürfte. Zum Territorialprinzip im Bereich des Internets und zu grenzüberschreitenden Fragestellungen als Einstiegsliteratur etwa: *Eser* in Schönke/Schröder, Vorbem. §§ 3 – 9 Rn.1, 12f.: die §§ 3ff. StGB formulieren das soge-

4. Ergebnis Exkurs

Die Ansatzpunkte für Ermittlungstätigkeiten befinden sich in einer dauerhaften Weiterentwicklung und mit dem technischen Fortschritt werden sich auch zukünftig immer neue Wege zur Informationsbeschaffung ergeben. Dass dabei auch die Internetnutzer durch Preisgabe von persönlichen Daten und Informationen ihren Teil dazu beitragen, sich für die Öffentlichkeit und Behörden zumindest zum Teil visibel und angreifbar zu machen, wird durch Portale wie facebook und Twitter gefördert und durch die steigende, vornehmlich mobile Internetnutzung zu einem allgegenwärtigen Phänomen.

Es wird abzuwarten bleiben, wie sich dieser hier besprochene Bereich im Laufe der Zeit weiterentwickeln wird und ob bzw. wie sich Ermittlungsbehörden hier Zugang für Ermittlungstätigkeiten verschaffen werden.

Zunehmende Verschachtelungen der virtuellen Strukturen durch Cloud Computing stellen die Behörden vor immer komplexere Aufgaben. Ob sich parallel zu den neuen Entwicklungen im Cloud Computing möglicherweise schnellere und genauere Tools und Zugriffsmöglichkeiten zugunsten der Behörden finden lassen, bleibt abzuwarten.

Zumindest die theoretischen Ansatzpunkte wie auf S. 23ff. dargestellt bleiben aber nach wie vor erhalten, auch wenn der Zugriffsweg mehr und mehr von einer Wolke umgeben sein wird.

---

nannte Internationale Strafrecht; *Collardin* CR 1995, S. 619; *Malek*, S. 17, 18; *Vetter*, S. 158; *Rau*, S. 106.

C. Ermittlungsmaßnahmen und Grundrechte

Nachdem von netzwerktechnischer Seite dargestellt wurde, wo Ermittlungsbehörden Ansatzpunkte finden können, um via Internet an verschiedene Informationen zu gelangen, gilt es nun, die rechtliche Seite der Ermittlungen im Internet genau zu beleuchten. Wie oben deutlich wurde, haben Ermittlungsbehörden die technische Möglichkeit, verschiedene Informationen über die Nutzer von Internetdienstleistungen in Erfahrung zu bringen. Jedoch ist nicht alles, was technisch möglich ist, auch rechtlich ohne weiteres unbedenklich. Dass Internetnutzer ihre Spuren im Netz hinterlassen, ist regelmäßig weniger Folge einer bewussten Entscheidung zur Datenfreigabe, sondern eine netzwerktechnische Notwendigkeit. Fraglich ist deshalb, ob dem staatlichen Zugriff auf diese Daten eine rechtliche Grenze gezogen ist bzw. ob ein Zugriff von verschiedenen Voraussetzungen abhängig zu machen ist und woraus sich diese Bedingungen ergeben können. Das Fortschreiten technischer Standards und die zunehmende Wichtigkeit des Internets führen auch für staatliche Hoheitsträger zu neuen möglichen Ansatzpunkten. Jedoch steht außer Frage, dass sich der rasche technische Fortschritt und die wachsende Bedeutung virtueller Welten nicht in gleichem Maße in rechtlichen Neuerungen niederschlagen.

Der Prozess der Schaffung neuer repressiver Regelungen oder gar der Änderung und Weiterentwicklung des Grundgesetzes sind durch politische Interessen, Bürokratie und nicht zuletzt durch detailliert geregelte und folglich regelmäßig langwierige Gesetzgebungsverfahren bedingt.[245] Dass dann die gesetzliche Weiterentwicklung hinter dem sich unverhältnismäßig rasant verändernden Gesellschaftsbild und technischem Standard zumindest teilweise zurückbleibt bzw. sich nicht auf einem entsprechenden Stand befindet, liegt auf der Hand.[246]

Daher muss ein Weg gesucht werden, mit den vorhandenen Regelungen die neuen Möglichkeiten und Herausforderungen der Ermittlungsbehörden zu bewerten, die Reichweite der bestehenden Regelungen in Hinblick auf neuartige technische Ermittlungsmöglichkeiten zu hinterfragen und eine interessengerech-

245 Zeitliche Angaben zum Gesetzgebungsverfahren für Bundesgesetze finden sich beispielsweise in Art. 76f. GG, § 20 GOBT, §§ 80f. GOBT.

246 Der Versuch, sich dem technischen Status Quo auch in rechtlicher Hinsicht und bezüglich legitimer Zugriffsmöglichkeiten anzupassen, zeigt sich jedoch an verschiedenen neuen Ansätzen wie insbesondere der Weiterentwicklung des allgemeinen Persönlichkeitsrechts zum so genannten „Grundrecht auf Gewährleistung der Vertraulichkeit und Integrität informationstechnischer Systeme“ (siehe hierzu nachfolgend ab S. 156ff.) sowie verschiedener Bestrebung im Landesrecht (siehe ab S. 221.).

te Lösung sowohl für die Internetnutzer als auch für die Ermittlungsbehörden zu finden.

In diesem Kapitel wird das Augenmerk zunächst auf die repressiven Regelungen im Bundesrecht gerichtet.[247] Da es sich bei den in Frage stehenden Zugriffsmöglichkeiten der Ermittlungsbehörden möglicherweise um Eingriffe in Grundrechte der Internetnutzer handeln könnte, findet in erster Linie die Prüfung einzelner Maßnahmen am Maßstab des Grundgesetzes hinsichtlich der Betroffenheit von Schutzgütern statt. Während die Grundrechte zugunsten der Bürger greifen, können sich konkrete Befugnisse zur Einschränkbarkeit jener Rechte zugunsten der Ermittlungsbehörden vornehmlich aus der Strafprozessordung ergeben, die folglich in die Untersuchung mit einbezogen wird.

An gegebener Stelle erfolgt zudem der Blick in die Regelungen des BKAG, die jedoch anders als jene der StPO dem Bereich der Gefahrenabwehr zuzurechnen sind.

Die Bewertung der einzelnen Ermittlungsmaßnahmen kann nicht pauschal als „Ermittlung via Internet“ ohne weitere Unterteilungen am Grundgesetz bemessen werden. Es ist vielmehr geboten, anhand verschiedener Arten der Zugriffsmöglichkeit eine Prüfung mit den vorhandenen Normen durchzuführen sowie die Art und Beschaffenheit der durch die Ermittlungsbehörden angegriffenen Daten zu berücksichtigen. Mangels dezidierter spezifischer Normen im Bereich der verschiedenen Ermittlungsmaßnahmen via Internet muss hinsichtlich des Schutzguts ebenso wie hinsichtlich der Eingriffsermächtigung aufs Genauste unterschieden werden.

Dafür werden zunächst unter Berücksichtigung der verschiedenen möglichen Zielobjekte diverse denkbare Nutzungsmöglichkeiten des Internets für Ermittlungen dargestellt, die Grundrechtsrelevanz der jeweiligen Maßnahme untersucht und auf ihre Rechtmäßigkeit und Vereinbarkeit mit bundesrechtlichen Regelungen überprüft (Unterpunkt I).

Anschließend erfolgt ein ausführlicher Blick auf die nach wie vor umstrittene verdeckte Online-Durchsuchung sowie ihrerseits die Frage nach der Grundrechtsrelevanz und der Vereinbarkeit mit geltendem repressiven Bundesrecht (Unterpunkt II).[248]

---

247 Zu den landesrechtlichen Regelungen siehe ab S. 221.

248 Da es sich bei der Online-Durchsuchung um die wohl populärste und zugleich umstrittenste Maßnahme im Bereich der Ermittlungen via Internet handelt, wird hierauf ein Schwerpunkt liegen. Zudem ist es hier geboten, nochmals einen thematischen Ausflug in die Technik zu machen, um die verschiedenen technischen Umsetzungsmöglichkeiten dieser spezifischen Maßnahme nachzuzeichnen.

Den Abschluss zu den Ausführungen im Bereich des Bundesrechts bildet die Frage nach der rechtlichen Bewertung von Fahndungen über das Internet (Unterpunkt III).

I. Zugriffsmöglichkeiten via Internet

Um einen Einstieg in die juristischen Möglichkeiten zu finden, die das Internet den verschiedenen Ermittlungsbehörden bieten kann, erfolgt zunächst eine überblicksartige Darstellung der verschiedenen denkbaren Maßnahmen, die unter Rückgriff auf ein informationstechnisches System durchgeführt werden können oder aber das informationstechnische System eines Betroffenen zum Objekt der Maßnahme haben.

Dabei ist das Augenmerk neben den in Frage kommenden Maßnahmen und den erforderlichen zugehörigen Ermächtigungsgrundlagen zugleich auf die dabei möglicherweise gefährdeten Grundrechte der Betroffenen[249] zu legen.

Liegt durch das Handeln einer exekutiven Einrichtung ein (potentieller) Grundrechtseingriff vor, so muss das Handeln durch eine spezielle Ermächtigungsgrundlage gestattet sein, um dem so genannten Vorbehalt des Gesetzes gerecht zu werden.[250]

Auf Bundesebene können sich entsprechende Ermächtigungsgrundlagen zum einen in repressiver Hinsicht zur Strafverfolgung aus der Strafprozessordnung ergeben, zum anderen beinhaltet das Bundeskriminalamtgesetz Ermächtigungsgrundlagen zur Gefahrenabwehr, also Prävention.[251] Jedoch kommt es im Umkehrschluss auf einen entsprechenden Gesetzesvorbehalt jedoch dann nicht an, wenn schon ein Grundrechtseingriff nicht festgestellt werden kann. Ein Grundrechtseingriff könnte insbesondere dann abzulehnen sein, wenn sich die Behörden auf Internetseiten bewegen, die ohnehin für jedermann frei zugänglich sind,

---

249 Der Bezug zu den relevanten Grundrechten wird innerhalb dieses Kapitels nur hinweisenden Charakter haben. Die genaue Darstellung jener Grundrechte, die im Kontext der verdeckten Online-Durchsuchung vordergründig relevant sind, erfolgt ab S. 108ff., auf denen der Schwerpunkt der vorliegenden Arbeit liegt.

250 Hierzu weiterführend *Weiß*, S. 27, 28; *Koch*, S. 245; *Pieroth/Schlink*, S. 13; *Stein/Frank*, § 20 Abs. 3 Satz 3. Die Suche nach tauglichen Rechtsgrundlagen wird sich innerhalb dieses Kapitels aus Gründen der Übersichtlichkeit auf Gesetze des Bundes beschränken.

251 Anderweitige Bundesgesetze wie das BPolG werden außer Acht gelassen; das BKAG wird punktuell sowie ab S. 273 in die Prüfung mit einbezogen.

und dort Informationen gewinnen; der Betreiber der Seite hat auf weitere Zugangserfordernisse (Passwörter, Anmeldungen in eine Community oder ähnliches) verzichtet, sodass ein „Besuch“ auf der webpage durch jedermann ermöglicht ist.[252] Eine grundrechtlich schützenswerte Rechtsposition liegt in diesen Fällen nicht vor; eine Rechtfertigung behördlichen Handelns durch die Anwendung einer tauglichen Ermächtigungsgrundlage ist für eine solche Maßnahme, die zum Teil auch als „virtuelle Streifenfahrt“ bezeichnet wird,[253] nicht erforderlich.

Folglich ist nur dann die Suche nach Ermächtigungsgrundlagen zur Wahrung des Gesetzesvorbehalts notwendig, wenn die Behörden sich unter Verschleierung der eigenen Identität Zugang zu Inhalten verschaffen oder wenn Durchsuchungen, Beschlagnahmen oder Überwachungen anderer, nicht öffentlicher Daten und Prozesse stattfinden sollen.[254]

Dies ist bei der folgenden Darstellung im Hinterkopf zu behalten.

1. Datengewinnung unter Angabe einer falschen Identität

Relevantes Material und wichtige Informationen können sich möglicherweise an virtuellen Orten befinden, die dem allgemeinen ungehinderten Zugang über das Internet, etwa über eine öffentliche Homepage, entzogen sind. Sei es in Chatrooms oder Online-Foren, die eine Anmeldung erfordern, oder aber auch die Anmeldung zum Erhalt von Newslettern und dergleichen – eine Registrierung erfordert in nahezu allen Fällen die Angabe verschiedener Informationen wie Vor- und Zunamen und E-Mail-Adresse.

Gibt ein Mitarbeiter einer Ermittlungsbehörde eine falsche Identität an, um an Daten zu gelangen, die anders als im Falle frei zugänglicher Informationen dem ungehinderten öffentlichen Zugriff entzogen sind oder es im Einzelfall nicht auf die tatsächliche Identität des Gegenübers ankommt, ist hierfür bereits eine Ermächtigungsgrundlage erforderlich, da der Anbieter nur den Personen Zugang zu den Inhalten ermöglichen will, die tatsächlich den jeweils durch ihn festgelegten Zugriffsvoraussetzungen entsprechen.[255] Zugleich ist zu bedenken, dass die Nutzer, die sich unter Angabe ihrer wahren Identität für einen Dienst anmel-

---

252 *Schlegel* HRRS 2008, S. 28; *Malek*, S. 107; *Kudlich* JA 2000, S. 229; *Schenke* in Stern/Becker, Art. 10 Rn. 41.

253 *Malek*, S. 108.

254 *Kudlich* JA 2000, S. 229.

255 *Schmidbauer/Steiner*, Art. 34 d Rn. 34f.; *Kudlich* JA 2000, S. 229.

den, sich dahingehend sicher wähnen, dass die übrigen Nutzer ebenso unter ihrer wahren Identität auftreten, man also „unter sich“ ist.

Insofern führen die Angabe und das Auftreten unter einer falschen Identität[256] zu einer Täuschung sowohl des Anbieters als auch der übrigen Nutzer eines Internetdienstes.

Durch dieses verdeckte Vorgehen kommt die Berührung sowohl des Rechts auf informationelle Selbstbestimmung nach Art. 2 Abs. 1 i.V.m. Art. 1 Abs. 1 GG[257] und - aufgrund des verdeckten Vorgehens unter falscher Identität - des Gebots des effektiven Rechtsschutzes nach Art. 19 Abs. 4 GG[258] in Betracht. Da die in Frage stehende Vorgehensweise also durchaus eine Grundrechtsrelevanz aufweist, ist es für die Rechtmäßigkeit der Maßnahme erforderlich, eine taugliche Ermächtigungsgrundlage für eine entsprechende Durchführung benennen zu können.

Eine explizit und spezifisch auf die verdeckte Ermittlung im Internet ausgerichtete Ermächtigung zur Identitätsverschleierung ist der StPO nicht zu entnehmen; denkbar wäre jedoch, dass eine verdeckte Ermittlung im Sinne der §§ 110 a ff. StPO vorliegt, die allerdings hohen materiellen Voraussetzungen unterliegt.[259] Da die §§ 110 a ff. StPO aber auch keine Bestimmung enthalten, die gegen eine Übertragung des „verdeckten Ermittlers“ in virtuelle Welten sprechen, können diese Regelung zumindest theoretisch als Rechtsgrundlage für eine entsprechende repressive Maßnahme herangezogen werden.

---

256 Hier kann sich die Falschheit der Identität nicht nur aus der Angabe eines falschen Namens ergeben, sondern auch bzw. sogar gerade dann, wenn der tatsächliche Grund der Internetnutzung und der berufliche Hintergrund des handelnden Beamten verschleiert wird.

257 Vgl. *Borchers* II; die Einschlägigkeit des Fernmeldegeheimnisses aus Art. 10 Abs. 1 GG könnte für den Fall, dass der überwachte Dienst Echtzeit-Kommunikation ermöglicht, angedacht werden, dürfte aber an der spezifischen Schutzrichtung des Art. 10 Abs. 1 scheitern; geschützt ist nach *Schenke* in Stern/Becker, Art. 10 Rn. 21 „die Vertraulichkeit in die Nutzung des Kommunikationsmediums“, nicht aber das Vertrauen betreffend die übrigen Kommunikationsteilnehmer. Die Kommunikationsteilnahme unter falscher Identität bildet in den hier relevanten Fällen jedoch gerade den Kern der Maßnahme, sodass Art. 10 Abs. 1 GG keinen Schutz bieten kann; zum Recht auf informationelle Selbstbestimmung siehe S. 156ff.

258 Siehe hierzu S. 169ff.

259 Etwa Tätigwerden unter einer Legende, also einer auf Dauer angelegten veränderten Identität und nicht nur eines in den vorliegend betrachteten Fällen erforderlichen kurzfristigen Online-Profils, vgl. *Malek*, S. 108; *Kudlich* JA 2000, S. 229; *Hofmann* NStZ 2005, S. 122; *Sieber*, S. 126.

Dabei ist in tatsächlicher Hinsicht zweifelhaft, ob ein verdeckter Ermittler allein durch Vorgabe falscher Daten gerade auch im Rahmen mittlerer bis schwerer Kriminalität in einen entsprechenden Nutzerkreis aufgenommen wird, was jedoch offensichtlich eine Frage des Einzelfalls ist.[260]

Abgesehen von der (wohl vordergründig theoretischen) Möglichkeit eines Tätigwerdens nach § 110 a StPO ist eine Identitätsverschleierung durch Beamte von Strafverfolgungsbehörden für Ermittlungen im Internet nicht geregelt und damit in aller Regel unzulässig, sollten die Anforderungen der §§ 110 a ff. StPO nicht vorliegen.[261]

Innerhalb des BKAG findet sich eine Regelung zum Einsatz verdeckter Ermittler in § 20 g Abs. 2 Nr. 5, Abs. 3, 4. Auch hier ist in Abs. 4 nicht explizit der verdeckte Einsatz in informationstechnischen Systemen oder dem Internet benannt, wird jedoch genauso wenig ausgeschlossen und kann somit subsumiert werden. Allerdings ist der Einsatz des verdeckten Ermittlers auch innerhalb des BKAG sehr hohen Eingriffsvoraussetzungen unterstellt, die für die Durchführung einer Maßnahme durch einen verdeckten Ermittler im Internet dann im Einzelfall gegeben sein müssen.

Unproblematisch dagegen ist ein Vorgehen, bei dem Ermittlungsbeamte zwar unter einer Legende handeln, sie sich allerdings lediglich an offenen Chats oder ähnlichen Telekommunikationsvorgängen beteiligen, solange der Kommunikationspartner gerade nicht schutzwürdig hinsichtlich der Identität des Gegenübers, diese ohnehin gleichgültig ist .[262] Ob eine solche Gleichgültigkeit angenommen werden kann, muss im Einzelfall und aus den konkreten Umständen des jeweiligen Kommunikationsvorgangs heraus entschieden werden; gibt der Gegenüber quasi ungefragt und ohne Absicherung darüber, mit wem er sich gerade austauscht, Informationen preis, könnte hierin beispielsweise ein starkes Indiz zugunsten einer solchen Gleichgültigkeit erkannt werden. Werden stattdessen konkrete Fragen über Person und Hintergrund des Gegenübers gestellt und muss dieser somit explizit über die wahre Identität des Kommunikationspartners getäuscht werden, kann von einer Gleichgültigkeit nicht mehr ausgegangen werden.

---

260 *Kudlich* JA 2000, S. 229; *Rau*, S. 169.

261 *Malek*, S. 108; vgl. auch *Rosengarten/Römer* NJW 2012, S. 17, die in weniger eingriffsintensiven Konstellationen auch eine Rechtfertigung über § 161 StPO in Betracht ziehen.

262 *Borchers* II.

In diesem Zusammenhang abschließend erwähnenswert ist die Möglichkeit einer Behörde, eine gefälschte Internetpräsenz zu schaffen, die strafrechtlich oder polizeirechtlich relevante Inhalte zur Verfügung zu stellen vorgibt, um dort Daten, etwa über eine erforderliche Registrierung der Nutzer durch Angabe verschiedener Daten, abzufangen.[263] Zwar scheint es sich hierbei im ersten Moment um eine von der vorstehenden Herangehensweise abweichende Maßnahme zu handeln. Letztlich ist es jedoch auch hier ein Beamter oder eine Gruppe von Beamten, die sich als Herausgeber oder Anbieter des Internetdienstes ausgeben und damit ebenso verdeckt unter einer Legende tätig werden wie bei der verdeckten Beteiligung an Chats und ähnlichem. Daher kann hinsichtlich der Frage nach Grundrechtsrelevanz und Ermächtigungsgrundlagen auf die vorstehenden Ausführungen verwiesen werden.

2. (körperliche) Durchsuchung und Beschlagnahme

Unabhängig von der Möglichkeit, das Internet und andere netzwerk- und informationstechnische Systeme zum Gegenstand behördlicher Maßnahmen zu machen, können die Behörden natürlich auch die für die Nutzung entsprechender Techniken erforderliche Hardware in den Fokus ihrer Maßnahmen rücken.

Wird ein solches Objekt durch die Behörden beschlagnahmt oder durchsucht, kommt eine Berührung mit dem Wohnungsgrundrecht aus Art. 13 Abs. 1 GG, mit dem Eigentumsrecht aus Art. 14 Abs. 1 GG sowie dem Recht auf informationelle Selbstbestimmung aus Art. 2 Abs. 1 i.V.m. Art. 1 Abs. 1 GG und dem Grundrecht auf Gewährleistung der Vertraulichkeit und Integrität informationstechnischer Systeme[264] in Betracht.

Somit stellt sich auch hier die Frage nach einer tauglichen Rechtfertigungsmöglichkeit der drohenden Eingriffe durch die Regelungen des Bundesrechts.

Sicherlich besteht auch bei Straftaten, die über das Internet begangen werden, die Möglichkeit, den vorhandenen Befugnisnormen der StPO (für die Durchsuchung gemäß §§ 102 ff. StPO und für die Beschlagnahme gemäß §§ 94 ff. StPO) entsprechend auf körperliche Datenspeicher, insbesondere auf einem in

---

263 Ein Beispiel aus den USA findet sich unter www.spiegel.de/panorama/justiz /0 ,1518,800590,00.html.

264 Vgl. hierzu S. 164ff.

Deutschland befindlichen Server[265] oder einer Festplatte, Zugriff zu nehmen und das Speichermedium selbst zum Gegenstand der Zwangsmaßnahme zu machen.[266] Die Anwendung der Zwangsmaßnahme birgt in dieser Konstellation keine internetspezifischen Besonderheiten, wird doch nicht direkt auf die unkörperlichen Daten eingewirkt, sondern auf ein „normales" gegenständliches Objekt, das wie ein Buch, eine Akte oder ein anderes Objekt von Interesse mitgenommen werden kann. Zu bedenken ist lediglich, dass nur diese Hardware in Beschlag genommen werden kann, auf der beweiserhebliche Inhalte zu erwarten sind; im Übrigen besteht kein zulässiges Interesse an einer Beschlagnahme.[267] Die Maßnahme kann sich gegen den Nutzer eines Datenspeichers richten, kann aber auch etwa den Provider eines Mailboxsystems zur Duldung der Maßnahme verpflichten.[268]

Die anschließende Durchsicht von Speichermedien und anderer Hardware als dem Betroffenen gehörenden Sachen kann unproblematisch unter § 102 StPO (bzw. wenn die Durchsicht direkt am Durchsuchungsort stattfindet unter § 110 Abs. 3 StPO)[269] subsumiert werden.[270]

Fraglich ist in diesem Zusammenhang, ob sich die Durchsuchung nach § 102 StPO lediglich auf die am Durchsuchungsort vorhandenen Gegenstände bezieht, oder ob, ausgehend vom Durchsuchungsort, auch ein Zugriff zulässig ist nach § 102 StPO auf solche Daten, auf die der Beschuldigte von dort aus selbst zugreifen könnte und über die gegenständlich vorhandenen Durchsuchungsobjekte hinausgehen, also etwa auf Nachrichten, die sich auf einem externen Speichermedium des Betroffenen befinden, oder beispielsweise in einem Online-Postfach oder auf der Plattform eines social networks.[271] Indem allerdings die Zulässigkeit der Durchsuchung auch nur hinsichtlich des Durchsuchungsorts gegeben ist und dem Bezug zur Räumlichkeit der Wohnung der Anwendbarkeit des § 102 StPO eine hohe Bedeutung zukommt, gilt eine Ausweitung der Zugriffsmöglichkeit auf extern gespeicherte Daten im Anwendungsbereich der §§

---

265 Sofern sich die Maßnahme gegen den Betreiber der Mailbox richtet, erstrecken sich die §§94ff. StPO auch hinsichtlich der auf dem Server gespeicherten Mails; so *Schenke* in Stern/Becker, Art. 10 Rn. 68; *Benfer/Bialon*, S. 340.

266 *Schlegel* HRRS 2008, S. 24; *Kudlich* JA 2000, S. 229, BVerfG NJW 2006, S. 976, 980, 981.

267 Bspw. an einer Tastatur; *Kudlich* JA 2000, S. 230.

268 *Beulke*, S. 156.

269 *Graf* in Graf, § 99 Rn. 11; *Hegmann* in Graf, § 110 Rn. 3.

270 Die Frage, ob elektronische Daten selbst einer Beschlagnahme nach § 94 StPO zugänglich sind, wird im Zusammenhang mit der Untersuchung der verdeckten Online-Durchsuchung ab S. 180 diskutiert.

271 *Kudlich* JA 2000, S. 230.

94, 102 StPO als grundsätzlich unzulässig.[272] Soll sich an diese Maßnahme dann die Durchsicht eines Speichermediums vom Durchsuchungsort aus, das räumlich getrennt ist von den übrigen Durchsuchungsobjekten, anschließen, bemisst sich diese Durchsicht ihrerseits an § 110 Abs. 3 StPO, der ein entsprechendes Vorgehen auch für räumlich abgetrennte Speichermedien erlaubt und insofern weiter greift als § 102 StPO.[273]

Eine der Beschlagnahme der StPO ähnliche Bestimmung findet sich in § 20 s BKAG, der die Sicherstellung von Sachen und damit unproblematisch auch von der jeweiligen Hardware eines Computersystems regelt. Im BKAG finden sich darüber hinaus Bestimmungen zur Durchsuchung in den §§ 20 q, r und t, unterteilt nach dem jeweiligen Durchsuchungsobjekt. Die Durchsuchung von Wohnungen ist in § 20 t BKAG geregelt; soll im Zuge einer Wohnungsdurchsuchung jedoch darüber hinaus ein Computersystem durchsucht werden, richtet sich dies nach der Durchsuchung von Sachen gemäß § 20 r BKAG. Insbesondere nach Absatz 1 Nr. 2 kommt eine solche Durchsuchung in Betracht, wenn im Raum steht, dass sich auf dem System Daten befinden, die sichergestellt werden dürfen.

Die Frage, wie weit diese Befugnis reicht, also ob lediglich Speichermedien offline durchsucht werden dürfen oder ob auch solche Online-Inhalte eingesehen werden dürfen, auf die der Betroffene von dem System aus Zugriff nehmen kann, kann hinsichtlich des § 20 k BKAG dahinstehen, der seinerseits eine spezielle Eingriffsermächtigung zugunsten einer verdeckten Online-Durchsuchung bereithält und damit den Zugriff und die Durchsuchung von informationstechnischen Systemen vorsieht.[274]

3. Überwachung von Daten im laufenden Datenverkehr

Jedoch sind mitunter nicht nur solche Dateien von Interesse, die gespeichert auf einem Computersystem einem körperlichen Zugriff nach obiger Darstellung unterliegen oder Inhalt einer anmeldepflichtigen Dienstleistung sind. Vielmehr kann auch ein starkes Interesse gerade an solchen Informationen bestehen, die im laufenden Datenverkehr ausgetauscht werden, also Teil eines gegenwärtigen

---

272 Eine Erweiterung der Zugriffsmöglichkeit sei lediglich bei Gefahr im Verzug denkbar, so *Kudlich* JA 2000, S. 230; *Bär* CR 1995, S. 227; zum Regelungsbereich des neuen § 110 Abs. 3 StPO vgl. S. 176ff.

273 *Kudlich* JA 2000, S. 229; *Buermeyer* HRRS 2007, S. 158.

274 Vgl. hierzu S. 273ff.

Kommunikationsprozesses sind.[275] In dem Maße, in dem Kommunikation mehr und mehr über das Internet stattfindet, sei es in Form von E-Mails,[276] Internettelefonie oder Chats, so steigt auch das Interesse der Behörden daran, relevante Inhalte hieraus gewinnen zu können. Daher steht die Frage im Raum, ob eine Überwachung der Echtzeitkommunikation via Internet quasi auf die Distanz möglich ist.

An dieser Stelle sei hervorgehoben, dass es sich nachfolgend um die Frage der Überwachung der Daten handelt, die im Moment der Überwachung „in Bewegung" sind.

Sobald Daten – auch als Ergebnis eines Kommunikationsprozesses – auf einem Speichermedium endgültig abgespeichert wurden, unterscheiden sie sich nicht mehr von anderen Daten, die dort abgespeichert sind. Ab diesem Moment muss geprüft werden, ob die sodann gespeicherten Daten infolge einer offenen Durchsuchung wie auf Seite 89ff. dargestellt[277] erhoben werden können oder ob die Möglichkeit einer verdeckten Online-Durchsuchung (oder auch einer Quellen-TKÜ! Da im Rahmen einer Quellen-TKÜ gerade auf Daten zugegriffen wird, bevor diese auf den eigentlichen Kommunikationsweg gegeben werden, muss hier eine klare Trennung erfolgen.) besteht.[278] Im Zuge der hier untersuchten Telekommunikationsüberwachung wird daher unterstellt, dass keine Form der verdeckten Infiltration eines Rechners vorliegt, um Daten zu erheben, sondern die Überwachung auf anderem Wege geschieht, sei es durch Kontrolle bzw. Abfangen der über IP versandten Daten oder einem Tempest-Angriff.

Auch für diese Zielrichtung einer behördlichen Maßnahme stellt sich die Frage, welche spezifischen Grundrechte betroffen sein können.

Dabei kommen zum einen das Fernmeldegeheimnis nach Art. 10 Abs. 1 GG in Betracht, das das Vertrauen der Kommunikationsteilnehmer in den Kommunikationsprozess schützt,[279] sowie das Recht auf informationelle Selbstbestimmung aus Art. 2 Abs. 1 i.V.m. Art. 1 Abs. 1 GG. Auch kommt eine Verletzung des

---

275 *Kudlich* JA 2000, S. 230.

276 Hinsichtlich der Überprüfbarkeit von E-Mail-Kommunikation ist zu beachten, dass sich hierin ein Themenfeld findet, das seinerseits bücherfüllende Problemfelder aufwirft. Diese sollen hier nicht in den Fokus der Betrachtung rücken, verwiesen sei daher auf die umfassenden Bearbeitungen von Störing und Meininghaus.

277 Bzw. siehe auch S. 180.

278 *Albrecht*, Abs. 2. Hierzu vgl. die Ausführungen zum Bundesrecht auf S. 108ff., hier auch die Abgrenzung von verdeckter Online-Durchsuchung zur Quellen-Telekommunikationsüberwachung, sowie zum BKAG und Landesrecht unter Kapitel D.

279 *Schenke* in Stern/Becker, Art. 10 Rn. 21; *Kramer*, S. 218; *Sodan* in Sodan, Art. 10 Rn. 5; genauere Darstellung erfolgt auf S. 153ff.

Allgemeinen Persönlichkeitsrechts aus Art. 2 Abs. 1 GG i.V.m. Art. 1 Abs. 1 GG in Betracht, wenn durch die Überwachung die Abschottung enger privater Lebensbereiche vor öffentlicher Kenntnisnahme als Ganzes verhindert wird. Sofern es um eine verdeckte Erhebung geht, kommt je nach Einzelfall zudem eine Verletzung des Gebots des effektiven Rechtsschutzes in Betracht, wenn der Betroffene mangels Kenntnis von der Maßnahme keine Möglichkeit hat, seine Rechte gegen das behördliche Vorgehen wahrzunehmen.[280] Das IT-Grundrecht scheint für diesen Fall unpassend, da bei der Überwachung von einzelnen Kommunikationsprozessen keine Berührung mit der Integrität des informationstechnischen Systems als solches droht.

Soweit eine Erhebung von Telekommunikations-Daten nicht direkt beim eigentlich Überwachten stattfinden kann oder soll und stattdessen der Anbieter des jeweils genutzten Telekommunikationsdienstes zum Adressat der Maßnahme wird, kommt neben den oben angeführten Grundrechten zudem die potentielle Betroffenheit des Wohnungsgrundrechts des Art. 13 Abs. 1 GG, dessen Schutzwirkung sich auch auf die in dieser Konstellation relevanten Geschäftsräume erstrecken kann,[281] sowie des Eigentumsrechts nach Art. 14 Abs. 1 GG[282] in Betracht.

Aufgrund der wiederum festzustellenden Grundrechtsrelevanz ist für die behördliche Erhebung von Daten aus Echtzeitkommunikation eine Ermächtigungsgrundlage erforderlich.

a) StPO

Betreffend die Bestimmungen, die gemäß der StPO für entsprechende Maßnahmen in Betracht zu ziehen sind, herrscht bis heute Uneinigkeit.

Es werden nachfolgend die drei am stärksten vertretenen Meinungen dargestellt.

---

280 Siehe auf S. 169.

281 Hier kommt es hinsichtlich der Einschlägigkeit des Art. 13 Abs. 1 GG maßgeblich darauf an, um welche Art von Geschäftsräumen es sich handelt bzw. ob eine behördliche Maßnahme während oder nach den Öffnungszeiten stattfindet, BVerfGE 32, 54, 69; BVerfG NJW 2003, 2669f.

282 *Meininghaus*, S. 260.

aa) § 94 StPO

Die Anhänger der Beschlagnahme- oder auch 3-Phasen-Theorie betrachten Kommunikationsvorgänge über das Internet, vornehmlich betreffend E-Mail-Verkehr, als uneinheitlichen, dreiteiligen Vorgang, der sich zusammensetze aus der Übermittlungsphase der E-Mail von Absender an Empfänger, Phase der Zwischenspeicherung beim E-Mail-Provider und schließlich der Abrufphase durch den Empfänger.[283] Lediglich in der ersten und dritten Phase liege dieser Ansicht nach eine Bewegung von Daten in Form einer Übermittlung vor, sodass von Kommunikation gesprochen werden könne.[284] Nur hier komme insofern aufgrund des Datenflusses unstreitig eine Überwachung nach § 100 a StPO in Betracht.[285] Problematisch sei daher nur die zweite Phase, also jene der Zwischenspeicherung; da es in diesem Stadium gerade keine Datenbewegung gebe, sondern ein statischer Zustand charakteristisch sei, könne von Kommunikation nicht gesprochen werden, sodass es weder zu einer Berührung des Art. 10 GG noch zu einer Eröffnung des Anwendungsbereichs des § 100 a StPO komme.[286] Denkbare Ermächtigungsnorm sei deshalb § 94 StPO, betroffene Grundrechtsposition des E-Mail-Providers, auf dessen Server die E-Mail in diesem Ruhezustand verweilt, jene aus Art. 13 GG.[287]

Gegen dieses Auseinanderreißen eines an sich doch einheitlichen Austauschvorgangs spricht aber die Schutzwürdigkeit des Telekommunikationsteilnehmers hinsichtlich des Fernmeldegeheimnisses aus Art. 10 GG.[288] Könnte man tatsächlich zwischengespeicherte E-Mails in diesem Zustand, der zwangsläufig bei jedem Übermittlungsvorgang irgendwann eintritt, über § 94 StPO zugreifen und die strengeren Voraussetzungen des § 100 a StPO umgehen, müssten die Straf-

---

283 *Eisenberg*, S. 905; *Günther* NStZ 2006, S. 644; *Meininghaus*, S. 275; *Palm/Roy* NJW 1996, S 1793; LG Ravensburg NStZ 2003 325, 326; im Ergebnis weitestgehend identisch mit etwas anderer Begründung die Empfangstheorie nach *Weßlau* ZStW 113 (2001), S. 696.; *Nack* in Pfeiffer, § 100 a Rn. 7, 8.

284 *Palm/Roy* NJW 1996, S. 1793; *Brenner*, S. 270.

285 *Palm/Roy* NJW 1996, S. 1793; *Brenner*, S. 269f.; siehe unten S. 79f.

286 *Palm/Roy* NJW 1996, S. 1793, 1794; im Ergebnis so auch BVerfG NJW 2009 2431ff.

287 *Palm/Roy* NJW 1996, S. 1793, 1794; grundsätzlich wird auch nach der hier vertretenen Ansicht die Beschlagnahme von elektronischen Daten als möglich erachtet: siehe auf S. 163ff. m.w.N. pro und contra zur Anwendbarkeit des § 94 StPO auf elektronische Daten; ablehnend hier zudem *Brenner*, S. 270, der das Erfordernis der Körperlichkeit der und des Gewahrsams an den zu Beschlag nehmenden Objekten nach §§ 94, 99 StPO annimmt.

288 *Gaede* StV 2009, S. 97; *Seitz*, S. 303.

verfolgungsbehörden einfach den richtigen Zeitpunkt abwarten, um sich an den E-Mail-Provider zu wenden.[289] Damit verkäme jedoch der Schutz des Art. 10 GG zum nullum, zumal es dem Nutzer gleichgültig sein dürfte, in welchem Stadium des E-Mail-Austauschs ein staatlicher Eingriff ansetzt.[290] Insofern verbietet sich im rechtlichen Kontext und insbesondere wegen der hohen grundrechtlichen Relevanz eine zu technische Auslegung von Telekommunikation.

Der Rückgriff auf § 94 StPO im Bereich der Überwachung laufender Telekommunikation scheidet damit nach der vorliegend vertretenen Ansicht aus.

bb) § 99 StPO

Daneben wird teilweise vertreten, § 99 StPO zur Anwendung kommen zu lassen (sogenannte Postbeschlagnahmetheorie).[291] Hier ist jedoch schon dem Wortlaut der Norm nach nur eine Sendung gemeint, die im Gewahrsam des Dienstleisters, also im computerspezifischen Umfeld etwa dem des E-Mail-Providers, ist; die Maßnahme richtet sich dann gegen diesen Anbieter.[292] Der 3-Phasen-Theorie entsprechend gehen die Vertreter dieser Ansicht davon aus, dass eine E-Mail im Moment der Ankunft beim Provider „ruht", folglich kein aktiver Kommunikationsprozess stattfindet, und für dieses Stadium die §§ 94, 99 StPO einschlägig seien.[293] Zudem sei im Bereich von E-Mail-Kommunikation die größere Nähe zum Begriffspaar Post und Telegramm im Sinne des § 99 StPO gegeben, als zur Telekommunikation nach § 100 a StPO.[294] Dass sich jedoch eine zu traditionelle und enge Definition von Telekommunikation verbietet und unter Rücksichtnahme auf die Grundrechte der Betroffenen die hohen Hürden des § 100 a StPO nicht einfach umgangen werden dürfen, zeigt sich, wenn man die Definition von Telekommunikation und Telekommunikationsanlagen heranzieht, die § 3 Nr. 22 und Nr. 23 TKG bietet:

---

289 *Seitz*, S. 303.

290 *Seitz*, S. 303.

291 BGH NJW 2009, 1828; *Kühne*, S. 314; LG Ravensburg NStZ 2003, 325, 326; vgl. für Telefaxe *Schmittmann* RDV 1995, S. 237; ablehnend *Brenner*, S. 270.

292 *Seitz*, S. 294.

293 Vgl. für Telefaxe *Schmittmann* RDV 1995, S. 237; LG Ravensburg NStZ 2003, 325, 326, wobei durchgehend offen gelassen wird, wieso letztlich auf § 99 StPO statt § 94 StPO abgestellt wird.

294 Vgl. für Telefaxe *Schmittmann* RDV 1995, S. 237; LG Ravensburg NStZ 2003, 325, 326.

„"Telekommunikation" [ist] der technische Vorgang des Aussendens, Übermittelns und Empfangens von Signalen mittels Telekommunikationsanlagen."

„"Telekommunikationsanlagen" [sind] technische Einrichtungen oder Systeme, die als Nachrichten identifizierbare elektromagnetische oder optische Signale senden, übertragen, vermitteln, empfangen, steuern oder kontrollieren können."

Hiervon sind nun schon ganz offensichtlich auch begrifflich Kommunikationsvorgänge via Internet umfasst, seien es solche über E-Mail, Echtzeitchat oder webbasierte Nachrichtensysteme in beispielsweise sozialen Netzwerken.

Lehnt mal also wie hier vertreten das Vorliegen eines „Ruhezustands" des Kommunikationsobjekts, in erster Linie also der E-Mail, auch im Moment des Eingangs beim Provider ab, kann § 99 StPO nicht als Eingriffsermächtigung herangezogen werden. Dieses Ergebnis ist auch in Hinblick auf den Grundsatz der Verhältnismäßigkeit einer Norm bzw. deren Anwendung im Einzelfall verfassungsrechtlich geboten. Vergleicht man die Formulierung des § 99 StPO mit jener des § 100 a StPO, fällt auf, unter welch hohen Voraussetzungen eine Maßnahme nach § 100 a StPO nur zulässig sein kann, während § 99 StPO kaum Voraussetzungen formuliert. In Hinblick auf die erheblichen Grundrechtsgefährdungen im Falle einer Überwachung der webbasierten Kommunikation ist es jedoch dringend erforderlich, die behördlichen Aktivitäten insofern schon normativ auf Ausnahmefälle zu begrenzen.[295] Diese Begrenzung würde bei Anwendung des § 99 StPO jedoch gerade nicht gewährleistet, sodass hinsichtlich der massiven Grundrechtsverletzungen eine Angemessenheit des Eingriffs auf Grundlage des § 99 StPO abzulehnen wäre.

Es bleibt daher zu klären, ob § 100 a StPO für die Kommunikationsüberwachung via Internet eine taugliche Ermächtigungsgrundlage bilden kann.

cc) § 100 a StPO

Als einschlägige Ermächtigungsgrundlage kommt hier der Funktionstheorie zufolge weiter § 100 a StPO in Betracht, der sich seinem Anwendungsbereich nach grundsätzlich umfassend auf jede Form der Kommunikation bezieht, also sowohl klassische Telefonie wie auch jede Kommunikation via Internet, Echtzeit-

295 So auch *Klesczewski* ZStW, S. 764.

kommunikation ebenso wie temporär im Rahmen des Kommunikationsprozesses beim Dienstanbieter gespeicherte und abrufbare Nachrichten.[296] § 100 a StPO ermächtigt zur Einschränkung unter anderem des Fernmeldegeheimnisses aus Art. 10 Abs. 1 GG.[297] Art. 10 Abs. 1 GG wiederum schützt das Vertrauen der Beteiligten eines Kommunikationsprozesses, beim Austausch nicht von Dritten überwacht zu werden.[298] Eine Definition von Telekommunikation und den entsprechenden Anlagen findet sich wie oben schon bemerkt in § 3 Nr. 22 und 23 TKG. Zwar sind diese Definitionen nicht bindend für die Normen der StPO, jedoch sind sie als maßgebliche Auslegungshilfe hinzuzuziehen, wenn eine Anwendung des § 100 a StPO auf einen modernen Kommunikationsvorgang in Frage steht.[299]

Demzufolge ist eine extensive Auslegung der Telekommunikation im Sinne des § 100 a StPO geboten, sodass neben dem eigentlichen Senden und Empfangen einer Nachricht auch der Übermittlungsvorgang selbst sowie die zum Abruf durch den Empfänger erforderliche Zwischenspeicherung hierunter zu subsumieren und von der Ermächtigung zur Überwachung umfasst sind.[300] Auch hinsichtlich der Übermittlungsart in technischer Hinsicht sowie die Form der Darstellung durch Daten (Sprache, Bilder) ist der Schutzbereich des Art. 10 GG extensiv anzuwenden und damit der Anwendungsbereich des § 100 a StPO eröffnet für jede Form der internetbasierten Kommunikation.[301] Ob dies auch für die Maßnahme der Quellen-Telekommunikationsüberwachung gilt, bei der Kommunikationsdaten noch vor ihrer Verschlüsselung und Übermittlung via Internet abgefangen und aufgezeichnet werden, ist umstritten.[302]

Da die einheitliche Anwendbarkeit des § 100 a StPO insofern hinsichtlich der Echtzeitkommunikation über das Internet heute weitestgehend unstreitig ist, kommt es lediglich auf das Vorliegen der erforderlichen Tatbestandsvorausset-

---

296 *Wolter* in Wolter, § 100 a Rn. 36; *Schröder / Schröder*, S. 15; *Kudlich* JA 2000, S. 231; *Weßlau* ZStW 113 (2001), S. 698; vgl. zur Internettelefonie: AG Bayreuth vom 17.09.2009, Az: Gs 911/09: http://www. kanzlei.biz/nc /telekommunikationsrecht/17-09-2009-ag-bayreuth-gs-911-09.html.

297 *Joecks* § 100 a Rn. 1; *Gercke* CR 2007, S. 252; *Meyer-Goßner* § 100 a Rn. 1; *Hartmann/Schmidt*, S. 177; *Göbel*, S. 41; vgl. nachfolgend S.183ff.

298 BVerfGE 120, 274, 334f; *Sodan* in Sodan, Art. 10 Rn. 1;*Weiß*, S. 92.

299 *Störing*, S. 121ff.; *Malek*, S. 111; *Rux* JZ 2007, S. 287; *Kudlich* JA 2000, S. 231; *Haller/Conzen*, S. 521.

300 *Seitz*, S. 254, 293; *Kudlich* JA 2000, S: 231; *Wolter* in Wolter, § 100 a Rn. 33.

301 BVerfGE 120, 274, 307f.

302 Vgl. S. 120f.; *Lischka/Reißmann*, Teil 2, 3.

zungen im jeweiligen Einzelfall an, ohne dass hier internet- oder computerspezifische Problemfelder vorliegen.[303]

Daneben ist es zulässig gemäß § 100 b Abs. 3 StPO, den Anbieter der Dienstleistung zur Herausgabe der zwischengespeicherten Daten der Telekommunikation zu verpflichten, der insofern die Ermittlungsbehörden zu unterstützen hat.[304] Durch den Verweis auf die Maßnahme nach § 100 a StPO in § 100 b Abs. 3 StPO wird deutlich, dass hier die vollumfängliche Erhebung auch von Daten betreffend den Inhalt der Kommunikation gemeint ist.

Wie bereits im Zusammenhang mit der Prüfung des § 99 StPO angesprochen, erfordert eine Anwendbarkeit des § 100 a StPO das Vorliegen verschiedener hoher Voraussetzungen, die eine Überwachungsmaßnahme auf wenige Anwendungsfälle reduziert. Von der Verhältnismäßigkeit der Norm ist daher betreffend die hier in Frage stehenden Überwachungsmaßnahmen auszugehen.

dd) §§ 100 g, 100 h StPO

Zuletzt ist in diesen Kontext auf die §§ 100 g, 100 h StPO hinzuweisen, die die Behörden ermächtigen, von den Betreibern der Kommunikationsanlage Auskunft über den bereits erfolgten Kommunikationsvorgang zu erhalten, wobei sich hier die Auskunftspflicht lediglich auf die Verbindungsdaten, also Gesprächsdauer, Gesprächspartner etc., bezieht und nicht den Inhalt der Kommunikation erstreckt.[305]

b) BKAG

Auch das BKAG sieht verschiedene Regelungen vor, die eine Erhebung von Telekommunikationsdaten ermöglichen.

---

303 Zur Frage, ob §§ 100 a f. StPO auch auf die Quellen-TKÜ Anwendung finden können, siehe S. 183f.

304 *Meininghaus*, S. 295; *Wolter* in Wolter, § 100 b Rn. 20.

305 Sehr detailliert hierzu: *Wohlers/Demko* StV 2003, S. 241ff.; *Malek*, S. 116ff; *Meyer-Goßner*, § 100 g Rn. 4f.; Beachte jedoch BVerfG 1 BvR 256/08, 1 BvR 263/08, 1 BvR 586/08 siehe: http://www.bundesverfassungsgericht.de/pressemitteilungen/bvg10-011, wonach § 100 g StPO als teilnichtig erklärt wird, soweit es um die Erhebung von Verbindungsdaten im Sinne des § 113 a TKG geht wegen Verstoßes gegen Art. 10 Abs. 1 GG.

In erster Linie zu beachten ist dabei § 20 l BKAG, der die Überwachung von Telekommunikation ohne das Wissen des Betroffenen gestattet. Diese Regelung geht insofern noch über die Bestimmungen in § 100 a StPO hinaus, als dass in § 20 l Abs. 2 BKAG auch die verdeckte Infiltration des zu überwachenden Rechners vorgesehen ist. § 20 l BKAG kann aber dennoch nicht herangezogen werden zur Ermächtigung für eine Quellen-Telekommunikationsüberwachung, da Einzelheiten der Durchführung und erforderliche Schutzmechanismen unzureichend berücksichtigt wurden.[306]

Die Erhebung von Verkehrsdaten, also Daten betreffend die nichtinhaltlichen Eckpunkte der Kommunikation wie Kommunikationsteilnehmer, Verbindungsdauer etc., ist in § 20 m BKAG geregelt. Diese Norm regelt sowohl die Erhebung beim Betroffenen ohne dessen Kenntnis, Absatz 1, als auch die Möglichkeit zur Verpflichtung des involvierten Diensteanbieters, Absatz 2.

4. Überwachung von Surfen im Netz

Zudem stellt sich die Frage, ob bloße Seitenaufrufe, also das einfach Online-Surfen durch einen Internet-Nutzer, überwacht werden kann. Auch dies kann für Strafverfolgungsbehörden von Interesse sein, da nicht nur im Wege von individuellen Kommunikationsvorgängen strafrechtlich relevante Inhalte ausgetauscht werden können, sondern sich solche mitunter aus dem bloßen Seitenaufruf einschlägiger Anbieter ergeben können oder die Eingabe von Suchbegriffen in Online-Suchmaschinen wie google (man denke insofern insbesondere an beispielsweise kinderpornographische Darstellungen, Volksverhetzung oder Beleidigung)[307]. Genauso kann aus der Verfolgung von Seitenaufrufen womöglich ein bestehender anfänglicher Verdacht gefestigt werden.

Technisch bzw. praktisch wäre denkbar, dass eine Behörde über einen Trojaner ein Programm auf den angepeilten Rechner aufspielt, das eine remote-Bedienung zulässt und die Behörde bzw. der handelnde Beamte die Historie der aufgerufenen Homepages prüft. Andererseits ist auch hier wie im Falle einer

---

306 *Braun* K&R, S. 681; nach der hier vertretenen Auffassung stellt die Quellen-TKÜ einen Unterfall der verdeckten Online-Durchsuchung dar, sodass alle hierfür aufgestellten bzw. aufzustellenden Kriterien auch für eine Normierung der Quellen-TKÜ eingehalten sein müssen. Im Übrigen bestehen größte Zweifel an der technischen Realisierbarkeit der Quellen-TKÜ mit der Beschränkung auf reine Telekommunikationsinhalte, so auch vgl. BVerfGE 120, 274, 308f.

307 Vgl. hierzu etwa die Darstellung bei *Jürgs*, S. 1ff.

verdeckten Online-Durchsuchung denkbar, dass Screen Shots des Bildschirms in regelmäßigen Abständen an die Behörden übermittelt werden und so die Kontrolle der aufgerufenen Internetseiten ermöglicht. Da die hergestellte Verbindung von anfragendem Anschluss und angefragter Seite beim jeweils eingeschalteten Provider dokumentiert wird, kommt zudem eine Anfrage der Behörde bei dem Provider in Betracht.

Da es hierbei weniger darum geht, einzelne Daten des Betroffenen zu erheben, sondern vielmehr Rückschlüsse aus dessen Surf-Gewohnheiten zu gewinnen, erscheint das Recht auf informationelle Selbstbestimmung aus Art. 2 Abs. 1 i.V.m. Art. 1 Abs. 1 GG unpassend und dürfte nur im Ausnahmefall[308] anwendbar sein. Als betroffenes Grundrecht kommt in diesen Situationen und auch als Gegenstand des rechtswissenschaftlichen Diskurses vordergründig das Fernmeldegeheimnis nach Art. 10 Abs. 1 GG in Betracht.

Somit ist auch für diese Konstellation nach der Eröffnung des Grundrechts sowie dem Vorhandensein einer geeigneten Ermächtigungsgrundlage zu suchen.

Dabei finden sich kontroverse Ergebnisse auf diese Suche. Die Frage nach der Zulässigkeit der Überwachung der laufenden Internetnutzung durch einfache Seitenaufrufe wird dabei in erster Linie an § 100 a StPO bemessen, da durch eine laufende Internetnutzung grundsätzlich ein individualisierter und damit schutzwürdiger Datenaustausch im Sinn des Art. 10 Abs. 1 GG stattfindet.[309]

Zum Teil wird die Befugnis zur Überwachung des Surfens abgelehnt mit dem Argument, dass eine restriktive Auslegung der Befugnis aus § 100 a StPO hinsichtlich des Grundrechtsschutzes durch Art. 10 Abs. 1 GG geboten sei.[310] Da § 100 a StPO eine Ermächtigung zur Einschränkung des Fernmeldegeheimnisses ermögliche, sei eine spezifisch strafrechtliche Definition von Telekommunikation abweichend von der sehr weiten Auslegung nach § 3 Nr. 22 TKG angebracht.[311] Demnach werden zwar auch bei einem bloßen Seitenaufruf Daten zwischen den beteiligten Rechnern ausgetauscht, was gemäß § 3 Nr. 22 TKG als Telekommunikation einzustufen wäre; da aber kein eigentlicher gedanklicher Austausch in Form von Verständigung quasi wie bei einem Telefonat zwischen

308 Etwa wenn durch die Überwachung des Surfens gezielt Daten über den Betroffenen gewonnen werden sollen, wie bei der Eingabe von Kennwörtern etc.

309 *Seitz*, S. 260.

310 *Benfer/Bialon*, S. 340; *Wohlers/Demko* StV 2003, S. 243.

311 *Wohlers/Demko* StV 2003, S. 243; *Benfer/Bialon*, S. 340.

Personen stattfindet, könne nicht von Kommunikation im strafverfahrensrechtlichen Sinne gesprochen werden.[312]

Andere ziehen als Abgrenzungskriterium heran, wie das Internet im konkret zu bewertenden Fall eingesetzt wird; sofern es als Instrument zur individuellen Telekommunikation genutzt wird, sei eine Überwachung möglich.[313] Wird dagegen ein massenmedialer Dienst genutzt, was als allgemein zugängliche Information dem Anwendungsbereich von § 3 Absatz 2 Nr. 4 TKÜV entspricht, so sei eine Überwachung unzulässig.[314] Da das Surfen sich hier auf das Aufrufen öffentlich zugänglicher Internetseiten bezieht, also einen massenmedialen Dienst darstellt, ist auch nach dieser Ansicht eine Überwachung unzulässig.

Auch wird vertreten, dass zwar das Surfen selbst Telekommunikation nach § 100 a StPO und die Definition des TKG insofern anwendbar sei; da aber beim Surfen lediglich zwei Router an einem automatisierten Informationsaustausch beteiligt seien, fehle es an einer schutzwürdigen Position eines Grundrechtsträgers nach Art. 10 GG und folglich an der erforderlichen Korrespondenz zur Eröffnung des § 100 a StPO.[315]

Dagegen wird jedoch von einem beachtlichen Teil der Literatur die Befugnis zur Überwachung des Surfens über § 100 a StPO angenommen.[316] Zunächst einmal wird angeführt, dass bei *unstrittig* öffentlich zugänglichen Informationen mangels Vorliegen einer zu schützenden Vertraulichkeit des Datenaustauschs bzw. -empfangs der Anwendungsbereich des Art. 10 GG nicht eröffnet sei, damit mangels entsprechender Grundrechtsrelevanz auch kein Eingriff in das Fernmeldegeheimnis droht und sodann ein Rückgriff auf § 100 a StPO gar nicht erst erforderlich werde; die Differenzierung zwischen frei zugänglichen und nicht öffentlichen Inhalten ist aber gerade im Rahmen des Internets nahezu unmöglich und kaum zu definieren.[317] Um trotz bzw. gerade wegen dieser praktischen Abgrenzungsproblematik einen umfassenden Grundrechtsschutz durch Art. 10 GG zu gewährleisten, müsse deshalb zunächst auch der Datenaustausch beim bloßen Surfen grundsätzlich mit in den entsprechenden Schutzbereich ein-

---

312 Zum Begriff der Telekommunikation im strafrechtlichen Sinne: *Fezer* NStZ 2003,S. 625, 626; *Bernsmann* NStZ 2002, S. 103.

313 *Weßlau* ZStW 113 (2001), S. 700.

314 *Weßlau* ZStW 113 (2001), S. 700.

315 vgl. die Argumentation bei *Fezer* NStZ 2003, S. 626f. Wollte man dieser Argumentation folgen, müsste aber eine Überwachung dennoch zulässig sein, da jedenfalls hinsichtlich Art. 10 Abs. 1 GG sodann keine schutzwürdige Position des Betroffenen gegeben wäre.

316 *Seitz*, S. 264f, 343; wohl auch zustimmend *Eisenberg*, S. 944.

317 *Seitz*, S. 264.

bezogen werden, womit durch Eröffnung des Schutzbereichs des Art. 10 GG zugleich grundsätzlich der Anwendungsbereich des § 100 a StPO eröffnet sei.[318] Denn wenn schon der private Austausch von Inhalten überwacht werden könne, dann müsse das erst recht für das Besuchen ohnehin öffentlicher Informationen gelten, quasi als Minusmaßnahme. Weiterhin sei beachtlich, dass durch das BegleitGTKG vom 17.12.1997 die Formulierung des § 100 a StPO an § 3 Nr. 22 TKG sogar angepasst und der Begriff „Fernmeldeverkehr" durch „Telekommunikation" ersetzt worden sei, sodass es gerade nahe liege eine identische Definition der Telekommunikation in beiden Gesetzestexten an den Tag zu legen.[319] Dann stelle auch die beim Surfen eintretende Datenübermittlung Kommunikation dar. Zuletzt sei das Argument, es handele sich beim Surfen um einen rein automatisierten Datenaustausch, fraglich, da auch dieser Automatismus zuvor durch menschliche Einflussnahme ermöglicht worden sei und insofern einen Grundrechtsbezug zu Art. 10 Abs. 1 GG aufweise.[320] Dieser Argumentation nach sei letztlich § 100 a StPO anwendbar und als Grundlage zur Überwachung von Surf-Aktivitäten heranzuziehen.

Fraglich ist also, wie der Streit um eine zulässige Überwachung der Surf-Aktivitäten zu lösen ist.

Soweit die Frage der Einschlägigkeit des Art. 10 Abs. 1 GG im Bereich der Surf-Überwachung in Frage steht, wird den vorgenannten Befürwortern der Anwendbarkeit des § 100 a StPO nach der hier vertretenen Auffassung zunächst insofern gefolgt, als dass eine Abgrenzung von Internetnutzung und Surfen nach der Art des genutzten oder abgerufenen Dienstes kaum praktikabel ist.[321] Zugunsten der Grundrechtsberechtigten wird auch hier daher befürwortet, dass das einfache Surfen ebenso als von Art. 10 Abs. 1 GG geschützter „Fernmelde"-Vorgang einzustufen ist, wie klassische Kommunikationsvorgänge auch. Schließlich finden zumindest seitens des Betroffenen eine bewusste Datenanfrage und der damit verbundene Datenaustausch statt. Eine Eröffnung von Art. 10 Abs. 1 GG infolge einer entsprechenden Maßnahme wird also angenommen.

---

318 *Seitz*, S. 264; *Meininghaus*, S. 260.

319 *Haller/Conzen*, S. 522; *Seitz*, S. 265; siehe auch BT-Drs. 13/11002, S. 116, unter http://dipbt.bundestag.de/doc/btd/13/110/1311002.pdf.

320 BGH NJW 2003, 2034, 2035; ähnlich schon BVerfGE 46, 120, 143f. für „Fernmeldeanlagen"; BGH NStZ 2001, 389, 390; *Seitz*, S. 266.

321 Wäre etwa ein Besuch auf Twitter.de als öffentlicher nichtkommunikativer Besuch zu bewerten, weil man auch als Nicht-Mitglied Tweeds verfolgen kann? Andererseits würde ein Mitglied von Twitter kaum bestreiten, durch einen Tweed mit anderen Personen kommunizieren zu wollen.

Damit geht jedoch nicht unmittelbar die Anwendbarkeit des § 100 a StPO einher; vielmehr muss diese auch für die entsprechenden in Frage stehenden Überwachungsmaßnahmen hergeleitet werden.

Soweit die Befürworter hinsichtlich des bloßen Surfens als minus gegenüber individueller Online-Kommunikation ausgehen und damit infolge eines Erst-Recht-Schlusses auch die diesbezügliche Überwachung ohne weiteres über § 100 a StPO als Minusmaßnahme erlauben möchten, kann dieser Argumentation nicht gefolgt werden. Stattdessen stellt das reine Surfen eine gänzlich andersartige Internetnutzung dar als webbasiertes Kommunizieren. So ist das ausschließlich konsumtive Aufnehmen von Inhalten und Informationen aus dem Internet vergleichbar mit der Lektüre einer Zeitung oder dem Verfolgen einer Radio-Sendung, während E-Mail-Kommunikation und Internettelefonie virtuelles Pendant sind zu dem klassischen Briefwechsel und einem Telefongespräch via Festnetz. Bei diesem Vergleich wird deutlich, dass wohl zwar die beiden letztgenannten Verhaltensweisen als überwachbare Kommunikationsvorgänge zu qualifizieren sind, die beiden zuerst beschriebenen dagegen keineswegs.

Folglich muss die Korrespondenz zwischen Art. 10 Abs. 1 GG und § 100 a StPO an dieser Stelle unterbrochen werden, da für die Anwendbarkeit des § 100 a StPO eine deutlich individualisierte Form der gegenseitigen Kommunikation als Informationsaustausch erforderlich ist,[322] während für die Eröffnung des Schutzbereichs von Art. 10 Abs. 1 GG bereits das Vorliegen einer rein konsumtiven Verhaltensweise ausreicht.

Da nach der hier vertretenen Ansicht das Element eines wechselseitigen inhaltlichen Austauschvorgangs grundlegendes Merkmal der Telekommunikation im Sinne des § 100 a StPO darstellt, kann diese Norm gerade nicht auf rein konsumtives Surfverhalten übertragen werden.

Eine Anwendbarkeit des § 100 a StPO wird daher abgelehnt. Mangels anderer einschlägiger Normen der StPO muss daher de lege lata eine Überwachung des reinen Surfverhaltens als Verletzung des Art. 10 Abs. 1 GG und damit unzulässig abgelehnt werden.

Abgesehen von diesen Überlegungen zur Grundrechtsrelevanz aus Art. 10 Abs. 1 GG und der Einschlägigkeit des § 100 a StPO stellt sich außerdem die Frage nach der Bedeutung des Allgemeinen Persönlichkeitsrechts aus Art. 2 Abs. 1 GG i.V.m. Art. 1 Abs. 1 GG, das zumindest als Auffanggrundrecht angedacht

---

322 Hierfür spricht gerade auch das oben noch entgegengesetzt vorgebrachte Argument, dass die Formulierung des § 100 a StPO von „Fernmeldeverkehr" zu „Telekommunikation" geändert worden ist! Schließlich findet sich in Art. 10 Abs. 1 GG nach wie vor der Begriff der Fernmeldung wieder.

werden kann, sofern eine Eröffnung bzw. ein Eingriff in Art. 10 Abs. 1 GG nicht vorliegt oder als gerechtfertigt über § 100 a StPO erachtet wird. Das allgemeine Persönlichkeitsrecht schützt neben seiner Ausprägung in Form des Rechts auf informationelle Selbstbestimmung das Recht, sich von der Öffentlichkeit zurückzuziehen und seine enge persönliche Sphäre nach außen abzuschirmen.[323] Zwar ist das Recht auf informationelle Selbstbestimmung in den vorliegenden Fällen in aller Regel nicht anwendbar, da die Überwachung des Surfens nicht auf die gezielte Erhebung einzelner persönlicher Informationen oder Lebenssachverhalte über den Nutzer zielt, sondern stattdessen etwa die Kenntnisnahme aufgerufener Internetseiten einen allgemeinen Rückschluss auf generelle Interessen, politische Gesinnung, sexuelle Neigungen oder gegenwärtige Gesundheitsfragen des Nutzers zulassen könnte, ohne aber einen vergleichbar unmittelbar persönlichen Bezug aufzuweisen wie es bei einer Datenerhebung etwa im Falle einer Überwachung von E-Mail- oder Skype-Kommunikation zweifelsohne gegeben ist.

Dennoch kann sich auch aus der reinen Überwachung des Surfens ein Eindruck über den Nutzer gewinnen lassen,[324] der einen Einblick in die persönliche Lebenssphäre gewährt und damit zu einer Berührung des Allgemeinen Persönlichkeitsrechts führt. Selbst wenn diese Möglichkeit nicht in jedem Fall einer Überwachung gegeben sein muss, ist es dennoch geboten, eine Bewertung dieser Möglichkeit zugunsten des jeweils betroffenen Grundrechtsberechtigten zu wählen und die die Einschlägigkeit des Allgemeinen Persönlichkeitsrechts durch die behördliche Überwachung des Surf-Verhaltens anzunehmen. Nur so kann das Allgemeine Persönlichkeitsrecht umfassend und effektiv gewährleistet werden und es ist im konkreten Einzelfall die Beweislast der Behörde, nachzuweisen, dass der für die Eröffnung des Allgemeinen Persönlichkeitsrechts erforderliche Bezug zur persönlichen Lebenssphäre eben nicht gegeben ist.

Folglich ist das Allgemeine Persönlichkeitsrecht aus Art. 2 Abs. 1 GG i.V.m. Art. 1 Abs. 1 GG im Falle einer Überwachung des Surfens im Netz betroffen. Daher muss auch in dieser Hinsicht und infolge des für das Allgemeine Persönlichkeitsrecht geltenden Gesetzesvorbehalts eine gesetzliche Grundlage gegeben sein, um das behördliche Handeln zu rechtfertigen.[325] Insofern gilt auch hier das oben zu Art. 10 Abs. 1 GG und § 100 a StPO Gesagte. Die Überwachung des Surfens ist eine spezielle Maßnahme, auf die die Regelungen des § 100 a StPO

---

323 BVerfGE 54, 148, 153; 72, 155, 170; 114,339, 346.

324 Man stelle sich hier etwa vor, ein Internetnutzer informiert sich vermehrt und über längere Zeit über bestimmte Krankheitsbilder etc.

325 Zur verfassungsrechtlichen Rechtfertigung eines Eingriffs in das Allgemeine Persönlichkeitsrecht vgl. BVerfGE 101, 361, 387; BVerfG NJW 2001, 2320f.

nicht passen; ein „Hinbiegen“ des Regelungsgehalts von § 100 a StPO zugunsten einer andersartigen Maßnahme muss klar abgelehnt werden. Andere Bestimmungen der StPO neben § 100 a StPO, die hinsichtlich der Überwachung des Surfens und als Rechtfertigung des Eingriffs in das Allgemeine Persönlichkeitsrecht in Betracht kommen könnten, sind nicht ersichtlich.

Folglich ist eine entsprechende Maßnahme de lege lata durch Verletzung des Allgemeinen Persönlichkeitsrechts sowie des Fernmeldegeheimnisses als verfassungswidrig abzulehnen.

Problematisch in praktischer Hinsicht ist in diesem Zusammenhang insbesondere, dass ex ante und auf Distanz kaum bzw. nur in Abhängigkeit der jeweiligen Konfiguration des Internetzugangs feststellbar ist, wer im Moment der Überwachung tatsächlich surft. Davon abgesehen, dass möglicherweise Daten erhoben und Rückschlüsse gebildet werden, die von dem Surfverhalten eines Dritten und nicht der eigentlich zu überwachenden Person stammen und insofern die Ermittlungen nicht nur nicht vorantreiben, sondern vielmehr auf eine „falsche Fährte“ locken könnten, muss hier eine gesteigerte Grundrechtsrelevanz festgestellt werden, die in der Gefahr der unkontrollierbaren Streuung der jeweiligen Grundrechtsverletzungen begründet ist. Da es letztlich nur vorab möglich ist, den zu überwachenden Anschluss sicher zu definieren und abzugrenzen, nicht aber, wer diesen Anschluss im Moment der Überwachung nutzt, muss schon aus praktischen Erwägungen heraus äußerst kritisch hinterfragt werden, ob die Einfügung einer die Überwachung des Surf-Verhaltens ermöglichende Norm überhaupt sinnvoll und verfassungsmäßig sein kann.

Sofern die Einfügung einer Legitimation zur Überwachung von Surf-Gewohnheiten in die StPO dennoch als erforderlich erachtet werden sollte, muss bei Schaffung einer entsprechenden Regelung jedenfalls die Verhältnismäßigkeit der Norm in Hinblick auf die festgestellten verschiedenen Grundrechtsgefährdungen gesichert sein. Neben der Einhaltung eines Richtervorbehalts, Mitteilungspflichten gegenüber der überwachten Person und Lösch- sowie Protokollierungspflichten muss darüber nachgedacht werden, wie und ob ein tauglicher Drittschutz zugunsten unbeteiligter Personen realisiert werden könnte und ab welchem Gefahrengrad eine solche Maßnahme in Betracht zu ziehen sein darf. Nach den oben angestellten Überlegungen dürfte sich sodann insgesamt eine Norm mit sehr hohen Zulässigkeitsvoraussetzungen ergeben, die eine entsprechende Maßnahme nur im Ausnahmefall gestattet.

Hinsichtlich der Bestimmungen des BKAG bedeutet die Übertragung dieser Überlegungen, dass auch hier das Surfen über die für die Telekommunikationsüberwachung einschlägigen §§ 20 l, 20 m BKAG einer behördlichen Überwachung aufgrund des andersartigen Charakters des Surfens im Vergleich zur Telekommunikation nicht zugänglich ist. Auch mangelt es im BKAG an einer passenden Norm zugunsten der Überwachung des Surfens im Netz.

5. Standortermittlung

Ebenso kann ein behördliches Interesse daran bestehen, die Standortbestimmung eines bestimmten Endgeräts vorzunehmen, sei es beispielsweise ein Server oder ein Smartphone, von dem eine Verbindung ins Internet aufgebaut wird.

Dies kann insbesondere bedeutsam sein, wenn Zweifel daran bestehen, dass ein Datentransfer oder eine anderweitige Internetnutzung von Deutschland aus stattfindet und insofern in Frage steht, ob deutsche Behörden für den jeweiligen Vorgang überhaupt zuständig sind oder nicht.

Auch die behördliche Erhebung der Information, von wo aus eine Internetverbindung hergestellt und Daten ausgetauscht werden, kann eine Betroffenheit verschiedener Grundrechte zur Folge haben. Zu berücksichtigen sind das Fernmeldegeheimnis nach Art. 10 Abs. 1 GG, jedoch nur wenn eine Behörde die Standortdaten beim Betroffenen im Zuge der Überwachung eines laufenden Kommunikationsprozesses erhebt,[326] das Recht auf informationelle Selbstbestimmung nach Art. 2 Abs. 1 i.V.m. Art. 1 Abs. 1 GG bzw. das Allgemeine Persönlichkeitsrecht aus Art. 2 Abs. 1 GG i.V.m. Art. 1 Abs. GG, sofern im Zuge der Maßnahme nicht nur gezielte personenbezogene Daten erhoben, sondern ganze Bewegungsprofile erstellt werden, und das Grundrecht aus Art. 19 Abs. 4 GG, da die Standortermittlung etwa via stiller SMS auch ohne Kenntnis des Betroffenen durchgeführt werden kann und somit das Gebot des effektiven Rechtschutzes gefährdet ist. Zudem sind das Wohnungsgrundrecht nach Art. 13 Abs. 1 GG und das Eigentumsrecht nach Art. 14 Abs. 1 GG beachtlich, sofern eine Datenerhebung beim Diensteanbieter im Raum steht.

Damit ist es aufgrund der Grundrechtsrelevanz der Standortermittlung auch an dieser Stelle geboten, eine Ermächtigungsgrundlage für die Maßnahme heranzuziehen.

In der StPO kommen zwei Regelungen für eine Ermächtigung zur Lokalisierung von informationstechnischen Objekten in Betracht.

---

326 *Meyer-Goßner*, § 100 g Rn. 6; *Harnisch/Pohlmann*, HRRS 2009, S. 212.

§ 100 g StPO ermächtigt nach Abs. 1 Satz 1 zur Erhebung von Verkehrsdaten nach § 96 Abs. 1 TKG[327], der in Absatz 1 Satz 1 Nr. 1 die Standortdaten mobiler Anschlüsse[328] zu den der Erhebung zugänglichen Verkehrsdaten zählt. Unter mobilen Anschlüssen sind in erster Linie sicherlich Mobilfunkanschlüsse zu verstehen,[329] wobei hier auch die mehr und mehr an Bedeutung gewinnenden Smartphones, PDAs und andere internetfähigen Endgeräte zu subsumieren sind. Zudem ist an Notebooks und Netbooks zu denken, die ebenfalls als mobile Anschlüsse im Sinne des § 96 Abs. 1 Satz 1 Nr. 1 TKG zu bewerten und damit einer Lokalisierung zugänglich sind. Nicht umfasst sind hier dagegen stationäre Rechner oder Server, da es hier an der Mobilität des Anschlusses mangelt.

Ergänzend ist § 100 i StPO zu nennen, der Maßnahmen bei Mobilfunkgeräten nochmals gesondert regelt. Dabei wird nach Absatz 1 Nr. 2 auch zur Ermittlung des Standorts eines Mobilfunkendgeräts ermächtigt, sofern die übrigen Voraussetzungen des § 100 i StPO vorliegen.[330] Hier wird die Ermächtigung zur Lokalisierung jedoch ganz klar auf Mobilfunkendgeräte begrenzt, sodass damit Net-, Notebooks und ähnliche Geräte, die nicht per se als Mobilfunkgeräte zu qualifizieren sind, grundsätzlich nicht umfasst sind. Diese Endgeräte fallen lediglich dann unter die Bestimmungen des § 100 i StPO, wenn sie nachträglich oder zusätzlich mit einer SIM-Karte ausgestattet werden bzw. diese erst aktiviert werden muss, was jedoch maßgeblich vom Einzelfall abhängt.

Da sich die vorliegende Betrachtung allein auf Endgeräte bezieht, von denen aus eine Internetverbindung aufgebaut werden kann, sind in dem für diese Arbeit relevanten Zusammenhang also die internetfähigen Smartphones, Tablet PCs, PDAs und vergleichbare Endgeräte als Objekte einer möglichen Lokalisierung via SIM-Karte zu benennen.

---

327 Der Bezug zu § 113a TKG bleibt hier unberücksichtigt, da diese Norm durch das Bundesverfassungsgericht für nichtig erklärt wurde, BVerfGE v. 2.3.2010 I 272 - 1 BvR 256/08, 1 BvR 263/08, 1 BvR 586/08 zur unzulässigen Vorratsdatenspeicherung; durch den Verweis hierauf ist auch § 100 g StPO teilnichtig, jedoch nur hinsichtlich der Bezugnahme auf § 113 a TKG.

328 Hierunter können auch GPS- und andere Ortungsdaten fallen, die je nach Einstellung des Endgeräts, hier insbesondere in Smartphones, generiert und hinterlegt werden und daher auch von Behörden ausgelesen werden können. Wie weitreichend diese Möglichkeit sein kann, zeigt ein Beispiel betreffend den Hersteller Apple, dessen Software Version iOS 4 aufgrund eines Fehlers sämtliche über Ortungsdienste generierte Daten unverschlüsselt auf dem Smartphone iPhone hinterlegte, vgl. *Gehring*.

329 *Meyer-Goßner*, § 100 a Rn. 6a, § 100 g Rn. 6, 16.

330 *Meyer-Goßner*, § 100 i Rn. 1, 19, hier auch zum Verhältnis von § 100 g zu § 100 i StPO; zur Standortermittlung eines Mobilfunkendgeräts via IMSI-Catcher siehe sehr detailliert *Harnisch/Pohlmann* HRRS 2009, S. 204.

Damit fehlt es jedoch hier an einer Ermächtigung innerhalb des § 100 i StPO zur Standortbestimmung von informationstechnischen Endgeräten, die gerade nicht unter den Begriff der Mobilfunkendgeräten fallen. Da dies vornehmlich die „klassischen" mobilen Endgeräte wie insbesondere der Laptop sowie eben stationäre Rechner betrifft, sind damit genau diejenigen Objekte von der Ermächtigung ausgenommen, denen eine besondere Bedeutung im Rahmen der Ermittlungen via Internet (nicht via SIM!) zukommt und die folglich einer rechtlich zulässigen Standortbestimmung nicht zugänglich sind.

Im BKAG kommen zwei Regelungen in Betracht, die sich auf die Erhebung von Standorten beziehen. Die Systematik ist nahezu identisch zu jener, die in der StPO hinsichtlich der Standortbestimmung vorzufinden ist, und die Regelungen zur Lokalisierung finden sich in einer Bestimmung zur Erhebung von Verkehrsdaten, § 20 m, sowie einer Bestimmung, die sich spezifisch auf Mobilfunkendgeräte fokussiert, § 20 n. In § 20 m wird auf die Definition des § 96 Abs. 1 TKG[331] verwiesen, der wie vorstehend bereits bezeichnet die Standortdaten mobiler Anschlüsse umfasst. Davon sind dann zwar im vorliegenden Zusammenhang wiederum Standorte von beispielsweise internetfähigen Netbooks oder Notebooks sowie Smartphones umfasst, nicht aber große Server und andere, nicht mobile Anschlüsse, deren Standort von gleichem Interesse für das BKA sein kann.

§ 20 n Abs. 1 Nr. 2 bezieht sich dagegen noch punktueller auf die Ermittlung von Standortdaten von Mobilfunkendgeräten, also solchen Geräten, die via SIM kommunizieren, nach Absatz 4 auch durch Mitwirkung des jeweiligen Diensteanbieters. Auch Mobilfunkendgeräte können für Ermittlungen im informationstechnischen Kontext von Interesse sein, da das Internet zunehmend über Smartphones und PDAs genutzt wird und diesbezüglich der Standort Relevanz gewinnen kann. Dennoch findet sich auch hier keine umfassende Ermächtigung zur Lokalisierung von Anschlüssen unabhängig davon, welcher Natur sie sind.

Insofern ist im § 20 n BKAG und der Gefahrenprävention die Standortbestimmung ebenfalls nur in relativ engen Grenzen vorgesehen.

Die Erhebung und damit Zuordnung einer IP-Adresse[332] zu einem Anschluss kann im Übrigen durch den Verweis auf § 96 Abs. 1 Nr. 1 TKG, der die Erhebung der „*Nummer oder Kennung der beteiligten Anschlüsse*" regelt, sowohl nach § 100 g Abs. 1 Satz 1 StPO als auch nach § 20 m Abs.1 BKAG durchgeführt werden. Hinsichtlich stationärer Rechner, deren Standort nicht variabel ist,

331 Der Bezug zu § 113a TKG bleibt auch hier unberücksichtigt.

332 Entschieden für dynamische IP-Adressen in LG Frankenthal (Beschluss vom 21.05.2008 - 6 O 156/08), unter www.webshoprecht. de/IRUrteile/Rspr629.php.

kann die Ermittlung des betroffenen Anschlusses durch die Recherche der beteiligten IP-Adresse durchaus eine Lokalisierung ermöglichen. Sobald jedoch ein mobiles Endgerät im Interesse einer Behörde steht, kann die Ermittlung des genutzten Anschlusses mitunter weniger hilfreich sein, da sich das Endgerät in Hot Spots einwählen oder in anderen Netzwerken bewegen kann, die jedoch nicht auf einen dauerhaften Standort der Nutzung des Endgeräts hinweisen müssen. Ob dann eine Rückverfolgbarkeit bzw. Zuordnung der in aller Regel dynamischen IP-Adressen zu einem Nutzer möglich ist, hängt von der jeweiligen Zugangskonfiguration ab. Dennoch finden sich hier für die Behörden durchaus nützliche Ansatzpunkte für Ermittlungen.

Abschließend ist hier festzustellen, dass keine der vorab aufgeführten Normen eine genauere Bestimmung vorsieht, wie die Lokalisierung in technischer Hinsicht stattzufinden hat. Es wird diesbezüglich lediglich vom Einsatz „*technischer Mittel*" gesprochen. Abgesehen von der Standortbestimmung unter Rückgriff auf den jeweiligen Diensteanbieter oder die Ortung eines Mobilfunkendgeräts über Funk und Satellit, kommt daher durchaus eine Nutzung des Internets durch die Behörden in Betracht, um etwa eine IP-Adresse zurückzuverfolgen. Sind die spezifischen Eingriffsvoraussetzungen erfüllt, liegt sodann eine zulässige Nutzung des Internets durch die Behörden vor.

6. Fazit und Ausblick

Es zeigt sich, dass es durchaus verschiedenartige Möglichkeiten der Behörden gibt, Netzwerke und Netzwerktechnik zu nutzen. Dabei liegt es in der Wandelbarkeit und dem steten Fortschreiten technischer Möglichkeiten, dass die Benennung dieser Möglichkeiten nicht abschließenden Charakters sein kann, sondern nur einen Ausschnitt derjenigen denkbaren Nutzungsmöglichkeiten darstellt, die gegenwärtig realisierbar erscheinen. Dass hinsichtlich der hier bereits angeführten diversen Maßnahmen in der Regel Ermächtigungsgrundlagen vorhanden sind, die den jeweiligen Zugriff erlauben, bestätigt, wie bedeutsam das informationstechnische Umfeld auch für die Ermittlungsbehörden und letztlich für die Gesetzgebung geworden ist.

Diese Tendenz der steigenden Bedeutung von Netzwerken und speziell des Internets dürfte sich in den kommenden Jahren mit Fortschreiten der technischen Möglichkeiten sicherlich fortsetzen.

Sobald sich in diesem Zuge neue technische Zugriffsmöglichkeiten für die Behörden ergeben, werden diese die Existenz einer tauglichen Ermächtigungsgrundlage erfordern, sobald von den Maßnahmen eine Grundrechtsrelevanz ausgeht. Dabei ist jedoch hinsichtlich der verschiedenen technischen wie juristischen Besonderheiten und Schwierigkeiten der einzelnen Maßnahmen, die wie vorstehend festgestellt in nahezu jeder Ausprägung eine zum Teil erhebliche Grundrechtsrelevanz aufweisen, stets zu hinterfragen, ob eine neu zu erschaffende Ermächtigungsgrundlage rechtsstaatlich vertretbar sein kann und ob grundlegende Voraussetzungen wie insbesondere die Verhältnismäßigkeit der Maßnahme gegeben oder zu realisieren sein werden.[333]

Dies ist bei Zugriffen über das Internet und ähnliche Netzwerke für jeden Einzelfall und für jede in Betracht kommende Norm – de lege lata wie de lege ferenda - kritisch zu prüfen und gesondert festzustellen.

Innerhalb der oben aufgeführten Maßnahmen blieb bisher die populärste und umstrittenste Maßnahme im informationstechnischen Kontext unberücksichtigt.

Die verdeckte Online-Durchsuchung hat in den vergangenen Jahren für dergestalt viel Furore in Politik, Wissenschaft und Medien gesorgt, dass der Beleuchtung dieser Maßnahme im folgenden Kapitel die erforderliche gesonderte Beachtung zuteilwird.

II. Die verdeckte Online-Durchsuchung

Von erheblicher öffentlicher Aufmerksamkeit war bzw. ist die sogenannte verdeckte Online-Durchsuchung, die die Befürworter nicht lediglich zur Strafverfolgung, sondern ebenso zur Gefahrenabwehr eingesetzt wissen wollen.[334] Auch die Beschaffung von Informationen zu nachrichtendienstlichen Zwecken durch den verdeckten Zugriff steht zur Diskussion.[335]

Hier wird zunächst die Frage einer repressiven verdeckten Online-Durchsuchung als Mittel der bundesrechtlichen Strafverfolgung beleuchtet werden, worauf eine kurze Ausführung zum Einsatz des „Staatstrojaners“ in Bayern

---

333 Die bedeutsame Problematik um die Frage der Verhältnismäßigkeit einer Ermächtigungsgrundlage im informationstechnischen Umfeld zeigte auch das BVerfG in seinem Grundsatzurteil zur verdeckten Online-Durchsuchung auf, BVerfGE 120, 274ff.

334 *Ziercke* IS 2008, S. 62; *Denkowski* Kriminalistik 2007, S. 178, der insofern von einer „Doppelfunktionalität der Online-Durchsuchung“ spricht; *Beulke/Meininghaus* 2008, S. 70f.; hierzu nachfolgend ab S. 221.

335 *Schröder* online, S. 1ff.; *Spiegel* 2008 II, S. 1; *Jungholt/Lutz*, S. 1ff. der nachrichtendienstliche Einsatz der verdeckten Online-Durchsuchung soll hier jedoch nicht im Fokus der Betrachtung stehen.

in den Jahren 2008 - 2011 den Abschluss der Prüfung der verdeckten Online-Durchsuchung anhand bundesrechtlicher repressiver Regelungen bilden wird.

Die verdeckte Online-Durchsuchung bildet im Feld der Ermittlungen via Internet die bekannteste und zugleich umstrittenste Maßnahme.

Sowohl in Rechtsprechung und Lehre,[336] hier aber auch ganz massiv in politischen Kreisen,[337] ist die Frage nach Erfordernis, konkreter technischer sowie juristischer Umsetzung und Verhältnismäßigkeit der verdeckten Online-Durchsuchung Kern einer umfangreichen Diskussion, die, wie zu zeigen sein wird, nach wie vor diverse Fragen aufwirft. Das altbekannte Spannungsverhältnis zwischen Freiheit und Sicherheit findet inzwischen auch Niederschlag im Bereich der Online-Ermittlungen.[338] Steigende Internetnutzung führt auch zu steigender krimineller Betätigung innerhalb des Mediums.[339] Schon deswegen liegt es auf der Hand, dass das Internet auch im Bereich von Prävention und Repression für die Behörden an Bedeutung gewinnt und notwendigerweise stärker in den Fokus rückt. So entsteht ein Spannungsverhältnis zwischen dem Bedürfnis, durch Kontroll- und Schutzmaßnahmen für möglichst große Transparenz im Netz zu sorgen und das Internet möglicherweise als neuartiges Handwerkszeug der Behörden zu Ermittlungszwecken einzusetzen gegenüber dem Anspruch, das Internet und Netzwerktechnik als Ganzes in seinem und ihrem Wesen nicht übermäßig zu verändern und dessen Anonymität, Schnelligkeit und Diskretion zugunsten der Nutzer in ebenso großem Maße zu erhalten.

Je mehr Bedeutung das Internet bzw. Informationstechnik generell gewinnen, je größer die Rolle wird, die diese Technik im Alltag der Bürger einnimmt, umso größer ist aber auch die Gefahr, dass bei behördlichen Maßnahmen innerhalb dieser Technik Rechtsgüter der Betroffenen tangiert oder verletzt werden. Wie

---

336 Siehe hierfür etwa: *Poscher* JZ 2009, S. 269; DT 2009, S. 28; *Denkowski* Kriminalistik 2007, S. 179f.; *Pfitzmann* IS 2008, S. 65; BVerfGE 120, 274ff.; LG Landshut MMR 2011, 690ff.; *Gudermann*; *Weiß*.

337 Vgl. *Kemper* ZRP 2007, S. 106; Spiegel 2008, S. 2; B90 Resolution, S. 1; http://web.piratenpartei.de/Pressemitteilung/bundestrojaner-gezielter-angriff-auf-das-grundgesetz-innenminister-friedrich-und-bk.

338 *Poscher* JZ 2009, S. 269; DT 2009, S. 28; *Denkowski* Kriminalistik 2007, S. 179f.; *Pfitzmann* IS 2008, S. 65; *Heckmann* in Wortprotokoll, S. 18; B90 Resolution, S. 1; *Roßnagel* DRiZ 2007, S. 229; *Bernsmann* NStZ 2002, S. 103; *Neumann* DRiZ 2007, S. 226; *Wolter* in Wolter, § 100 a Rn. 4; *Hipp* 2008, S. 4; Spiegel 2008, S. 2; http://web.piratenpartei.de/Pressemitteilung/bundestrojaner-gezielter-angriff-auf-das-grundgesetz-innenminister-friedrich-und-bk.

339 *Vetter*, S. 204; *Spannbrucker*, S. 26; *Bär*, S. 2.

festgestellt[340] steigt die Bedeutung des (mobilen) Internets nach wie vor zunehmend und die Nutzer hinterlassen mit jedem Besuch des World Wide Web freiwillige oder unfreiwillige Spuren. Dass sich damit auch grundsätzlich ein attraktives Feld für Ermittlungen auftut, ist offensichtlich; die dezentrale Komplexität des Internets und die geringe Kontrollierbarkeit der beteiligten Rechner und Datentransfers drohen dabei jedoch die Ermittlungen via Internet zulasten der Ermittlungsbehörden zu bedingen.

Im folgenden Abschnitt wird einzugehen sein auf eine Definition, auf die technischen Voraussetzungen und Möglichkeiten der verdeckten Online-Durchsuchung, sowie auf die Vereinbarkeit mit geltendem repressiven Bundesrecht[341] hinsichtlich des Grundgesetzes und der Strafprozessordnung.

1. Definitionen und Terminologie

So umstritten die verdeckte Online-Durchsuchung in der Rechtswissenschaft und der Politik ist, so uneinig ist man sich bereits ob der korrekten Definition dieser Maßnahme. Insgesamt herrschte und herrscht immer noch sowohl seitens der Befürworter dieser Maßnahme als auch bei jenen, die sie als unzulässig und nicht vertretbar erachten, Unklarheit und Uneinigkeit über Terminologie und Definition der Maßnahme; es finden sich vielfältige Umschreibungen und Unterteilungen sowohl in der Rechtswissenschaft als auch in Politik und Öffentlichkeit.[342]

So stellt sich bereits die Frage, ob eine verdeckte Online-Durchsuchung nur als solche zu bewerten ist, wenn sie gänzlich ohne körperlichen Kontakt zwischen Behörde und überwachtem System stattfindet, oder ob ein erster körperlicher, die später online stattfindende Maßnahme ermöglichender Zugriff auf das Zielsystem das Vorliegen einer verdeckte, Online-Durchsuchung nicht ausschließt.[343] Muss sich die Behörde extern über Software einhacken, muss der überwachte Rechner dabei mit dem Internet verbunden sein? Umfasst die verdeckte Online-Durchsuchung nur solche Daten, die bereits endgültig abgespei-

---

340 Vgl. auf S. 60ff.

341 Landesrechtliche Regelungen werden beleuchtet unter Kapitel D, S. 221ff.

342 *Hornung* DuD 2007, S. 575; *Schröder/Schröder*, S. 13, 25, 35; *Denkowski* Kriminalistik 2007, S. 177f., der die Bezeichnung „Online-Nachschau" vorschlägt.

343 Vgl. *Schröder/Schröder*, S. 46.

chert[344] auf einem Speichermedium der überwachten Person abgelegt sind oder können auch laufende Kommunikationsprozesse Objekt der verdeckten Online-Durchsuchung sein?

Im Zuge dieser Überlegungen hat sich in der Umgangssprache ohne weitere Differenzierung etwa die Bezeichnung der verdeckten Online-Durchsuchung als „Bundestrojaner“ und „Staatstrojaner“ durchgesetzt, angelehnt an die Technik eines Schadprogramms, des sogenannten „Trojanischen Pferdes“ oder einfach „Trojaners“.[345] Bei einem Trojanischen Pferd, kurz: Trojaner; handelt es sich um ein vermeintlich nützliches Programm, welches nach Installation auf einem Computersystem andere als den erwarteten Zweck erfüllt; so kann ein Trojaner beispielsweise sowohl zum Pop-Up unerwünschter Werbe-Anzeigen führen als auch Daten auf dem betroffenen System auslesen.[346] In der Regel ist es nicht der Trojaner selbst, der die unerwünschte Reaktion auf dem Rechner verursacht, stattdessen ermöglicht der Trojaner das Nachladen und die Installation der eigentlich verantwortlichen, sogenannten Spyware.[347]

Dabei entsteht jedoch regelmäßig kein Schaden am System selbst, da sich Trojaner anders als etwa Computerviren, die ihrerseits wiederum einen Trojaner in ein Rechensystem einschleusen können, nicht selbstständig ausbreiten.[348] Wird diese Technik durch eine staatliche Stelle verwendet,[349] wird dies daher dann gemeinhin als Bundestrojaner, Staats- oder Polizeitrojaner[350] bezeichnet.

Eine andere wichtige Begrifflichkeit im Umfeld der verdeckten Online-Durchsuchung und des „Bundestrojaners“ ist jene der „Govware“, die ebenfalls die behördliche Schadsoftware umschreibt.[351]

Das Bundesinnenministerium selbst bezeichnet die Software zur Durchführung einer verdeckten Online-Durchsuchung als „Remote Forensic Software“ (RFS).[352] Hinter diesen einzelnen Bezeichnungen verbergen sich jedoch keine

---

344 Gemäß § 3 Abs. 4 Nr. 1 BDSG gelten Daten als gespeichert, „wenn sie zum Zweck ihrer Weiterverwendung erfasst, aufgenommen oder aufbewahrt sind“.

345 *Beulke/Meininghaus* 2008, S. 72; *Schröder/Schröder*, S. 32, 33; http://www.tagesschau.de/inland/meldung490134.html; vgl. www.Bundestrojaner.net.

346 *Buermeyer* HRRS 2007, S. 155; *Meininghaus*, S. 20; *Koch*, S. 41.

347 *Schmidt*, S. 1f.

348 *Meininghaus*, S. 20.

349 Zu den technischen Möglichkeiten der Online-Durchsuchung vgl. ab S. 120f.

350 *Schmidt*, S. 1f.; *Sokolow*, S. 1.

351 *Beulke/Meininghaus* 2008, S. 72, Fn. 55; to govern = steuern, beeinflussen, lenken.

352 *Ziercke* IS 2008, S. 64; http://www.tagesschau.de/inland/meldung490134.html; *Beukelmann* StraFo 2008, S. 1; *Schröder/Schröder*, S. 73; *Fox* DuD 2007, S. 827; Arbeitskreis, S. 1.

verschiedenen Möglichkeiten zur verdeckten Online-Durchsuchung, vielmehr sind es unterschiedliche Beschreibungen derselben Sache.

Allein unstreitig ist neben diesen verschiedenen Umschreibungen unter der verdeckten Online-Durchsuchung jedenfalls der verdeckte staatliche Zugriff auf informationstechnische Systeme zu verstehen mit dem Ziel beweiserhebliches bzw. verfahrensrelevantes Material zu finden und zu sichern.[353] Dieser Zugriff findet über Kommunikationsnetze, vordergründig und hier allein relevant das Internet, statt.[354]

Die von dieser Art der Durchsuchung betroffenen informationstechnischen Systeme sind vordergründig „klassische" Computer und Laptops sowie Router und Server, zunehmend aber auch Personal Digital Assistants (PDA), Mobiltelefone und Smartphones, also Mobiltelefone, die das Einwählen in ein Netzwerk wie das Internet erlauben.[355]

Hinsichtlich des Objekts bzw. der Objekte der Maßnahme lässt sich zwar kaum eine eindeutige Tendenz feststellen, ob neben endgültig gespeicherten Inhalten auch laufende Kommunikationsprozesse oder das bloße Surfen im Internet unter eine verdeckte Online-Durchsuchung fallen *können*.[356] Insgesamt dürften jedoch ohnehin diese Informationen von besonderem Belang sein, die endgültig auf einem persönlichen Speichermedium des Nutzers abgespeichert wurden, also insbesondere E-Mails, Notizen, Bilder.[357] Hieraus kann sich in der Summe der Inhalte ein nahezu geschlossenes Bild über die Gewohnheiten, die aktuelle Lebenssituation und den Charakter der betroffenen Person ergeben, während bei Kommunikationsvorgängen (die natürlich fraglos auch aufschlussreiche Informationen für die Beamten beinhalten können) demgegenüber mitunter nur einen

353 *Weiß*, S. 6.

354 Arbeitskreis, S. 1.

355 *Schröder/Schröder*, S. 2; vgl. auch oben auf S. 60ff.

356 Für eine Fokussierung auf die Durchsuchung von Speichermedien: *Valerius* JR 2007, S. 276; gegen die Erfassung von Telekommunikationsdaten: Arbeitskreis, S. 3; *Fox* online, S. 17.

357 Diese Unterscheidung ist durchaus von erheblicher Bedeutung, wie schon vorstehend auf S. 83ff. dargestellt und nachstehend geschildert wird. Sofern im folgenden Kapitel von E-Mails gesprochen wird, sind solche E-Mails gemeint, die der Nutzer auf eigene, vom Einfluss eines Providers unabhängige und losgelöste Speichermedien übertragen hat. Zu E-Mails, die (gelesen oder ungelesen) beim Provider hinterlegt sind, vgl. *Gaede* StV 2009, S. 97f. Im Übrigen zu Daten in anderen Speicherphasen vgl. oben S. 89ff. Ebenso sei hier aus aktuellem Anlass darauf hingewiesen, dass die in jüngster Vergangenheit aufgedeckten Überwachungsmaßnahmen in Bayern auf Skype-Telefonie abgezielt haben, LG Landshut MMR 2011, 690ff; http://ccc.de/de/updates/2011 /staatstrojaner.

ausschnittsweisen Einblick in die Situation des Kommunikationsteilnehmers erlaubt. Insofern dürfte die Durchsuchung von Speichermedien die vorrangige Zielrichtung der Maßnahme darstellen, sofern diese an ein Netzwerk angeschlossen und so über Datennetze von außen erreichbar sind.

In diesem Zusammenhang durchaus erwähnenswert ist der Umstand, dass in den kürzlich bekanntgewordenen Geschehnissen in Bayern[358] das Zielobjekt der Maßnahme in erster Linie jedoch in der Tat Inhalte aus Skype-Telefonie gewesen sind, also gerade keine abgespeicherten Dateiinhalte.[359] Letztlich dürfte das Interesse der Behörden an Zielobjekten in der Praxis dergestalt ausfallen, all jene Inhalte erheben zu wollen, die ohne größere rechtliche Hürden verwertet und verwendet werden können.

Jenseits dieses grundlegenden Verständnisses der verdeckten Online-Durchsuchung sind weitergehende Unterteilungen in Onlineüberwachung und Onlinedurchsicht vorzunehmen und relevante Begrifflichkeiten zu klären.

a) Onlineüberwachung

Die Onlineüberwachung, auch Daten-Monitoring genannt, bezeichnet die kontinuierliche Überwachung informationstechnischer Systeme über einen längeren Zeitraum, wobei der Zeitrahmen „längerer Zeitraum“ noch einer Bestimmung durch den Gesetzgeber erfordert.[360] Hier kann eine Behörde nicht nur durch Erkenntniserlangung anhand gespeicherter Informationen die vergangenen Geschehnisse im Leben des Nutzers rekonstruieren, sondern durch die umfassende Überwachung besteht auch die Möglichkeit, aktuelle Entwicklungen und Geschehnisse mitzuverfolgen.[361]

Hierbei eröffnet sich den Behörden über die Dauer der Maßnahme ein wesentlich weiteres Feld an Informationen als bei einer einmaligen kurzzeitigen Überwachung eines Rechners; denn auch verschlüsselte oder passwortgeschützte In-

358 Dazu im Detail ab S. 198.

359 Dies widerspricht vorgenannter Vermutung über das vordergründige Interesse der Behörden an endgültig abgespeicherten Dateien dennoch in keinster Weise. Schließlich wähnten sich die Behörden hinsichtlich der Zulässigkeit der Maßnahme der Quellen-TKÜ auf rechtlich sicherem Boden, was für die umfassende verdeckte Online-Durchsuchung so nicht gesagt werden kann.

360 Arbeitskreis, S.4; *Herrmann*, S.135; für die zeitlichen Vorgaben im Bundeskriminalamtsgesetz vgl. unten S. 260ff; *Denkowski* Kriminalistik 2007, S. 177; *Schröder/Schröder*, S. 2; *Kehrer*; *Buermeyer* HRRS 2007, S. 160.

361 Arbeitskreis, S. 2.

formationen werden auf lange Sicht mit hoher Wahrscheinlichkeit vom Nutzer aufgerufen und für die Behörden somit sichtbar.[362] Zudem können über die Chronik oder die Historie des Webbrowsers mitunter sogar schon vergangene Seitenaufrufe im Internet nachvollzogen werden, sodass sich ein nahezu derart geschlossenes Bild des Datenverkehrs ergeben kann, als hätte eine dauerhafte Echtzeitüberwachung nach § 100 a StPO stattgefunden.[363]

Sofern die Ermittlungsbehörde bestrebt ist, veritable Informationen über Personen oder Sachverhalte in Erfahrung zu bringen, wird regelmäßig eine einmalige Durchsicht von Computerdaten des Adressaten der Maßnahme nicht zielführend sein; sollen gar Passwörter oder andere persönliche Codes abgefangen und entschlüsselt werden, ist es erforderlich, das System jedenfalls so lange zu überwachen, bis es seitens des Überwachten zur entsprechenden Eingabe kommt.[364]

Mit steigender Dauer der Überwachung besteht aber zugleich die Gefahr, dass auch solche Inhalte gesichtet oder sogar gespeichert werden, die einen Bezug zu dritten Personen aufweisen, die gerade nicht Adressat einer Maßnahme sind oder sein sollen.[365] Genauso droht hier die Berührung von Inhalten, die dem Kernbereich privater Lebensgestaltung zuzuordnen und die damit einem staatlichen Zugriff grundsätzlich gänzlich entzogen sind bzw. sein sollten.[366] Da die Behörden im Zweifel nicht im Vorfeld erkennen können, welchen Inhalt eine Datei hat und ob sie zur Aufklärung eines Sachverhalts daher erforderlich und relevant werden könnte, ist davon auszugehen, dass die Behörden dazu neigen, eine Berührung des Kernbereichs privater Lebensgestaltung in Kauf zu nehmen um die Ermittlungen voranzutreiben. Gleiches gilt für laufende Kommunikationsvorgänge, seien es Chats, Internettelefonie oder der Austausch von E-Mails: führt die überwachte Person während der Onlineüberwachung einen Kommunikationsvorgang, so ist es höchstwahrscheinlich, dass die überwachende Stelle dies verfolgen wird um aktuelle Informationen durch die Kommunikationspartner zu gewinnen.[367] Dass dies dazu führt, dass Daten des nicht primär überwachten Kommunikationsteilnehmers aufgezeichnet werden, ist nahezu unvermeidlich.

---

362 *Buermeyer* HRRS 2007, S. 161.

363 *Buermeyer* HRRS 2007, S. 161; *Kudlich* HFR 2007, S. 8.

364 *Schröder/Schröder*, S. 3.

365 *Denkowski* Kriminalistik 2007, S. 179.

366 Zur Problematik rund um die Erhebung und Verwertung von Daten mit Kernbereichsbezug vgl. S. 169ff.

367 Die gezielte Erhebung von Inhalten internetbasierter Kommunikation wird als Quellen-Telekommunikationsüberwachung bezeichnet, vgl. S. 116.

Insofern birgt die Onlineüberwachung zwar zugunsten der Behörden die Möglichkeit, umfassende detaillierte Einblicke in vielfältige Bereiche der Daten des überwachten Adressaten zu erhalten; zugleich besteht aber eine erhebliche Gefahr, dass Daten durch die Ermittlungsbehörden erhoben werden, deren Inhalt dem staatlichen Zugriff nicht unterliegt. Dieser Gedanke muss bei der Suche nach einer geeigneten und verhältnismäßigen Ermächtigungsgrundlage zur Überwachung de lege lata oder gegebenenfalls de lege ferenda berücksichtigt werden.

b) Onlinedurchsicht

In Abgrenzung zur zeitlich weitreichenderen Onlineüberwachung beschreibt die Onlinedurchsicht den einmaligen Zugriff auf das betroffene System, wobei sich der Zeitrahmen der Durchsicht von wenigen Minuten bis hin zu mehreren Tagen erstrecken kann.[368] Aufgrund des zeitlich begrenzten Zugriffs bietet es sich hier nicht an, ein Bild über aktuelle oder geplante Aktivitäten des Nutzers zu gewinnen, stattdessen können aber auch in der kurzzeitigen Onlinedurchsicht Kenntnisse und Informationen über bereits vergangene Vorgänge gewonnen werden.[369]

Hierbei handelt es sich um einen einmaligen gezielten Suchlauf auf einem Computersystem, was auch als Daten-Spiegelung bezeichnet wird und durch den Charakter einer Momentaufnahme einer „klassischen" Beschlagnahme und Durchsicht des Objekts ähnlich ist.[370] Sind Inhalte verschlüsselt oder passwortgeschützt und haben die Behörden keine Kenntnis über die Zugangscodes, sind sie darauf angewiesen, dass der Nutzer genau im Moment der Überwachung auf die jeweiligen Dateien zugreift um Einsicht nehmen zu können.[371]

Hierbei bestehen zumindest aus technischer Sicht die gleichen Möglichkeiten, Daten einzusehen und zu sichern wie bei der Onlineüberwachung.

Grundsätzlich besteht dabei auch hier die theoretische Möglichkeit, dass entweder private Informationen über unbeteiligte Dritte gewonnen werden, die nicht

368 *Herrmann*, S. 135; *Denkowski* Kriminalistik 2007, S. 177; Arbeitskreis, S. 4.

369 Arbeitskreis, S. 2.

370 Nach *Sieber* online I, S, 2 die Online-Durchsuchung im engeren Sinne; *Buermeyer* HRRS 2007, S. 160; hier auch mit den entsprechenden Ausführungen zu den technischen Erfordernissen.

371 *Buermeyer* HRRS 2007, S. 160.

Ziel der Maßnahme waren, oder dass Inhalte aus dem Kernbereich privater Lebensgestaltung betroffen werden.

Da jedoch nur ein einmaliger Zugriff und keine dauerhafte Überwachung erfolgt, ist davon auszugehen, dass dieser Zugriff gezielter auf bestimmte Daten gerichtet ist bzw. sein sollte und insofern eine geringere Gefahr besteht, Informationen über Dritte quasi als ungewolltes Nebenprodukt zu gewinnen. Auch wird hinsichtlich laufender Kommunikationsvorgänge hier eine geringere Trefferwahrscheinlichkeit gegeben sein als bei der Onlineüberwachung. Der Adressat der Maßnahme müsste genau in dem Zeitraum eine Kommunikation unter Zuhilfenahme des Internets führen, in der die Behörden sozusagen „on Air“, also quasi eingehackt, sind. Dann würde jedoch auch wieder die Gefahr bestehen, Informationen über Dritte zu gewinnen.

Diese Konstellation erfordert aber entweder reines Glück der Behörden oder aber die sichere Kenntnis über eine genau terminierte Kommunikation, zu deren Aufzeichnung die Onlinedurchsicht angesetzt würde.

Folglich besteht zwar hinsichtlich jener konkreten Inhalte, zu deren Erhebung die Onlinedurchsicht in erster Linie durchgeführt wird, eine der Onlineüberwachung vergleichbare Intensität; soweit es um die Rechte Dritter und um Inhalte aus dem Kernbereich privater Lebensgestaltung geht, geht von der Onlinedurchsicht jedoch eine merklich geringere Gefahr aus.

c) Quellen-Telekommunikationsüberwachung (Quellen-TKÜ)

Neben der Unterteilung der verdeckten Online-Durchsuchung in Onlineüberwachung und Onlinedurchsicht bietet sich zudem eine Unterscheidung bzw. Unterscheidung von verdeckter Online-Durchsuchung und Quellen-TKÜ an.[372]

---

372 Den Unterschied beider Maßnahmen betonend: Bt-Drs. 16/6885 http://dipbt.bundestag.de/dip21/btd/16/068/1606885.pdf, S. 4; *Fox* DuD 2007, S. 827; *Buermeyer* HRRS 2007 II, S. 331; *Beukelmann* StraFo 2008, S. 2; Nicht zu verwechseln ist die Quellen-TKÜ mit der Telekommunikationsüberwachung im Sinne der Telekommunikations-Überwachungsverordnung (TKÜV) aus dem Jahre 2002: hiernach müssen Telekommunikationsanbieter zugunsten staatlicher Stellen technische Schnittstellen bereitstellen, über die die Behörden Zugriff auf die Echtzeitkommunikation nehmen können. Folglich können sich auch aus der Verordnung keinerlei Ermächtigungsgrundlagen hinsichtlich der Quellen-TKÜ ergeben. Hier sei die Quellen-TKÜ im Übrigen nur der Vollständigkeit halber erwähnt, genauere Ausführungen zur Quellen-TKÜ finden sich bei den genannten Autoren.

Wie es sich bei der Quellen-TKÜ schon aus der Bezeichnung ersehen lässt, erfordert diese Form des Zugriffs die Infiltration eines informationstechnischen Systems zur Überwachung der Quellen von Telekommunikation, genauer gesagt von insbesondere Internettelefonie.[373]

Der eigentliche Unterschied zur verdeckten Online-Durchsuchung besteht dabei in der Zielrichtung der Maßnahme, also in der Art der zu erhebenden Daten: während die eigentliche verdeckte Online-Durchsuchung, sei es im Wege der Überwachung oder der Durchsicht, auf die Einsichtnahme gespeicherter, in der Regel auf einer Festplatte befindlicher Informationen gezielt gerichtet ist, werden bei einer Quellen-TKÜ bestimmungsgemäß ausschließlich diejenigen Telekommunikationsinhalte, die über das Internet übertragen werden oder werden *sollen*, überwacht, also keine Daten, die bereits endgültig abgespeichert wurden.[374]

Hierbei ist in technischer Hinsicht zu berücksichtigen, dass inzwischen die Inhalte, die über Internettelefonie, beispielsweise über Skype, übertragen werden, stark verschlüsselt werden und im Übertragungsprozess nahezu nicht auszulesen sind.[375] Um die Überwachung dennoch realisieren zu können, werden die Kommunikationsinhalte mitgeschnitten,[376] während sie sich noch (also vor der Verschlüsselung und Übermittlung) oder schon (also direkt nach dem Empfangen und der Decodierung) auf dem überwachten Rechner befinden, also quasi an der Quelle des Telekommunikationsprozesses in noch unverschlüsselter Form.[377] Nicht gemeint ist die Überwachung der im Transfer befindlichen verschlüsselten Inhalte.

---

373 *Hofmann* in Hofmann/Hopfauf, Art. 2 Rn. 30f.; BVerfGE 120, 274, 307f.; BT-Drs. 16/8570 http://dip21.bundestag.de/dip21/btd/16/085/1608570.pdf; und BT-Drs. 16/6885 http://dipbt.bundestag.de/dip21/btd/16/068/1606885.pdf, S. 1; *Buermeyer* HRRS 2007 II, S. 331; Fox online, S. 3; *Roos/Lenz*, § 31 c Rn. 1.
Ein praktisches und relativ aktuelles Beispiel bildet in diesem Zusammenhang im Übrigen das bereits in der Einleitung dieser Arbeit angesprochene Vorgehen des LKA Bayern anno 2009. Ausführungen zur Quellen-TKÜ vgl. auch unter 183f., zu den faktischen Geschehnissen in Bayern vgl. S. 198ff.

374 *Schmidbauer/Steiner*, Art. 34 a Rn. 60, Art. 34 d Rn. 26; *Brunst*; *Buermeyer* HRRS 2007 II, S. 331, der für diese Art der Überwachung einen Eingriff in Art. 10 Abs. 1 GG feststellt; Arbeitskreis, S. 1; *Fox* online, S. 3.

375 *Buermeyer* HRRS 2007 II, S. 331; *Ziercke* IS 2008, S. 62.

376 Hierfür wird wie auch bei der Online-Durchsuchung denkbar ein Trojaner als Spähprogramm eingesetzt; mehr zur Technik ab S. 120; *Brunst*; https://www.datenschutz.de/news/alle/detail/?nid=4639.

377 *Brunst; Buermeyer/Bäcker* HRRS 2009, S. 434.

Es ist also zunächst einmal festzuhalten, dass hinsichtlich der grundsätzlichen Zielrichtung der Quellen-TKÜ eine Vergleichbarkeit mit „normaler“ Telefonüberwachung festgestellt werden kann. Hieraus wird zum Teil gefolgert, dass auch für eine Ermächtigung zur Quellen-Telekommunikation die entsprechenden Rechtsgrundlagen heranzuziehen seien:

Sofern gewährleistet sei, dass alleine die oben beschriebenen Quell-Daten als Elemente gegenwärtiger Echtzeitkommunikation i.S.v. Art. 10 Abs. 1 GG erhoben werden und keine darüber hinausgehenden bereits abgespeicherten oder noch nicht dem Telekommunikationsprozess zurechenbaren Inhalte, so bemesse sich diese Maßnahme im repressiven Bereich an §§ 100 a, 100 b StPO und in präventiver Hinsicht an § 20 l BKAG.[378] Die Einbeziehung dieser Quell-Daten in den Schutz des Art. 10 Abs. 1 GG und den Anwendungsbereich der §§ 100 a, 100 b StPO, 20 l BKAG sei hinsichtlich einer erforderlichen extensiven Auslegung des Begriffs „Telekommunikation“ geboten.[379] Würde man diese Quell-Daten von der Definition von Telekommunikation ausschließen, könnten Behörden - ohne die hohen Eingriffsvoraussetzungen des § 100 a StPO einhalten zu müssen - Zugriff auf die sodann sogar unverschlüsselten Daten des Betroffenen nehmen. Ein solches Ergebnis sei hinsichtlich eines effektiven Grundrechtsschutzes des Betroffenen und einer modernen Interpretation von „Telekommunikation“ jedoch nicht zu befürworten.

Diesen per se durchaus plausiblen Gedankengängen entgegen ist jedoch festzuhalten, dass abgesehen von der Zielrichtung der Maßnahme eine wesentlich größere Ähnlichkeit der Quellen-TKÜ zur verdeckten Online-Durchsuchung besteht, wurzelnd in den technischen Erfordernissen zur Durchführung der jeweiligen Maßnahme. Denn wie auch bei der verdeckten Online-Durchsuchung erfordert die Quellen-TKÜ eine Infiltration des gesamten Zielsystems; diese Infiltration kann nicht auf ein einziges Programm, wie etwa Skype, fokussiert werden, sondern greift zunächst auf das gesamte informationstechnische System zu.[380]

Zu bedenken ist damit folgendes: Infolge der Infiltration eines gesamten Systems und nicht nur eines spezifischen Programms besteht nicht lediglich die Möglichkeit, die laufende Kommunikation zu überwachen, sondern vielmehr kann so auch das System als Ganzes gesichtet werden, was ganz offensichtlich eine höhere Intensität der Überwachung mit sich bringt als es schon die reine

378 Die Rechtmäßigkeit der Maßnahme annehmend: *Brunst*; dagegen: *Buermeyer/Bäcker* HRRS 2009, S. 441.

379 *Brunst*; LG Landshut MMR 2001, S. 691.

380 *Stadler*, S. 1f.; *Braun* K&R, S. 681; *Klesczewski* ZStW, S. 744. Mit den technischen Details zur verdeckten Online-Durchsuchung befasst sich das folgende Kapitel.

Überwachung von Telekommunikation als laufender Vorgang tut. Somit besteht die Gefahr wie bei der verdeckten Online-Durchsuchung, dass auf gespeicherte und abgelegte Daten des Nutzers zugegriffen wird, die in keinem Zusammenhang mit der eigentlich überwachten Telekommunikation stehen.[381] Hier ist zu bedenken, dass, sobald die Erhebung von Daten über jene der unmittelbar telekommunikationsbezogenen Inhalte hinausgeht und auf gespeicherte Daten zugegriffen wird, die oben für die Quellen-TKÜ herangezogenen Ermächtigungsgrundlagen aufgrund der gesteigerten Eingriffsintensität nicht mehr ohne weiteres ausreichen können.[382]

Aufgrund der damit naheliegenden Gefahr, dass die Grenzen der Quellen-TKÜ – sei es einmalig oder dauerhaft – durch Einsichtnahme anderer Inhalte als telekommunikationsbezogener Dateien überschritten werden, ist es dringend geboten, nicht vorschnell auf bestehende Ermächtigungsgrundlagen zurückzugreifen, die zudem nicht explizit auf die Erhebung von Daten aus beispielsweise Internettelefonie zugeschnitten wurden und damit in ihrer Anwendbarkeit ohnehin fraglich sind.[383]

Es bietet sich stattdessen an, die technischen Parallelen der Quellen-TKÜ und der verdeckten Online-Durchsuchung dergestalt zu berücksichtigen, dass die Quellen-TKÜ als wesensähnliches Minus und damit Unterfall der verdeckten Online-Durchsuchung und zugleich als aliud gegenüber der klassischen Telekommunikationsüberwachung eingestuft wird.[384]

Daraus folgt wiederum, dass sich die Frage nach der Rechtmäßigkeit einer Quellen-TKÜ wie auch jene der verdeckten Online-Durchsuchung einer gesonderten, eindringlichen Prüfung unterziehen muss, die sich im Laufe der vorliegenden Bearbeitung anschließt.

---

381 BVerfGE 120, 274, 307ff.; *Sieber*, S. 104.

382 Zu den rechtlichen Fragestellungen im Bereich der Online-Durchsuchung siehe ab S. 129.

383 *Buermeyer* online, S. 2, der hier auch absolut zu Recht eine an §§ 100a f. StPO anknüpfende Annexkompetenz zugunsten einer Infiltration als „unerhebliche Begleiterscheinung einer Telekommunikationsüberwachung" strikt ablehnt.

384 *Sieber*, S. 105 spricht hier von der Quellen-TKÜ als „kleine" Online-Durchsuchung.

2. Technik der verdeckten Online-Durchsuchung

Bevor auf die Frage nach der juristischen Einordnung der verdeckten Online-Durchsuchung eingegangen werden kann, ist es geboten, die Frage nach den einzelnen spezifischen technischen Voraussetzungen und Möglichkeiten zu beantworten. Nachdem zu Beginn der Bearbeitung eine ausführliche Darstellung der technischen Grundsätze der Netzwerktechnik erfolgt ist, genügt hier eine punktuelle Auflistung der verschiedenen Ansatzmöglichkeiten spezifisch für die verdeckte Online-Durchsuchung. Anders als die Erläuterungen zur Netzwerktechnik und den verbundenen Zugriffsmöglichkeiten beziehen sich die nachfolgenden Erwägungen auf die Infiltration des spezifischen Endgeräts einer betroffenen Person. Es wird also unterstellt, dass, sei es durch eine Rückverfolgung von Internetaktivitäten hin zu einer Person nach den Seiten 7ff. und 19ff. dargestellten Möglichkeiten oder durch andersartige Voruntersuchungen, bereits die zu überwachende Person ermittelt wurde.

So vielfältig die Bezeichnungen und Definitionen der verdeckten Online-Durchsuchung sind, so unklar ist die Frage nach der Technik bzw. nach der Art und Weise, wie die verdeckte Online-Durchsuchung, sei es präventiv oder repressiv, praktisch angewendet werden kann und wie die von den Behörden genutzte Software funktioniert.[385] Beachtlich ist hier jedoch, dass die nachfolgend aufgeführten Herangehensweisen zunächst die theoretisch möglichen Durchführungen einer verdeckten Online-Durchsuchung beleuchten unabhängig von einer Betrachtung der kürzlich zutage getretenen Vorkommnisse in Bayern.[386]

Den oben genannten verschiedenen Bezeichnungen für die verdeckte Online-Durchsuchung entsprechend stehen verschiedene Herangehensweisen zur Infiltration der informationstechnischen Systeme, die nicht nur der einzelne Personalcomputer selbst, sondern auch ganze Server und andere komplexere Strukturen wie Intranets sein können,[387] zur Diskussion.

---

385 *Fox* DuD 2007, S. 828, auf S. 830 findet sich eine Auflistung des laut Bundesinnenministerium möglichen Leistungsumfangs der Durchsuchungssoftware; *Schmidt*, S. 1.

386 Noch vor kurzem äußerten Gutachter Zweifel an der tatsächlichen Durchführbarkeit der verdeckten Online-Durchsuchung: http://www.heise.de/newsticker/meldung/Gutachter-bezweifeln-Durchfuehrbarkeit-von-heimlichen-Online-Durchsuchungen-181769.html; dass diese Zweifel als unbegründet zurückzuweisen sind, beweisen die neusten Entwicklungen und Enthüllungen des Chaos Computer Clubs betreffend die Vorgänge und Überwachungen in Bayern, http://ccc.de/de/updates/2011/staatstrojaner.

387 Arbeitskreis, S. 8.

Die Eingriffe setzen sich dabei in der Regel aus zwei Etappen zusammen; zunächst muss in das Computersystem eingedrungen werden um dann in einem zweiten Schritt die vorhandenen Daten auszuspähen.[388]

Eine grobe Aufteilung lässt sich dabei danach treffen, ob das Zielsystem über die Software oder über die Hardware angegriffen wird.[389]

a) Zugriff via Software

Der Zugriff auf ein Rechensystem über die Software bildet gewissermaßen das Idealvorgehen für eine verdeckte Online-Durchsuchung. Hier müssen Ermittlungsbehörden anders als bei der Herangehensweise über die Hardware in keiner Weise körperlich auf das Endgerät einwirken, vielmehr läuft der komplette Prozess allein über informationstechnische Wege ab.

Jedenfalls ist ein solcher Zugriff aus technischer Sicht dann möglich, wenn der Zielcomputer zeitweise mit dem Internet verbunden ist und der Nutzer dort auf durch die Behörden beeinflusste Programme zugreift; dann können sich die Behörden über die verwendete Software sozusagen auf den fremden Rechner einhacken und dort auch ohne Kenntnisnahme durch den Nutzer Vorgänge und Inhalte nachzuvollziehen und protokollieren.[390] Das Abfragen gespeicherter Daten ist damit aus technischer Sicht unproblematisch möglich; die entsprechenden Voraussetzungen wurden beim BKA mindestens seit dem Jahre 2006 implementiert bzw. getroffen.[391]

Zum einen besteht die Möglichkeit, dass die Behörden das Zielsystem für die Überwachung über einen Trojaner angreifen.[392] Dafür müsste also das entsprechende schädigende Programm auf das Zielsystem aufgespielt werden, sodass die dort hinterlegten Inhalte ausgelesen werden können.

---

388 *Sieber* online I, S. 4, zu den verschiedenen technischen Vorgehensweisen siehe auch dort S. 12ff; ebenso zur Technik: *Huber* NVwZ 2007, S. 881; *Hansen/Pfitzmann* DRiZ 2007, S. 225.

389 So etwa auch *Hornung* DuD 2007, S. 575; *Fox* DuD 2007, S. 829.

390 *Jahn/Kudlich* JR 2007, S. 58; *Rux* JZ 2007, S. 286; auch sehr detailliert zu den verschiedenen technischen Zugriffsmöglichkeiten: *Buermeyer* HRRS 2007, S. 163f.

391 *Schröder / Schröder*, S. 8, 22, die hier höchst detailliert zur Geschichte und dem „Mythos" der Online-Durchsuchung Stellung nehmen, ab S. 47 spezifisch zu technischen Grundlagen der Online-Durchsuchung; BT-Drs. 16/3231, S. 11f. unter http://dipbt.bundestag.de/dip21/btd/16/032/1603231.pdf.

392 *Schmidt*, S. 1.

Dafür reicht bereits das Aufrufen einer manipulierten Webseite aus, bzw. die Weiterleitung der Anfrage einer Webseite auf eine beeinflusste Seite; genauso könnten Behörden E-Mails verschicken, die im Anhang einen Trojaner verbergen.[393] Geschieht dies, besteht darüber hinaus die Möglichkeit, zu einem späteren Zeitpunkt weitere Spähprogramme und Steuerungsfunktionen nachzuladen.[394]

Werden für das Einhacken in einen Rechner über eine Software Sicherheitslücken ausgenutzt, die noch nicht weitläufig bekannt sind, spricht man von „Less than zero day exploits“ oder auch „Zerodays“ abgekürzt.[395] Diese haben für die Behörden den Vorteil, dass sich Nutzer ihrer Angreifbarkeit mangels Kenntnis über die Sicherheitslücke nicht bewusst sind und daher auch keine Sicherungsmechanismen gegen Eindringlinge über die jeweilige Sicherheitslücke einrichten können.

Dieses Spionageprogramm könnte andererseits auch beispielsweise über anderweitige weit verbreitete und vom Staat zentral verwaltete und kontrollierte Softwareprogramme[396] auf die Rechner der Bürger gelangen. Installiert der Nutzer ein vermeidlich sicheres Programm, wird der Trojaner zeitgleich mit installiert und findet so seinen Weg in das jeweilige Rechensystem, wo es dem Trojaner möglich ist, unter anderem gespeicherte Daten auf dem System auszulesen und an die Behörde zu übermitteln.

Theoretisch ist sogar denkbar, dass sich die Regierung in Zusammenarbeit mit Herstellern von Betriebssystemen oder Herstellern weit verbreiteter Software dahingehend einigt, dass bei Programmierung des Endprodukts bewusst und gewollt eine Sicherheitslücke offengelassen wird, die sich die Ermittler quasi als Hintertür zum Rechner des Nutzers offenhalten können.[397] Einem solchen Vor-

---

393 Arbeitskreis, S. 6; *Beukelmann* StraFo 2008, S. 1; *Fox* DuD 2007, S. 829.

394 http://ccc.de/de/updates/2011/staatstrojaner; http://www.stern.de/digital/computer/ccc-hackt-spionagesoftware-bundestrojaner-angeblich-verfassungswidrig-1736663.html.

395 *Fox* online, S. 15; Arbeitskreis, S. 6; *Schmidt*, S. 3; http://www.heise.de /newsticker/meldung/Gutachter-bezweifeln-Durchfuehrbarkeit-von-heimlichen-Online-Durchsuchungen-181769.html; *Pfitzmann* IS 2008, S. 68; *Fox* DuD 2007, S. 833; hierbei handelt es sich aber wohl auch eher um eine theoretische Angriffsmöglichkeit; zumindest in Bayern wurden laut Chaos Computer Club Codes verwendet, die länger bekannte Sicherheitslücken nutzten und daher von Virenscannern erkannt werden konnten, http://ccc.de/de/updates/2011/staatstrojaner.

396 Zu denken ist hier beispielsweise an die Software zur Erstellung einer Steuererklärung Elster, https://www.elster.de/; *Schmidt*, S. 2.

397 *Schaar/Landwehr* K&R 2007, S. 205; *Beukelmann* StraFo 2008, S. 2; *Fox* DuD 2007, S. 829; hierzu sicher auch interessant die Geschehnisse rund um RIM und Blackberry in Saudi-Arabien, wo es bereits angeblich zu einer Absprache zugunsten des Staates ge-

gehen haben jedoch diverse führende Hersteller entsprechender Produkte bereits eine Absage erteilt im Sinne des Datenschutzes zugunsten der Kunden, sodass sich hierin wohl eine rein theoretische Möglichkeit sehen lässt.[398]

Zudem ist hier zu beachten, dass auch staatlich veranlasste Spähprogramme vom jeweils angegriffenen Rechner bei Vorliegen einer entsprechenden Schutzsoftware, also Virenschutzprogrammen, Firewalls etc., als schädlich erkannt werden und der Zugriff auf das geschützte System verweigert wird.[399] Insofern liegt es in der Hand der Bürger, erforderliche Maßnahmen zum Schutz ihres Rechensystems zu treffen.

Zuletzt besteht die Möglichkeit, dass Daten durch das sogenannte Keylogging gewonnen werden. Ein Keylogger ist ein Softwareprogramm[400], das ähnlich wie ein Trojaner funktioniert, jedoch nicht durch den Nutzer selbst unbemerkt mit auf dessen Rechner gespielt wird, sondern durch einen Systemadministrator installiert wird, der so die Nutzer des Systems überwachen kann; die Existenz eines Keyloggers ist vom gewöhnlichen, nicht gesondert technisch geschulten Nutzer praktisch nicht nachzuvollziehen, da der Keylogger regelmäßig tief im Betriebssystem versteckt und als „modifizierter Treiber“ eingefügt wird.[401]

Ein Keylogger protokolliert die über die Tastatur eingegebenen Befehle, aufgerufene Webseiten, E-Mails und selbst die Eingabe von Passwörtern wird doku-

---

kommen sein soll: http://www.pcgames.de/Research-in-Motion-Firma-218467/News /Blackberry-Datenschutz-Praezedenzfall-in-Saudi-Arabien-766859/; daneben auch in China und Indien im Gespräch: http://www.bwr-media.de/themen/datenschutz /betrieblicher-datenschutz/04815_betrieblicher-datenschutz--warnung-fuer-blackberry-nutzer.php.

398 http://www.compliancemagazin.de/markt/studien/avira121107.html; *Grabenströer*, S. 1f.; *Schmidt*, S. 4; *Sokolow*, S. 1.

399 http://ccc.de/de/updates/2011/staatstrojaner; http://www.spiegel.de/netzwelt/netzpolitik/0,1518,790756,00.html; http://www.heise.de/newsticker/meldung/Gutachter-bezweifeln-Durchfuehrbarkeit-von-heimlichen-Online-Durchsuchungen-181769.html; *Kudlich* HFR 2007, S. 8; *Fox* DuD 2007, S. 831 listet verschiedene Möglichkeiten auf, wie der Nutzer durch restriktive Sicherheitseinstellungen die unbemerkte Implementierung eines ungewollten Programms zumindest erheblich erschweren kann.

400 Denkbar auch als Hardware-Tool, dazu nachfolgend mehr.

401 *Fox* DuD 2007, S. 829; http://www.pcfreunde.de/artikel/a162/keylogger-pc-ueberwachung-aus-dem-hinterhalt/; ein Treiber ist ein Programm zur Steuerung und der Verbindung des Betriebssystems eines Computers mit den einzelnen Hardware-Bestandteilen wie dem Drucker und der Grafikkarte etc.

mentiert.[402] Dabei erzeugt der Keylogger in regelmäßigen Abständen Kopien des jeweils aktuellen Bildschirms, sogenannte Screen Shots, die ein umfassendes Gesamtbild der getätigten Internet- bzw. Rechnernutzung erzeugen können. Je nach Programmierung des Keyloggers kann dieser sogar die erstellten Protokollierungen automatisch per E-Mail an den Administrator übermitteln.[403]

b) Zugriff via Hardware

Neben diesen Herangehensweisen, die das System über die Software anzugreifen versuchen, ist denkbar, dass Behörden ein Rechensystem direkt über die Hardware infiltrieren könnten. Dabei sind nicht jene Situationen gemeint, in denen im Rahmen einer klassischen Durchsuchung eben auch die informationstechnischen Systeme des Betroffenen gesichtet werden, da hier kein spezifischer Bezug zur ferngesteuerten bzw. onlinebasierten Ermittlung gegeben wäre.[404]

Gemeint sind vielmehr Konstellationen, in denen eine erforderliche technische Vorrichtung zunächst direkt am Endgerät selbst angelegt oder installiert werden muss, beispielsweise eine CD oder DVD,[405] um dann im zweiten Schritt eine Ermittlungsmaßnahme unter Zuhilfenahme von Informationstechnik bzw. Internet realisieren zu können.

Hier sind insbesondere zwei Herangehensweisen denkbar um überhaupt erst Zugang zum zu überwachenden Endgerät zu erhalten; zum einen, wenn Ermittlungsbeamte in den Besitz eines (in der Regel mobilen) Endgeräts kommen und so einen ersten Zugriff darauf nehmen können. Gerät etwa ein solches Endgerät an staatlich kontrollierten Schnittstellen wie etwa an Zollstellen, Ländergrenzen oder Kontrollen an Flughäfen in den Besitz der jeweiligen Stelle, kann hier möglicherweise sogar ohne, dass der Betroffene davon Kenntnis erlangt, auf das Gerät eingewirkt werden.

Zum anderen besteht die Option, dass sich Ermittlungsbehörden unmittelbar Zugang zu einer Wohnung verschaffen und dann vor Ort aktiv werden.

---

402 http://www.pcfreunde.de/artikel/a162/keylogger-pc-ueberwachung-aus-dem-hinterhalt/; *Brunst*; *Kemper* ZRP 2007, S. 106.

403 http://www.pcfreunde.de/artikel/a162/keylogger-pc-ueberwachung-aus-dem-hinterhalt/.

404 *Schröder/Schröder*, S. 46.

405 Arbeitskreis, S. 6; *Fox* DuD 2007, S. 829.

Konnte Zugriff auf ein Endgerät genommen werden, gibt es, neben der Möglichkeit der Installation eines Spähprogramms nach obigen Ausführungen, auch die Option einen Hardware-Keylogger einzusetzen, der optisch einem USB-Stick oder einem Adapter ähnelt und ebenfalls getätigte Eingaben am Zielsystem protokolliert.[406] Dafür werden die Keylogger zwischen Tastatur und Computer angebracht und registrieren die einzelnen Tastenanschläge; um einiges weniger auffällig sind Keylogger, die direkt in der Tastatur eingebaut wurden und dort direkt die Eingaben aufzeichnen.[407] Die Aufzeichnung kann über Jahre hinweg andauern, jedoch sind die Hardware-Keylogger auf die Protokollierung von Tastenanschlägen beschränkt; Screen Shots etwa können so nicht angefertigt werden; zudem muss der Keylogger zur Auswertung der erhobenen Informationen entweder vom überwachten Gerät entfernt und an einem anderen ausgelesen werden oder aber unbemerkt am überwachten Gerät selbst ausgewertet werden, wozu es jedoch einen ungestörten Zugang zum Zielsystem erfordert.[408]

c) Tempest-Angriffe

Im Übrigen sind die sogenannten Tempest-Angriffe (Transient Electromagnetic Pulse Emanation Standard) nennenswert.[409]

Bei Tempest-Angriffen, auch bezeichnet als „Van-Eck-Phreaking“ und den sogenannten „Side-Channel-Angriffen“ zugehörig, wird eine spezifische Eigenart informationstechnischer Endgeräte zugunsten der Ermittlungstätigkeit ausgenutzt: werden Befehle vom Nutzer über die Tastatur eingegeben und diese vom Endgerät ausgeführt, strahlt das Endgerät elektromagnetische Wellen ab.[410] Diese abgegebenen Wellen können mit einer entsprechenden Empfangseinrichtung bis zu einer Entfernung von etwa 100 Metern aufgefangen und dahingehend ausgewertet und zu Schrift-, Ton- oder Bildzeichen umgewandelt werden, welche Informationen und Inhalte am Rechner gerade genutzt oder welche Tastenanschläge eingegeben werden.[411]

---

406 http://www.pcfreunde.de/artikel/a162/keylogger-pc-ueberwachung-aus-dem-hinterhalt/.

407 http://www.pcfreunde.de/artikel/a162/keylogger-pc-ueberwachung-aus-dem-hinterhalt/; *Beukelmann* StraFo 2008, S. 2.

408 http://www.pcfreunde.de/artikel/a162/keylogger-pc-ueberwachung-aus-dem-hinterhalt/.

409 http://www.heise.de/newsticker/meldung/Gutachter-bezweifeln-Durchfuehrbarkeit-von-heimlichen-Online-Durchsuchungen-181769.html; *Pfitzmann* IS 2008, S. 66, 68.

410 *Valerius* JR 2007, S. 278; *Pfitzmann* IS 2008, S. 66.

411 *Fleissner,* S. 3*;* *Valerius* JR 2007, S. 278; www.techopedia.com/definition/16167/van-eck-phreaking; vgl. für die technischen Erfordernisse und Abläufe: *Schejbal*, S.1f.;

Der Vorteil ist – vorbehaltlich etwaiger Übertragungs- bzw. Empfangsstörungen – , dass hier das überwachte Zielsystem in keiner Weise manipuliert werden muss, weder durch einen Zugriff über aufgespielte Software noch über einen ersten physischen Zugriff auf das Endgerät direkt, sodass es nur wenige und nicht ohne weiteres realisierbare, taugliche Möglichkeit gibt, von der Maßnahme Kenntnis zu erlangen oder sich dagegen erfolgreich und nachhaltig zu schützen.[412] Zudem gibt es keine Möglichkeit die abgefangenen Daten ihrerseits zu manipulieren, wie es etwa bei dem Zugriff auf einen Rechner über eine spezielle Software denkbar wäre, da sie hier lediglich das widerspiegeln, was andernorts auf einem Rechner gerade geschehen ist; dies könnte den Beweiswert der gewonnen Daten wiederum erhöhen.[413]

d) Zwischenergebnis

Zumindest in der Theorie bestehen zahlreiche Herangehensweisen um heimlich auf gespeicherte Informationen auf Computersystemen Zugriff zu nehmen.

Nicht geklärt werden kann an dieser Stelle, als wie erfolgsversprechend diese Maßnahme in der Praxis tatsächlich einzustufen ist, wobei eine durchaus beachtliche Anzahl an Stimmen am tatsächlichen Nutzen der Maßnahme zweifelt.[414] Auch muss in diesem Zusammenhang nochmals ausdrücklich darauf hingewiesen werden, dass jeder Nutzer die Möglichkeit hat, dem Zugriff auf seinen Rechner durch individuelle Einrichtungen seines Systems vorzubeugen[415] – und

---

Pfitzmann IS 2008, S. 66, hier auch zur technischen Schwierigkeit, sich gegen das Abfangen der Wellen erfolgreich zu wehren.

412 http://www.heise.de/newsticker/meldung/Gutachter-bezweifeln-Durchfuehrbarkeit-von-heimlichen-Online-Durchsuchungen-181769.html; Es ist möglich, die gesamte Hardware inklusive Netzwerkkabel ihrerseits durch entsprechende Endgeräte abzuschirmen, was aber hauptsächlich von Regierungsbehörden durchgeführt wird; für den Privathaushalt und ähnliches bietet sich dieses Abschirmverfahren aus technischen und finanziellen Gründen kaum an, http://www.atis.uka.de/801.php. Andererseits könnte man bei Nutzung eines Computersystems Störsignale versenden, die den Tempest-Empfang behindert und eine Auswertung erschwert, was aber keinen absoluten Schutz verspricht, *Fleissner*, S. 3.

413 *Pfitzmann* IS 2008, S. 67, 6f.9; mehr zur Frage der Beweisverwertbarkeit unter Kapitel E., ab S. 305.

414 *Hornung* DuD 2007, S. 576; *Kutscha* NJW 2007, S. 1171f.; *Buermeyer* HRRS 2007, S. 164; eine Aufgliederung der möglichen Erfolgsaussichten der einzelnen Zugriffsmöglichkeiten findet sich bei Arbeitskreis, S. 6f.

415 Dezidiert dargestellt bei *Fox* DuD 2007, S. 831.

wer etwas zu verbergen hat, wird von dieser Möglichkeit mit an Sicherheit grenzender Wahrscheinlichkeit Gebrauch machen. Die Spekulationen über den Wahrheitsgehalt der Behauptung, es habe in der Vergangenheit schon diverse erfolgreiche Zugriffe im Wege von verdeckten Online-Ermittlungen gegeben, dürften sich zwar inzwischen durch die Vorkommnisse in Bayern erledigt haben; konkrete und veritable verbindliche Aussagen des BKA oder anderer staatlicher Stellen zum tatsächlichen Einsatz von Überwachungssoftware und der verdeckten Online-Durchsuchung bzw. der Reichweite der einzelnen Überwachungsmaßnahmen sind aber dennoch kaum vorhanden oder widersprechen sich mit späteren Aussagen und Erfolgsprognosen bezüglich der verdeckten Online-Durchsuchung oder Äußerungen der Rechtsprechung oder anderer Behörden.[416] Insofern ist es verständlich, wenn Schröder/Schröder die verdeckte Online-Durchsuchung als nebulösen Mythos darstellen und festhalten, dass dieser Mythos „ein derartiges mediales Eigenleben entwickelt, dass er den Himmel der Realität total verfinstert", eine Beschreibung, die auch unter Berücksichtigung der aktuellsten Entwicklungen in Bayern zutrifft.[417]

Diese Unklarheit und die unzureichende Kommunikation durch die verantwortlichen Stellen hinsichtlich der technischen Praktikabilität und tatsächlichen Durchführung der Maßnahme sind durchaus in die Beurteilung einzustellen, ob und in welchem Rahmen die verdeckte Online-Durchsuchung ein in der Zukunft unverzichtbares Instrumentarium der Ermittlungsbehörden darstellen wird oder eben nicht.

---

416 *Schröder/Schröder*, S. 23f. hier mit einer Auflistung an Berichten zu (angeblich) durchgeführten verdeckten Online-Durchsuchungen bzw. dem Dementi dazu; wieder andernorts wird behauptet, das BKA habe noch keinerlei verdeckte Online-Durchsuchung getätigt oder einen Antrag gestellt: http://www.teltarif.de/bka-online-durchsuchung-trojaner/news/36126.html; siehe auch ganz kürzlich LG Landshut MMR 2011, 690ff, in der Entscheidung wird das Vorgehen des LKA Bayern bezüglich der Überwachung eines Rechners als unzulässig erklärt, soweit die Erstellung und Übermittlung von Screen Shots durchgeführt wurde; *Reißmann*, S. 1f; siehe auch die Kleine Anfrage unter BT-Drs. 17/7104, S. 1f., S. 4ff. unter http://dipbt.bundestag.de/dip21/btd/17/071 /1707104.pdf und hierzu die lückenhafte Antwort der Bundesregierung unter http://euro-police.noblogs.org/files/2011/ 11/KA_17_7104.pdf.

417 *Schröder/Schröder*, S. 22. Dass dieser konfuse Zustand und die Unklarheiten über die verschiedenen tauglichen Software-Programme zur Durchführung einer verdeckten Online-Durchsuchung inzwischen auch von behördlicher Seite erkannt und missbilligt wird, zeigt sich an dem Beschluss im Rahmen der BKA-Herbstkonferenz 2011, eine Zentralstelle zur einheitlichen Verwaltung und Entwicklung von Überwachungssoftware beim BKA einzurichten, http://www.spiegel.de/netzwelt/netzpolitik/0,1518 ,802830,00.html.

Ebenso sei an dieser Stelle auf die Kosten hingewiesen, die für die Implementierung der verdeckten Online-Durchsuchung als behördliches Instrumentarium im Raum stehen. Mit Angaben zwischen 200.000[418] und 30 Millionen[419] Euro liegt hierin keine unerhebliche finanzielle Belastung für eine Maßnahme, deren Erfolgsaussichten zwar in technischer Hinsicht inzwischen geklärt zu sein scheint, die jedoch in ihrer rechtlichen Einordnung nach wie vor höchst umstritten ist.

Uneinigkeit herrscht insoweit auch über den Schwerpunkt der finanziellen Belastung. Zum Teil werden personelle Kosten als hauptsächlichen Belastungsfaktor angeführt – sei es nun im Zuge der Schaffung interner Abteilungen für beispielsweise Programmierung bzw. Entwicklung und Überwachung der jeweiligen Überwachungstools oder aber im Wege der Mandatierung externer Unternehmen zur Übernahme dieser Aufgaben-, andere nennen hierfür die Vorbereitungskosten und stufen die Kosten für Personal als nur geringfügig ein oder können die Kosten für die spätere Durchführung der Maßnahme nicht konkret abschätzen.[420]

Dass diese Überlegungen die letztlich handelnden Behörden allerdings nicht davon abgehalten konnten, die erforderlichen Grundlagen für die Durchführung der Maßnahmen zu schaffen, hat sich spätestens im Oktober 2011 nach Bekanntwerden der Geschehnisse in Bayern gezeigt.

Zuletzt muss berücksichtigt werden, dass die Behörden bzw. die Beamten, die sich erst einmal remote auf einem Rechner befinden und je nach Programm sich dort auch „bewegen" können, die Möglichkeit haben, Daten zu ändern, aufzuspielen und dann ihrerseits „aufzuspüren" oder Daten, die der Ermittlung entgegenlaufen, zu löschen, ohne dass der Betroffene hiervon notwendigerweise Kenntnis erlangt.[421] Diese technische Möglichkeit der Manipulation von potenti-

---

418 BT-Drs. 16/3973, S.4 unter http://dokumente.linksfraktion.de/drucksachen /7741765409_1603973.pdf; *Borchers*.

419 Vgl. *Hunsicker* Kriminalistik 2007, S. 189: dieser Betrag stehe im Raum, soweit nur *„die Einrichtung der ‚Internet Monitoring und Analysestelle' (IMAS) am GemeinsamenTerror-Abwehr-Zentrum von Polizei und Nachrichtendiensten (GTAZ) in Berlin"* betroffen ist; BT-Drs.16/2946, S. 1ff. unter http://dipbt.bundestag.de/dip21 /btd/16 /029/1602946.pdf. Statt der IMAS wurde Anfang 2007 bei der GTAZ letztlich das Gemeinsame Internetzentrum (GIZ) gegründet als Kooperation zwischen unter anderem Verfassungsschutz und BKA, vgl. http://www.bmi.bund.de/SharedDocs/Standardartikel /DE/Themen/Sicherheit/Terrorismus/GemeinsamesInternetzentrum.html?nn=107094.

420 *Eubel* spricht von Investitionen in Höhe von etwa 700.000 Euro, wovon 581.000 Euro Personalkosten darstellten; *Fox* DuD 2007, S. 832f., der hier allerdings keinen konkreten Betrag anführt; BT-Drs. 16/3973, S.4 unter http://dokumente.linksfraktion .de/drucksachen/7741765409_1603973.pdf.

421 *Schaar/Landwehr* K&R 2007, S. 205; *Hornung* DuD 2007, S. 576.

ellen Beweismitteln und Informationen über Personen hat massive Auswirkungen auf die Beweiskraft von Material, das auf einem überwachten Endgerät gefunden und in einen Prozess eingebracht wird.[422]

Ob die verdeckte Online-Durchsuchung als valide geeignete und erforderliche Maßnahme der Ermittlungsbehörden eingestuft werden sollte, deren technische Ausfeilung und Weiterentwicklung sowohl in finanzieller als auch personeller Hinsicht lohnt, bemisst sich in einem nächsten Schritt auch maßgeblich an ihrer Übereinstimmung und Vereinbarkeit mit geltendem Recht.

3. Rechtliche Einordnung der verdeckten Online-Durchsuchung

Abschließend ist hier nun also einzugehen auf die gesetzlich geregelte Befugnis der Ermittlungsbehörden, online auf gespeicherte oder zwischengespeicherte Daten zuzugreifen.[423] An dieser Stelle der Bearbeitung bezieht sich die Ausführung auf die verdeckte Online-Durchsuchung als mögliches Mittel zur repressiven Strafverfolgung.[424]

„Unter der so genannten Online-Durchsuchung wird die Suche nach verfahrensrelevanten Inhalten auf Datenträgern verstanden, die sich nicht im direkten physikalischen Zugriff der Strafverfolgungsbehörden befinden, sondern nur über Kommunikationsnetze erreichbar sind.“[425]

Gemeint sind hiervon Fälle, in denen Strafverfolgungsbehörden die technische Möglichkeit haben, beispielsweise nach Erhalt oder Ermittlung eines Passwor-

---

422 *Hoffmann-Riem* JZ 2008, S. 1017; dieser Gedanke wird in Kapitel E. ab S. 305 nochmals ausführlich aufgegriffen, hier soll der Hinweis auf die entsprechende technische Möglichkeit genügen.

423 Nochmals zur Begrifflichkeit der Online-Überwachung, -Durchsicht bzw. Online-Durchsuchung siehe *Sieber* online I, S. 2; sowie *Sieber* online II, S. 1; hier wird im Folgenden Online-Durchsuchung als Überbegriff für die einzelnen Zugriffsvarianten genutzt.

424 Überlegungen zum Einsatz der Online-Durchsuchung zu präventiven Zwecken im Rahmen der länderspezifischen Gefahrenabwehr folgen unter Gliederungspunkt D. ab S. 221, bzw. hier hinsichtlich bundesweiter Ansätze nach § 20 k BKAG ab S. 273.

425 BT-Drs. 16/3231, S. 11, unter http://dipbt.bundestag.de/dip21/btd/16/032/1603231.pdf, dies sei hier trotz obiger aufgegliederter Definition als Vorgabe des Bundestags heranzuziehen.

tes[426] auf ein Speichermedium wie etwa eine Mailbox oder die Festplatte Zugriff zu nehmen, auf der erforderliche Informationen vermutet werden. Das Besondere an dieser Maßnahme ist nicht zuletzt, dass von den Strafverfolgungsbehörden auch eine Zugriffsmöglichkeit von außen, also heimlich und ohne Anwesenheit am eigentlichen Durchsuchungsort, angestrebt wird.[427] Daher wird dieses Vorgehen zum Teil auch als „staatliches Behörden-Hacking“ bezeichnet, wenn die Behörden ein Eindringen auf das Zielsystem ihrerseits durch den Einsatz von Viren, Trojanern etc. ermöglichen.[428]

Während die Befugnis zur Überwachung laufender E-Mail-Kommunikation inzwischen weitestgehend unstreitig ist,[429] ist die Frage nach der Befugnis zur repressiven verdeckten Online-Durchsuchung in der Strafverfolgung auch nach dem „Gesetz zur Neuregelung der Telekommunikationsüberwachung und anderer verdeckter Ermittlung“ zum 1. Januar 2008 klärungsbedürftig.[430]

Die folgenden Überlegungen befassen sich daher zunächst mit der Frage, inwieweit eine verdeckte Online-Durchsuchung eine Berührung mit Grundrechten der überwachten Person begründen kann. Erst sofern eine Grundrechtsrelevanz festgestellt werden konnte, stellt sich die Frage, ob und inwieweit die verdeckte Online-Durchsuchung durch eine Ermächtigungsgrundlage der Strafprozessordnung gedeckt sein könnte.

a) Grundrechtsrelevanz der verdeckten Online-Durchsuchung

Die Frage nach der Grundrechtsrelevanz der verdeckten Online-Durchsuchung ist aus dem Grunde ausschlaggebend, da sich erst bei deren Annahme die anschließende Frage nach dem Bestehen von Ermächtigungsgrundlagen in der StPO stellt.[431]

---

426 Siehe S. 120ff, also bspw. via Keylogging, also durch Abfangen von Bedienbefehlen, vgl. *Freiling*, S. 4.

427 *Jahn/Kudlich* JR 2007, S. 58; *Schröder / Schröder*, S. 1, 8.

428 *Schröder / Schröder*, S. 8; *Seitz*, S. 336, 338; Beispiele finden sich bei *Pfitzmann*, S. 5.

429 Vgl. Ausführungen auf S. 97ff.

430 Das Gesetz brachte eine Neufassung der StPO sowie diverser anderer Gesetzestexte mit sich, vgl. S. 3 unter http://www.bundesrat.de/cln_050/SharedDocs/Drucksachen/2007/0701-800/798-07,templateId=raw,property=publicationFile.pdf/798-07.pdf; so noch *Meininghaus*, S. 261.

431 Zu den Grundsätzen von Grundrechtsrelevanz und Eingriffsermächtigungen siehe *Manssen*, S. 45 Rn. 148.

Dass bei einer verdeckten Online-Durchsuchung erhebliche Grundrechtsverletzungen im Raum stehen, kann spätestens seit dem einschlägigen Urteil des Bundesverfassungsgerichts vom 27. Februar 2008[432] als unstrittig angesehen werden; daher werden im folgenden Abschnitt die betroffenen Grundrechtspositionen deutlich herausgearbeitet werden.

Wie festgestellt steht jedoch nicht nur generell eine gewisse Grundrechtsrelevanz der verdeckten Online-Durchsuchung im Raum; durch den verdeckten externen Zugriff auf unzählige Inhalte aus verschiedensten möglichen Lebensbereichen droht dem ersten Anschein nach sogar eine erhebliche Verletzung diverser Rechtsgüter.

Bevor auf die Prüfung der Einschlägigkeit der einzelnen vorhandenen Regelungen und Ermächtigungsgrundlagen der StPO als mögliche Rechtfertigung hinsichtlich der verdeckten Online-Durchsuchung eingegangen wird, muss daher an dieser Stelle die Grundrechtsrelevanz der verdeckten Online-Durchsuchung festgestellt werden.

Zu beleuchten sind vordergründig die Schutzbereiche des Grundrechts auf Unverletzlichkeit der Wohnung aus Art. 13 Abs. 1 GG, des Fernmeldegeheimnisses aus Art. 10 Abs. 1 GG, des Rechts auf informationelle Selbstbestimmung als Ausprägung des allgemeinen Persönlichkeitsrechts gemäß Art. 2 Abs. 1 i.V.m. Art. 1 Abs. 1 GG sowie des Grundrechts auf Gewährleistung der Vertraulichkeit und Integrität informationstechnischer Systeme (auch IT-Grundrecht oder Computer-Grundrecht genannt)[433], das ebenfalls aus Art. 2 Abs. 1 i.V.m. Art. 1 Abs. 1 GG resultiert.[434]

Abschließend wird auf das Gebot des effektiven Rechtsschutzes und sonstige Grundrechte einzugehen sein.[435]

aa) Unverletzlichkeit der Wohnung, Art. 13 Abs. 1 GG

Besonders stark diskutiert in Literatur und Rechtsprechung wurde und wird die Grundrechtsrelevanz der verdeckten Online-Durchsuchung hinsichtlich des Wohnungsgrundrechts aus Art. 13 Abs. 1 GG. Bereits die Eröffnung des

432 BVerfGE 120, 274ff.

433 *Hofmann* in Hofmann/Hopfauf, Art. 2 Rn. 30d. *Müller* 2008, S. 1; *Hipp* 2008, S. 1, 2.

434 Auf die etwaige Betroffenheit der Berufsausübungsfreiheit der Dienstanbieter aus Art. 12 Abs. 1 GG wird vorliegend nicht eingegangen.

435 *Weiß*, S. 89.

Schutzbereiches durch eine verdeckte Online-Durchsuchung ist heftig umstritten.

aaa) Allgemeines zu Art. 13 GG

Inhalt des Schutzbereichs des Wohnungsgrundrechts ist es, die Möglichkeit der freien Entfaltung der Persönlichkeit des Einzelnen in räumlicher Hinsicht zu garantieren.[436] Daher schützt Art. 13 GG den Bürger vorm technischen, körperlichen Eindringen seitens staatlicher Hoheitsträger und ist für diese Eingriffe lex specialis gegenüber dem allgemeinen Persönlichkeitsrecht aus Art. 2 Abs. 1 i.V.m. Art. 1 Abs. 1 GG.[437] Wohnung sind dabei alle Räume, die der allgemeinen Zugänglichkeit durch räumliche Abschottung entzogen sind und zur Stätte privaten Lebens und Wirkens gemacht sind.[438] Dabei ist nicht lediglich die Wohnung als körperliches Objekt vor tatsächlicher Durchsuchung durch Beamte vor Ort geschützt; seit der letzten Entscheidung des Bundesverfassungsgerichts zum „Großen Lauschangriff" ist unstrittig auch das externe Abfangen von Informationen, die innerhalb des räumlich geschützten Bereichs ausgetauscht werden,[439] als Beeinträchtigung des Wohnungsgrundrechts zu bewerten, wenn die Beamten auch ohne körperliche Anwesenheit innerhalb einer Wohnung Informationen erheben.[440] Geschützt ist also neben der Wohnung als räumliches Konstrukt auch und gerade das Vertrauen der betroffenen Personen auf Privatheit und Ungestörtsein innerhalb dieses Bereichs.

Die Eingriffs- und Rechtfertigungssystematik des Art. 13 GG ist äußerst ausdifferenziert in den Absätzen 2 bis 5 sowie 7 geregelt, wonach sich die Anforderungen an die verfassungsrechtliche Rechtfertigung an der Intensität des Eingriffs einer Maßnahme bemisst.[441]

---

436 BVerfG NJW 2006, S. 976,982; *Gudermann*, S. 94; *Sodan* in Sodan, Art. 13 Rn. 1; *Weiß*, S. 105.

437 *Jarass/Pieroth*, Art. 13 Rn. 2.

438 *Jarass/Pieroth*, Art. 13 Rn. 1, 4.

439 Also beispielsweise das gesprochene Wort, daneben auch Selbstgespräche, *Hofmann* in Hofmann/Hopfauf, Art. 13, Rn. 6.

440 BVerfGE 109, 279, 309; 120, 274, 310; *Gudermann*, S. 95; *Beulke/Meininghaus* 2008, S. 67; die Regelung des Art. 13 Abs. 3 GG ist insofern vollumfänglich als verfassungsgemäß bewertet worden: BVerfG, 1 BvR 2378/98 vom 3.3.2004, http://www.bverfg.de /entscheidungen/rs20040303_1bvr237898.html.

441 *Gudermann*, S. 96; *Jarass/Pieroth*, Art. 13, Rn. 12ff.; *Hofmann* in Hofmann/Hopfauf, Art. 13, Rn. 9, 26, 33, 34, 39.

bbb) Grundrechtsbetroffenheit durch verdeckte Online-Durchsuchung

Ob das „Eindringen" staatlicher Ermittlungsbehörden in den Wohnbereich im Wege der verdeckten Online-Durchsuchung den Schutzbereich des Wohnungsgrundrechts eröffnet, war bzw. ist heftig umstritten.[442]

(1) Pro Anwendbarkeit des Wohnungsgrundrechts

Zunächst wird die befürwortende Ansicht hinsichtlich der Eröffnung des Schutzbereichs des Art. 13 Abs. 1 GG dargestellt. Befürworter der Einschlägigkeit des Wohnungsgrundrechts führen neben dem Standort des überwachten Systems, der jedenfalls bei stationären Endgeräten in der Regel innerhalb der Wohnräume der überwachten Person anzunehmen sei, die im Wege der zunehmenden Digitalisierung zweifelsfrei gesteigerte Schutzwürdigkeit des betroffenen Bürgers an.[443]

Das Wohnungsgrundrecht bildet gewissermaßen die räumliche Ausgestaltung des allgemeinen Persönlichkeitsrechts aus Art. 2 Abs.1 i.V.m. Art. 1 Abs. 1 GG und ist damit inhaltlich ebenso auf den Schutz von Individualität und Privatsphäre im Bereich privaten und geschäftlichen Wohnens ausgerichtet.[444]

Bei Schaffung des Grundrechts war damit in erster Linie angestrebt, den Bürger vor unerwünschter physischer Belästigung durch Hoheitsträger in seiner Wohnung zu schützen.[445] Seitdem sind im Zuge des technischen Fortschritts jedoch vielfältige Möglichkeiten entstanden, auch ohne physische Anwesenheit, also ohne tatsächliches Betreten, durch Beamte eine Wohnung zu überwachen, beispielsweise durch die akustische Wohnraumüberwachung.[446] In der Entscheidung zum sogenannten „Großen Lauschangriff" hat das Bundesverfassungsgericht den Schutzbereich des Wohnungsgrundrechts explizit auch für solche nichtkörperlichen Maßnahmen als eröffnet angesehen um den damaligen neuen technischen Gegebenheiten Rechnung tragen zu können; auf die Frage nach der

---

442 *Buermeyer* HRRS 2007 II, S: 332f.; *Schantz* KritV 2007, S. 313ff.; *Gudermann*, S. 93; *Weiß*, S. 110ff.

443 *Beukelmann* StraFo 2008, S. 4; *Buermeyer* HRRS 2007 II, S. 332f.; *Schantz* KritV 2007, S. 313ff; *Weiß*, S. 110ff.; *Kudlich* HFR 2007, S. 5.

444 BVerfG NJW 2006, S. 976, 982; *Gudermann*, S. 94; *Sodan* in Sodan, Art. 13 Rn. 1; *Weiß*, S. 105; *Jarass/Pieroth*, Art. 13 Rn. 2.

445 *Buermeyer* HRRS 2007 II, S. 332; BVerfGE 109, 279, 309.

446 BVerfGE 109, 279, 309.

physischen Anwesenheit dürfe es, auch hinsichtlich der Schutzwürdigkeit des Betroffenen, nicht mehr ankommen.[447]

Dieser Argumentation folgend ist es weiterhin sinnhaft, dass die körperliche Abwesenheit von Ermittlungsbeamten die Annahme einer Durchsuchung und damit die Betroffenheit des Wohnungsgrundrechts auch in anderen, vergleichbaren Konstellationen nicht entgegenstehen dürfe.[448] Subsumiert man erst einmal ein informationstechnisches System wie einen PC und damit die darauf gespeicherten Inhalte unter den Wohnungsbegriff aus Art. 13 Abs. 1 GG, so darf man dann auch das Vorliegen einer Durchsuchung nicht an der Unkörperlichkeit einer Maßnahme durch Ermittlungsbehörden scheitern lassen.

Dies entspricht genau jener Überlegung, dass auch im Rahmen eines Lauschangriffs keine körperliche Anwesenheit eines Beamten in der Wohnung erforderlich ist, um einen Eingriff in das Wohnungsgrundrecht anzunehmen.[449]

Den Befürwortern der Eröffnung des Wohnungsgrundrechts nach sei es erforderlich, auch die technischen Entwicklungen der kürzesten Vergangenheit an dieser Überlegung zu bewerten. Hier wird also eine Gleichbehandlung jedweder technischer unkörperlicher Überwachung „auf Distanz“ angeraten, ungeachtet dessen, ob es sich um eine Überwachung akustischer oder anderweitiger informationstechnischer Art handelt.[450]

Neben dem Gedanken, dem technischen Fortschritt auch juristisch gerecht zu werden, spielt insbesondere die Schutzwürdigkeit und Sicht des Betroffenen eine bedeutende Rolle bei der Frage der Schutzbereichseröffnung.

Würde das betroffene und in der Wohnung befindliche informationstechnische System im Wege einer „klassischen“ körperlichen Durchsuchung durch die Ermittlungsbehörden beansprucht werden, wäre unzweifelhaft der Schutzbereich des Wohnungsgrundrechts eröffnet; insofern könne und dürfe es konsequenter Weise keinen Unterschied zulasten des Bürgers machen, wenn im Zuge technischen Fortschritts eine körperliche Anwesenheit von Ermittlungsbeamten in der Wohnung nicht mehr erforderlich ist, um an bestimmte Informationen zu gelangen.[451] Rein qualitativ mache es nämlich keinen Unterschied, ob schutzwürdige Inhalte im Wege einer klassischen Wohnungsdurchsuchung, beispielsweise durch Einsicht in ein Tagebuch, erhoben würden, oder ob diese in Form einer

447 *Schantz* KritV 2007, S. 314; *Buermeyer* HRRS 2007 II, S. 332; BVerfGE 109, 279, 309.

448 *Schantz* KritV 2007, S. 314; *Buermeyer* HRRS 2007 II, S. 332.

449 *Gudermann*, S. 102.

450 *Buermeyer* HRRS 2007 II, S. 333ff.

451 *Hornung* DuD 2007, S. 577f; *Bär* MMR 2007, S. 175.

Datei auf einem innerhalb einer Wohnung befindlichen Rechner remote ausgelesen würden.[452]

Infolge dieser Überlegung müsse also auch die Maßnahme einer verdeckten Online-Durchsuchung dazu führen, dass der Schutzbereich des Wohnungsgrundrechts eröffnet wird, sobald ein Rechensystem überwacht wird, das sich innerhalb einer Wohnung im Sinne des Wohnungsgrundrechts befindet.[453]

Darüber hinaus wird angeführt, dass sich im Wege der stattfindenden Digitalisierung von Kommunikation im privaten wie beruflichen Bereich eine gesteigerte Schutzbedürftigkeit der Bürger ergibt.[454] Bedenkt man, dass schriftliche, körperliche Briefe, Tagebücher, Bildaufzeichnungen oder ähnliches fraglos vom Wohnungsgrundrecht umfasst werden, sobald sie sich innerhalb des geschützten Raums befinden, sei ein abweichendes Ergebnis für die jeweils digitalisierte Version nicht zu erklären, die identische persönliche und intime Inhalte tragen und damit ein identisches Maß an Schutz erfordern.[455] Würden Inhalte, die sich in E-Mail-Eingängen, dem Rechner selbst oder externen Festplatten befinden, vom Grundrechtsschutz aus Artikel 13 Abs. 1 GG ausgeklammert, bliebe der entsprechende Grundrechtsschutz hinter verfassungsrechtlich verbürgten Grundsätzen und dem technischen Fortschritt zurück.[456]

(2) Contra Anwendbarkeit des Wohnungsgrundrechts

Ein bedeutender Anteil der Stimmen der Literatur sowie Teile der Rechtsprechung lehnen dagegen die Eröffnung des Schutzbereiches des Wohnungsgrundrechts im Falle einer verdeckten Online-Durchsuchung ab.[457]

---

452 *Buermeyer* HRRS 2007 II, S. 333ff.

453 *Weiß*, S. 128. Die Ansicht, Art. 13 Abs. 1 GG sei auch analog auf mobile Rechensysteme anzuwenden, selbst wenn sich diese außerhalb der Wohnung befänden, wird so nicht vertreten; *Hornung* JZ 2007, S. 830 interpretiert *Rux* JZ 2007, S. 285, 294 zwar dahingehend, dies wird von *Rux* JZ 2007 II, S. 832 jedoch klargestellt und abgelehnt.

454 *Weiß*, S. 112;

455 *Weiß*, S. 112, *Rux* JZ 2007, S. 293; *Kutscha* NJW 2007, S. 1170f.

456 *Hornung* DuD 2007, S. 578; *Rux* JZ 2007, S. 293; *Kutscha* NJW 2007, S. 1170f.

457 BVerfGE 120, 274, 309f; *Hömig* Jura 2009, S. 208; *Beulke/Meininghaus* StV 2007, S. 63; BGH StV 2007, S. 60, 61ff.; vgl. auch schon BGH NJW 1997, S.1934, 1935, der hier zwar Art. 13 Abs. 1 GG als tangiert betrachtet, das Wohnungsgrundrecht jedoch hinter Art. 10 Abs. 1 GG zurücktreten lässt; *Beulke/Meininghaus* 2008, S. 68; *Weiß*, S. 113, - beachtlich hier sicher auch die Vermutung von *Kudlich* HFR 2007, S. 6, Fn. 23, dass diejenigen, die die Anwendung von Art. 13 GG für Online-Durchsuchungen ableh-

Demnach sei Artikel 13 Abs. 1 GG ausschließlich dann einschlägig, wenn eine Ermittlung tatsächlich körperlich innerhalb des geschützten räumlichen Bereichs stattfindet bzw. dort in die Wege geleitet wurde und dabei Vorgänge oder Gegenstände akustisch oder optisch überwacht oder durchsucht werden, die gegenwärtig in der Wohnung befindlich sind oder stattfinden.[458] Dies ergebe sich zum einen bereits aus dem Wortlaut des Artikels 13 Abs. 1 GG, in erster Linie aber aus Sinn und Zweck dieses Grundrechts sowie der besonderen Konstellation, sofern die Überwachung bzw. Durchsicht informationstechnischer Systeme zur Diskussion steht.[459] In diesem Falle nämlich sei schon das staatliche Eindringen in den räumlichen Bereich individueller Lebensgestaltung nicht notwendigerweise gegeben: ob der verdeckte Online-Zugriff[460] innerhalb solcher räumlicher Grenzen stattfindet, die bei einer körperlichen Durchsuchung unstreitig zur Eröffnung des Schutzbereichs des Wohnungsgrundrechts führen würden, mit anderen Worten: ob also das überwachte System, beispielsweise ein üblicher feststehender PC, *in* einer Wohnung im Sinne des Artikel 13 Abs. 1 GG überwacht wird, oder ob es sich außerhalb dieses Bereichs befindet, hängt regelrecht vom Zufall ab und ist von den Ermittlungsbehörden im Vorhinein nicht auszumachen.[461] Insofern könne es auf den Standort des überwachten Systems aber auch nicht ankommen, weder zugunsten noch zulasten des betroffenen Adressaten der Maßnahme. Die Einschlägigkeit des Wohnungsgrundrechts könne nicht vom Zufall abhängen, ob sich beispielsweise der Nutzer eines Notebooks oder eines Smartphones in einer Wohnung befindet oder sich außerhalb dieses Bereichs aufhält; für die Ermittlungsbehörden ist dieser Umstand jedenfalls aus technischer Sicht gleichgültig, was die Umsetzung der verdeckten Online-Durchsuchung betrifft.[462]

Zudem, so die Gegenstimmen zur Anwendbarkeit des Wohnungsgrundrechts, sei Art. 13 Abs. 1 GG nicht einschlägig, da die hier spezifische Schutzrichtung des Grundrechts bei Vorliegen einer verdeckten Online-Durchsuchung nicht greife: Die Behörden verschaffen sich den Zugang zum überwachten System durch Umgehen der jeweiligen informationstechnischen Sicherheitssysteme, also Firewalls, Virenscans und ähnlichen Programmen.[463] Dafür ist es aber, was

nen, ein (rechts-)politisches Interesse an einer raschen Schaffung der gesetzlichen Voraussetzungen zu dieser Maßnahme haben.

458 BGH StV 2007, S. 60, 62; *Weiß*, S. 114, 115; BVerfGE 120, 274, 309f.

459 *Böckenförde*, S. 223; *Beulke/Meininghaus* StV 2007, S. 64.

460 Die technischen Möglichkeiten des Zugriffs wurden auf S. 120ff. bereits dargestellt.

461 *Hofmann* NStZ 2005, S. 124.

462 *Böckenförde*, S. 223; *Beulke/Meininghaus* StV 2007, S. 64.

463 *Beulke/Meininghaus* StV 2007, S. 64.

soweit aus technischer Sicht vollkommen stimmt, völlig unerheblich, ob das überwachte System innerhalb oder außerhalb einer Wohnung betrieben wird; die räumlichen, baulichen Grenzen der Wohnung bieten hier keinerlei gesteigerten Schutz für das Objekt bzw. den Betreiber.[464] Dann könne aber auch der entsprechende Eingriff nicht am Maßstab räumlicher Privatsphäre zu messen sein.[465] Die einzig denkbare Ausnahme ist hiernach der Fall, in dem Beamte physisch in die Wohnung eindringen müssen, um technische Voraussetzungen für die verdeckte Online-Durchsuchung zu implementieren; dann ist durch die Überwindung der räumlichen Grenzen der Wohnung durch Beamte der Schutzbereich des Wohnungsgrundrecht unstrittig tangiert.[466]

Ebenso wird gegen die Anwendbarkeit des Wohnungsgrundrechts vorgetragen, der Nutzer verzichte freiwillig auf den Grundrechtsschutz durch Artikel 13 Abs. 1 GG, indem er sich mit dem Internet verbinde.[467] Damit seien die auf dem verbundenen Rechner befindlichen Daten zumindest konkludent für die Außenwelt zugänglich gemacht.[468] Die Berufung auf das Grundrecht aus Art. 13 Abs. 1 GG sei daher bereits von vorneherein ausgeschlossen.

(3) Stellungnahme und Konsequenz

Zwar mögen die Argumente der ablehnenden Ansicht zur Anwendbarkeit des Wohnungsgrundrechts durchaus beachtliche Aspekte aufführen.

Als starkes Argument wird hierbei der Umstand herangezogen, dass sich das Zugriffsobjekt wie aufgeführt immer mehr als mobiles Endgerät darstellt.[469] Daher ist es auch zunehmend dem Zufall überlassen, ob sich die überwachte Person bei Durchführung einer verdeckten Online-Durchsuchung innerhalb einer Wohnung im Sinne des Art. 13 Abs. 1 GG aufhält und dort ein informationstechnisches Gerät nutzt oder eben nicht. Wird das betroffene System außerhalb dieser festgelegten räumlichen Grenzen verwendet, kann jedenfalls nicht mehr von der Anwendbarkeit des Wohnungsgrundrechts ausgegangen werden; sofern die Befürworter der Einschlägigkeit des Wohnungsgrundrechts im Falle einer verdeckten Online-Durchsuchung das Beispiel anführen, auch körperliche, innerhalb

464 *Beulke/Meininghaus* StV 2007, S. 64.
465 *Beulke/Meininghaus* StV 2007, S. 64.
466 *Wegener/Muth* Jura 2010, S. 850.
467 *Hofmann* NStZ 2005, S. 124.
468 *Hofmann* NStZ 2005, S. 124.
469 Siehe dazu ab S. 60ff.

einer Wohnung befindliche Printversionen von Briefen seien vom Wohnungsgrundrecht umfasst und insofern eine Durchsuchung hieran zu bemessen, müssen den entsprechenden Grundrechtsschutz auch für den körperlichen Beispielsfall dort enden lassen, wo der Schutzbereich des Grundrechts räumlich endet – außerhalb des Bereichs der „Wohnung". Dann endet aber hier auch der Schutz der elektronischen Daten völlig offensichtlich schon an Wortlaut sowie nach Sinn und Zweck des Wohnungsgrundrechts. Rechner, die sich also außerhalb des geschützten Wohnraums befinden, sind keinesfalls von Art. 13 Abs. 1 GG umfasst. Durch das Herauslösen eines Objektes aus dem räumlichen Schutzbereich des Art. 13 Abs. 1 GG endet auch der entsprechende Schutz und zwar unabhängig von der Art des Objekts: so ist es unstreitig, dass ein Tagebuch vom Wohnungsgrundrecht mit umfasst ist, solange es sich in der Wohnung befindet; wird es aus der Wohnung herausgenommen, käme wohl niemand auf die Idee, den Inhalt des Tagebuchs auch bei einem Zugriff durch Beamte an einem öffentlichen Ort unter den Schutz des Wohnungsgrundrechts zu stellen. Gleiches muss dann logischerweise auch für mobile Computer gelten.[470]

Sofern die Meinung vertreten wird, man könne im Wege eines Analogieschlusses den Wohnungsbegriff als solchen auf „virtuelle Räume" erweitern und so informationstechnische Systeme per se als „virtuelle Wohnungen" unter Art. 13 Abs. 1 GG subsumieren,[471] kann dem schon mangels für die Analogie erforderliche planwidrige Regelungslücke nicht gefolgt werden.[472] Sensible Inhalte, die früher etwa in Tagebüchern oder anderer verkörperter Version hinterlegt wurden, sollten dem Gesetzgeber nach auch nur dann vom Wohnungsgrundrecht umfasst werden, solange sie sich innerhalb der räumlichen Grenzen der Wohnung befanden. Damit stellte das Tagebuch etwa aber auch keine „Wohnung in Printversion" dar, die selbstständig unter Art. 13 Abs. 1 GG zu subsumieren gewesen wäre, schon gar nicht, wenn das Buch aus der Wohnung heraus mitgenommen würde.[473] Daher ist es folglich nicht ersichtlich, wie die Ausdehnung des Wohnungsbegriffs auf virtuelle Räume außerhalb der Wohnung zugunsten des Grundrechtsberechtigten ablaufen sollte.

---

470 Natürlich bedeutet dies nicht die Schutzlosigkeit des betroffenen Objekts! In Betracht kommen außerhalb der Wohnung möglicherweise Art. 10 Abs. 1 GG, Art. 2 Abs. 1 i.V.m. Art.1 Abs. 1 GG und der Schutz des Kernbereichs privater Lebensgestaltung, dazu mehr nachfolgend.

471 *Rux* JZ 2007, S. 285ff, der eine entsprechende Interpretation seines Aufsatzes jedoch selbst in Rux JR 2007 II, S. 832 dahingehend kommentiert, dass er die analoge Ausweitung des Schutzbereichs von Art. 13 Abs. 1 GG auf Rechner *außerhalb* von Wohnungen nicht vertritt.

472 So auch *Gudermann*, S. 99; *Hornung* JZ 2007, S. 829.

473 So auch *Gudermann*, S. 99.

Folglich kann keine haltlos extensive Auslegung eines Grundrechts vertreten werden, was jedoch der Fall wäre, wollte man auch jene informationstechnischen Systeme sowie deren Durchsuchung an Art.13 Abs. 1 GG bemessen, die sich aufgrund der Mobilität des Endgeräts außerhalb des Bereiches einer Wohnung befinden.

Daher hinge die Anwendbarkeit eines Grundrechts bzw. die Eröffnung des Schutzbereichs des Art. 13 Abs. 1 GG vom jeweiligen Standort des Zielsystems ab, wollte man dessen Einschlägigkeit im Falle der Anwesenheit des Nutzers in einer Wohnung tatsächlich annehmen.

In einem derart sensiblen Bereich wie dem Grundrechtsschutz ist jedoch Zurückhaltung geboten für Ergebnisse, die (wie im Bereich mobiler Internetnutzung zunehmend) dem Zufall überlassen sind; vielmehr sind Klarheit und Vorhersehbarkeit erforderlich, um sowohl seitens der Grundrechtsberechtigten als auch seitens der Grundrechtsverpflichteten verfassungsrechtlichen Mindestanforderungen gerecht zu werden.[474]

Da die Zufälligkeit in den genannten Situationen aber nicht umgangen oder zumindest minimiert werden kann, gilt es abzuwägen, ob jene Rechner, die sich innerhalb von durch Art. 13 Abs. 1 GG geschützten Räumen befinden, dann den gleichen Schutz genießen sollen oder nicht.

Insgesamt verdient nach der hier vertretenen Ansicht die befürwortende Gegenmeinung an dieser Stelle den Vorzug.

So ist es zunächst einmal erforderlich, dem gesellschaftlichen, technischen und kulturellen Wandel auch in verfassungsrechtlicher Hinsicht gerecht zu werden und mit den in Veränderung befindlichen Lebensumständen der Gegenwart Schritt zu halten, soweit der grundrechtlich verbürgte Schutz vor staatlichen Eingriffen und die Gewährleistung von Freiheiten betroffen sind. Gerade dort, wo der Grundrechtsschutz aufgrund neuartiger technischer Möglichkeiten des staatlichen Zugriffs schwindet und bestehende Regelungen und Definitionen keinen Schutz mehr bieten, müssen althergebrachte Begrenzungen des Schutzbereichs neu überdacht werden.[475] Wurden früher Briefe als gedruckte Version innerhalb einer Wohnung gemäß Art.13 Abs. 1 GG aufbewahrt, erstreckte sich der Grundrechtsschutz aus dem Wohnungsgrundrecht auch auf diesen gedruckten Brief (jedenfalls solange er sich innerhalb des durch Art. 13 GG geschützten Bereichs befindet) und eine Maßnahme staatlicher Stellen hatte sich aufgrund

---

474 Das Bedürfnis nach und Erfordernis von Sicherheitsmechanismen im grundrechtlichen Bereich zeigt sich an Prinzipien wie etwa Rechtssicherheit, Bestimmtheitsgebot und Vertrauensschutz, *Hopfauf* in Hofmann/Hopfauf, Einl. Rn. 133f.

475 *Hornung* JZ 2007, S. 829.

dieser Grundrechtsrelevanz auch hinsichtlich dieses Briefes an den Vorgaben des Grundgesetzes zu bemessen. Nähme man an, die elektronische Version des Briefes, gespeichert auf einem informationstechnischen System des Betroffenen und nicht abgelegt in der Schublade eines Schreibtisches wäre nun nicht von Art. 13 Abs. 1 GG geschützt, müsse insofern eine Lückenhaftigkeit des Schutzes für den im Brief bzw. der E-Mail befindlichen Inhalt konstatiert werden.

Das Bestreben, diese Lückenhaftigkeit des Grundrechtsschutzes aus Art.13 Abs. 1 GG im Bereich elektronischer Daten durch eine Erweiterung der Anwendung des Grundrechts auch auf informationstechnische Anlagen auszugleichen, ist folgender Argumentation nach als nachvollziehbar und erforderlich zu bewerten.

Dem Argument, die Verbindung ins Internet käme einem Verzicht auf das Grundrecht gleich, kann der hier vertretenen Auffassung nach nicht gefolgt werden.[476] Gerade durch das Nutzen eines Rechners „in den eigenen 4 Wänden", ob online oder offline, glaubt der Nutzer an ein hohes Maß von Privatsphäre. Genauso wenig würde man einen Grundrechtsverzicht annehmen, wenn ein Wohnungsbesitzer seine Haustür offen ließe.[477]

Zuletzt und entscheidend für die Annahme des Wohnungsgrundrechts bei Rechnern, die sich innerhalb des geschützten Raums befinden, ist folgende Überlegung:

Die Problematik um die Zufälligkeit des Standorts eines Rechners ist zugunsten des Grundrechtsberechtigten zu lösen.[478] Art. 13 Abs. 1 GG knüpft an an die Schutzwürdigkeit der Privatsphäre in räumlicher Hinsicht.[479] Dies geschieht umfassend hinsichtlich aller Objekte, die sich innerhalb des geschützten Raums befinden. Allein wegen der *Option*, dass entweder der überwachte Rechner selbst zeitweilig oder die Rechner anderer Nutzer dauerhaft außerhalb dieses geschützten Raums betrieben werden, kann diese Rechtsposition dem Grundrechtsberechtigten nicht genommen werden.[480] Vielmehr ist der einzelne selbst verantwortlich dafür, auf den Schutz des Art. 13 Abs. 1 GG zu verzichten, wenn er einen Rechner aus der Wohnung mitnimmt.[481] Deshalb muss die Eröffnung des Schutzbereichs grundsätzlich angenommen werden, wenn eine verdeckte Online-Durchsuchung stattfindet. Stellt sich heraus, dass der Rechner hierbei außer-

476 So auch *Hornung* JZ 2007, S. 829 und *Hornung* DuD 2007, S. 578.

477 So auch *Schantz* KritV 2007, S. 316.

478 Siehe auch BVerfGE 6, 55, 72; 32, 54, 71, demnach ein Grundrecht so auszulegen ist, dass es eine größtmögliche Wirkungskraft entfaltet.

479 BVerfGE 42, 212, 219.

480 *Buermeyer* HRRS 2007 II, S. 334.

481 *Hornung* JZ 2007, S. 830.

halb der Wohnung betrieben wurde, muss der Schutzbereich als nicht eröffnet bewertet werden.

Insofern völlig unzureichend differenziert ist daher die Stellungnahme von Beulke/Meininghaus, die lediglich darauf hinweisen, dass es für die Datensicherheit nicht darauf ankomme, ob sich der Nutzer innerhalb oder außerhalb einer Wohnung ins Internet einwählt, sondern sich eine Schutzfunktion allein aus der Konfiguration des jeweiligen Rechners ergebe.[482] Deshalb könne aber auch der Zugriff über eine Datenleitung keinen Eingriff in Art. 13 Abs. 1 GG darstellen, da sich aus der „Wohnung" als körperliches Gebilde mit Mauern, Zäunen etc. ohnehin kein gesteigerter Schutz ergeben könne; allein Art. 2 Abs. 1 i.V.m. Art. 1 Abs. 1 GG bieten nach der dort vertretenen Ansicht einen einschlägigen Schutz der betroffenen Rechtsgüter.[483] Es mag hinsichtlich der Daten per se stimmen, dass ein Zugriff unabhängig von dem räumlichen Schutz durch eine Wohnung möglich ist; gleiches gilt aber für den unzweifelhaft zulässigen Lauschangriff auch, der eine Überwachung des gesprochenen Wortes ermöglicht, obwohl sich der Betroffene innerhalb der vermeidlich unbehelligten Wohnung wähnt!

Die Intensität des Schutzes von Daten durch die Beschaffenheit der Wohnung kann also kein taugliches Kriterium sein um die Einschlägigkeit des Art. 13 Abs. 1 GG zu bewerten. Dies entspräche nicht nur dem Wortlaut des Grundgesetzes in keiner Hinsicht; es wäre auch der falsche Ansatz – es geht beim Wohnungsgrundrecht nicht primär um den Schutz der Daten und ihres *Inhalts* als solches in informationstechnischer Hinsicht; hierfür ist vielmehr Art. 2 Abs. 1 i.V.m. Art. 1 Abs. 1 GG zuständig. Art. 13 Abs. 1 GG knüpft an an das Vertrauen auf Privatheit desjenigen, der sich innerhalb des geschützten Raumes befindet, wobei sich dieses Vertrauen umfassend auch auf Rechensysteme und andere Kommunikationsanlagen beziehen kann, solange sich diese ihrerseits innerhalb des geschützten Bereichs befinden; genauso wird dem Staat durch dieses Grundrecht gerade die Pflicht auferlegt, dem Nutzer innerhalb des geschützten Raums die ungestörte Entfaltungsfreiheit zu gewährleisten, sodass das Argument der poten-

---

482 *Beulke/Meininghaus* StV 2007, S. 64; *Beulke/Meininghaus* 2008, S. 68; dann müsste es aber beispielsweise auch einen Unterschied machen, ob ein innerhalb der Wohnung aufbewahrtes Tagebuch durch ein gesondertes Schloss gesichert ist; auch dann bestünde nicht in den baulichen Merkmalen der Wohnung der spezifische Schutz, sondern eben in diesem Schloss. Eine solche Argumentation würde sicher dennoch nicht die Anwendbarkeit des Art. 13 Abs. 1 GG ausschließen!

483 *Beulke/Meininghaus* 2008, S. 68f.

tiell gleichen Zugriffsmöglichkeit innerhalb wie außerhalb des Wohnbereichs erst recht nicht nachvollzogen werden kann.[484]

Zur Veranschaulichung sei folgendes Beispiel geschildert:

Der Nutzer eines mobilen Endgeräts wird in aller Regel und je nach Möglichkeit und Dringlichkeit bei identischen technischen Zugriffsmöglichkeiten auf Daten und Inhalte, die das Internet bereithält, private und sensible Angelegenheiten wie Bankgeschäfte oder private E-Mails dennoch „in den eigenen vier Wänden" regeln. Denn nicht nur die mögliche Beobachtung durch staatliche Stellen, sondern auch und gerade der „Blick über die Schulter" durch andere Personen droht bei einer Nutzung des Internets an öffentlichen Plätzen. Also selbst unter Berücksichtigung der Tatsache, dass es keinen (sicherheits-)technischen Unterschied macht, wo sich der Nutzer ins Internet einwählt, und die Wohnung insofern als bauliches Konstrukt keinen gesteigerten Schutz bietet, so fühlt sich der Nutzer hier dennoch sicherer und vor unerwünschten Blicken geschützter als dies bei der Nutzung eines informationstechnischen Systems außerhalb des Wohnraums der Fall ist.[485]

Um also die Sache nochmals klar auf den Punkt zu bringen:

Der maßgebliche Anknüpfungspunkt für die Annahme der Einschlägigkeit des Wohnungsgrundrechts ist wie bei jedem denkbaren anderen Objekt auch allein die Befindlichkeit eines Rechners innerhalb der Wohnung, in der sich der Grundrechtsberechtigte gegenüber staatlichen Zugriffen auch hinsichtlich seiner elektronischen Daten sicher wähnt.

Sicherlich ist die Trennung nach Standort des angegriffenen informationstechnischen Systems auch hinsichtlich der Frage der Nachvollziehbarkeit und Beweisbarkeit des jeweiligen Standorts in der Praxis keine Ideallösung.[486]

---

484 *Schaar/Landwehr* K&R 2007, S. 204.

485 Eine Randbemerkung zum Thema „unerwünschte Blicke": Denkbar ist auch die Fernsteuerung einer Webcam, sofern ein entsprechendes Programm auf das Zielsystem gespielt wurde. Spätestens in dieser Konstellation dürfte doch aber Einigkeit darüber herrschen, dass diese heimlichen, wenn auch virtuellen Blicke einer Behörde innerhalb des von Art. 13 Abs. 1 GG geschützten Bereichs zu einer Eröffnung des Grundrechts führen müssen. Hierbei dürfte es sich im Übrigen um eine Maßnahme sui generis handeln, die Elemente der verdeckten Online-Durchsuchung und eines Lauschangriffs kombiniert.

486 Vgl. hierzu noch *Hornung* JZ 2007, S. 830, der hier diese Problematik dahingehend löst, dass die Behörden im Zweifel und bei Unkenntnis über den Standort eines Rechners im konkreten Einzelfall, davon ausgehen muss, dass sich dieser im Schutzbereich des Art. 13 Abs. 1 GG befindet und insofern auch die verfassungsrechtlichen Vorgaben für Eingriffe eingehalten werden müssten.

Das Schritthalten mit den Veränderungen, die der Gesellschaft hinsichtlich Datensicherheit, Datenschutz etc. gegenwärtig und zukünftig widerfahren, darf nicht dadurch realisiert und gewährleistet werden, dass Grundrechte über die Grenzen dessen, was Sinn und Zweck einer Regelung an Schutzfunktionen zulassen, auf neuartige Problemkonstellationen angewendet werden.

Vielmehr gilt es, bestehendes oder neu zu schaffendes Recht in zulässiger und vertretbarer Art und Weise an die neuen technischen und informationellen Möglichkeiten anzupassen, die sowohl dem Grundrechtsberechtigten als Nutzer informationstechnischer Systeme eröffnet werden, die aber zugleich auch den Ermittlungsbehörden neue Handlungsmöglichkeiten eröffnen und eine neue Schutzwürdigkeit der Bürger aufkommen lassen.

Dies alles gegeneinander aufgewogen scheint die Bezugnahme auf den Standort eines Rechners für die Beantwortung der Frage nach der Eröffnung des Wohnungsgrundrechts ein vertretbarer Kompromiss zwischen Grundrechtsberechtigtem und Grundrechtsverpflichtetem. Im Sinne der hier vertretenen grundrechtsfreundlichen Position muss es zudem die „Beweislast“ der Behörden sein, nachzuweisen, dass sich im Falle einer Überwachung ein Endgerät gerade nicht innerhalb eines geschützten Bereichs befindet bzw. befand. Es wird also zunächst unterstellt, dass sich zugunsten des Grundrechtsberechtigten die Schutzwirkung des Art. 13 Abs. 1 GG entfaltet und nur im Einzelfall eine durch die Behörden zu beweisende Ausnahme von der Einschlägigkeit des Art. 13 Abs. 1 GG angenommen werden kann.

ccc) Rechtfertigung

Wird wie eben geschehen ein Eingriff in ein Grundrecht durch eine hoheitliche Maßnahme festgestellt, stellt sich die Frage, ob und wie ein solcher Eingriff gerechtfertigt werden kann.

(1) Allgemeines zur Rechtfertigung von Grundrechtseingriffen

Der ganz überwiegende Teil der Grundrechte ist unter unterschiedlichen Voraussetzungen einschränkbar, das heißt, ein Eingriff durch etwa eine Behörde kann unter Umständen gerechtfertigt sein.[487]

---

487 Auf den Inhalt der einzelnen Schranken wird hier nicht im Detail eingegangen, findet sich aber ausführlich in *Jarass/Pieroth*, Vorb. vor Art. 1, Rn. 37ff; *Müller-Franken* in

Je nach der Bedeutung und dem Stellenwert des jeweiligen Grundrechts sind die Hürden für die Rechtfertigung eines Eingriffs unterschiedlich hoch angesetzt; welche Schranke bei welchem Grundrecht greift, ergibt sich aus dem Wortlaut des jeweiligen Grundrechts bzw. aus dem Grundgesetz als Ganzes.

Damit wiederum bei der Einschränkung von Grundrechten den Handlungen von Behörden und anderen Trägern hoheitlicher Macht eine Grenze gezogen wird, haben sich diese hoheitlichen Maßnahmen ihrerseits wieder an Einschränkungen zu halten, an die sogenannten „Schranken-Schranken".[488] Neben dem Bestimmtheitsgrundsatz, dem Verhältnismäßigkeitsprinzip, dem Zitiergebot, der Wesensgehaltsgarantie und dem Verbot einschränkender Einzelfallgesetze als generelle Schranken-Schranken des Art. 19 GG sind im Falle eines qualifizierten Gesetzesvorbehalts die jeweiligen speziellen Voraussetzungen an das einschränkende Gesetz als spezifische Einschränkung des eingreifenden Gesetzes ebenso zu beachten.[489]

Insgesamt lässt sich daher sagen, dass sich die sensible Frage nach der Rechtfertigung von Grundrechtseingriffen nicht pauschal beantworten lässt, sondern immer ein genauer Blick auf das betroffene Grundrecht und die spezifischen Voraussetzungen der Schranken und Schranken-Schranken geboten ist.

(2) Die Schranken des Art. 13 Abs. 1 GG

Das Wohnungsgrundrecht des Art. 13 Abs. 1 GG ist geprägt durch eine ausgefeilte und detailliert geregelte Schrankensystematik in den Absätzen 2 bis 5 sowie 7 der Norm.

Hier wird nach der Art des jeweiligen Eingriffs unterschieden und verschiedene Voraussetzungen gefordert, um eine den Art. 13 Abs. 1 GG einschränkende Maßnahme zu rechtfertigen. Die Schrankendogmatik des Art. 13 GG beinhaltet nicht lediglich einen einfachen oder qualifizierten Gesetzesvorbehalt, sodass selbst das Vorhandensein einer einfachgesetzlichen Regelung zur verdeckten Online-Durchsuchung insoweit nicht weiterhelfen würde.[490] Da sich Art. 13 GG in dieser Genauigkeit der Schrankenregelung von den übrigen Grundrechten ab-

---

Hofmann/Hopfauf, Vorb. v. Art. 1, Rn. 38ff.;*Manssen*, S. 43, Rn. 142f.; *Pieroth/Schlink*, S. 56.

488 *Pieroth/Schlink*, S. 67; *Müller-Franken* in Hofmann/Hopfauf, Vor 1, Rn. 42 ff.

489 *Müller-Franken* in Hofmann/Hopfauf, Vor 1, Rn. 42 ff.

490 *Kudlich* HFR 2007, S. 4f.

hebt, wird diese im Folgenden hinsichtlich der verdeckten Online-Durchsuchung gesondert beleuchtet.

Art. 13 Abs. 2 GG formuliert zunächst die Voraussetzungen, die für eine legitime Wohnungsdurchsuchung einzuhalten sind.

Durchsuchung i.S.v. Art. 13 Abs. 2 GG ist das *„ziel- und zweckgerichtete Suchen staatlicher Organe nach Personen und Sachen oder zur Ermittlung eines Sachverhalts, um etwas aufzuspüren, was der Inhaber der Wohnung von sich aus nicht offen legen oder herausgeben will"*.[491]

Nun stellt sich die Frage, ob auch die verdeckte Online-Durchsuchung von der Definition der Durchsuchung nach Art. 13 Abs. 2 GG gedeckt sein könnte.

Bei Entstehung und Inkrafttreten des Grundrechts und damit auch der Schranke Ende der 1940er Jahre hatte der Gesetzgeber sicher nicht die Möglichkeit einer heimlichen Online-Infiltration von Computersystemen bedacht, sondern hatte vielmehr die klassische, offene Durchsuchung eines bestimmten Raumes formulieren wollen.[492] Ein verdeckter, externer Zugriff kann damit zumindest nicht bereits über den Wortlaut der Regelung und den hier formulierten einfachen Durchsuchungsbefehl angenommen werden, stattdessen ist nach Sinn und Zweck der Schrankenregelung zu fragen, und diese womöglich zugunsten der verdeckten Online-Durchsuchung extensiv auszulegen.

Dass dem Grundsatz der Offenheit der Durchsuchung als eine das Wohnungsgrundrecht einschränkende Maßnahme eine große Bedeutung zukommt, zeigt sich an Existenz und Inhalt der dezidierten Regelungen in Art. 13 Abs. 3 – 7 GG: eine derart genaue Schrankensystematik findet sich an keiner anderen Stelle des Grundgesetzes, die darauf gerichtet ist, das Wohnungsgrundrecht als besonders hochrangiges Gut der Verfassung zu schützen. Es wird deutlich, dass die heimliche und technische unterstütze Wohnraumüberwachung von einem Ausgangspunkt außerhalb des Wohnraums wie etwa im Falle einer optischen oder akustischen Wohnraumüberwachung,[493] dem sogenannten Großen Lauschan-

---

491 BVerfGE 28, 285, 287ff.; 47, 31, 37; *Jahn/Kudlich* JR 2007, S. 59.

492 *Jahn/Kudlich* JR 2007, S. 59.

493 Genauer hierzu BVerfGE 109, 279, 307, 314f; der Große Lauschangriff nach Abs. 3 des Wohnungsgrundrechts erlaubt jedoch in optischer Hinsicht nur das Ausspähen von Wohnräumen; die Befugnis zur Erfassung von Videoaufnahmen ergibt sich nur im Falle des Abs. 4 zur Abwehr von Gefahren, vgl. *Hofmann* in Hofmann/Hopfauf, Art. 13, Rn. 26, 33.

griffs[494], gegenüber der offenen Durchsuchung vor Ort die Ausnahme bilden soll.[495] Daher muss geprüft werden, ob die verdeckte Online-Durchsuchung nicht vordergründig einer solchen verdeckten Maßnahme entspricht und somit einer Rechtfertigung zugänglich sein könnte.

Die Maßnahme der akustischen Wohnraumüberwachung, also eines Großen Lauschangriffs, ist geregelt in Art. 13 Abs. 3 GG und bezeichnet den (verdeckten) Einsatz technischer Mittel, also etwa Tonbandgeräte oder Mikrophone, zum Abhören und Aufzeichnen des nichtöffentlich gesprochenen Wortes in und aus einer durch Art. 13 Abs. 1 GG geschützten Räumlichkeit, auch ohne dass ein Ermittler physisch anwesend ist.[496] Die Eingliederung einer solchen Maßnahme in die Schrankensystematik des Wohnungsgrundrechts sei nach der Ansicht des Bundesverfassungsgerichts erforderlich, um in juristischer Hinsicht mit neuen technischen Entwicklungen und Gefahren für die Gewährleistung eines effektiven Grundrechtsschutzes Schritt halten zu können.[497]

Zugleich zeigt sich jedoch an der Existenz und Rechtmäßigkeit von Maßnahmen wie etwa dem Großen Lauschangriff, dass die Regelungen in Art. 13 Abs. 2 bis 5 sowie 7 GG durchaus einer Interpretation und Weiterentwicklung gemäß den neuen technischen Entwicklungen und Möglichkeiten zugänglich sind, soweit der Ausnahmecharakter heimlicher staatlicher Maßnahmen immer Berücksichtigung findet.[498]

Da also schon der Große Lauschangriff eine grundsätzlich über den eigentlichen Wortlaut des Grundrechts hinausgehende Maßnahme darstellt, ist zu klären, ob die verdeckte Online-Durchsuchung ihrem Wesen nach vergleichbar mit dieser Maßnahme und daher ebenfalls von Art. 13 Abs. 3 GG gedeckt ist.

---

494 Der zuletzt in BVerfG, 1 BvR 2378/98 vom 3.3.2004 als zulässig bewertet wurde, http://www.bundesverfassungsgericht.de/entscheidungen/rs20040303_1bvr237898.html ; *Hofmann* in Hofmann/Hopfauf, Art. 13, Rn. 26.

495 *Jahn/Kudlich* JR 2007, S. 59, die hier die technisch unterstützte heimliche Überwachung als Aliud zur Durchsuchung bewerten, nicht lediglich als wesensgleiche, aber intensivere Maßnahme.

496 *Hofmann* in Hofmann/Hopfauf, Art. 13 Rn. 26; *Mozek*, S. 5; *Hartmann/Schmidt*, S. 185.; daneben zu unterscheiden der sogenannte „kleine Lauschangriff", der dazu bestimmt ist festzuhalten, was ein anwesender Beamter bei einer Ermittlung innerhalb einer Wohnung wahrnimmt, Art. 13 Abs. 5 GG, bzw. sich auf die Maßnahme nach § 100 f Abs. 1 StPO bezieht.

497 BVerfGE 109, 279, 309.

498 *Jahn/Kudlich* JR 2007, S. 59; BVerfGE 109, 279, 309.

Zunächst einmal muss festgestellt werden, dass eine unmittelbare Subsumtion schon aus der Formulierung des Art. 13 Abs. 3 GG heraus nicht möglich ist. Hier wird lediglich von einer akustischen Überwachung gesprochen, was bei einer verdeckten Online-Durchsuchung jedoch keineswegs gegeben ist. Insofern kommt ohnehin nur eine analoge Anwendung der Regelung in Betracht, die jedoch einer genausten Überprüfung bedarf.

So stellen zwar beide Maßnahmen verdeckte Zugriffe dar, denen naturgemäß aufgrund mangelnder Möglichkeit zur Kenntnisnahme durch den Betroffenen eine erhebliche höhere Eingriffsintensität zukommt als offenen Maßnahmen.

Dennoch besteht ein maßgeblicher Unterschied in der Zugriffsart sowie Intensität beider Maßnahmen hinsichtlich des Umfangs an Erhebungsmöglichkeiten für die Behörden, woran eine analoge Anwendung des Art. 13 Abs. 3 GG scheitern könnte. Während im Zuge eines Lauschangriffs „nur" das gegenwärtig gesprochene Wort dokumentieren kann und dies damit der Überwachung von Echtzeit-Kommunikation entspricht, greift die verdeckte Online-Durchsuchung erheblich weiter. Nicht nur gegenwärtige Kommunikation via Internet kann im Zuge einer Überwachung stattfinden, vielmehr können gespeicherte Inhalte ausgewertet werden, die beliebig weit in die Vergangenheit reichen können und in Form von Bildern, Textdokumenten und ähnlichem ein wesentlich umfassenderes Gesamtbild schaffen können, als dies ein Lauschangriff ermöglichen kann.[499] Zwar fokussiert sich die verdeckte Online-Durchsuchung auf ein zunächst abgrenzbares informationstechnisches System, während der Lauschangriff auf den gesamten Wohnraum ausgedehnt werden kann.

In diesem Zusammenhang sei zudem erwähnt, dass der Ansicht, die verdeckte Online-Durchsuchung sei die im Vergleich zum Großen Lauschangriff mildere Maßnahme und sei deshalb bereits als zulässig nach Art. 13 Abs. 3 GG zu erachten, nicht gefolgt werden kann.[500] Es wird zum Teil vertreten, dass das bei der akustischen Wohnraumüberwachung unabdingbare vorherige Betreten des Wohnraums zur Installation der Abhörtechnik eine genaue Analyse der Lebensumstände der betroffenen Person erfordere, um den richtigen Zeitpunkt zum Eindringen ermitteln zu können; zudem müsse nach Beendigung der Maßnahme erneut in den Wohnraum eingedrungen werden um die zuvor installierte Technik wieder zu entfernen.[501] Außerdem würden parallel regelmäßig Observationen des betroffenen Wohnraums und der unmittelbaren Umgebung durchgeführt,

---

499 *Hofmann* in Hofmann/Hopfauf, Art. 2 Rn. 30d; *Jahn/Kudlich* JR 2007, S. 59.
500 So aber *Hunsicker* Kriminalistik 2007, S. 188.
501 *Hunsicker* Kriminalistik 2007, S. 188.

sodass es in aller Regel auch zur Betroffenheit unbeteiligter Dritter, insbesondere Besucher der überwachten Person, kommen müsse.[502]

Nach voranstehender Argumentation wird dieser Ansicht hier klar widersprochen: zum einen ist nicht ausgeschlossen, dass auch die verdeckte Online-Durchsuchung einen physischen Zugriff auf ein Endgerät des Nutzers erfordert, der dann auch erwartungsgemäß innerhalb des Wohnbereichs stattfinden müsste. Zum anderen kann die Übermittlung von Screen Shots gänzlich automatisiert ablaufen, also beispielsweise jede Minute eine Kopie des aktuellen Desktops erstellt und an die Behörden übermittelt werden; eine Selektion der betroffenen Daten bereits während der Maßnahme ist damit ausgeschlossen, jeder Bereich des infiltrierten Rechners droht so ohne Unterscheidung nach dem Inhalt ungefiltert weitergeleitet zu werden, was – wie noch zu zeigen sein wird - zu erheblichen Grundrechtseingriffen führen kann. Bei der akustischen Wohnraumüberwachung dagegen besteht die Möglichkeit (und verfassungsrechtliche Notwendigkeit), die Überwachung bzw. Aufzeichnung zu unterbrechen, sobald bestimmte schutzwürdige Inhalte ausgesprochen werden bzw. es höchstwahrscheinlich ist, dass entsprechende Inhalte zeitnah zur Sprache kommen könnten.[503]

Zudem ist davon auszugehen, dass auch jene Daten, die bei der verdeckten Online-Durchsuchung erhoben werden, unbeteiligte Dritte tangieren, so beispielsweise in abgespeicherten E-Mails, Dokumenten und Notizen, Bankunterlagen oder ähnlichem. Darüber hinaus besteht hier die Gefahr, dass überwachte Internetnutzung oder aufgefundene Inhalte auf einer Festplatte einer überwachten Person zugerechnet werden, diese aber im Moment der Überwachung nicht selbst online ist oder kommuniziert oder abgespeicherte Daten von einer ganz anderen Person stammen. Eine solche Verwechslung kann bei einer akustischen Überwachung kaum entstehen.

Zuletzt geht von der via Trojaner implementierten Überwachungssoftware die Gefahr einer kaum kontrollierbaren Streuung auch auf andere Rechner aus und damit eine gegenüber einem Großen Lauschangriff wesentlich potenzierte Gefahr von Grundrechtsverletzungen zahlreicher Betroffener.

Durch den möglichen verdeckten und wiederholbaren Online-Zugriff auf all diese vorgenannten Daten (man denke zudem an ärztliche Bescheinigungen, Kommunikation mit Lebenspartnern etc., die wohl nur in Ausnahmefällen und sodann auch kaum alle zugleich Gegenstand einer wörtlichen Diskussion sein dürften!) kann die verdeckte Online-Durchsuchung nicht in nachvollziehbarer

---

502 *Hunsicker* Kriminalistik 2007, S. 188.
503 BVerfGE 109, 279, 319f.

Weise als weniger eingriffsintensiv eingestuft werden als ein Großer Lauschangriff.

Vielmehr muss gesagt werden, dass die verdeckte Online-Durchsuchung weitaus eingriffsintensiver ist, als es bereits beim Großen Lauschangriff als Ausnahmeregelung der Fall ist.

Unabhängig von der Frage der Intensität ist es jedoch ohnehin durchaus angebracht, die verdeckte Online-Durchsuchung als aliud statt als minus oder maius gegenüber dem Großen Lauschangriff zu betrachten und auch deshalb die analoge Anwendung des Art. 13 Abs. 3 GG abzulehnen. Die vordergründige Ähnlichkeit besteht zugegebenermaßen in ihrer Heimlichkeit und der Zuhilfenahme technischer Mittel zur Datenerhebung innerhalb eines Wohnraums. Die konkrete Ausgestaltung und Durchführung der jeweiligen Maßnahmen sind jedoch dergestalt unterschiedlich und selbst die Zielobjekte (gesprochenes Wort einerseits und elektronische Daten andererseits) in ihrem Wesen nicht vergleichbar, sodass die verdeckte Online-Durchsuchung schlicht eine gänzlich andersartige Maßnahme darstellt als der Große Lauschangriff.

Damit ist klar, dass die verdeckte Online-Durchsuchung sowohl wegen ihrer Eingriffsintensität als auch wegen ihrer Andersartigkeit nicht analog unter die Ermächtigung des Art. 13 Abs. 3 GG subsumiert werden kann.

Die einfachgesetzliche Ausgestaltung der Ermächtigung zum Großen Lauschangriff findet sich im Übrigen in § 100 c StPO, der allerdings im Bereich der verdeckten Online-Durchsuchung wie voranstehend dargestellt nicht als Ermächtigungsgrundlage herangezogen werden kann mangels Einschlägigkeit des Art. 13 Abs. 3 GG.[504]

Art. 13 Abs. 4 GG beinhaltet zwar eine Ermächtigung zur Überwachung von Wohnungen unter Zuhilfenahme beliebiger technischer Mittel, gilt jedoch dem expliziten Wortlaut nach ausschließlich im Bereich der Gefahrenabwehr, also gerade nicht für die hier untersuchten repressiven Maßnahmen.[505] Im Übrigen ist auch hier in erster Linie die optische und akustische Überwachung gemeint, was sich aus der Formulierung „Überwachung von *Wohnungen*" ergibt.[506] Dass die Eröffnung des Art. 13 Abs. 1 GG im Falle einer verdeckten Online-Durchsuchung angenommen wird, darf nicht dahingehend verstanden werden,

---

504 *Hartmann/Schmidt*, S. 170; BVerfG, 1 BvR 2378/98 vom 3.3.2004, Rn. 10, http://www.bundesverfassungsgericht.de/entscheidungen/rs20040303_1bvr237898.html ; daneben zu unterscheiden der Lauschangriff aus § 100 f StPO, der sich nur auf die Überwachung von Kommunikation außerhalb von Wohnungen bezieht.

505 *Hartmann/Schmidt*, S. 185; *Hornung* DuD 2007,S. 578; *Jahn/Kudlich* JR 2007, S. 60.

506 *Jarass/Pieroth*, Art. 13, Rn. 32; *Hofmann* in Hofmann/Hopfauf, Art. 13, Rn. 34.

dass das innerhalb des geschützten Bereichs überwachte Objekt selbst als „Wohnung" betrachtet würde.[507] Während durch Mikrophone oder Kameras die Wohnung als solches und die sich darin aufhaltenden Personen überwacht werden (was sodann auch klar vom Wortlaut des Art. 13 Abs. 4 GG gedeckt ist), bezieht sich die verdeckte Online-Durchsuchung auf die Überwachung des Rechners und gerade nicht der Wohnung![508] Hier ist also eine genaue Berücksichtigung des Wortlauts der Regelung erforderlich, um zu einem angemessenen Ergebnis zu gelangen. Es wäre zuletzt mit der Systematik der übrigen vorhandenden Regelungen des Wohnungsgrundrechts nicht zu vereinbaren, wollte man ausschließlich unter Art. 13 Abs. 4 GG auch den Zugriff über Datennetze erlauben.

Art. 13 Abs. 5 GG beinhaltet ebenfalls die Ermächtigung für eine akustische oder optische Wohnraumüberwachung unter Zuhilfenahme technischer Mittel, allerdings beschränkt sich diese Variante der Wohnraumüberwachung auf den Einsatz dieser Mittel zum Schutze von ermittelnden Beamten.[509] Auch diese Schranke kann also keine mögliche Rechtfertigung für die verdeckte Online-Durchsuchung bieten.

Art. 13 Abs. 6 GG beinhaltet keine eigenständigen Ermächtigungsgrundlagen, sondern beinhalten lediglich Berichtspflichten der Bundesregierung sowie eine Regelung zur Parlamentarischen Kontrolle stattfindender oder abgeschlossener akustischer oder optischer Wohnraumüberwachungen.[510]

Art.13 Abs. 7 GG formuliert eine Ermächtigungsgrundlage, die für übrige, nicht mit den vorstehend genannten Regelungen abgedeckte Eingriffe gilt; zum einen bewegt sich diese Ermächtigung aber wiederum im ausschließlichen Bereich der Gefahrenabwehr und kann daher vorliegend nicht für Strafverfolgungsmaßnahmen herangezogen werden.[511] Zum anderen deckt sie als Auffangregelung nur sonstige eingreifende Maßnahmen ab, die lediglich eine geringfügige Eingriffsintensität aufweisen, was aber bei der verdeckten Online-Durchsuchung als

---

507 Vgl. auch *Hornung* JZ 2007, S. 828ff.

508 Eine denkbare Ausnahme könnte nur dann vorliegen, wenn die Infiltration des Rechners lediglich dazu dienen soll, eine Webcam zur optischen Überwachung zu nutzen. Dann müsste aber gewährleistet sein, dass tatsächlich keinerlei anderer Daten, die sich auf dem System befinden, erhoben werden und dass diese Form der optischen Überwachung diejenige ist, die im Sinne der Verhältnismäßigkeit der Maßnahme eine geringere Eingriffsintensität aufweist als eine klassische Überwachung nach Art. 13 Abs. 4 GG.

509 *Jarass/Pieroth*, Art. 13, Rn. 32; *Hofmann* in Hofmann/Hopfauf, Art. 13, Rn. 34.

510 Näheres dazu bei *Hofmann* in Hofmann/Hopfauf, Art. 13, Rn. 36f.

511 *Hornung* DuD 2007,S. 578; *Jarass/Pieroth*, Art. 13, Rn. 37; *Hofmann* in Hofmann/Hopfauf, Art. 13 Rn. 39ff.

verdeckte Vorgehensweise nicht der Fall ist.[512] Zudem widerspräche es auch hier der Gesetzessystematik, Zugriffe über Datennetze zu gestatten, während es bei den vorstehenden Regelungen abgelehnt worden ist.

Somit greift keine der Regelungen der spezifischen Schrankensystematik des Wohnungsgrundrechts zugunsten der verdeckten Online-Durchsuchung in ihrer direkten Anwendung.[513]

Einen letzten Versuch zur Rechtfertigung des Eingriffs in Art. 13 Abs. 1 GG durch die verdeckte Online-Durchsuchung nimmt Johannes Rux vor, der eine generelle analoge Anwendung der Art. 13 Abs. 2 bis 5 sowie 7 GG vorschlägt.[514] Mit Art. 13 GG habe der historische Gesetzgeber angestrebt, bestimmte intime Bereiche vor staatlichem Zugriff in räumlicher Hinsicht zu schützen; dass zu diesen Bereichen Jahrzehnte später auch informationstechnische Systeme zählen würden, konnte bei Schaffung der Regelung noch nicht bekannt gewesen sein und damit auch nicht berücksichtigt werden.[515] Insofern läge eine Regelungslücke vor, die als Voraussetzung eines Analogieschlusses erforderlich wäre.[516]

Dieser Argumentation widerspricht insbesondere Gerrit Hornung. Es mangele bereits an einer planwidrigen Regelungslücke.[517] So habe zwar der historische Gesetzgeber sicher nicht die Möglichkeit der Datensicherung über IT-Systeme bedacht, jedoch habe schon damals die Option bestanden, Daten und Informationen auf portablen Medien wie einem Tagebuch aus der Wohnung hinaus zu transportieren oder sie extern zu hinterlegen, was mit der heutigen Konstellation durch die flexible Nutzung von Informationstechnik vergleichbar sei.[518] Eine abweichende Bewertung sei daher nicht angebracht und eine Regelungslücke könne nicht festgestellt werden. Sicherlich ist Rux‘ Argument korrekt, bei Schaffung der einzelnen Regelungen von Art. 13 GG habe der jeweilige Gesetzgeber die Bedeutung von Informationstechnik im 21. Jahrhundert genauso wenig erahnen können wie die Zugriffsmöglichkeiten, die sich hierin für Behörden ergeben. Die diesbezügliche Gegenmeinung Hornungs dagegen wird der Bedeu-

---

512 *Jahn/Kudlich* JR 2007, S. 60; Jarass/Pieroth, Art. 13, Rn. 37; *Hofmann* in Hofmann/Hopfauf, Art. 13 Rn. 39ff.

513 *Beulke/Meininghaus* 2008, S. 67.

514 *Rux* JZ 2007, S. 294.

515 *Rux* JZ 2007, S. 294.

516 *Rux* JZ 2007, S. 294; siehe im Detail zu den genauen Voraussetzungen eines Analogieschlusses m.w.N.: *Kühl/Reichold/Ronellenfitsch*, S. 49, Rn. 27f.

517 So auch *Hornung* JZ 2007, S. 829.

518 *Hornung* JZ 2007, S. 829, der für die Möglichkeit der externen Hinterlegung von Informationen etwa einen Banktresor anführt. Dies entspräche der heutigen Nutzung „*externer Speicherkapazitäten*", die Nutzung eines Tagebuchs einem mobilen Endgerät.

tung, die der Netzwerk- und Informationstechnik heutzutage zukommt, nicht gerecht. Sicherlich gab es auch bereits in der Vergangenheit die Möglichkeit, Daten und Informationen außerhalb von Wohnungen zu verwahren bzw. bei Bedarf aus diesem geschützten Bereich zu entfernen. Dies jedoch mit den gegenwärtigen Möglichkeiten der Netzwerktechnik zu vergleichen und daraus die Ablehnung einer Regelungslücke zu schließen, erscheint kaum vertretbar. Während es sich bei Tagebüchern etc. um klar körperlich abgrenzbare greifbare Objekte handelt, sind elektronische Daten und informationstechnische System unverhältnismäßig umfangreicher, gewähren umfassende Einblicke in sämtliche denkbare Lebensbereiche und spielen eine wesentlich größere Rolle im alltäglichen Leben, als es „Datenträger" der Vergangenheit taten. Zudem besteht aufgrund der technischen Eigenart von Netzwerken hier eine Masse an neuartigen heimlichen wie offenen Zugriffsmöglichkeiten der Behörden, die sich stetig weiterentwickelt und eine Vergleichbarkeit von Informationstechnik mit den „technischen" Möglichkeiten der weit vergangenen Jahre ausschließt. Somit kann eine Regelungslücke durchaus angenommen werden.

Doch selbst dies vorausgesetzt, kommt eine analoge Anwendung der Schranken zu Art.13 Abs. 1 GG nicht in Betracht. Wie vorstehend schon hergeleitet, sind die Schrankenregelungen des Art. 13 GG auf sehr spezifische Konstellationen zugeschnitten und damit per se Analogien nur schwer zugänglich. Zudem widerspricht die verdeckte Online-Durchsuchung den einzelnen Schrankenregelungen entweder klar in Wortlaut, Systematik und Telos (so insbesondere betreffend Art. 13 Abs. 2, 4, 5 und 7 GG) oder stellt sich als echtes aliud gegenüber dem Großen Lauschangriff nach Art. 13 Abs. 3 GG dar. Folglich verbleibt keine der Schrankenregelungen als vergleichbare und zur analogen Anwendung heranzuziehende Norm zugunsten einer verdeckten Online-Durchsuchung.

Das bedeutet nun Folgendes:

Wann immer ein informationstechnisches System im Wege einer verdeckten Online-Durchsuchung überwacht wird, das sich innerhalb des räumlichen Schutzbereichs des Art. 13 Abs. 1 GG befindet, kommt es zu einem Eingriff in das Wohnungsgrundrecht, der bei der gegenwärtigen Gesetzeslage nicht gerechtfertigt werden kann - und dies nicht etwa allein aufgrund etwaiger mangelnder einfachgesetzlicher Ermächtigungen in der StPO[519], sondern bereits aufgrund der strengen Schrankenregelung des Grundrechts im Grundgesetz selbst. Wollte man also den Eingriff ins Wohnungsgrundrecht durch eine verdeckte re-

519 Zur Frage, welche Regelungen in der StPO womöglich anderweitige Grundrechtseingriffe rechtfertigen können bzw. ob Ermächtigungsgrundlagen auf die Legitimation einer verdeckten Online-Durchsuchung abzielen, siehe nachfolgend ab S. 180.

pressive Online-Durchsuchung rechtfertigen, bedarf es nicht lediglich einer rechtmäßigen einfachgesetzlichen Ermächtigungsgrundlage; stattdessen ist bzw. wäre die Änderung der Verfassung erforderlich im Bereich der Schrankensystematik des Art. 13 GG.[520]

Ob ein solcher bedeutsamer juristischer Schritt, die Änderung des Grundgesetzes, zugunsten der juristischen Durchsetzbarkeit der verdeckten Online-Durchsuchung sinnvoll oder erforderlich ist, ist äußerst fraglich. Dieser Gedanke wird an anderer Stelle dieses Kapitels nochmals bewertend aufgegriffen werden.[521]

bb) Fernmeldegeheimnis, Art. 10 Abs. 1 GG

Neben dem Wohnungsgrundrecht wird besonders auch das Fernmeldegeheimnis aus Art. 10 Abs. 1 GG in Betracht gezogen, sofern es um die Eröffnung von Schutzbereichen durch eine verdeckte Online-Durchsuchung geht.

aaa) Allgemeines zum Fernmeldegeheimnis

Das Fernmeldegeheimnis umfasst jede Individualkommunikation und die zugehörigen übermittelten (Verbindungs-) Daten und Inhalte, die über drahtlose oder auch drahtgebundene elektromagnetische Wellen stattfindet unabhängig von der Art oder Form der konkreten Übermittlung.[522] Schutzgut des Art.10 Abs. 1 GG ist damit neben dem Briefgeheimnis und dem Postgeheimnis auch die unkörperliche Kommunikation.[523] Art. 10 GG will dabei speziell vor den Gefahren schützen, die die Kommunikationsteilnehmer bei einem laufenden individuellen Kommunikationsprozess während des Austauschs von Informationen treffen, insbesondere vor dem erhöhten Risiko eines staatlichen Zugriffs während des Austauschvorgangs.[524] Schutzgut ist also die „Vertraulichkeit der Nutzung des Kommunikationsmediums“[525], nicht aber das Vertrauen der Kommunikationsbeteiligten unter- bzw. zueinander. Ebenso nicht geschützt sind Übermittlungen an

---

520 *Hornung* JZ 2007, S. 831.

521 Vgl. dazu nachfolgend auf S. 211.

522 *Kramer*, S. 218; *Sodan* in Sodan, Art. 10 Rn. 5.

523 *Weiß*, S. 91.

524 *Sodan* in Sodan, Art. 10 Rn. 1; *Weiß*, S. 92; BVerfGE 120, 274, 335.

525 So *Schenke* in Stern/Becker, Art. 10 Rn. 21.

einen unbestimmten Empfängerkreis, da hier keine Vertraulichkeit des Inhalts gewährleistet werden kann bzw. muss.[526]

Der Schutz des Fernmeldegeheimnisses erstreckt sich dabei auf den vollständigen Übermittlungsprozess, also sowohl das Absenden als auch das Übermitteln des Inhalts.[527]

Da sich einmal abgespeicherte Daten, die ursprünglich Teil eines Telekommunikationsvorgangs waren, nicht mehr von anderen Daten unterscheiden, die auf einem Computersystem gespeichert sind, endet der Grundrechtsschutz durch Art. 10 GG, sobald ein Kommunikationsprozess abgeschlossen ist hinsichtlich des Kommunikationsinhalts, so etwa, wenn eine E-Mail bereits beim Empfänger gespeichert wurde.[528] Sofern die beim Provider gespeicherten Verbindungsdaten einer Telekommunikation betroffen sind, erstreckt sich der Grundrechtsschutz des Art. 10 Abs. 1 GG auch nach Beendigung des Vorgangs aufgrund des unmittelbaren Zusammenhangs der Verbindungsdaten zum stattgefunden Kommunikationsvorgang hierauf; folglich schützt Art. 10 Abs. 1 GG nicht nur die unmittelbar am Telekommunikationsvorgang beteiligten Personen, sondern auch die Dienstanbieter.[529]

bbb) Fernmeldegeheimnis und verdeckte Online-Durchsuchung

Anders als bei der Betrachtung des Art. 13 Abs. 1 GG herrscht jedoch hinsichtlich der Eröffnung des Schutzbereiches des Fernmeldegeheimnisses durch eine verdeckte Online-Durchsuchung größtenteils Einigkeit.

Ob die verdeckte Online-Durchsuchung nun einen Eingriff in das Fernmeldegeheimnis darstellt, bemisst sich nach obigen Ausführungen folglich daran, was genau Objekt der Maßnahme ist. Läge die Überwachung stattfindender Telekommunikation statt, so wäre hierdurch der Anwendungsbereich des Fernmeldegeheimnisses eröffnet und ein Eingriff durch die Überwachung festzustellen. Die verdeckte Online-Durchsuchung als Maßnahme sowie der hiermit einhergehende Datenaustausch selbst stellen jedoch keinen Kommunikationsvorgang dar.[530] Daher verbleibt hinsichtlich der verdeckten Online-Durchsuchung hier

526 BVerfGE 120, 274, 307; *Weiß*, S. 92.

527 *Weiß*, S. 96.

528 *Kramer*, S.219; BVerfG NJW 2006, S. 976, 978; *Weiß*, S. 89, 93.

529 *Sodan* in Sodan, Art.10 Rn. 7; *Benfer/Bialon*, S. 340; *Gaede* StV 2009, S. 98.

530 BGH StV 2007, S. 60, 62; *Beulke/Meininghaus* 2008, S. 66; *Weiß*, S. 99ff., der hier ausführt, dass für einen Kommunikationsvorgang Wissen und Wollen bezüglich der

lediglich jene Konstellation als Fall des Art. 10 Abs. 1 GG, in der das überwachte Endgerät zum einen als Zwischenspeicher für etwa einen laufenden E-Mail-Kommunikationsvorgang durch einen Dienstanbieter fungiert; wie oben ausgeführt sind auch zwischengespeicherte Inhalte als Teil eines Kommunikationsprozesses zu bewerten, was also den Schutzbereich des Fernmeldegeheimnisses eröffnen würde.[531] Zum anderen kommt ein Eingriff in Art. 10 Abs. 1 GG insbesondere dann in Betracht, wenn eine Quellen-TKÜ als Unterfall der verdeckten Online-Durchsuchung durchgeführt wird, die wie bereits dargestellt, die Erhebung von kommunikationsbezogenen Daten zum Gegenstand hat.

Da die vollumfängliche verdeckte Online-Durchsuchung aber in erster Linie auf die Einsichtnahme von solchen Informationen abzielt, die bereits als endgültig gespeicherte Daten auf einem informationstechnischen System hinterlegt sind, also vordergründig etwa E-Mails, oder im Rahmen eines Anmeldeprozesses durch den Verwender als Pin oder TAN eingegeben werden, dürfte hier regelmäßig kein Telekommunikationsvorgang betroffen sein.[532]

Folglich kann außer in Fällen einer gezielten Quellen-TKÜ nicht von der Eröffnung des Schutzbereiches des Art. 10 Abs. 1 GG ausgegangen werden, soweit eine auf Festplatteninhalte und ähnliche Speichermedien gerichtete verdeckte Online-Durchsuchung in Frage steht.

ccc) Rechtfertigung

Obwohl in der Regel von der Eröffnung des Schutzbereichs des Fernmeldegeheimnisses nicht auszugehen ist, stellt sich auch hier die Frage, ob und wie ein Eingriff gerechtfertigt werden kann, zu dem es kommt, wenn die verdeckte Online-Durchsuchung Daten fördert, die ausnahmsweise doch Teil eines laufenden Telekommunikationsvorgangs und damit vom Fernmeldegeheimnis geschützt sind.

Kommunikation seitens beider Beteiligter vorliegen müsse. Dies sei jedoch bei der verdeckten Überwachung auf Seiten des Betroffenen gerade nicht der Fall, sodass auch trotz stattfindender Datenübertragung nicht von einem Telekommunikationsvorgang gesprochen werden kann.

531 *Weiß*, S. 103; BVerfG NJW 2006, S. 976, 978; *Gaede* StV 2009, S. 97, der hier insbesondere auf E-Mails eingeht, die beim Provider zwischen- oder endgültig gespeichert sind.

532 *Hornung* DuD 2007,S. 578; *Kudlich* HRF 2007, S. 7; *Weiß*, S. 103f.

Die Schrankenregelung findet sich hierzu in Art. 10 Abs. 2 Satz 1 GG. Demnach steht das Fernmeldegeheimnis unter einem einfachen Gesetzesvorbehalt.[533] Dies bedeutet also, dass eine einfachgesetzliche Regelung, beispielsweise in der StPO, als Ermächtigungsgrundlage für hoheitliches Handeln und damit als ein Rechtfertigungsgrund für einen Eingriff in das betroffene Grundrecht herangezogen werden kann.[534] Hat der Gesetzgeber eine Regelung getroffen, die eine Behörde zu einer Maßnahme ermächtigt, die den Eingriff in Art. 10 Abs. 1 GG rechtfertigt, dann muss der betroffene Bürger die Maßnahme dulden.

Die Analyse der StPO hinsichtlich eines entsprechenden Gesetzes folgt ab S. 153.

cc) Recht auf Gewährleistung der Vertraulichkeit und Integrität informationstechnischer Systeme bzw. Recht auf informationelle Selbstbestimmung, Art. 2 Abs. 1 i.V.m. Art. 1 Abs. 1 GG

Bedenkt man, dass selbst diejenigen, die die Betroffenheit des Art. 13 Abs. 1 GG im Falle einer verdeckten Online-Durchsuchung grundsätzlich annehmen, dort die Anwendbarkeit des Wohnungsgrundrechts ablehnen müssen, wo die Überwachung eines Endgeräts stattfindet, das außerhalb einer Wohnung genutzt wird,[535] so wird deutlich, dass dem Recht auf informationelle Selbstbestimmung und daneben dem (neuen) Recht auf Gewährleistung der Vertraulichkeit und Integrität informationstechnischer Systeme im Bereich der verdeckten Online-Durchsuchung besondere Aufmerksamkeit geschenkt werden sollte.[536]

aaa) Allgemeines zum Recht auf informationelle Selbstbestimmung

Das Recht auf informationelle Selbstbestimmung ist eine Ausprägung bzw. Weiterentwicklung des allgemeinen Persönlichkeitsrechts aus Art. 2 Abs. 1 i.V.m. Art. 1 Abs. 1 GG.[537] Gehalt des allgemeinen Persönlichkeitsrechts ist vordergründig das Recht des Einzelnen „in Ruhe gelassen zu werden".[538] Dies umfasst

---

533 *Pieroth/Schlink*, S. 207; *Hofmann* in Hofmann/Hopfauf, Art. 10, Rn. 22.

534 *Pieroth/Schlink*, S. 207; *Hofmann* in Hofmann/Hopfauf, Art. 10, Rn. 22.

535 Vgl. Ausführungen auf S. 135ff.

536 *Weiß*, S. 132.

537 *Spannbrucker*, S. 157; *Sodan* in Sodan, Art. 2 Rn. 6; *Jarass/Pieroth*, Art. 2 Rn. 37.

538 *Sodan* in Sodan, Art. 2 Rn. 5.

in datenrechtlicher Hinsicht in Form des Rechts auf informationelle Selbstbestimmung das Recht darauf, selbst zu entscheiden, welche personenbezogenen Informationen man von sich preisgeben und verwenden möchte; insofern kommt es für die Annahme eines Eingriffs zunächst auch nicht darauf an, aus welcher Sphäre die betroffenen Inhalte stammen.[539]

Personenbezogene Daten sind nach Auslegung des Bundesverfassungsgerichts angelehnt an § 3 Abs. 1 BDSG „Einzelangaben über persönliche oder sachliche Verhältnisse einer bestimmten oder bestimmbaren natürlichen Person".[540] Informationen aus diesem Bereich sind besonders sensibel, da durch die Summe der Einzelangaben durchaus ein geschlossenes Bild über Persönlichkeit, Gewohnheiten und Lebensumstände des Betroffenen gewonnen werden kann.[541]

Auch hat das Bundesverfassungsgericht aus dieser Überlegung heraus entschieden, dass es keinerlei „belangloses Datum" mehr gibt, was bedeutet, dass letztlich die Erhebung nahezu jeglicher Daten, gleich welchen Inhalts und gleich zu welcher Art der Weiterverwendung gedacht, zur Betroffenheit des Rechts auf informationelle Selbstbestimmung führt.[542]

Dennoch kann für die Frage der Eingriffsintensität einer Maßnahme von Bedeutung sein, in welchem Maße ein Personenbezug durch den Inhalt der betroffenen Daten ermöglicht wird, wie aufschlussreich die einzelne betroffene Information ist und welcher „Verwendungszusammenhang" zwischen der Erhebung und dem Datum besteht.[543]

Das Recht auf informationelle Selbstbestimmung schützt dabei vordergründig vor einzelnen, punktuellen Datenerhebungen mit personenbezogenem Inhalt und der sich der Datengewinnung anschließenden Interpretationsmöglichkeiten; nicht allerdings die Integrität informationstechnischer Systeme als solcher.[544] Dies ist mit der nahen Verknüpfung des Rechts auf informationelle Selbstbestimmung zum allgemeinen Persönlichkeitsrecht zu erklären, welches seinerseits die „Person" und ihre „Persönlichkeit" als Schutzgut in den Mittelpunkt stellt

---

539 BVerfGE 65, 1, 42f. zur informationellen Selbstbestimmung; Die Unterscheidung nach Sphären (Öffentlichkeits-, Privat-, Intimsphäre) spielt eine Rolle bei der Einschränkbarkeit des Grundfalls des allgemeinen Persönlichkeitsrechts, was an dieser Stelle jedoch nicht weiter zu beleuchten ist; *Sodan* in Sodan, Art. 2 Rn. 17; *Jarass/Pieroth*, Art. 2 Rn. 44.

540 BVerfGE 65, 1, 42; *Weiß*, S. 139.

541 BVerfGE 65, 1, 45.

542 BVerfGE 65, 1, 45.

543 *Weiß*, S. 146 m.w.N.; BVerfGE 65, 1, 45.

544 *Weiß*, S. 149; *Pieroth/Schlink*, S. 93.

und in datenrechtlicher Hinsicht zum Recht auf informationelle Selbstbestimmung weiterentwickelt wurde.

Somit wird also der Bürger durch das Recht auf informationelle Selbstbestimmung in informations- und datenschutzrechtlicher Hinsicht vor einzelnen staatlichen Maßnahmen geschützt.[545]

Das Recht auf informationelle Selbstbestimmung als Konkretisierung des Art. 2 Abs. 1 i.V.m. Art. 1 Abs.1 GG tritt jedoch dann zurück, wenn speziellere Grundrechte einschlägig sind.[546] Soweit daher laufende Kommunikationsvorgänge betroffen sind, ist jedenfalls Art. 10 Abs. 1 GG lex specialis, sodass das Recht auf informationelle Selbstbestimmung erst dann eingreifen kann, wenn die Telekommunikation abgeschlossen und Daten endgültig gespeichert auf einem Speichersystem „angekommen" sind.[547]

bbb) Recht auf informationelle Selbstbestimmung und verdeckte Online-Durchsuchung

Diese Abgrenzung zum Fernmeldegeheimnis ist hinsichtlich der verdeckten Online-Durchsuchung durchaus entscheidend. Im Bereich der verdeckten Online-Durchsuchung nämlich ist die Erhebung, Verwendung oder Weitergabe dieser endgültig gespeicherten personenbezogenen Daten durchaus angestrebt, erhofft man sich doch neben der Überwachung laufender Kommunikationsprozesse auch gerade hierin die Gewinnung weiterführender Informationen über Personen oder Sachverhalte. Aus gespeicherten E-Mails oder Fotografien lassen sich mitunter veritable Aussagen über persönliche Umstände wie Gewohnheiten, finanzielle Situation, Gesundheitszustand oder Freundeskreise und soziale Kontakte gewinnen.

Zudem ist die Durchsuchung abgespeicherter Informationen gegenüber der Kommunikationsüberwachung insofern sicherer und erfolgsversprechender, als das es hier nicht auf die Überwachung und das Einhacken in das Zielsystem „zur richtigen Zeit" ankommt; soll ein spezifischer Kommunikationsvorgang überwacht werden, ist erforderlich, dass die Überwachungssoftware in genau jenem Moment der stattfindenden Kommunikation auf dem zu überwachenden System aufgespielt ist und funktioniert.

545 *Pieroth/Schlink*, S. 93.

546 *Weiß*, S. 144; *Jarass/Pieroth*, Art. 10, Rn. 2, Art. 1, Rn. 2.

547 BVerfGE 110, 33, 53; *Gercke* CR 2007, S. 251.

Die Erhebung endgültig gespeicherten Informationen dagegen ist nicht abhängig vom richtigen „Timing" von Überwachungssoftware und den betroffenen Kommunikationsteilnehmern, da die Daten ohnehin dauerhaft im überwachten System hinterlegt sind.

Neben der eigentlichen Erhebung und Gewinnung der Daten bildet auch die weitere Verwertung im Rahmen der verdeckten Online-Durchsuchung in Form von beispielsweise Auswertung oder Speichern zu weiteren Eingriffen in das Recht auf informationelle Selbstbestimmung.[548]

Folglich ist bei Vorliegen einer verdeckten Online-Durchsuchung je nach Zielrichtung der Maßnahme das Recht auf informationelle Selbstbestimmung aus Art. 2 Abs. 1 GG i.V.m. Art. 1 Abs. 1 GG sogar mehrfach und erheblich betroffen und beeinträchtigt.[549] Es sei jedoch hier bereits explizit darauf hingewiesen, dass sich die Schutzrichtung spezifisch auf die Daten und den hierin erfasste Inhalt bezieht. Nicht geschützt ist hier das angegriffene informationstechnische System als solches.

Berücksichtigt man nun die Tatsache, dass der Einsatz von informationstechnischen Systemen auch im privaten Bereich stetig steigt, die Nutzung sozialer Netzwerke und anderer Dienstleistungen wie Online-Banking über das Internet kaum mehr aus dem alltäglichen Leben hinweg zu denken sind,[550] und damit auch die Auffindbarkeit und Rückverfolgbarkeit von personenbezogenen Daten erhöht wird, so wird deutlich, dass die Schutzwürdigkeit der betroffenen Nutzer und jener Informationen über sie und ihre Kommunikationspartner in gleichem Maße steigt.[551] Nicht nur die einzelnen Daten kommen als schutzwürdiges Rechtsgut des Bürgers in Betracht, sondern ebenso das informationstechnische System als Gesamtobjekt. Da dieses wie dargestellt jedoch gerade nicht vom Recht auf informationelle Selbstbestimmung gedeckt wird, bestand insofern bis zum Februar 2008 eine Regelungslücke.

---

548 BVerfGE 65, 1, 43; 67, 100, 143; 103 21, 33; BGH MMR 2007, S. 237, 238.

549 *Weiß*, S. 148; *Hofmann* NStZ 2005, S. 121; *Eifert* NVwZ 2008, S. 521; *Graf* DRiZ 1999, S. 285; *Gercke* CR 2007, S. 251; *Schaar/Landwehr* K&R 2007, S. 204; *Tinnefeld* MMR 2007, S. 137f.

550 *Hoffmann-Riem* JZ 2008, S. 1011; vgl. auf S. 69ff.

551 *Weiß*, S. 148f.

ccc) Allgemeines zum Grundrecht auf Gewährleistung der Vertraulichkeit und Integrität informationstechnischer Systeme (IT-Grundrecht)

Trotz der Weiterentwicklung des allgemeinen Persönlichkeitsrechts zur Ausprägung des Rechts auf informationelle Selbstbestimmung fand sich also im Bereich von Ermittlungsmaßnahmen im Internet und hier speziell bei der Datengewinnung infolge einer verdeckten Online-Durchsuchung eine entscheidende Lücke:

Die verdeckte Online-Durchsuchung kann zwar auch auf die Gewinnung einzelner spezifischer personenbezogener Daten abzielen bzw. bringt deren Erhebung quasi aus der Natur der Maßnahme heraus mit sich; in erster Linie jedoch bezweckt sie die Infiltration des gesamten informationstechnischen Systems als solches, was in dieser Form gerade nicht mehr vom Recht auf informationelle Selbstbestimmung und dessen starker personenbezogener Schutzfunktion umfasst ist.[552] Die verdeckte Online-Durchsuchung charakterisiert sich daher nicht vordergründig durch einen primär personenbezogenen Fokus, sondern bildet im Kern die behördliche Vereinnahmung eines informationstechnischen Systems, aus dem sich dann Rückschlüsse zu einem personenbezogenen Gesamtbild ergeben können. Durch den insofern mangelnden gesetzlichen Schutz bestand ein Ungleichgewicht zugunsten der Behörden, die zwar ihrerseits ein Instrumentarium (zumindest theoretisch) zur Verfügung hatten, um informationstechnische Systeme anzuzapfen, dem Betroffenen aber seinerseits kein spezifisches, hierauf gemünztes Grundrecht als Schutz vor staatlichen Zugriffen zustand.[553]

Das „IT-Grundrecht", das das BVerfG in seinem Urteil vom 27.02.2008 erstmals als Grundrecht auf Gewährleistung der Vertraulichkeit und Integrität informationstechnischer Systeme explizit benannte,[554] schützt persönliche Daten, die in informationstechnischen Systemen gespeichert sind oder verarbeitet werden und deren Einsichtnahme dazu führen würde, eine relativ genaue Vorstellung vom Persönlichkeitsbild des Betroffenen zu erhalten.[555] Wie das Recht auf

---

552 *Hoffmann-Riem* JZ 2008, S. 1016; erst die sich an die Infiltration anschließende Datenauswertung fällt dann wieder unter das Recht auf informationelle Selbstbestimmung. Vgl. vorstehend S. 108 zur Terminologie und S. 120 zur Technik der Online-Durchsuchung.

553 *Denkowski* Kriminalistik 2007, S. 179, der hier von einem Verschieben der Waffengleichheit zwischen Staat und Bürger spricht.

554 BVerfGE 120, 274, 302.

555 *Hofmann* in Hofmann/Hopfauf, Art. 2 Rn. 30d; *Kutscha* NJW 2008, S. 1043; detailliert bei *Hipp* 2008, S. 2, 3; *Poscher* JZ 2009, S. 270; das „neue" Grundrecht begrüßend:

informationelle Selbstbestimmung wurde es vom BVerfG aus dem allgemeinen Persönlichkeitsrecht entwickelt.[556] Intention des BVerfG war es, die drohende Lücke im Grundrechtsschutz zu schließen, die für solche Daten besteht, die nach Abschluss eines Kommunikationsprozesses nicht mehr von Art. 10 Abs. 1 GG gedeckt sind und mangels einzelner punktueller Datenerhebung auch nicht oder nicht ausreichend dem Recht auf informationelle Selbstbestimmung unterliegen.[557]

Hier geht es dem Bundesverfassungsgericht also explizit um den Schutz vor heimlicher Infiltration von Computersystemen, die die Möglichkeit zur vollständigen Erstellung eines Persönlichkeitsprofils des Nutzers zur Folge hätte.[558]

Damit hat das Bundesverfassungsgericht eine maßgebliche und richtungsweisende Aussage getroffen, an der sich zukünftig die entsprechenden Maßnahmen der Behörden messen lassen müssen: auch bei der Nutzung von Computersystemen steht dem Bürger und Nutzer ein Bereich zu, innerhalb dessen er sich frei von staatlicher Kontrolle wähnen darf.[559]

Das Verhältnis des Rechts auf Gewährleistung der Vertraulichkeit und Integrität informationstechnischer Systeme kommt, wie es sich aus der Weiterentwicklung aus Art. 2 Abs. 1 GG infolge der aufgefundenen Lücke im Grundrechtsschutz ergibt, dann zugunsten des Grundrechtsberechtigten zum Zuge, wenn die Schutzbereiche anderer Grundrechte, insbesondere jener des Rechts auf informationelle Selbstbestimmung, nicht weit genug reichen.[560] Daraus folgt, dass dem IT-Grundrecht eine subsidiäre, ergänzende Rolle im Grundrechtsschutz zukommt.[561]

Hömig Jura 2009, S. 213; siehe auch sehr kritisch und ausführlich zum IT-Grundrecht: *Eifert* NVwZ 2008, S. 521ff.

556 *Jarass/Pieroth*, Art. 2 Rn. 39; *Gudermann*, S. 99.

557 *Horn* in Stern/Becker, Art. 2 Rn. 51; *Herrmann*, S. 110.

558 So etwa im Falle von Google Analytics, vgl. *Härting* NJW 2007, S. 1; *Pieroth/Schlink*, S. 93.

559 *Hofmann* in Hofmann/Hopfauf, Art. 2 Rn. 30e.

560 Vgl. BVerfGE 120, 274, 313: „Soweit kein hinreichender Schutz [...] besteht"; *Jarass/Pieroth*, Art. 2, Rn. 37; *Hofmann* in Hofmann/Hopfauf, Art. 2, Rn. 30d.

561 *Hinz* Jura 2009 S. 144; *Eifert* NVwZ 2008, S. 522 will hier das IT-Grundrecht nicht als parallele, wenngleich subsidiäre Ausprägung des Rechts auf informationelle Selbstbestimmung bewerten wie es vom BVerfGE 120, 274, 313f. angedacht wird, sondern als Unterfall. Um sich hier jedoch nicht im letzten Detail zu verlieren, wird hier der Ansicht gefolgt, das neue IT-Grundrecht nimmt eine subsidiäre Rolle gegenüber übrigen Persönlichkeitsrechten ein.

ddd) IT-Grundrecht und verdeckte Online-Durchsuchung

Ließe man diese Definition und diesen Schutzzweck der verfassungsgerichtlichen Weiterentwicklung des Art. 2 Abs. 1 GG so stehen, würde zwangsläufig jede verdeckte Online-Durchsuchung zu einem Eingriff in das Grundrecht führen. Um daher eine dem Schutzzweck des Art. 2 Abs. 1 GG i.V.m. Art 1 Abs. 1 GG angemessene Begrenzung des Grundrechtsschutzes durch das neue IT-Grundrecht zu erreichen, sind zwei Voraussetzungen für die Eröffnung des Schutzbereiches erforderlich.[562]

Zum einen darf es sich bei dem infiltrierten System nicht um ein solches handeln, das allgemein zugänglich ist.[563] Dieser Voraussetzung für die Eröffnung des Schutzbereiches liegt der Gedanke zugrunde, dass nur dort schutzwürdige Informationen über die Persönlichkeit und die Lebensgestaltung der überwachten Person gespeichert sind, wo der Betroffene alleinigen bzw. in kontrolliertem Maße mit anderen ihm bekannten Personen Zugang hat.[564] Nicht durch eine Online-Überwachung tangiert wäre das IT-Grundrecht daher bei einer Überwachung in Internet-Cafes oder etwa an allgemein zugänglichen Computern in einer Bibliothek.

Zum anderen muss der durch die Infiltration gewonnene Eindruck über die betroffene Person einen relativ geschlossenen Eindruck über wesentliche Aspekte der Persönlichkeit und des Lebens des Betroffenen ermöglichen; wird lediglich ausschnittsweise ein Einblick in einen spezifischen Bereich desjenigen ermöglicht, mangelt es am für Art. 2 Abs. 1 GG i.V.m. Art. 1 Abs. 1 GG erforderlichen dezidierten Persönlichkeitsbezug der Maßnahme.[565]

Liegen diese Voraussetzungen vor, so ist durch eine Online-Überwachung das Grundrecht auf Gewährleistung der Vertraulichkeit und Integrität informationstechnischer Systeme tangiert, dessen spezielle Schutzwirkung die Grundrechtssystematik dort ergänzt, wo der Schutz aus dem Recht auf informationelle Selbstbestimmung und anderer Grundrechte keine ausreichenden Sicherheiten gewährleisten.[566]

---

562 *Weiß*, S. 150.

563 BVerfGE 120, 274, 313f.

564 BVerfGE 120, 274, 313f.; *Weiß*, S:. 150.

565 BVerfGE 120, 274, 312ff.;*Weiß*, S. 150.

566 BVerfGE 110, 33, 53; *Gercke* CR 2007, S. 251; *Hofmann* in Hofmann/Hopfauf, Art. 2 Rn. 30d.

eee) Rechtfertigung

Auch die Eingriffe durch eine verdeckte Online-Durchsuchung in Art. 2 Abs. 1 i.V.m. Art. 1 Abs. 1 GG in der Ausprägung des Rechts auf informationelle Selbstbestimmung und des IT-Grundrechts könnten möglicherweise einer Rechtfertigung zugänglich sein.

Da sich beide Grundrechte als Weiterentwicklung des Persönlichkeitsrechts ergeben haben und hierin insofern eine originäre Ähnlichkeit in ihrer grundlegenden Schutzrichtung haben, soll an dieser Stelle eine gemeinsame Prüfung der möglichen Rechtfertigung im Falle einer Grundrechtsverletzung durch eine verdeckte Online-Durchsuchung erfolgen.

Eingriffe in das Recht auf informationelle Selbstbestimmung können gerechtfertigt werden unter den Voraussetzungen, die auch für das Allgemeine Persönlichkeitsrecht gelten, folglich sind die Schranken aus Art. 2 Abs. 1 GG heranzuziehen.[567] Die Schrankenregelung des Art. 2 Abs. 1 GG wird aufgrund des Wortlauts („die Rechte anderer", „die verfassungsmäßige Ordnung", „das Sittengesetz") als Schrankentrias bezeichnet.[568] Von besonderer Bedeutung ist hierbei regelmäßig die verfassungsmäßige Ordnung, die einen einfachen Gesetzesvorbehalt formuliert.[569]

Daneben müssen Eingriffe insbesondere auch in das Recht auf informationelle Selbstbestimmung dem Grundsatz der Verhältnismäßigkeit entsprechen; dies ist der Fall, wenn ein Eingriff „zum Schutz öffentlicher Interessen unerlässlich" ist und die Mittel, mit denen ein legitimer Zweck verfolgt wird, geeignet, erforderlich und angemessen sind.[570]

Das IT-Grundrecht ist ebenfalls grundsätzlich einschränkbar.[571] Das Bundesverfassungsgericht fordert insofern eine „verfassungsmäßige gesetzliche Grundlage", wobei Eingriffe nach der Grundsatzentscheidung vom 27. Februar 2008 sowohl hinsichtlich präventiver als auch repressiver Zwecke gerechtfertigt sein können, sofern eine richterliche Anordnung vorliegt.[572] Letztlich gilt auch hier,

---

567 *Jarass/Pieroth*, Art.2, Rn. 58; BVerfGE 35, 1, 44; 67, 100, 143; 103, 21, 33.

568 *Müller-Franken* in Hofmann/Hopfauf, Vor 1, Rn. 39; *Hofmann* in Hofmann/Hopfauf, Art. 2, Rn. 7 sehr genau zum Schrankentrias.

569 *Jarass/Pieroth*, Art. 2, Rn. 58; BVerfGE 35, 1, 44; 67, 100, 143; 103, 21, 33.

570 BVerfGE 35, 1, 44; 67, 100, 143; 103, 21, 33; 115, 320, 345; *Jarass/Pieroth*, Art. 2, Rn. 60.

571 BVerfGE 120, 274, 315f.

572 BVerfGE 120, 274, 315f.; *Hofmann* in Hofmann/Hopfauf, Art. 2 Rn. 30d. *Hilger* JR 1990, S. 485. Der Richtervorbehalt soll dazu dienen, die Rechte der Adressaten behörd-

ohne dass es das Bundesverfassungsgericht expressis verbis benennt, die Schrankensystematik des Art. 2 Abs. 1 GG, wie er vorstehend kurz dargestellt wurde. Damit greift also letzten Endes auch hinsichtlich des IT-Grundrechts ein Gesetzesvorbehalt, etwaige Eingriffe in dieses Grundrecht müssen also zum einen auf einer gesetzlichen Grundlage beruhen, um gerechtfertigt zu sein.[573] Dann gilt zum anderen aber auch hinsichtlich der Eingriffe in das IT-Grundrecht das Erfordernis, Eingriffe einer Verhältnismäßigkeitsprüfung zu unterziehen, was hinsichtlich der (allein bis hier) festgestellten Eingriffsintensität eine durchaus erhebliche Legitimationsschwelle darstellen dürfte.[574]

Die Suche nach einer entsprechenden Regelung in der Strafprozessordnung oder anderen Gesetzestexten schließt sich an ab S. 180.

dd) Gebot effektiven Rechtsschutzes

Neben den genannten Grundrechten kommt zudem die Schutzposition aus Art. 19 Abs. 4 GG als relevantes Rechtsgut in Betracht.

aaa) Allgemeines zum Gebot effektiven Rechtsschutzes

Als prozessuales Grundrecht garantiert es dem einzelnen Grundrechtsberechtigten die Eröffnung des Rechtswegs im Falle der Rechtsverletzung durch die öffentliche Gewalt.[575] Wesen dieser Garantie der Eröffnung des Rechtswegs aus Art. 19 Abs. 4 GG ist die Verbürgung, dem Einzelnen eine „möglichst wirksame gerichtliche Kontrolle in allen ihm von der Prozessordnung zur Verfügung gestellten Instanzen“[576] zu eröffnen.

---

licher Maßnahmen zu bewahren, indem eine vorbeugende effektive Kontrolle durch eine neutrale Instanz gewährleistet wird; die Neutralität des Richters wird aus Art. 97 GG abgeleitet, demnach Richter unabhängig und nur dem Gesetz unterworfen sind. Letztlich ist der Richtervorbehalt folglich als Ausfluss und Verkörperung des Verhältnismäßigkeitsprinzips zu bewerten. BVerfGE 20, 162, 223; 51, 97, 114; 77, 1, 51; 103, 142, 151, 156; 107, 293, 325.

573 *Wegener/Muth* Jura 2010, S. 851; *Hofmann* in Hofmann/Hopfauf, Art. 2 Rn. 30d; *Hoffmann-Riem* JZ 2008, S. 1020.

574 *Hoffman-Riem* JZ 2008, S. 1019f.

575 *Antoni* in Hömig, Art. 19 Rn. 12; *Hofmann* in Hofmann/Hopfauf, Art. 19 Rn. 3; *Weiß*, S, 157.

576 BVerfGE 35, 263, 274; 40, 272, 275.

Daneben setzt Art. 19 Abs. 4 GG als Verfahrensgrundrecht die subjektiven Rechte des Grundgesetzes voraus und gewährleistet deren Durchsetzbarkeit und Durchsetzung vor Gericht.[577]

Ebenfalls verkörpert Art. 19 Abs. 4 GG die institutionelle Garantie, den verbürgten Rechtsschutz durch eine funktionierende Gerichtsbarkeit zu erfüllen.[578]

bbb) Gebot effektiven Rechtsschutzes und verdeckte Online-Durchsuchung

Die Garantie aus Art. 19 Abs. 4 GG kann dem Betroffenen einer Maßnahme der öffentlichen Gewalt nur zugutekommen, wenn er von deren Durchführung Kenntnis erlangt und er die Möglichkeit der Geltendmachung seiner subjektiven Rechte vor Gericht erkennt.[579]

Die verdeckte Online-Durchsuchung ist geprägt dadurch, dass sie ohne Kenntnis der überwachten Person abläuft, der Betroffene also mitunter keinerlei Möglichkeit hat, die Verletzung subjektiver Rechte zu bemerken. Sofern die Durchsuchung ergebnislos bleibt und die Ermittlungsbehörden sich nicht veranlasst sehen, im weiteren Verlauf eines Verfahrens den Betroffenen mit aufgefundenem Material zu konfrontieren, besteht mit hoher Wahrscheinlichkeit die Gefahr, dass eine Online-Überwachung stattfindet und der Betroffene auch im Nachhinein nichts davon erfährt.[580] Hier besteht zudem die realistische Möglichkeit, dass Daten mit Kernbereichsbezug tangiert oder sogar erhoben und erfasst werden, womit eine irreparable Schädigung einherginge.[581] Da auch andere subjektive Rechte im Falle der verdeckten Online-Durchsuchung wie vorstehend dargestellt mit sehr hoher Wahrscheinlichkeit verletzt werden, besteht mangels Reaktionsmöglichkeit des Betroffenen zugleich eine Verletzung des Art. 19 Abs. 4 GG.[582]

---

577 *Weiß*, S. 157; *Hofmann* in Hofmann/Hopfauf, Art. 19 Rn. 29.

578 *Hofmann* in Hofmann/Hopfauf, Art. 19, Rn. 31ff.

579 *Jarass/Pieroth*, Art. 19, Rn. 50; *Hartmann/Schmidt*, S. 170; *Weiß*, S. 158.

580 *Weiß*, S. 160; sicherlich spricht in diesem Fall grundsätzlich nichts dagegen, den Betroffenen über die Maßnahme in Kenntnis zu setzen mangels Verdunkelungsgefahr; aber es dürfte fraglich sein, ob eine Behörde sich der Unannehmlichkeit aussetzt, etwaige Grundrechtsverletzungen infolge einer Maßnahme zuzugeben, die keinen Erfolg gebracht hat oder ob nicht vielmehr die Durchführung der Maßnahme sodann eher gänzlich verschwiegen wird, da sie für einen möglichen Prozess ohnehin keinen Mehrwert bietet.

581 BVerfGE 35, 263, 274.

582 *Weiß*, S. 160.

Wird dem Überwachten die Information über die Durchführung der verdeckten Online-Durchsuchung allerdings unmittelbar im Anschluss an die Maßnahme erteilt, so hat der Betroffene die Möglichkeit, die Maßnahme durch ein Gericht überprüfen zu lassen, sodass eine Verletzung des Art. 19 Abs. 4 GG ausscheidet.[583] Diese Konstellation dürfte jedoch eher die Ausnahme bilden, liefen die Behörden doch Gefahr, durch Benachrichtigung den Betroffenen zur Verschleierung von Informationen etwa durch Veränderung oder Löschung des aufgefundenen Materials beizutragen.[584]

Folglich wird die Maßnahme einer verdeckten Online-Durchsuchung auch regelmäßig einen Eingriff in Art. 19 Abs. 4 GG begründen.

ccc) Rechtfertigung

Fraglich ist nun, ob das prozessuale Grundrecht aus Art. 19 Abs. 4 GG auch einer Schranke unterliegt bzw. wie der regelmäßig vorliegende Eingriff durch die verdeckte Online-Durchsuchung gerechtfertigt werden kann.

Zunächst formuliert das Grundgesetz selbst einige Einschränkungsmöglichkeiten dieses Gebots des effektiven Rechtsschutzes: nach Art. 19 Abs. 4 Satz 3 GG bleibt die Regelung des Art. 10 Abs. 2 Satz 2 GG unberührt, wonach auf Grund eines Gesetzes ein Eingriff in Art. 10 GG auch dann dem Betroffenen nicht mitgeteilt werden muss, wenn der Eingriff dem (präventiven) „Schutze der freiheitlichen demokratischen Grundordnung oder des Bestandes oder der Sicherung des Bundes oder eines Landes“, also Interessen des Verfassungsschutzes, dient; im Übrigen finden sich kodifizierte Einschränkungen des Art. 19 Abs. 4 GG in Art. 16 a Abs. 2 Satz 3, Abs. 4 GG und Art. 143 Abs. 1 GG.[585]

Soweit folglich nicht eine der vorgenannten Konstellationen vorliegt, unterliegen die Eingriffe in Art. 19 Abs.4 GG den verfassungsimmanenten Schranken, also insbesondere zu nennen die Grundrechte Dritter sowie daneben Rechtsgüter von Verfassungsrang, und sind im Einzelfall einer Verhältnismäßigkeitsprüfung zu unterziehen.[586]

Für Eingriffe in Art. 19 Abs. 4 GG durch die verdeckte Online-Durchsuchung als behördliche Ermittlungsmaßnahme kommt also in aller Regel mangels eines Gesetzesvorbehalts eine Abwägung mit dem Grundsatz der Effektivität der

583 *Hofmann* in Hofmann/Hopfauf, Art. 19 Rn. 83; *Weiß*, S. 161.

584 *Weiß*, S. 161.

585 *Jarass/Pieroth*, Art. 19, Rn. 53.

586 *Jarass/Pieroth*, Art. 19, Rn. 53f.

Strafrechtspflege als verfassungsimmanente Schranke in der Ausprägung des Rechtsguts von Verfassungsrang und als Ableitung aus dem Rechtsstaatsprinzip in Betracht.[587]

Der Grundsatz der Effektivität der Strafrechtspflege beinhaltet gewissermaßen das Gegengewicht zum Gebot des effektiven Rechtsschutzes zugunsten des Staates: das staatliche Strafverfolgungsinteresse wird den Interessen des Betroffenen an der Einhaltung seiner (Grund-)Rechte in einem Prozess gegenübergestellt, nicht zuletzt auch um dem Allgemeininteresse der Öffentlichkeit an einer funktionierenden Rechtspflege gerecht zu werden.[588]

Bezogen auf die verdeckte Online-Durchsuchung bedeutet dies also, dass seitens des Staates das Interesse an einer möglichst erfolgsversprechenden Maßnahme in die Waagschale zu legen ist, während der Betroffene sich hier auf die Verletzung seiner wie vorstehend dargestellten Rechte aus Art. 19 Abs. 4 GG berufen kann. Sodann gilt es, zur Ergebnisfindung zwischen diesen beiden Interessen eine Abwägung zu treffen.

Dabei kommt auch im Falle der verdeckten Online-Durchsuchung die Bedeutung und Wertigkeiten der im konkreten Einzelfall betroffenen Rechte zum Tragen, also einerseits die zulasten des Betroffenen tangierten Grundrechte, und andererseits die Interessen der Allgemeinheit bzw. die Rechtsgüter, die durch die Maßnahme geschützt werden sollen.[589] So ist beispielsweise eine Einschränkung des Wohnungsgrundrechts zur Verhinderung eines Tötungsdelikts leichter zu rechtfertigen als zur Verhinderung eines Vermögensdelikts.

Je höher das zu schützende Rechtsgut also ist, umso eher muss eine Verletzung des Art. 19 Abs. 4 GG hingenommen werden.[590]

Unterstellt, die verdeckte Online-Durchsuchung würde ausschließlich zur Verfolgung schwerster Kriminalität durchgeführt, also bei Delikten, die Leib, Leben, Gesundheit oder Staat und Gesellschaft bedrohen und angreifen, so könnte

---

587 *Weiß*, S. 163f.; *Manssen*, S. 231 Rn. 747, wonach das Gebot effektiven Rechtsschutzes zugunsten überwiegender Interessen Dritter zurücktreten muss; anders bspw. *Pieroth/Schlink*, S. 279, hiernach führt jeder Eingriff in Art. 19 Abs. 4 GG zu einer nicht zu rechtfertigenden Verletzung.

588 BVerfGE 33, 367 unter http://www.servat.unibe.ch/dfr/bv033367.html, Rn. 24 als Grundsatzentscheidung zu diesem Prinzip; vgl. *Weiß*, S. 165 m.w.N. zu Pro und Contra zum Grundsatz der Effektivität der Strafrechtspflege; vgl. für das Verhältnis Strafrechtspflege zu Beweiserhebungs- und –Verwertungsverbote: *Dallmeyer* HRRS 2009, S. 429ff.

589 *Weiß*, S. 166.

590 *Weiß*, S. 166.

sich auf den ersten Blick hier zunächst eine Tendenz zugunsten der Effektivität der Strafverfolgung zeigen.

Da die Effektivität der Strafverfolgung zudem nicht lediglich im Interesse des Staates liegt, sondern zugleich auch dem Allgemeinwohl dient, scheint – jedenfalls soweit es bei der Durchführung einer Maßnahme um die Verfolgung von Delikten mit erheblicher Bedeutung geht – eine stärkere Gewichtung der Effektivität der Strafverfolgung gegenüber dem Grundrecht aus Art. 19 Abs. 4 GG denkbar.

Dem sind jedoch zwei Punkte entgegenzuhalten: zunächst gilt es zu beachten, dass die in Frage stehende Maßnahme einer verdeckten Online-Durchsuchung nicht bloß möglicherweise eine Gefahr für einzelne Grundrechtspositionen der Betroffenen beinhaltet. Stattdessen ist es nahezu unausweichlich, dass mehrere sensible Grundrechte sowohl des unmittelbar Betroffenen als auch grundsätzlich unbeteiligter Dritter (!) zugleich massiv verletzt werden, sobald es zu der entsprechenden Maßnahme kommt. Damit geht aber zugleich ein gesteigertes Bedürfnis nach einem effektiven Rechtsschutz einher, dem in diesen Konstellationen folglich eine besondere Position zukommt. Daher kann die Effektivität der Strafverfolgung keineswegs ohne weiteres über Art. 19 Abs. 4 GG gestellt werden. Des Weiteren muss auch im Falle der Verfolgung schwerster Kriminalität bedacht werden, dass die Befugnisse der Behörden nicht grenzenlos gewährt werden.[591] Folglich kann und muss die Beschränkung von zulässigen Ermittlungswegen auf bestimmte Straftaten, insbesondere im Falle der verdeckten Online-Durchsuchung, zwar durchaus als erforderliche Mindestanforderung gesehen werden. Diese Beschränkung kann aber nicht als hinreichendes Kriterium herangezogen werden, um den Behörden im Falle der Einschlägigkeit einer entsprechenden Straftat einen Freifahrtschein hinsichtlich der Ermittlungstätigkeit auszustellen.

Folglich ist die Abwägung zwischen dem Gebot des effektiven Rechtsschutzes und dem Gebot der Effektivität der Strafrechtspflege grundsätzlich zugunsten des Gebots des effektiven Rechtsschutzes zu entscheiden, was nicht zuletzt in den der Maßnahme fast schon immanenten erheblichen Grundrechtsverletzungen zu begründen ist.

Der Eingriff in Art. 19 Abs. 4 GG durch die Maßnahme einer verdeckten Online-Durchsuchung kann also nicht gerechtfertigt werden.

---

591 Siehe etwa in § 163a StPO.

ee) Schutz des Kernbereichs privater Lebensgestaltung

Zur Diskussion steht darüber hinaus auch eine Verletzung des Kernbereichs privater Lebensgestaltung.

Hierunter ist ein sich aus der Unantastbarkeit der Menschenwürde ergebender Schutz aus Art. 1 Abs. 1 GG zu verstehen, der dem einzelnen einen absolut geschützten, unantastbaren Kernbereich in höchstpersönlichen Belangen gewährleistet.[592] Dieser Bereich ist einer Abwägung mit anderweitigen öffentlichen Belangen nicht zugänglich.[593]

Das Bundesverfassungsgericht versteht unter der „*Entfaltung der Persönlichkeit im Kernbereich privater Lebensgestaltung (...) die Möglichkeit, innere Vorgänge wie Empfindungen und Gefühle sowie Überlegungen, Ansichten und Erlebnisse höchstpersönlicher Art zum Ausdruck zu bringen, und zwar ohne Angst, dass staatliche Stellen dies überwachen. Vom Schutz umfasst sind auch Gefühlsäußerungen, Äußerungen des unbewussten Erlebens sowie Ausdrucksformen der Sexualität.*“[594]

Diese Inhalte sind also unantastbar, ihre Erhebung sowie Auswertung unzulässig; gewonnene Kenntnisse aus entsprechendem Bereich können in einem Verfahren nicht berücksichtigt werden.[595] Ein Eingriff in dieses Recht kann nicht gerechtfertigt werden.

Wird nun verdeckt online auf Informationen auf einem Rechner zugegriffen, sei es im Rahmen der Datenerhebung oder bereits hinsichtlich der Auswertung, be-

592 *Buermeyer* HRRS 2007 II, S. 336.

593 *Hornung* DuD 2007, S. 576.

594 BVerfGE 109, 279, 313.

595 BVerfGE 6, 32, 41; 32, 373, 378f.; 34, 238, 245; 80, 367, 373; *Buermeyer* HRRS 2007 II, S. 337; *Schantz* KritV 2007, S. 323; anders nur in BVerfGE 80, 367, 373ff.: hier wägt das Gericht – ohne dies wörtlich so zu bezeichnen - mit der Effektivität der Strafrechtspflege ab. Die zugrundeliegende Argumentation basiert auf der Überlegung, dass Inhalte zunächst dann als kernbereichsrelevant zu beurteilen sind, wenn der Betroffene an der Geheimhaltung eines Lebenssachverhalts interessiert ist; ist er dies nicht, sei der Kernbereich schon deswegen nicht tangiert. Übertragen auf die verdeckte Online-Durchsuchung und die potentiell betroffenen Inhalte stellt sich an diese Gedanken angelehnt die Frage, ob das Verfassungsgericht schon deswegen den Kernbereich als nicht betroffen ansehen würde, nur weil ein Nutzer Inhalte abspeichert und somit einen potentiellen Zugriff und die damit zusammenhängende Kenntnisnahme erst ermöglicht. Dann würde der vorab so hochgehaltene Schutz des Kernbereichs jedoch ad absurdum geführt, bezöge er sich lediglich auf nichtverkörperte Gedanken, Bedürfnisse und Wünsche.

steht eine erhebliche Gefahr, auf solche Daten zu stoßen, etwa in E-Mails, Fotos oder Textdokumenten. Während man bei einer körperlichen Durchsuchung ein Tagebuch etwa als solches relativ einfach ausmachen kann, muss sich beispielsweise hinter der Datei „privat.doc“ oder dem Ordner „Tagebuch“ nicht notwendigerweise auch entsprechend schutzwürdiges Material befinden; genauso könnte aber auch in anders bezeichneten Dokumenten unerwartet doch Material mit Kernbereichsbezug vorliegen.[596]

Auch die Verwendung von Keyloggern kann insofern problematisch sein, da diese unabhängig vom Inhalt Screen Shots generieren und Tastaturanschläge protokollieren; dass so auch durchaus Inhalte aufgezeichnet werden, die dem Kernbereich privater Lebensgestaltung zuzuordnen sind, liegt auf der Hand.[597]

Damit ist festzuhalten, dass die verdeckte Online-Durchsuchung nicht schlechthin eine Verletzung des Kernbereichsschutzes nach Art. 1 Abs. 1 GG bedeutet. Jedoch muss bei ihrer Durchführung gewährleistet sein, dass entsprechende Daten nach Möglichkeit schon nicht erhoben, jedenfalls aber nicht ausgewertet werden; die Einrichtung erforderlicher juristischer Schutzmaßnahmen ist Aufgabe des Gesetzgebers.[598] Wurden dennoch Informationen erhoben, die dem geschützten Bereich zuzuordnen sind, muss jedenfalls – sofern man nicht ohnehin in Betracht ziehen muss, die Maßnahme durch das hier beschriebene Risiko als unzulässig zu bewerten und folglich abzulehnen - eine Pflicht zur unverzüglichen Löschung greifen um den Grundrechtsschutz gerecht zu werden.[599]

Andernfalls liegt eine nicht zu rechtfertigende Verletzung des Art. 1 Abs. 1 GG vor.

ff) Sonstige Grundrechte

Fraglich ist abschließend, ob noch andere Grundrechte durch eine verdeckte Online-Durchsuchung tangiert werden könnten. Da diesen übrigen Grundrechten

---

596 *Buermeyer* HRRS 2007 II, S. 337.

597 *Buermeyer* HRRS 2007 II, S. 337.

598 Hier stellt sich ganz offensichtlich ein massives praktisches Problem. Eine Gewährleistung, entsprechende Daten schon nicht zu erheben und von vorneherein einer Kenntnisnahme durch Behörden zu entziehen, scheint kaum denk- geschweige denn umsetzbar. *Schantz* KritV 2007, S. 324; *Hornung* DuD 2007, S. 577; *Buermeyer* HRRS 2007 II, S. 337; dieser Gedanke muss sich auch in einer Regelung de lege ferenda wiederfinden, die als konkrete Ermächtigungsgrundlage für die verdeckte Online-Durchsuchung dienen sollte. Dazu mehr im Landesrecht unter D.

599 *Hornung* DuD 2007, S. 577; *Schantz* KritV 2007, S. 324.

im Diskurs über die verdeckte Online-Durchsuchung nur eine sehr marginale Bedeutung im Vergleich zu den vorab dargestellten Grundrechten zukommt, erfolgt hier nur eine grobkörnige, hinweisende Darstellung.

Sollte sich bei einer verdeckten Online-Durchsuchung im Einzelfall tatsächlich eine Verletzung der nachfolgend genannten Grundrechte ergeben, wird weiterführend hinsichtlich der sich anschließenden Fragen der Rechtfertigungsmöglichkeiten auf die entsprechend einschlägige Literatur verwiesen.[600]

In Betracht zu ziehen ist einerseits möglicherweise noch die Pressefreiheit nach Art. 5 Abs. 1 Satz 2 Alt. 1 GG in dem Falle, dass ein informationstechnisches System von Personen durchsucht wird, die im Bereich der Presse tätig sind und entsprechende Inhalte oder Informationen über Informanten auf dem durchsuchten Gerät gespeichert haben.[601] Geschützt ist hier der gesamte Prozess der Pressearbeit von der Beschaffung der Informationen an über die Herstellung bis hin zur Veröffentlichung des Werks genauso wie die Entscheidung etwas nicht zu veröffentlichen (negative Pressefreiheit); hier dürfte in aller Regel bereits ein Eingriff in das Grundrecht festzustellen sein, falls im Zuge einer verdeckten Online-Durchsuchung auf solche Inhalte des Herstellungsprozesses etwa zugegriffen würde. Ebenso hier interessant ist das ebenfalls beinhaltete Zeugnisverweigerungsrecht, demzufolge Presseangehörige Zeugnis verweigern dürfen über die Person des Verfassers eines redaktionellen Druckerzeugnisses und ähnliches sowie der Schutz der Vertraulichkeit der redaktionellen Arbeit.[602] Durch die verdeckte Einsicht in Daten, die einen Bezug zu Presseangehörigen und Verfasser von Texten ermöglichen, wird in dieses Zeugnisverweigerungsrecht möglicherweise im Einzelfall eingegriffen, sofern bei der Gesamtinfiltration eines informationstechnischen Systems auch einzelne presserechtlich relevante Inhalte erhoben werden sollten.

Auch könnte eine Verletzung der negativen Religionsfreiheit aus Art. 4 Abs. 1 GG in Betracht kommen. Kern dieses Schutzbereiches ist die Freiheit, nicht zu einer Glaubensgemeinschaft gehören zu müssen bzw. selbst zu entscheiden, ob man sich zu einer Religion öffentlich bekennt oder nicht.[603] Solche Bekenntnisse können sich natürlich theoretisch auch aus Inhalten auf informationstechnischen Systemen ergeben, sodass dem überwachten Nutzer mitunter das Recht genom-

---

600 *Pieroth/Schlink*, S. 131ff., S. 147, 151ff., 238ff.; *Manssen*, S. 86ff, S. 104ff., S. 199ff.; *Hofmann* in Hofmann/Hopfauf, Art. 4, 14; *Kannengießer* in Hofmann/Hopfauf, Art. 5; *Weiß*, S. 167.

601 *Hornung* DuD 2007, S. 579.

602 BVerfGE 66, 116, 133; *Kannengießer* in Hofmann/Hopfauf, Art. 5 Rn. 11f.; *Manssen*, S. 104 Rn. 347.

603 *Pieroth/Schlink*, S. 131; BVerfGE 65,1, 39.

men wird, seine Religion oder sein Nicht-Glauben für sich zu behalten. Wie oben dargestellt zielt die verdeckte Online-Durchsuchung aber nicht vordergründig darauf ab, konkret personenbezogene Informationen zu gewinnen, sondern auf eine Gesamtbetrachtung des informationstechnischen Systems. Von daher kommt die Erhebung von Daten mit Bezug zu Art. 4 Abs. 1 GG und damit eine entsprechende Grundrechtsverletzung erwartungsgemäß nur ausnahmsweise bzw. als „Kollateralschaden" in Betracht.

Zudem könnte die verdeckte Online-Durchsuchung auch das Eigentumsrecht aus Art. 14 Abs. 1 GG tangieren.[604] Eigentum ist die Summe aller vermögenswerter Rechte, die dem einzelnen durch die Rechtsordnung zugeordnet sind und über die ihm die Verwertungs- und Verfügungsbefugnis eingeräumt ist.[605]

Denkbar wäre in diesem Zusammenhang etwa die Einsichtnahme in Marken- oder Patentrechte oder anderes geistiges Eigentum,[606] das die Beamten bei einer verdeckten Online-Durchsuchung einsehen können, wie Entwürfe für Liedtexte, Bilder und ähnliches.

Aber auch hier gilt es wiederum zu bedenken, dass es die verdeckte Online-Durchsuchung nicht in erster Linie auf ganz spezifische einzelne Inhalte anlegt, sondern auf die Überwachung des Gesamtsystems. Ob dann zugleich ein Eingriff in Art. 14 Abs. 1 GG vorliegen kann, muss im Einzelfall geprüft werden.

gg) Zwischenergebnis

Durch eine verdeckte Online-Durchsuchung steht der nicht unerhebliche Eingriff in verschiedene Grundrechte im Raum. Relevante betroffene Grundrechtspositionen kommen gegenwärtig wie festgestellt insbesondere aus dem Wohnungsgrundrecht, dem Recht auf informationelle Selbstbestimmung, dem Grundrecht auf Gewährleistung der Vertraulichkeit und Integrität informationstechnischer Systeme sowie des Gebots effektiven Rechtsschutzes in Betracht. Dieses Ergebnis ist jedoch nicht notwendigerweise als abschließend zu bezeichnen; je stärker eine Verlagerung des alltäglichen Lebens hin zu virtuellen Welten stattfindet, umso größer wird die Gefahr, dass es dort auch infolge von behördlichen Maßnahmen zu neuen oder intensiveren Rechtsverletzungen kommen kann. Daher ist es geboten, gerade wegen der steigenden Bedeutung des

604 *Graf* DRiZ 1999, S. 285.

605 *Pieroth/Schlink*, S. 240; *Manssen*, S. 200 Rn. 647f.; *Hofmann* in Hofmann/Hopfauf, Art. 14 Rn. 2; BVerfGE 83, 208, 209.

606 BVerfGE 78, 101, 101f.; *Hofmann* in Hofmann/Hopfauf, Art. 14 Rn. 15.

Internets und insbesondere des WWW, die Schutzbedürftigkeit der Rechte der Nutzer dauerhaft im Auge zu behalten und die Frage nach Rechtsverletzungen immer mit starkem Bezug zum Einzelfall zu beantworten.

Eine solch erhebliche Gefährdung durch eine behördliche Maßnahme erfordert einen genauen Blick auf eine mögliche Rechtfertigung und die Suche nach einer gesetzlichen Grundlage. Hierbei sollte der Leser jedoch die Tatsache im Auge behalten, dass selbst das potentielle Bestehen einer Ermächtigungsgrundlage der StPO, die grundsätzlich einen Gesetzesvorbehalt als Schranke eines Grundrechts erfüllen könnte, hinsichtlich des Eingriffs in das Wohnungsgrundrecht keine Abhilfe schaffen kann und eine Verletzung insofern konstatiert werden muss.

hh) Exkurs in einfachgesetzliches Recht

Jedoch kommen nicht nur Verletzungen von Grundrechten in Betracht. Genauso kann die Maßnahme einfachgesetzliches Recht verletzen, was als Indiz für oder gegen die Zulässigkeit oder die Erforderlichkeit der verdeckten Online-Durchsuchung in die Waagschale geworfen werden kann.

Zuletzt gilt es daher, einem bisher unberücksichtigten Gedanken im Zusammenhang mit der verdeckten Online-Durchsuchung und der Bewertung ihrer Eingriffsintensität Beachtung zu schenken, der hinsichtlich der Einschätzung von Erforderlichkeit und Rechtsgutsgefährdungen durch diese Maßnahme eine nicht unerhebliche Relevanz aufweist.

So stehen die folgenden Überlegungen im Raum: hat eine Behörde eine Software, die die verdeckte Online-Durchsuchung ermöglicht, auf einen zu überwachenden Rechner aufgespielt und abgespeichert, sei es über einen Zugriff via Internet oder manuell, so wird durch diesen Vorgang, durch das Hacken des Zielsystems, der status quo an Einstellungen und Programmen des Rechners unbemerkt vom Nutzer verändert, also manipuliert.[607] Möglicherweise werden Daten sogar gelöscht oder ebenfalls geändert; nicht einmal kann ausgeschlossen werden, dass einzelne Daten, Inhalte oder sogar Programme von außen auf das infiltrierte System neu aufgespielt werden.

Gleichzeitig werden bei diesen Zugriffen Inhalte tangiert, die der Nutzer (zumindest in aller Regel) durch eine Zugangssicherung der Einsichtnahme durch Unbefugte entzogen wissen wollte.[608]

607 Bisher als Gedankengang allein aufgefunden bei *Kemper* ZRP 2007, S. 106.

608 Außerhalb des StGB findet sich eine relevante Strafvorschrift zudem in § 44 BDSG.

Die verdeckte Online-Durchsuchung auf diese grundlegenden Wesenszüge fokussiert ruft relativ naheliegend verschiedene, verhältnismäßig moderne[609] Straftatbestände in Erinnerung. Insbesondere ist an die Datenveränderung nach § 303 a StGB, an die Computersabotage nach § 303 b StGB sowie das Ausspähen von Daten nach § 202 a StGB[610] zu denken.

Schutzgut sind hier „Daten" im Sinne des § 202 Abs. 2 StGB und damit „solche, die elektronisch, magnetisch oder sonst nicht unmittelbar wahrnehmbar gespeichert sind oder übermittelt werden", bei § 303 b StGB daneben auch Datenverarbeitungsanlagen und Datenträger. Diese Schutzgüter sind wie vorstehend dargestellt alle potentiell durch die verdeckte Online-Durchsuchung tangiert, sei es durch Kopieren von Daten, Aufspielen von Programmen oder Manipulieren und Löschen von Inhalten.

Insbesondere der Tatbestand des § 202 a StGB ist darauf ausgelegt, neue an Bedeutung zunehmende Kriminalitätsfelder wie Hacking, Keylogging oder den Einsatz von Trojanern unter Strafe zu stellen, sofern die betroffenen Daten durch eine besondere Zugangssperre, also beispielsweise Passwörter, gesichert ist.[611]

Dabei ist insbesondere interessant, dass diese neu eingefügten bzw. kurzfristig abgeänderten Normen des Strafgesetzbuchs als Reaktion auf die neuartigen Bedrohungen über das Internet bzw. generell über Datennetze anzusehen sind und entsprechendes Verhalten mit Freiheitsstrafen von zwischen zwei und drei Jahren oder Geldstrafen geahndet wird. Nun stellt sich infolge dieser Überlegung dringend die Frage, inwieweit eine Maßnahme angemessen, erforderlich und letzten Endes zulässig und verfassungsgemäß sein soll, die sich genau diese hier pönalisierten Vorgehensweisen zu eigen macht und damit arbeitet.

Sicherlich kann nicht pauschal gesagt werden, die verdeckte Online-Durchsuchung erfüllt prinzipiell die genannten Straftatbestände. Dennoch sind die Parallelen auffällig zwischen Verhaltens- und Vorgehensweisen, die einerseits unter Strafe gestellt und andererseits gleichzeitig von diversen Stellen und Behörden als unerlässliches Mittel der Kriminalitätsbekämpfung als Handwerkszeug gefordert werden.

Diese Überlegungen sollten bei der folgenden Suche nach einer legitimen Ermächtigungsgrundlage für die verdeckte Online-Durchsuchung jedenfalls nicht gänzlich außer Acht gelassen werden. Schließlich kann auch die Handlung einer

---

609 Die nachfolgend genannten Strafnormen liegen allesamt in der Fassung des 41. StÄG aus dem Jahre 2007 vor.

610 Dieser Straftatbestand wird aufgeworfen bei *Kutscha* NJW 2007, S. 1170; *Albrecht*, Abs. 23.

611 *Fischer*, § 202 a, Rn. 8, 10, 11.

Behörde, die einer durch das Strafgesetzbuch pönalisierten Verhaltensweise entspricht und dabei nicht durch eine Ermächtigungsgrundlage gedeckt ist, nur eins sein – strafbar.

b) Rechtfertigung der möglichen Grundrechtseingriffe anhand der StPO

Fraglich ist folglich nun, ob die Eingriffe in verschiedene Grundrechte, die eine solche verdeckte repressive Online-Durchsuchung mit sich zu bringen droht, de lege lata gerechtfertigt werden können. Dass eine solche Rechtfertigung zumindest äußerst schwierig, wenn nicht gar unmöglich sein dürfte, ergibt sich insbesondere aus den vorstehenden Überlegungen zur Verletzung des Wohnungsgrundrechts.

Für die Rechtmäßigkeit der verdeckten Online-Durchsuchung als Maßnahme der Strafverfolgung und für die zur Diskussion stehenden Eingriffe in Schutzbereiche von Grundrechten müsste sich eine Ermächtigungsgrundlage aus der Strafprozessordnung ergeben können.

Grundrechtseingriffe durch Ermittlungsbehörden sind an den Regelungen der StPO zu bemessen, die die erforderlichen Ermächtigungsgrundlagen beinhalten können.[612] Dabei gilt es zu beachten, dass – die grundsätzliche Einschränkbarkeit des betroffenen Grundrechts durch Regelungen der StPO soweit einmal vorausgesetzt – logischerweise nicht jede Ermächtigungsgrundlage jeden Grundrechtseingriff rechtfertigen kann; stattdessen können die jeweiligen Ermächtigungsgrundlagen regelmäßig nur zur Rechtfertigung einzelner bestimmter Grundrechtseingriffe herangezogen werden, die durch den konkreten Zugriff tangiert werden. Oder anders herum formuliert: nimmt eine Behörde eine der hier festgelegten Maßnahmen vor, kann es je nach Maßnahme zur Berührung verschiedener Schutzbereiche von Grundrechten kommen.[613]

Die Zuordnung, welche Ermächtigungsgrundlage welchen Eingriff rechtfertigen kann bzw. welche Maßnahme in welchen Schutzbereich eingreift, wird im Folgenden soweit erforderlich bei der Darstellung der einzelnen Regelungen der StPO besprochen.

---

612 *Joecks*, Vor § 94, Rn. 1; *Weiß*, S. 89.
613 *Joecks*, Vor § 94, Rn. 1f.

aa) Einschränkbarkeit der Grundrechte

Damit die §§ 94ff. StPO als Rechtfertigung für einen Eingriff in Grundrechte überhaupt herangezogen und so als Ermächtigungsgrundlage für die verdeckte Online-Durchsuchung dienen können, müssen die in Frage stehenden Grundrechte zunächst einmal überhaupt durch solche einfachgesetzlichen Regelungen einschränkbar sein, also unter einem einfachen oder qualifizierten Gesetzesvorbehalt stehen.[614] Ob bzw. bei welchen hier relevanten Grundrechten dies der Fall ist oder an welcher Stelle noch über die Regelungen der StPO hinausgehende Anforderungen an die Rechtfertigung eines Eingriffs zu stellen sind wie insbesondere im Falle des Art. 13 GG, wurde oben bereits im Zusammenhang mit den einzelnen Grundrechten dargestellt.

An die Feststellung der einfachgesetzlichen Einschränkbarkeit der entsprechenden Grundrechte schließt sich nun die Betrachtung der möglicherweise relevanten Ermächtigungsgrundlagen der StPO an.

bb) § 110 Abs. 3 StPO

Im Vordergrund steht hier zunächst die Regelung des § 110 Abs. 3 StPO, der neu eingefügt wurde und Art. 19 Absatz 2 des „Übereinkommens über Computerkriminalität“[615] umsetzen soll.[616] Es scheint auf den ersten Blick, als sei hiermit die erforderliche Befugnis zum Online-Zugriff geschaffen worden zu sein. Jedenfalls beinhaltet er eine Regelung, die den Zugriff auf Daten in Computersystemen des Adressaten der Maßnahme zum Gegenstand hat.[617]

Zugrunde liegt hier der Gedanke, dass sich beweiserhebliches Material auch zunehmend in elektronischer Form auffinden lassen wird und lässt; müsste zur Durchsicht von Speichermedien nun eine gesonderte Anordnung ergehen, bestünde die Gefahr, dass der Betroffene das jeweilige Material bereits irreversibel

---

614 *Bernsmann* NStZ 2002, S. 103.

615 Sogenannte Cybercrime-Konvention, mehr dazu ab S. 313.

616 *Hartmann/Schmidt*, S. 166; *Beulke/Meininghaus* 2008, S. 73ff., die hier noch einen geringfügig anderen als den endgültig in die StPO aufgenommenen Wortlaut des § 110 Abs. 3 StPO zugrunde legen; *Schlegel* HRRS 2008, S. 25; BT-Drs. 16/5846 S. 27, unter: http://www.bmj.de/files/-/2605/Gegen%C3%A4u%C3%9Ferung%20 Bundesregierung%20(S.%2092%20ff.).pdf.

617 *Schlegel* HRRS 2008, S. 24.

vernichtet.[618] Um dies zu umgehen, ist es erforderlich, bereits im Zuge Durchsicht anderer Papiere den Zugriff auf elektronische Inhalte zu ermöglichen. Beachtlich ist jedoch auch hier, dass sich die Befugnis zur Durchsicht elektronischer Daten darauf beschränkt, dass Inhalte, die vom Durchsuchungsort aus nur elektronisch zu erreichen sind, durchsucht werden können, auch wenn sie sich also nicht vor Ort befinden, also z.B. E-Mails in einem Postfach beim Diensteanbieter.[619] Die Formulierung „von dem Speichermedium aus" ist insofern unglücklich gewählt, da gerade Speichermedien, also Festplatten, USB-Sticks etc., mangels weitergehender technischer Möglichkeiten ihrerseits auf andere Geräte, die in einem Netzwerk eingebunden sind, zugreifen; gemeint ist daher jedes Computersystem, dass einen Zugriff auf andere, auch räumlich separierte Speichermedien ermöglicht.[620] Damit ist für Staatsanwaltschaft und Ermittlungspersonen eine Durchsicht auch nichtkörperlicher Objekte ermöglicht; zudem ergibt sich aus strukturellen Gründen, dass sich der Papierbegriff und die allgemeinen Grundlagen der Ermächtigung aus Absatz 1 der Regelung auch auf elektronische Datenträger beziehen, wobei Absatz 3 den Zugriff hier auf nur dann gestattet, wenn andernfalls mit dem Verlust der Daten zu rechnen ist.[621]

Dann darf sowohl auf die Ablageordner als auch auf die Dateien selbst zugegriffen werden, jedenfalls sofern sich der Zielserver im Inland befindet.[622]

Befindet sich das Zugriffsobjekt dagegen im Ausland, ist die Berücksichtigung des Territorialprinzips geboten, demzufolge eine Behörde nicht ohne weiteres auf fremdem Hoheitsgebiet aktiv werden darf, sondern zunächst die Behörden jenes Staates zuständig sind, auf deren Hoheitsgebiet der Tatort liegt.[623]

---

618 *Hartmann/Schmidt*, S. 166.

619 *Meyer-Goßner*, § 110 Rn. 6; *Beulke*, S. 157; *Schlegel* HRRS 2008, S. 25, 26; *Joecks* § 100 a Rn. 9; da die elektronische Durchsuchung aber vom Durchsuchungsort aus stattfinden muss, handelt es sich nicht um eine verdeckte Maßnahme mit der Intensität einer verdeckten Online-Durchsuchung, sondern setzt eine offene Durchsuchung beim Betroffenen voraus.

620 *Kramer*, S. 248; *Schlegel* HRRS 2008, S. 27.

621 *Beulke*, S. 157; *Schlegel* HRRS 2008, S. 25; *Joecks*, § 110 Rn. 10.

622 *Wohlers* in Wolter, § 110 Rn. 9; *Schlegel* HRRS 2008.

623 *Kühne*, S. 19; *Eser* in Schönke/Schröder, Vorbem. §§ 3 – 9 Rn.1, 12f.; *Collardin* CR 1995, S. 619; *Malek*, S. 17, 18; *Vetter*, S. 158; *Herrmann*, S. 160f.; *Rau*, S. 106; die Lokalisierung eines Rechners bzw. Endgeräts kann entweder über die Rückverfolgung der IP-Adresse zum zugehörigen Anschluss stattfinden, *Seitz*, S. 35.; oder bei Einwahl eines Smartphones über den angewählten Funkkanal bzw. die SIM-Karte und den Mobilfunkanbieter, vgl. vorstehend S. 61ff.

Hier wird zum Teil danach entschieden, ob der Server im Ausland ohne Zugangssperre erreichbar ist.[624] Andere stellen auf Rechtshilfe ab.[625] Aus Praktikabilitätsgründen und unter Berücksichtigung von Sinn und Zweck der Regelung erscheint es jedoch angebracht, den Behörden den Zugriff zu gestatten, sofern auch der Nutzer unabhängig vom Standort Zugriff nehmen kann; stellt sich im Nachhinein heraus, dass durch Behörden Daten im Ausland erhoben und gespeichert wurden, kommt es auf eine Zustimmung des betroffenen Staates an: genehmigt der jeweilige Staat die Maßnahme, so steht jedenfalls dann einer Verwertung des Materials zumindest aus diesem Aspekt heraus nichts im Wege; sollte der Staat einer Maßnahme widersprechen, kann es dagegen möglicherweise nicht ohne weiteres zur Verwertung der erhobenen Inhalte kommen.[626]

Im Anschluss kann entschieden werden, welche Dateien zu beschlagnahmen bzw. nach § 110 Abs. 3 Satz 2 StPO zu speichern sind.[627] Dieser Zugriff hat dem Wortlaut entsprechend grundsätzlich am Durchsuchungsort selbst stattzufinden. Eine Befugnis zur externen heimlichen Infiltration eines fremden Rechners ist damit aber nicht formuliert.[628]

Zuletzt ist zu klären, ob die Maßnahme nach § 110 Abs. 3 StPO nur gegen den Betroffenen zu richten ist, oder ob sich auch die Befugnis ergibt, sich an Dritte, also insbesondere Telekommunikationsanbieter, zu wenden um die gewünschte Information abzurufen.[629] Liest man § 110 Abs. 3 StPO dahingehend, dass er die Zugriffsmöglichkeit auf unkörperliche Objekte alleine daran bemisst, ob die Maßnahme gegenüber dem Betroffenen zulässig ist, und diese dann auf Dritte

---

624 *Wohlers* in Wolter, § 110 Rn. 9; *Schlegel* HRRS 2008, S. 26; *Bär* DRiZ 2007, S. 221.

625 *Obenhaus* NJW 2010, S. 654; *Gaede* StV 2009, S. 101f.

626 *Hegmann* in Graf, § 110 Rn. 15, *Joecks*, § 110 Rn. 12; wobei sicherlich auch dann eine Verwertung als möglich angesehen werden muss, wenn die Daten ohne jede weitere Zugangsbeschränkung für Ermittler zugänglich waren. Dann kann auch nicht von einer virtuellen Abschottung der Daten nach außen gesprochen werden, die dann auch keine grenzüberschreitende Wirkung entfalten kann. Sofern aber offensichtlich beabsichtigt wurde, die Daten für eine Kenntnisnahme durch Dritte abzuschotten und mussten deutsche Behörden die entsprechenden Sicherheitsvorkehrungen unter Zuhilfenahme technischer Hilfsmittel umgehen, beispielsweise durch Hacking, um die Daten zu erhalten, muss dem jeweils betroffenen Souverän ein Veto-Recht hinsichtlich der Datenverwertung zugesprochen werden.

627 *Hartmann/Schmidt*, S: 167; *Schlegel* HRRS 2008, S. 26, der eine Mitnahme der Dateien nur dann als zulässig ansieht, wenn eine Durchsicht vor Ort aufgrund eines hohen Datenvolumens nicht möglich ist; *Joecks*, § 110 Rn. 10.

628 *Wohlers* in Wolter, § 110 Rn. 11; *Joecks*, § 110 Rn. 11.

629 *Schlegel* HRRS 2008, S. 29.

ausdehnt, müsste man die Befugnis bejahen.[630] Wollte man jedoch auf beispielsweise eine zum Abruf bereitgehaltene zwischengespeicherte E-Mail beim E-Mail-Anbieter zugreifen, die ja wie festgestellt noch einem laufenden Telekommunikationsprozess zugeordnet ist,[631] so betrifft eine Maßnahme auch Art. 10 GG des Anbieters als quasi zwischengeschalteter Teilnehmer; dieses Grundrecht jedoch ist durch § 100 a StPO und nur entsprechenden dessen strengen Voraussetzungen einschränkbar.[632] Diesen Grundrechtsschutz durch den neuen § 110 Abs. 3 StPO zulasten eines grundsätzlich unbeteiligten Dritten zu umgehen, kann nicht als Intention des Gesetzgebers erachtet werden. Vielmehr soll Absatz 3 die Regelungen gegenüber dem Betroffenen zugunsten der Behörden ergänzen um eine umfassende Durchsichtsmöglichkeit aller relevanten Inhalte zu gewährleisten.[633]

Hat der Betroffene dagegen durch eine spezifische Konfiguration erst eine Möglichkeit geschaffen, dass über das Endgerät des Betroffenen (also nicht beim unbeteiligten Dritten direkt!) Daten auf Netzwerken Dritter erreichbar sind, dann dürfen diese auch dort eingesehen werden, ohne dass der Dritte gesondert schutzwürdig ist.[634] Dies gilt jedoch nur dann, wenn sich die Ermittlungsbehörde im Vorfeld, etwa im Zuge einer Durchsuchung, die erforderlichen Passwörter oder anderen Konfigurationsdaten beschaffen konnte; der Zugriff auf zugangsgeschützte Daten ohne Kenntnis des Betroffenen durch eine verdeckte Online-Durchsuchung und eine Infiltration ohne Kenntnis der Passwörter etc. ist hiervon nicht umfasst.[635]

Diesen Überlegungen zufolge bleibt festzuhalten, dass zwar die Strafverfolgungsbehörden eine erste „offizielle" niedergeschriebene Norm haben um auf elektronische Objekte zuzugreifen.

Jedoch umfasst die Regelung gerade nicht das, was gemeinhin mit der verdeckten (!) Online-Durchsuchung gemeint ist, nämlich den heimlichen, externen Zugriff auf gespeicherte Dateien ohne Kenntnis des Adressaten der Maßnahme.[636]

Nach Einfügen des Absatzes 3 kommt es im Übrigen auf die Frage einer analogen Anwendung des § 110 StPO als Ermächtigung zur Durchsicht von Daten nicht mehr an.[637]

---

630 *Schlegel* HRRS 2008, S. 29.

631 Siehe S. 76.

632 *Schlegel* HRRS 2008, S. 29.

633 *Joecks*, § 110 Rn.10, 11.

634 *Schlegel* HRRS 2008, S. 30.

635 *Meyer-Goßner*, § 110 Rn. 6.

636 *Joecks*, § 110 Rn. 11; *Beulke/Meininghaus* 2008, S. 75; *Schlegel* HRRS 2008, S. 26.

Betroffene Grundrechte im Zusammenhang mit der Maßnahme nach § 110 Abs. 3 StPO sind insbesondere das Recht auf informationelle Selbstbestimmung, das Wohnungsgrundrecht und das Fernmeldegeheimnis.

cc) §§ 94ff. StPO

Da es in den hier bezeichneten Fällen des behördlichen Handelns gewissermaßen um das „Ergreifen" und „Fassen" von Inhalten in elektronischer Form geht, steht die Überlegung zur Debatte, diesen Vorgang als Beschlagnahme im Sinne der §§ 94ff. StPO einzustufen.[638]

Hier ist eine vorgelagerte Überlegung erforderlich. Die Beschlagnahme nach § 94 StPO stellt eine offene Ermittlungsmaßnahme dar. Die verdeckte Online-Durchsuchung dagegen bildet eine heimliche Maßnahme, deren Durchführung dem Betroffenen (jedenfalls zunächst) verborgen bleibt. Es muss insofern klar herausgestellt werden, dass allein aufgrund der Heimlichkeit der verdeckten Online-Durchsuchung eine gegenüber der offenen Beschlagnahme wesentlich andere und eingriffsintensivere Maßnahme besteht. Daher kann die verdeckte Online-Durchsuchung per se nicht auf § 94 StPO gestützt werden.

Dennoch ist ein Blick auf § 94 StPO in diesem Kontext dergestalt geboten, dass – abgesehen von der heimlichen Infiltration eines Zielsystems, welche eindeutig nicht auf § 94 StPO gestützt werden kann – zu klären ist, ob denn zumindest die eigentliche „Ansichnahme" von Daten als wesentliches Element, also der letztlichen Zielrichtung der verdeckten Online-Durchsuchung über § 94 StPO gerechtfertigt sein könnte.

Dabei stellt sich hinsichtlich der Anwendbarkeit im Rahmen der verdeckten Online-Durchsuchung vordergründig die Frage, ob die Beschlagnahme nach § 94 StPO allein auf körperliche Gegenstände bezieht oder ob auch unkörperliche Objekte eines Zugriffs wie elektronische Computerdaten einer Beschlagnahme unterliegen können. Entgegen einiger ablehnender Stimmen[639] nimmt ein inzwi-

---

637 So aber etwa noch *Rux* JZ 2007, S. 290ff.

638 Für die Frage der Anwendbarkeit des § 94 StPO im Bereich der E-Mail-Kommunikation, also nicht endgültig gespeicherter Daten wie hier betrachtet, vgl. S. 89.

639 *Störing*, S. 119; *Bär* CR 1995, S. 167; *Kemper* NStZ 2005, S. 541; BGH NStZ 1997, S. 247, 248; hier noch ablehnend: *Schlegel* HRRS 2008, S. 24; *Kudlich* JA 2000, S. 229, wonach jedoch die Erstellung einer Kopie der auf dem Datenträger befindlichen Inhalte quasi als Minusmaßnahme zur Sicherstellung des ganzen Trägers zulässig sei.

schen beachtlicher Teil der Stimmen in Literatur und Rechtsprechung die Anwendbarkeit der §§ 94ff. StPO für die Beschlagnahme elektronischer Daten zu Recht an.[640]

Die Subsumtion von Daten als unkörperliche Objekte unter den Begriff „Gegenstände" überspannt die Grenzen des Wortlauts sowie die Intention des Gesetzgebers nach der hier vertretenen Ansicht nicht.

Sicherlich meinte der Gegenstandsbegriff des § 94 StPO in früheren Jahren vordergründig sämtliche körperlichen Gegenstände, während elektronische und andere unkörperliche Daten mangels praktischer Bedeutung nicht vom Gegenstandsbegriff des § 94 StPO umfasst waren.[641] Hier ist jedoch entscheidend festzuhalten, dass der historische Gesetzgeber bei Schaffung des § 94 StPO die Bedeutung, womöglich sogar die technische Realisierbarkeit von Informationstechnik nicht einschätzen konnte[642] und daher der Wortlaut der Regelung in dieser Hinsicht nicht zu starr gesehen werden darf, der ja genauso wenig von „körperlichen Gegenständen" spricht, was eine Subsumtion von unkörperlichen Objekten sodann ganz offensichtlich ausschließen würde. Selbst wenn man vorbrächte, der Gesetzgeber hat in den vergangenen Jahren neue Normen wie etwa § 110 Abs. 3 StPO erlassen, die sich spezielle auf „Daten" beziehen, und das Belassen des § 94 StPO müsse insofern als beredtes Schweigen entgegen der Anwendung des § 94 StPO auf Daten bewertet werden, wird einem solchen Argument hier widersprochen. Gerade weil der Gesetzgeber sich der Problematik um die Einordnung elektronischer Daten in die vorhandene Gesetzessystematik bewusst war, hätte er irgendeine bewusste Entscheidung betreffend die Reichweite des § 94 StPO treffen können, hätte er auf die entsprechende Diskussion Einfluss nehmen wollen. Da der Wortlaut der Norm aber zunächst einmal sowohl körperliche als auch unkörperliche Objekte zumindest nicht klar ausschließt und der Gesetzgeber seit Schaffung der Norm auch bis heute keine diesbezügliche Klarstellung vorgenommen hat, ist – sofern man nicht schon an dieser Stelle die Subsumtion elektronischer Daten unter § 94 StPO zulassen möchte – doch jedenfalls Raum zur Interpretation ohne die Wortlautgrenze zu überschreiten.

---

640 Etwa *Ritzert* in Graf, § 94 Rn. 1 für abgespeicherte E-Mails; *Meyer-Goßner*, § 94 Rn. 4; *Böckenförde*, S. 274ff.; *Hunsicker* Kriminalistik 2007, S. 188; *Haller/Conzen*, S. 569; hier bereits befürwortend: *Schlegel* online, S. 12f.; BVerfG 2 BvR 1027/02, Rn. 99 unter http://www.bundesverfassungsgericht.de/entscheidungen/rs20050412_2bvr102702.html; *Joecks*, § 94 Rn. 7; *Hartmann/Schmidt*, S. 127.

641 BGH NStZ 1997, S. 247, 248.

642 *Korge*, S. 47.

Insofern ist es auch hier geboten, den neusten technischen Entwicklungen Rechnung zu tragen und die Intention des Gesetzgebers sowie den angestrebten Schutzzweck der Norm zu überdenken. Dafür spricht im Übrigen auch, dass die Änderungen und Neufassungen innerhalb des Strafprozessrechts in den letzten Jahre stärker auch auf technische Möglichkeiten im Bereich der Telekommunikation und den sich daraus ergebenden Ansätzen für sowohl neuartige Kriminalitätsfelder als auch Informationsquellen der Behörden eingehen.[643] Dann kann jedoch auch nicht mehr in nachvollziehbarer Weise die Ansicht vertreten werden, § 94 StPO sei auf körperliche Gegenstände beschränkt; dies widerspräche einem geschlossenen System innerhalb der Strafprozessordnung.[644] Dieses Ergebnis entspricht auch der stetig wachsenden Bedeutung, die dem elektronischen Datenverkehr in der heutigen Zeit zukommt; wollte man elektronische unkörperliche Daten aus dem Anwendungsbereich des § 94 StPO ausschließen, bliebe den Behörden eine wichtige Bezugsquelle von Informationen gänzlich verschlossen. Der Erfolg von Ermittlungen würde zunehmend vereitelt, wollte man elektronische Inhalte prinzipiell einer Beschlagnahme entziehen. Dabei kann nicht darauf verwiesen werden, dass die Behörde als weniger intensives Vorgehen die jeweiligen Daten auch einfach kopieren kann, diese aber nicht notwendigerweise dem Betroffenen entziehen muss wie bei der Beschlagnahme üblich. Sicherlich gibt es diese Möglichkeit technisch und führt seitens der Behörden zur identischen Verfügbarkeit der Daten. Allerdings ist in einer entsprechenden Situation nicht nur das Verfügen-Können der Behörden ein wesentliches Element der Beschlagnahme, sondern ebenso das Nicht-Mehr-Verfügen des Betroffenen. Würden die Daten lediglich kopiert, aber nicht auch beschlagnahmt, besteht nach wie vor die Möglichkeit, dass der jeweilige Nutzer Daten rechtswidrigen Inhalts weiterhin öffentlich zugänglich macht, seinerseits dupliziert oder verändert und damit die Authentizität der zwar kopierten, dann aber nicht mehr identischen Daten in Frage stellen könnte.

Nicht zu verwechseln ist diese Überlegung mit der ohnehin unzweifelhaft zulässigen körperlichen Beschlagnahme von Datenträger und Speichermedien nach § 94 StPO, beispielsweise im Zuge einer Durchsuchung nach § 102 StPO, auf denen sich Inhalte befinden, die womöglich auch zusätzlich elektronisch auf einem Rechner hinterlegt sind, also beispielsweise Ausdrucke von E-Mails oder Bil-

643 Vgl. BVerfG 2 BvR 1027/02, Rn. 100f. unter http://www.bundesverfassungsgericht.de/entscheidungen/rs20050412_2bvr102702.html; also beispielsweise die §§ 89 a, 97 Abs., 5, 110 Abs. 3, StPO.

644 *Schlegel* online, S. 13.

dern, Disketten, Festplatten, CDs und DVDs.[645] Eine sich an eine entsprechende offene Beschlagnahme anschließende Durchsicht der (körperlichen) Informationsträger bestimmt sich dann je nach Konstellation nach § 102 StPO oder § 110 Abs. 3 StPO.[646] Allerdings sind solche vorgenannten körperlichen Objekte gerade nicht im Fokus der verdeckten Online-Durchsuchung, die ausschließlich auf die Einsichtnahme von elektronischen Daten abzielt.

Soweit also bei einer behördlichen Maßnahme elektronische Daten beschlagnahmt werden, so ist diese Beschlagnahme einer Rechtfertigung durch § 94 StPO zugänglich, sodass diese Regelung als taugliche Ermächtigungsgrundlage zur Beschlagnahme der betroffenen Daten in Betracht kommt.

Relevante Grundrechte im Anwendungsbereich des § 94 StPO sind in erster Linie das Wohnungsgrundrecht, das Recht auf informationelle Selbstbestimmung sowie möglicherweise das Fernmeldegeheimnis.[647]

An dieser Stelle soll jedoch nochmals betont sein, dass sich diese Ermächtigungsgrundlage nicht als Befugnis zur verdeckten Online-Durchsuchung versteht – es geht hier lediglich um die Beschlagnahme der betroffenen Daten, womit aber nicht gemeint ist, dass der Weg hin zu den Datenbeständen im freien Ermessen der Behörden stünde.

dd) § 100 a StPO

Im Raum für eine verdeckte Online-Durchsuchung steht zum anderen die Ermächtigung über § 100 a StPO bzw. die Frage, ob sich hier eine weitergehende Berechtigung als über § 110 Abs. 3 StPO herleiten ließe.[648] § 100 a StPO erlaubt den Zugriff auf laufende Telekommunikation und ist folglich einschlägig bei Eingriffen in das Fernmeldegeheimnis nach Art. 10 Abs. 1 GG, das die laufende Kommunikation schützt, sowie möglicherweise bei Eingriffen in Art. 2 Abs. 1 i.V.m. Art. 1 Abs. 1 GG in der Ausprägung des Rechts auf informationelle Selbstbestimmung.[649] Eine Rechtfertigung von Eingriffen in das IT-Grundrecht

---

645 BVerfG NJW 2006, S. 976, 980; vgl. auch LG Trier 5 Qs 133/03, zu finden unter http://www.jurpc.de/rechtspr/20040150.pdf, S. 3.

646 Vgl. S. 68ff.; *Graf* in Graf, § 99 Rn. 11; *Hegmann* in Graf, § 110 Rn. 3.

647 *Haller/Conzen*, S. 568f.; *Hartmann/Schmidt*, S. 127.

648 *Hofmann* NStZ 2005, S. 122.

649 *Hartmann/Schmidt*, S. 177; *Gercke* CR 2007, S. 252; *Joecks* § 100 a Rn. 1; *Meyer-Goßner* § 100 a Rn. 1; *Göbel*, S. 41.

kommt nicht in Betracht, da hier nicht Kommunikationsprozesse, sondern die informationstechnische Integrität geschützt wird.

Dabei sei vorweggeschickt, dass sich die nachfolgenden Überlegungen zunächst an der Annahme einer vollumfänglichen verdeckten Online-Durchsuchung bemessen, die sich also in erster Linie auf bereits auf einem System endgültig abgespeicherte Daten bezieht.

In einem zweiten Schritt wird der Blick sodann auf die Anwendbarkeit des § 100 a StPO im Falle einer Quellen-TKÜ gelenkt. Eine gesonderte Betrachtung erscheint hier aus dem Grunde geboten, da – zumindest auf den ersten Blick – die Regelung zur Kommunikationsüberwachung auf diese Unterform der verdeckten Online-Durchsuchung zugeschnitten zu sein scheint.

Die Zulässigkeit der Ermächtigung zu einer auf die Erhebung endgültig abgespeicherter Daten gerichteten verdeckten Online-Durchsuchung ist in Rechtsprechung und Literatur heftig umstritten. Dies rührt daher, dass die hier in Frage stehenden Informationen gerade nicht oder nicht mehr notwendigerweise Teil eines laufenden Kommunikationsvorgangs sind und daher eine Anwendbarkeit nach den hier angestellten Überlegungen nicht möglich ist.

Dennoch hat der Bundesgerichtshof 1995 in einer entsprechenden Situation einem Antrag auf Zugriff beim Dienstanbieter auf Mailboxnachrichten gemäß § 100 a StPO i.V.m. § 102ff. StPO für zulässig erklärt.[650] Nach dieser Entscheidung sei der Zugriff auf das Speichermedium einmalig, einer Durchsuchung von körperlichen Gegenständen entsprechend, möglich, jedoch nur unter den zusätzlichen Voraussetzungen des § 103 Abs. Satz 1 StPO.[651] Dies wird damit begründet, dass sich in der vorliegenden Konstellation die Daten bereits gespeichert auf einem spezifischen Datenträger befinden, womit bei einem Zugriff darauf Art. 13 Abs. 1 GG des Betreibers des Datenträgers betroffen ist (also etwa der Betreiber eines E-Mail-Servers) und eine Zugriffsmöglichkeit auf den Datenträger als körperliches Objekt grundsätzlich über die §§ 94 ff. StPO in Betracht kommt.[652] Andererseits sei der Kommunikationsprozess doch noch nicht endgültig abgeschlossen und ein Zugriff auf die Daten erfolge ausschließlich über die Fernmeldeanlage, also unkörperlich, sodass zugleich ein Eingriff in Art. 10 Abs. 1 GG und auf informationelle Selbstbestimmung nach Art. 2 Abs. 1 i.V.m. Art. 1 Abs. 1 GG im Raum steht, was hinsichtlich des Grundrechts aus Art. 10 Abs.

---

650 *Schröder / Schröder*, S. 12; BGH NJW 1997, 1934; BT-Drs. 16/3231, S. 11f. unter http://dipbt.bundestag.de/dip21/btd/16/032/1603231.pdf.

651 BGH NJW 1997, 1934, ähnlich: LG Mannheim StV 2002, 242, 243.

652 *Eisenberg*, S. 879;.BGH NJW 1997, 1934; *Kudlich* JA 2000, S. 232.

1 GG den Anwendungsbereich des § 100 a StPO eröffne.[653] Mit dieser Argumentation kommt der BGH zur Zulässigkeit der Maßnahme.

Dieses Ergebnis wird in der Literatur weitestgehend kritisiert.[654] Zwar befinde sich eine Datei auch während des Speichervorgangs bzw. während der Speicherung mitunter noch „in Bewegung“, also durchaus noch im laufenden Kommunikationsprozess; jedoch wird die Herangehensweise des BGH bemängelt, durch das potentielle Vorliegen eines Grundrechtseingriffs auf die Einschlägigkeit einer Ermächtigungsnorm der StPO zu schließen.[655] Stattdessen seien die Voraussetzungen des § 100 a StPO anhand des Einzelfalls gesondert festzustellen.[656] Dabei wiederum ist beachtlich, dass sich § 3 Nr. 22 TKG gerade nicht auf das (endgültige!) Speichern als Teil des Kommunikationsvorgangs erstreckt, sondern lediglich vom Senden und Empfangen einer Nachricht spricht; lediglich eine für den konkreten Fall erforderliche Zwischenspeicherung von Daten auf einem Computersystem sei hiervon mit umfasst.[657] Daher läge es nahe, auch nur solche speicherunabhängige Datenbewegung via Internet von § 100 a StPO zu umfassen, die einer z.B. telefonischen Echtzeitkommunikation gleichkommt; diese restriktive Auslegung des § 100 a StPO trage zugleich dem Umstand Rechnung, dass in diesen Konstellationen regelmäßig ein erheblicher Grundrechtseingriff begründet ist.[658] Lediglich dann seien gespeicherte Nachrichten über § 100 a StPO anzugreifen, wenn diese vom Empfänger noch nicht abgerufen wurden, sodass der Zweck der Übermittlung noch nicht erreicht und der Kommunikationsprozess insofern mangels Abruf durch den Empfänger noch nicht abgeschlossen sei.[659] Werden Nachrichten dagegen abgerufen und gelesen, danach jedoch nicht oder nicht direkt gelöscht (z.B. weil eine E-Mail noch im Posteingang aufbewahrt wird), kann insoweit sicher nicht mehr von einem laufenden Kommunikationsvorgang gesprochen werden.[660]

Zuletzt wird die Entscheidung des BGH hinsichtlich der Argumentation zu Art. 13 GG aus verschiedenen Aspekten heraus kritisiert; ein Eingriff in die „Woh-

---

653 BGH NJW 1997, 1934; *Seitz*, S. 257; *Kudlich* JA 2000, S. 232; *Rux* JZ 2007, S. 286.

654 *Meininghaus*, S. 262; *Seitz*, S. 318; *Gercke* CR 2007, S. 250; *Wolter* in Wolter, § 100 a Rn. 35.

655 *Meininghaus*, S. 262; *Kudlich* JA 2000, S. 232; *Vassilaki* CR 1999, S. 577, spricht von der Herleitung des BVerfGs als „juristische Pervertierung“.

656 *Meininghaus*, S. 262; *Kudlich* JA 2000, S. 232; *Vassilaki* CR 1999, S. 577; zu den Voraussetzungen des § 100 a StPO siehe *Hartmann-Wergen*, S. 87.

657 *Malek*, S. 111; *Kudlich* JA 2000, S. 232; *Seitz*, S. 320.

658 *Kudlich* JA 2000, S. 232.

659 *Kudlich* JA 2000, S. 233, der hier das durchaus beachtliche Problem der Nachvollziehbarkeit des Status´ in der Praxis erkennt.; *Malek*, S. 111; *Schlegel* HRRS 2008, S. 29.

660 *Kudlich* JA 2000, S. 233.

nung" sei nur in Form der Durchsuchung oder der akustischen Überwachung zulässig, ein Online-Zugriff sei dagegen von vorneherein nicht zu rechtfertigen und führe daher ohne Rechtfertigungsmöglichkeit zu einer Verletzung des Art. 13 GG; andere Stimmen sehen dagegen den Schutzbereich des Wohnungsgrundrechts als nicht eröffnet an.[661] Stattdessen sei für den Anbieter einer Dienstleistung das Recht auf informationelle Selbstbestimmung aus Art. 2 Abs. 1 i.V.m. Art. 1 Abs. 1 GG einschlägig, wenn an seinem Standort auf gespeicherte Daten auf seinem Rechner zugegriffen werden soll.[662] Für diesen Eingriff kann allerdings auch § 100 a StPO nicht mehr herangezogen werden, da es sich in diesem Stadium nicht mehr um Telekommunikationsüberwachung handelt.[663] Jedenfalls sei eine Bezugnahme zur Rechtfertigung der verdeckten Online-Durchsuchung auf Art. 13 GG in keiner gedanklichen Richtung angebracht.

Zudem wurde in § 39 AWG, den das Bundesverfassungsgericht am 3. März 2004 für verfassungswidrig erklärte,[664] ausdrücklich auch der Zugriff auf gespeicherte Daten erlaubt, die nach Wirksamwerden einer entsprechenden Anordnung entstehen; dass eine solche Befugnis nicht aus § 100 a StPO hervorgeht und diese auch nicht durch das BegleitGTKG eingefügt wurde, spricht stark dafür, dass der Gesetzgeber eine entsprechende Ermächtigung bewusst unterlassen hat bzw. nach der Entscheidung des Bundesverfassungsgerichts von 2004 ebenfalls für verfassungswidrig erachtet.[665]

Dem entsprechen auch die Urteile des BVerfG vom 2.3.2006 sowie 27.2.2008.[666] § 100 a StPO wird auch hier als Ermächtigungsgrundlage abgelehnt, soweit Daten betroffen sind, die nach einem abgeschlossenen Kommunikationsvorgang bei einem Nutzer gespeichert werden oder bleiben.[667] In diesem Falle ist das Fernmeldegeheimnis mangels laufenden Kommunikationsprozess nicht tangiert,

---

661 Vergleiche die genaue Darstellung oben, ansonsten: *Hofmann* NStZ 2005, S. 124; *Vassilaki* CR 1999, S. 576; *Kudlich* JA 2000, S. 233; wobei in der Entscheidung des BGH ein Eingriff in Art. 13 I GG schon aus anderen Gründen ausschied; Anders ab BVerfGE 120, 274, 310f. – hier wird Art. 13 GG vom BVerfG in entsprechenden Fällen als nicht eröffnet bewertet mangels Einschlägigkeit des Wohnungsbegriffs, so auch *Meininghaus*, S.71.

662 *Meininghaus*, S. 295: willigt der Betreiber dagegen in die Herausgabe der Daten ein, steht der Maßnahme am Standort des Betreibers nichts entgegen; *Roßnagel* DRiZ 2007, S. 230.

663 *Gercke* CR 2007, S: 251; *Meininghaus*, S. 295.

664 BVerfGE 110, 33, 34, 52f.

665 *Kudlich* JA 2000, S. 233.

666 BVerfG NJW 2006, S. 976, 976, BVerfGE 120, 274, 308.

667 BVerfG NJW 2006, S. 976, 976; *Benfer/Bialon*, S. 129f.

sodass der Anwendungsbereich des § 100 a StPO nicht eröffnet ist.[668] Stattdessen bemesse sich die Suche nach einer Ermächtigungsgrundlage an einem Eingriff in das Recht auf informationelle Selbstbestimmung gemäß Art. 2 Abs. 1 i.V.m. Art. 1 Abs. 1 GG, da bei einer entsprechenden Überwachung massiv auf personenbezogene Daten des Nutzers zugegriffen werden und Rückschlüsse auf Persönlichkeit und Profil gezogen werden kann;[669] hier greifen hinsichtlich der körperlichen Datenträger sowie der entsprechenden Durchsicht nach Dateiinhalten die §§ 94ff, 102ff., 110 Abs. 3 StPO.[670] Eine Befugnis zur verdeckten Online-Durchsuchung wird hier auch unter Bezugnahme auf Verhältnismäßigkeitsaspekte dagegen nicht angenommen.[671]

Zu einem abweichenden Ergebnis kommt hier nur Seitz[672], der einen Online-Zugriff durchaus auf § 100 a StPO stützt, jedoch die Einschränkung über §§ 102f. StPO ablehnt, die der BGH vornimmt. Beachtlich ist jedoch, dass Seitz bei seinen Ausführungen nicht zwischen der Art der angegriffenen Dateien unterscheidet (also ob im laufenden Kommunikationsprozess befindlich, zwischengespeichert oder endgültig gespeichert), sondern lediglich danach, ob ein Zugriff „offline" oder „online" erfolgt.[673] Dass es aber bei der Bewertung des staatlichen Handelns im computerspezifischen Bereich maßgeblich auf die Art bzw. den Zustand des Zugriffsobjekts ankommt, zeigt sich an den gefundenen abweichenden jeweiligen einschlägigen Befugnisnormen. Insofern vermag das Ergebnis Seitz′ hinsichtlich der Anwendbarkeit des § 100 a StPO für die Online-Durchsuchung nicht zu überzeugen, soweit abgelegte, also endgültig gespeicherte Dateien betroffen sind.

Insgesamt wirkt die Argumentation des BGH massiv ergebnisbezogen und scheint sich mit erhobenem Zeigefinger an diejenigen zu richten, die sich im Bereich der zwischengespeicherten Daten sicher wähnten. Nun auch hier eine Zugriffsmöglichkeit zu konstruieren, mag zwar rechtspolitisch wünschenswert sein, steht jedoch auf dogmatisch unsicheren Beinen.

Daher ist festzuhalten, dass es jedenfalls für Daten, die nach Abruf durch den Empfänger noch weiter gespeichert bleiben, an einer (heimlichen) Zugriffsmöglichkeit über § 100 a StPO fehlt, da diese nicht (mehr) Gegenstand eines laufen-

668 *Wolter* in Wolter, § 100 a Rn. 31; BVerfG NJW 2006, S. 976, 978; vgl. *Fezer* NStZ 2003, S. 627.

669 BVerfGE 120, 274, 302f.; vgl. *Fezer* NStZ 2003, S. 628.

670 *Kindhäuser*, S. 99; BVerfG NJW 2006, S. 976, 980, 981; *Benfer/Bialon*, S. 130.

671 BVerfG NJW 2006, S. 976, 982; *Benfer/Bialon*, S. 130.

672 *Seitz*, S. 334.

673 *Seitz*, S. 327.

den Kommunikationsvorgangs sind. Folglich wird hier der die Anwendbarkeit des § 100 a StPO ablehnenden Ansicht gefolgt.

Diese Überlegungen zur Anwendbarkeit des § 100 a StPO auf die weitreichende verdeckte Online-Durchsuchung im Hinterkopf, stellt sich nicht zuletzt vor dem Hintergrund der aktuellen Ereignisse in Bayern die Frage, ob denn die zumindest der Theorie nach eingriffsschwächere Quellen-TKÜ einer Ermächtigung über § 100 a StPO zugänglich ist. Der Blick auf den Wortlaut der Norm scheint hier zunächst für eine positive Beantwortung dieser Frage zu sprechen, da, wie schon im Laufe der hiesigen Arbeit dargelegt, die Definition der Quellen-TKÜ eine absolute Einschränkung der Überwachung auf Telekommunikationsprozesse beinhaltet. Jede darüber hinausgehende Überwachung führte dazu, dass die jeweilige Überwachung faktisch einer jedenfalls über § 100 a StPO nicht zu rechtfertigenden verdeckten Online-Durchsuchung entspräche.

Dieser womöglich vorschnellen und der technischen Realität widersprechenden Bewertung der Quellen-TKÜ sind jedoch beachtliche Argumente entgegenzusetzen.

Zunächst einmal ist – als entscheidender Punkt der folgenden Überlegungen! - bei der Quellen-TKÜ in technischer Hinsicht ein mit der verdeckten Online-Durchsuchung identisches Vorgehen erforderlich um den Zielcomputer zu infiltrieren.[674] Da also beispielsweise eine Software verwendet werden müsste, die neben der Quellen-TKÜ auch die verdeckte Online-Durchsuchung zuließe, erscheint der Rückgriff auf die in diesem Zusammenhang (hier gerade auch technisch) zu indifferente Regelung des § 100 a StPO zurückzugreifen. Denn wenn man zwar die Rechtmäßigkeit der verdeckten Online-Durchsuchung ablehnen und gleichzeitig die Quellen-TKÜ als rechtmäßige Maßnahme etablieren möchte, dann ist es erforderlich, die Quellen-TKÜ dergestalt in gesetzliche Formen zu gießen, dass Grauzonen und faktische Überschneidungen von Quellen-TKÜ und verdeckter Online-Durchsuchung von vorneherein komplett ausgeschlossen sind. Aufgrund der grundsätzlich gleichförmigen technischen Voraussetzungen beider Maßnahmen und der damit drohenden Erhebung auch abgespeicherter Daten im Zuge einer Quellen-TKÜ ist es absolut unabdingbar, strengste detaillierte Regelungen der Quellen-TKÜ vorzugeben. Diese müssten abgesehen von grundlegenden Festlegungen wie der erforderlichen Eingriffsschwelle und den zu schützenden Rechtsgütern neben der genauen Vorgabe der technischen Abläufe insbesondere Protokollierungspflichten und Datenschutzvorgaben enthal-

674 *Buermeyer* online, S. 1.

ten, um die klare Trennung zur verdeckten Online-Durchsuchung zu gewährleisten. Diesen Anforderungen wird § 100 a StPO nicht gerecht.[675]

Außerdem spielt hier der genaue Moment der Überwachung eine bedeutende Rolle. Wenn nämlich Screen Shots angefertigt werden, solange ein Nutzer lediglich eine E-Mail verfasst, liegt ein Kommunikationsvorgang noch nicht vor und schon daran scheitert § 100 a StPO.[676] Erst sobald ein Inhalt auf irgendeinem Wege in Richtung auf den Empfänger gebracht wird, kann von Telekommunikation überhaupt gesprochen werden.

Zudem rechtfertigt diese Norm wie oben bereits beschrieben Eingriffe in die Telekommunikationsfreiheit nach Art. 10 Abs. 1 GG. Grundsätzlich umfasst und schützt dieses Grundrecht auch Telekommunikation, die über das Internet geführt wird, damit also zunächst auch einmal laufende Telekommunikationsprozesse über E-Mail und ähnliche Dienste.[677]

Jedoch ermächtigt § 100 a StPO gerade nicht zu einem Eingriff in das IT-Grundrecht, welches durch die Infiltration des Zielcomputers mit jenen Tools, die auch eine verdeckte Online-Durchsuchung zulassen, aber in aller Regel durchaus betroffen sein dürfte, insbesondere wenn in technischer Hinsicht die Abgrenzung der beiden Maßnahmen derzeit nicht möglich ist.[678] Jedenfalls in diesen Fällen verbietet sich eine Anwendung des § 100 a StPO als Ermächtigungsgrundlage für die Quellen-TKÜ.

Alleine aber die naheliegende Möglichkeit einer Grundrechtsverletzung spricht stark dagegen, § 100 a StPO zur Rechtfertigung einer Quellen-TKÜ „auf Biegen und Brechen“ heranziehen zu wollen.

Zuletzt ist bei der Anwendung des § 100 a StPO folgendes zu bedenken:

Selbst wenn man entgegen der vorgenannten Argumente auf eine Anwendbarkeit des § 100 a StPO zugunsten der Quellen-TKÜ bestehen möchte, gilt es, die Maßnahme der Überwachung zunächst am Verhältnismäßigkeitsprinzip zu messen. Die Überwachung eines konkreten Zielsystems in Form einer Quellen-TKÜ scheitert hiernach etwa dann, wenn eine Überwachung der Kommunikation über die Erhebung der zugehörigen Daten bei dem jeweiligen Diensteanbieter erfolgen kann. In diesem Fall kann zunächst eine „normale“ TKÜ – über § 100 b

675 *Klesczewski* ZStW, S. 743; *Stadler*, S. 2; *Buermeyer* online, S. 2, der hier auch absolut zu Recht eine an §§ 100a f. StPO anknüpfende Annexkompetenz zugunsten einer Infiltration als „unerhebliche Begleiterscheinung einer Telekommunikationsüberwachung“ strikt ablehnt.

676 *Albrecht*, Abs. 2, 4f.

677 *Albrecht*, Abs. 15.

678 *Buermeyer* online, S. 5; *Albrecht*, Abs. 17.

Abs. 3 StPO – in Zusammenarbeit mit dem Provider angeordnet werden, der je nach Einzelfall bereits die erforderlichen Informationen weitergeben kann.[679]

Dann nämlich stellt sich das Erfordernis einer Quellen-TKÜ erst gar nicht, der Rechner der überwachten Person muss nicht infiltriert werden um die relevanten Daten überwachen oder erheben zu können und die Gefahr einer weiter reichenden Einsichtnahme von Inhalten auf dem Zielrechner in Form einer unrechtmäßigen verdeckten Online-Durchsuchung wäre somit gebannt.[680] Erst in dem Moment, in dem ein Provider nicht in der Lage oder willens ist, relevante Informationen über einen Telekommunikationsprozess weiterzuleiten, diese Form der Maßnahme also scheitert, stellt sich die Frage der Datenerhebung direkt am Zielrechner. Damit stellen sich aber auch die oben dargestellten Problemfelder zur Anwendbarkeit des § 100 a StPO hinsichtlich der Quellen-TKÜ.

Nach der hier vertretenen Ansicht sind diese dahingehend zu lösen, dass die Schaffung einer neuen und speziellen Ermächtigungsgrundlage absolut unabdingbare Voraussetzung ist, um zu einer Rechtmäßigkeit der Quellen-TKÜ zu gelangen, sofern man auf die Notwendigkeit einer solchen Maßnahme als Ermittlungsweg bestehen möchte. Sofern es nicht möglich sein sollte, eine solche Regelung zu formulieren, die den technischen und grundrechtsspezifischen Erfordernissen der Maßnahme gerecht werden kann, muss dies dazu führen, dass den Behörden die (zumindest rechtmäßige) Durchführung einer solchen Maßnahme verwehrt bleibt.

§ 100 a StPO ist demzufolge nach hier vertretener Ansicht nicht als Ermächtigungsgrundlage für eine Quellen-TKÜ heranzuziehen.

ee) §§ 102ff. StPO

Vor dem Beschluss des BGH vom 31.01.2007[681] wurden auch verdeckte Online-Überwachungen von Computersystemen auf §§ 102ff. StPO gestützt.[682] Die §§ 102ff. StPO beinhalten Ermächtigungen und Voraussetzungen zu Wohnungs- und Sachdurchsuchungen von verdächtigten Personen. Fraglich war, zumindest

679 *Braun* K&R, S. 685; *Buermeyer* online, S. 3; vgl. zu den von Skype gespeicherten Daten http://www.skype.com/intl/de/legal/privacy/general/#1.

680 *Buermeyer* online, S. 4f.

681 BGHSt 51, 211.

682 BGH StV 2007, S. 60, 60f.; *Huber* NVwZ 2007, S. 880; *Gercke* CR 2007, S. 250; BVerfG NStZ 2006, 641, 641; zustimmend *Hofmann* NStZ 2005, S. 123f.; BT-Drs. 16/3231, S. 12 unter http://dipbt.bundestag.de/dip21/btd/16/032/1603231.pdf.

bis zum Beschluss des BGH vom 31.01.2007, ob dies auch zu einer verdeckten Online-Durchsuchung ermächtigt. Der BGH hat in seinem Beschluss diesen Streit inzwischen gegen die Anwendbarkeit der §§ 102ff. StPO entschieden und auch in der Lehre herrscht diesbezüglich heute größtenteils Einigkeit.[683] Daher erfolgt an dieser Stelle der Vollständigkeit halber lediglich eine kurze Darstellung der Argumente bzw. Positionen pro und contra §§ 102ff. StPO.

Zugunsten der Anwendbarkeit der §§ 102ff.StPO als Ermächtigungsgrundlage für verdeckte Online-Durchsuchungen wurde dabei zunächst argumentiert, dass die Grenzen des Wortlauts im Sinne des Schritthaltens gesetzlicher Regelungen mit dem Stand der Technik nicht statisch sein oder übermäßig betont werden sollten.[684] Zudem deuten die §§ 100 a ff., 110 a ff. StPO darauf hin, dass die Rechtmäßigkeit einer Maßnahme nicht an ihrer Heimlichkeit scheitern könne, da hier auch Maßnahme normiert seien, die verdeckt ausgeführt würden.[685] Daher sei die verdeckte Online-Durchsuchung als ebenso verdeckte Maßnahme unter §§ 102ff. StPO zu subsumieren. Nicht die Art des zu durchsuchenden Mediums sei entscheidend für die Anwendung des § 102 StPO, sondern die Eignung des aufgefundenen Inhalts, also der Daten, zu Beweiszwecken.[686] Außerdem könne nach §§ 102ff. StPO auch das jeweilige informationstechnische System in Betrieb genommen werden um an neues beweiserhebliches Material zu gelangen, sodass die Regelung auch für die verdeckte Online-Durchsuchung extern einschlägig sein müsse.[687]

Im Ergebnis sei es hier nämlich unerheblich, ob das Material bei Anwesenheit oder Abwesenheit der Ermittlungsbeamten über das System gewonnen würde.[688]

Insgesamt sei es daher insgesamt angebracht, die verdeckte Online-Durchsuchung über § 102ff. StPO als zulässig zu bewerten.

Dem gegenüber sprechen jedoch die entscheidenden und überzeugenden Argumente gegen die Subsumtion der verdeckten Online-Durchsuchung unter die in Frage stehenden Regelungen:

---

683 Die Anwendbarkeit der §§ 102ff. StPO ablehnend etwa: *Meyer-Goßner* § 100 a Rn. 12; *Jahn/Kudlich* JR 2007, S. 59; *Valerius* JR 2007, S. 280; BGH, Beschl. vom 31. Januar 2007 - StB 18/06; S. 3 unter http://juris.bundesgerichtshof.de/cgi-bin/rechtsprechung /document.py?Gericht=bgh&Art=en&sid=25868188492779b72ccca95a22987a8c&nr=38779&pos=0&anz=1.

684 *Jahn/Kudlich* JR 2007, S. 59.

685 *Jahn/Kudlich* JR 2007, S. 59.

686 BGH StV 2007, S. 60, 61.

687 *Hunsicker* Kriminalistik 2007, S. 188.

688 *Hunsicker* Kriminalistik 2007, S. 188.

Im Bereich der §§ 102ff.StPO bilden nämlich einerseits nur Wohnungen und andere vergleichbare Räume taugliche Durchsuchungsobjekte, hier geht es gerade um die Überwindung räumlicher Abgrenzungen durch Beamte, zumindest, um sich einen ersten Zugang zu weitergehenden, sodann auch möglicherweise unkörperlichen Durchsuchungsobjekten zu verschaffen.[689] Charakteristisch ist also insofern erstens das offenkundige Eindringen in räumlich abgeschottete Bereiche des Betroffenen, die unzweifelhaft durch Art. 13 GG geschützt werden. Zweitens ist charakteristisch für den Durchsuchungsbegriff des § 102 StPO, dass die Maßnahme offenkundig, also mit Kenntnis des Betroffenen stattfindet.[690]

Beides sind Voraussetzungen, die bei der Durchführung einer verdeckten Online-Durchsuchung nicht gegeben sind. Zudem gilt es zu beachten, dass die verdeckte Online-Durchsuchung aufgrund der Heimlichkeit schon eingriffsintensiver ist, als die offene Durchsuchung nach §§ 102ff. StPO; hier hat der Betroffene neben der Kenntnis über die hoheitliche Tätigkeit auch Reaktionsmöglichkeiten wie Kooperation, die dem Betroffenen der verdeckten Online-Durchsuchung gänzlich verwehrt bleiben – daher kann auch nicht aus dem Argument geringerer Eingriffsintensität heraus eine verdeckte Online-Durchsuchung über § 102 StPO gerechtfertigt werden.[691]

Die Tatsache, dass Art. 13 Abs. 1 GG flexibel zu interpretieren und an den technischen Gegebenheiten und Möglichkeiten der Gegenwart zu bemessen ist und sich der Schutzbereich wie festgestellt auch auf Computersysteme innerhalb des geschützten Bereichs beziehen kann, bedeutet allerdings nicht, dass im Umkehrschluss jede Form einer „Durchsuchung" dieses Bereichs von § 102 StPO gedeckt sein *muss*. Vielmehr muss die in Frage stehende Maßnahme ihrerseits die Voraussetzungen des § 102 StPO erfüllen, um von diesem eine rechtliche Grundlage gewinnen zu können. Die verdeckte Online-Durchsuchung tut dies aufgrund der Unkörperlichkeit und der Heimlichkeit des Vorgehens aber gerade nicht, sodass § 102 StPO nicht herangezogen werden kann.

Selbst wenn man auch die Regelungen der Strafprozessordnung ähnlich denen des Grundgesetzes einer flexiblen Interpretation zugänglich machen wollte, und so das Erfordernis des körperlichen Eindringens von Beamten „wegdiskutieren"

---

689 *Pfeiffer*, § 102 Rn 2; dass im Falle einer rechtmäßigen Wohnungsdurchsuchung auch informationstechnische Systeme und die enthaltenen Daten als dem Verdächtigen „gehörende Sachen" i.S.d. § 102 StPO durchsucht werden können, ist zu bejahen, hilft hinsichtlich der verdeckten Online-Durchsuchung jedoch nicht weiter.

690 *Valerius* JR 2007, S. 280.

691 BGH, Beschl. vom 31. Januar 2007 - StB 18/06; S. 6 unter http://juris. bundesgerichtshof.de/cgi-bin/rechtsprechung/document.py?Gericht=bgh&Art=en&sid=25868188492779b72ccca95a22987a8c&nr=38779&pos=0&anz=1.

könnte, so scheitert die Zulässigkeit der verdeckten Online-Durchsuchung nach § 102 StPO aber immer noch an der Heimlichkeit der Maßnahme, da die Offenkundigkeit der Durchsuchung ein immanentes Charakteristikum der Durchsuchung nach § 102 StPO darstellt.[692]

Auch hier sei des Verständnisses halber nochmals darauf hingewiesen, dass, selbst wenn § 102 StPO als einfachgesetzliche Ermächtigungsgrundlage zugunsten der verdeckten Online-Durchsuchung greifen würde, die Rechtfertigung des Eingriffs in Art. 13 Abs. 1 GG schon an den Voraussetzungen an eine Rechtfertigung, die in Art. 13 GG selbst formuliert sind, scheitern würde.[693] § 102 StPO ist normenhierarchisch niedriger als die Regelungen des Grundgesetzes und kann eine dortige Verletzung nicht rechtfertigen.

Andererseits ist die verdeckte Online-Durchsuchung ihrer Art nach vordergründig nicht mit den Maßnahmen zu vergleichen, die in §§ 102ff. StPO formuliert werden, sondern weist eine größere Ähnlichkeit mit den Ermächtigungen zu technikbasierten Maßnahmen nach §§ 100 a ff. StPO auf.[694] Daher ist die Subsumtion der verdeckten Online-Durchsuchung unter §§ 102ff. StPO bereits nur schwer vertretbar.

Dass zudem für den Fall der Überwachung bzw. Einsichtnahme von gespeicherten Computerdaten abseits des Art. 13 Abs. 1 GG, dessen Schrankensystematik ja ohnehin nicht zugunsten der verdeckten Online-Durchsuchung greift, und die Berührung mit den Grundrechten aus Art. 10 Abs. 1 GG und Art. 2 Abs. 1 i.V.m. 1 Abs. 1 GG nicht § 102 StPO, sondern grundsätzlich die §§ 100 a, 100 b, 110 Abs. 3 StPO heranzuziehen sind, wurde ebenso bereits hergeleitet.[695] Damit scheidet die Zulässigkeit der verdeckten Online-Durchsuchung über §§ 102ff. StPO aus.

---

692 *Valerius* JR 2007, S. 280; BGH, Beschl. vom 31. Januar 2007 - StB 18/06; S. 7 unter http://juris.bundesgerichtshof.de/cgi-bin/rechtsprechung/document.py?Gericht=bgh &Art=en&sid=25868188492779b72ccca95a22987a8c&nr=38779&pos=0&anz=1.

693 Vgl. S. 144f.

694 *Jahn/Kudlich* JR 2007, S. 59; *Valerius* JR 2007, S. 278 differenziert hier weiter nach der Frage der Heimlichkeit der Online-Durchsuchung; handele es sich um eine offene, also dem Betroffenen mitgeteilte Durchsuchung des Systems, sei diese über § 102 StPO zu rechtfertigen. Hinsichtlich der verdeckten Online-Durchsuchung lehnt er die Anwendbarkeit des § 102 StPO hier jedoch ebenfalls ab. Die Bewertung der „offenen Online-Durchsuchung" bemisst sich inzwischen an § 110 Abs. 3 StPO, vgl. S. 176f.; sodass insofern § 102 StPO nicht mehr diskutiert wird.

695 *Meyer-Goßner*, § 100 a Rn. 7b; *Benfer/Bialon*, S. 129; vgl. S. 30ff.

ff) § 161 StPO

§ 161 StPO beinhaltet eine Generalklausel zur Strafverfolgung, die Ermittlungen dann gestattet, wenn eine Maßnahme lediglich eine geringe Grundrechtsrelevanz aufweist.[696] Sicherlich ist der Maßstab der „geringen Grundrechtsrelevanz" durchaus grundsätzlich auch am Einzelfall zu bemessen. Im Falle der verdeckten Online-Durchsuchung wurden jedoch in den voranstehenden Ausführungen erhebliche und mitunter bei gegenwärtiger Gesetzeslage nicht zu rechtfertigende Eingriffe in verschiedene Grundrechte hergeleitet, die in nahezu jedem denkbaren Fall einer verdeckten Online-Durchsuchung vorliegen werden. Daher ist von einer nur geringen Grundrechtsrelevanz hinsichtlich der verdeckten Online-Durchsuchung nicht auszugehen.

Die Überlegung, eine Maßnahme in Form einer verdeckten Online-Durchsuchung auf § 161 StPO zu stützen, scheitert also nach den obigen Darstellungen bereits ganz offensichtlich an der hohen Eingriffsintensität der verdeckten Online-Durchsuchung.[697]

gg) Analogie zugunsten der verdeckten Online-Durchsuchung

Nachdem nun alle denkbaren Ermächtigungsgrundlagen der StPO auf ihre Einschlägigkeit für die repressive verdeckten Online-Durchsuchung angeprüft und abgelehnt wurden, stellt sich abschließend die Frage, ob sich nicht im Wege eines Analogieschlusses eine geeignete Ermächtigungsgrundlage finden ließe.[698]

Hier bereitet bereits das für das materielle Strafrecht einschlägige Analogieverbot nach Art. 103 Abs. 2 GG Probleme; es stellt sich grundsätzlich die Frage, ob Art. 103 Abs. 2 GG auch auf das Strafprozessrecht Anwendung findet.[699]

Unabhängig von der Beantwortung der Frage um die Anwendbarkeit des Art. 103 Abs. 2 GG auf das Strafprozessrecht scheitert eine analoge Anwendung einer der dargestellten Normen aber jedenfalls an Art. 20 Abs. 3 GG und den hier formulierten Grundprinzipien des Vorrangs und Vorbehalts des Gesetzes: Vor-

696 *Meyer-Goßner*, § 161 Rn. 1; *Pfeiffer*, § 161 Rn. 1; *Hofmann* NStZ 2005, S. 121; *Beulke*, S. 52.

697 *Bär*, S. 13; *Jahn/Kudlich* JR 2007, S. 61; DT 2009, S. 28; *Bär* DRiZ 2007, S. 221; *Herrmann*, S. 41.

698 *Valerius* JR 2007, S. 276; *Jahn/Kudlich* JR 2007, S. 60.

699 *Jahn/Kudlich* JR 2007, S. 60; *Valerius* JR 2007, S. 276.

rang des Gesetzes bedeutet zunächst die Notwendigkeit der Einhaltung der Normenhierarchie mit der Verfassung an der höchsten Position; eine Rechtsnorm niedrigeren Ranges kann keine solche Regelung brechen, die höherwertig ist, dass also beispielsweise eine allgemeine Verwaltungsvorschrift ein Gesetz nicht abändern oder außer Kraft setzen kann.[700] Dieses Prinzip wird ergänzt vom Vorbehalt des Gesetzes, demzufolge insbesondere grundrechtsrelevante Eingriffe durch die Verwaltung zulasten von Bürgern durch ein formelles Gesetz legitimiert sein müssen.[701]

Dass die verdeckte Online-Durchsuchung sogar eine erhebliche Grundrechtsrelevanz aufweist, wurde ausführlich dargestellt. Hieraus folgt also unter Berücksichtigung des Art. 20 Abs. 3 GG die Notwendigkeit, dass der Eingriff in Form der verdeckten Online-Durchsuchung unmittelbar durch ein entsprechendes formelles Gesetz legitimiert sein müsste, welches aber gegenwärtig wie festgestellt gerade nicht existiert – Raum für eine Analogie bleibt damit nicht, zumal auch diese nicht die Verletzung des Art. 13 Abs. 1 GG gemäß der Schrankensystematik des Wohnungsgrundrechts rechtfertigen könnte.[702]

hh) Zwischenergebnis Rechtfertigungsmöglichkeiten

Die Ermächtigung zur verdeckten Infiltration fremder Rechner, um virtuelle Aktivitäten einer Person heimlich überwachen und insbesondere abgespeicherte Daten einsehen und erheben zu können, ist in der Strafprozessordnung gegenwärtig nicht enthalten. Mangels Einschlägigkeit der Generalklausel oder einer möglichen Analogiebildung kommt man hier zum Ergebnis, dass im Bereich der Strafverfolgung keinerlei entsprechende Befugnis zugunsten der Behörden hergeleitet werden kann. Damit muss insofern – und dies auch unabhängig von der dargestellten Schrankenproblematik des Art. 13 GG – festgestellt werden, dass die aufgeführten Eingriffe in die Grundrechte nicht gerechtfertigt werden können.

Findet also eine verdeckte Online-Durchsuchung statt, so führt dies zu verschiedenen erheblichen Verletzungen von Grundrechtspositionen des Betroffenen. Dass diese Gefahr nicht mehr ein lediglich theoretisches Problemfeld darstellt, sondern inzwischen praktische Relevanz hat, zeigen die neusten Entwicklungen

---

700 *Hofmann* in Hofmann/Hopfauf, Art. 20 Rn. 70.

701 *Valerius* JR 2007, S. 276; *Hofmann* in Hofmann/Hopfauf, Art. 20 Rn. 70.

702 *Jahn/Kudlich* JR 2007, S. 60.

und Informationen über das Vorgehen des LKA Bayern, die in Hinblick auf die vorstehenden Überlegungen massiv zu kritisieren sind.[703]

c) Exkurs: gelöschte Dateien

Abschließend sei auf eine weitere mögliche Zielrichtung der verdeckten Online-Durchsuchung hingewiesen: bisher wurde das Augenmerk auf solche Dateien gelenkt, die auf einer Festplatte des überwachten Rechners abgespeichert wurde.

Strafrechtlich relevantes Material kann sich allerdings durchaus auch aus Dateien ergeben, die der Adressat einer Strafverfolgungsmaßnahme nach einer Speicherung bzw. nach einem laufenden Kommunikationsprozess vom Speichermedium gelöscht hat.[704]

Technisch ist die Wiederherstellung einmal gelöschter Daten grundsätzlich möglich, da nicht die Dateiinhalte vom Computersystem eliminiert werden, sondern lediglich die Verknüpfung von Festplattenbereich und betroffener Datei unter bestimmtem Namen, sogenannter Directory-Eintrag.[705] Dieser Eintrag kann wiederhergestellt werden, jedoch nur solange, bis dem Festplattenbereich, dem zuvor die gelöschte Datei zugeordnet war, vom Betriebssystem ein neuer Inhalt zugeordnet, also überschrieben wird.[706] Ab diesem Moment ist eine Wiederherstellung des alten Dateiinhalts praktisch unmöglich, zumal Programme existieren, die eine endgültige Löschung von Inhalten ermöglichen.[707]

Unterstellt, eine Wiederherstellung ist technisch möglich und wurde durchgeführt, bemisst sich die Befugnis zur Einsichtnahme im Wege einer Online-Durchsuchung an den oben entwickelten Grundsätzen. Die wiederhergestellten

---

703 Mehr hierzu ab S. 198.

704 *Kemper* ZRP 2007, S. 108.

705 *Fox* DuD 2007, S. 828; *Buermeyer* HRRS 2007, S. 159; Eine Wiederherstellung erfordert heutzutage auch nur in absoluten Ausnahmefällen den Einsatz von Fachleuten unter Zugriffnahme auf das jeweilige Endgerät. Stattdessen gibt es diverse, zum Teil sogar kostenfreie Software-Programme, die gelöschte oder vermisste Dateien auf einem System suchen und auf Wiederherstellbarkeit prüfen; www.spiegel.de/netzwelt/gadgets/a-716874.html. Für den Fall einer verdeckten Online-Durchsuchung bedeutet dies zugleich die Möglichkeit zugunsten der Behörden, die entsprechenden Tools z.B. remote zu bedienen oder per Trojaner auf einem Zielsystem aufzuspielen, ohne dass ein körperlicher Zugriff auf das Objekt erfolgen müsste.

706 *Buermeyer* HRRS 2007, S. 159.

707 *Buermeyer* HRRS 2007, S. 159; vgl. Löschprogramm *Eraser*, vgl. www.heidi.ie/eraser.

Daten stellen insofern keinerlei Besonderheiten gegenüber den anderen abgespeicherten Daten dar.

d) Zwischenergebnis zu Grundrechtsrelevanz und Rechtfertigung der verdeckte Online-Durchsuchung

Die verdeckte Online-Durchsuchung als repressive Ermittlungsmaßnahme stellt – die Frage nach den tatsächlichen sowie technischen Möglichkeiten und Erfolgsaussichten zunächst außer Acht gelassen - eine erhebliche Bedrohung für verschiedene bedeutsame Grundrechte dar, für die es gegenwärtig keine Ermächtigungsgrundlage im Strafprozessrecht gibt. Sollten Ermittlungsbehörden dennoch zu dieser Maßnahme greifen und darüber relevantes Beweismaterial erheben können, so sind die jeweiligen Maßnahmen als strafbares Verhalten zu qualifizieren. Dass zudem mangels Rechtsgrundlage für den Zugriff eine Verwertbarkeit der gewonnen Informationen im Prozess abgelehnt werden muss, dürfte demgegenüber ein fast schon marginales Problem darstellen.[708]

Um zu einer legitimen Verwertbarkeit zu gelangen, ist es zunächst einmal erforderlich, eine Ermächtigungsgrundlage in der StPO neu zu schaffen, die die verdeckte Online-Durchsuchung ermöglicht. Damit bestünde dann zumindest eine einfachgesetzliche Möglichkeit zur Rechtfertigung von Eingriffen in jene Grundrechte, die einem Gesetzesvorbehalt unterliegen.

Abhilfe im Bereich des Art. 13 GG und der hier vorgefundenen Problematik im Bereich der Schrankensystematik des Wohnungsgrundrechts ist damit jedoch noch nicht geschaffen. Da hier bereits die im Grundgesetz vorgegebenen Voraussetzungen für eine mögliche Rechtfertigung im Falle einer verdeckten Online-Durchsuchung nicht erfüllt sind, kommt es auf einfachgesetzliches Recht gar nicht erst an. Um eine Verletzung des Art. 13 Abs. 1 GG zu verhindern, müsste die Schrankendogmatik hier geändert oder ergänzt werden. Ob dies für eine technisch wie politisch wie juristisch so umstrittene Maßnahme wie die verdeckte Online-Durchsuchung vom Gesetzgeber zu erwarten ist, wird abzuwarten sein, allerdings stehen die Sterne für die Befürworter der repressiven verdeckten Online-Durchsuchung nach der hier vertretenen Ansicht eher ungünstig – die Änderung der Verfassung als Reaktion auf den höchst politisch motivierten Diskurs um eine Maßnahme, die in ihrer Streitigkeit nur mit wenigen anderen ho-

---

708 *Hartmann/Schmidt*, S. 328; im Übrigen detailliert zu Fragen der Beweisverwertbarkeit unter Kapitel E. ab S. 305.

heitlichen Eingriffe zu vergleichen[709] und in den Erfolgsaussichten so ungewiss ist, erscheint nach den angestellten Überlegungen unwahrscheinlich.

4. Bayern, DigiTask und die verdeckte Online-Durchsuchung

Wie bereits zu Beginn dieser Arbeit angedeutet, gerieten im Herbst 2011 brisante Informationen über den Einsatz von Überwachungssoftware in Bayern an die Presse, was der gesamten Thematik aufs Neue eine große öffentliche Aufmerksamkeit zubrachte.[710]

Anlass war folgendes Vorgehen des bayerischen LKAs, das im Zusammenhang mit einem repressiven Strafverfolgungsverfahren stand:[711]

Das LKA spielte, nachdem die Maßnahme durch richterliche Anordnung auf die Erfassung von Telekommunikationsvorgängen (!) begrenzt wurde,[712] einem zu überwachenden Zielsystem einen Trojaner zu. Der Trojaner war so programmiert, dass er auf dem Zielsystem einen modifizierten Skype-Client installiert, der wiederum den jeweiligen Bildschirmstand in Form von Screen Shots an die Behörden weitergeben kann und auch weitergab. Ebenso sollte die über https geführte, verschlüsselte Telekommunikation überwacht werden. Diese Weitergabe geschah ebenso wie die Steuerung des Trojaners zudem nicht direkt von Bayern aus sondern über einen Server, der sich in einem amerikanischen Rechenzentrum befand![713] Diese Maßnahme entspricht zunächst einmal grundsätzlich der oben dargestellten Quellen-Telekommunikationsüberwachung, zumindest soweit ausschließlich die über Skype übermittelten Kommunikationsinhalte übermittelt wurden, und wurde von der handelnden Behörde auf §§ 100a, 100b StPO gestützt.[714]

---

709 Zu denken wäre beispielsweise an die Androhung oder Vornahme von Folter an einem Verdächtigen zur Gewinnung von Informationen über Opfer oder Tatumstände.

710 http://ijure.org/wp/archives/476; *Lischka/Reißmann*, Teil 1, 3, www.tagesschau.de/ inland/trojaner100.html; http://www.tagesschau.de/inland/trojaner112.html; http://ccc.de/ de/updates/2011/staatstrojaner; Albrecht, Abs. 1 ff.; http://0zapftis.info/.

711 LG Landshut MMR 2011, 690ff.

712 *Biermann*, S. 1.; hier auch kritisch zu der Frage, ob die jeweiligen Richter überhaupt das erforderliche technische Know-How und die Kapazität haben, um eine so weitreichende Maßnahme wie eine verdeckte Online-Durchsuchung oder auch eine Quellen-TKÜ angemessen einzuschätzen und entsprechend anzuordnen oder eben auch nicht.

713 *Braun*, S. 682.

714 Was nach der hier vertretenen Ansicht unzulässig ist, vgl. S. 183ff.

Allerdings spiegelten die insgesamt übermittelten 60.000 Screen Shots gerade nicht ausschließlich Telekommunikationsinhalte wieder, sondern verschiedenste denkbare Informationen.[715] Statt von einer vermeidlich zulässigen Quellen-TKÜ ist daher vielmehr vom Vorliegen einer unzulässigen verdeckten Online-Durchsuchung auszugehen.[716]

Der Betroffene legte gegen dieses Vorgehen Beschwerde ein, wobei das LG Landshut sodann zwar die Erstellung der Screen Shots als unzulässig bewertete, nicht aber die übrige Überwachung der Telekommunikation; die Infiltration des Rechners wurde als Annexkompetenz zu § 100 a StPO bewertet, der laut LG Landshut auch für eine Quellen-TKÜ heranzuziehen sei.[717]

Dass eine solche Einschätzung nach der hier vertretenen Ansicht in Anbetracht der erheblichen mit der Maßnahme unweigerlich verbundenen Grundrechtsverletzungen fehl geht, wurde bereits dargestellt.[718]

Außerdem wäre es hinsichtlich der Überwachung der Internettelefonie im Zuge der Verhältnismäßigkeit der Maßnahme im Rahmen der Geringhaltungspflicht erforderlich gewesen, dass sich die Behörde, bevor sie sich unmittelbar an den Betroffenen gewendet und so dessen Grundrechte angegriffen hat, zunächst an den Diensteanbieter gewendet hätte.[719] Insofern war die Maßnahme ohnehin nicht das mildeste Mittel und daher unverhältnismäßig und unzulässig.

Dem entsprechen auch die technischen Ergebnisse des Chaos Computer Club[720], dem die von der Behörde eingesetzte Software zugespielt wurde und der durch Analyse der Software herausfand, dass das über den Trojaner übermittelte Programm nicht ausschließlich auf die Überwachung der Skype-Kommunikation beschränkt ist. Vielmehr war das eingesetzte Programm in der Lage, auch solche Daten und Inhalte auszuspähen und an die Behörden zu übermitteln, die auf dem Rechner gespeichert und nicht Gegenstand der Skype-Kommunikation waren. Damit war also offensichtlich, dass die Behörde ein Programm verwendet hat, das eine vollumfängliche verdeckte Online-Durchsuchung ermöglicht und zudem die Funktion besitzt, immer neue Software und Funktionen zur Überwachung automatisiert auf den einmal infiltrierten Rechner nachzuladen.[721] Nun stellt sich zweifelsohne die Frage danach, ob sich die die Maßnahme, also zu-

---

715 *Biermann*, S. 1; http://ccc.de/de/updates/2011/staatstrojaner.

716 *Albrecht*, Abs. 21.

717 LG Landshut MMR 2011, S. 690, 691.

718 Vgl. S. 178ff.

719 http://www.skype.com/intl/de/legal/privacy/general/#1.

720 Informationen zum Chaos Computer Club unter http://www.ccc.de/.

721 http://ccc.de/de/updates/2011/staatstrojaner.

nächst einmal die Quellen-TKÜ, durchführende Behörde auch tatsächlich an die Fokussierung auf die Kommunikationsüberwachung gehalten hat, oder nicht doch einen weitergehenden Blick auf abgespeicherte Inhalte geworfen hat. Zwar versuchte die Behörde dieser Befürchtung mit dem Hinweis auf strenge Protokollierungsvorgaben entgegenzutreten und distanzierten sich deutlich von dem Vorwurf, auch andere Inhalte als solche aus Skype-Vorgängen stammende erhoben zu haben.

Dass die bloße Gewissheit einer durch die Behörde garantiert durchgeführten Protokollierung aber auch wenig Schutz für einen Betroffenen der Maßnahme bietet, ist offensichtlich, insbesondere wenn die Fälschung und Manipulation der Protokolle sowohl seitens der Behörde als auch seitens des Betroffenen oder Dritten denkbar ist.[722] Die Gefahr, dass auf einem Rechner abgespeicherte Inhalte eingesehen werden, die über eine Kommunikationsüberwachung hinaus gehen, wird auch durch eine Protokollierung nicht gebannt.

Die Tatsache, dass die verwendete Software bereits von einem gängigen Virenschutzprogramm erkannt und gemeldet wird, dürfte jedoch zumindest in faktischer Hinsicht beruhigen.

Bei der Prüfung der hier entwickelten Software durch den Chaos Computer Club traten –neben der festgestellten umfassenden Möglichkeit zur Durchführung einer verdeckten Online-Durchsuchung – verschiedene problematische bzw. fragwürdige Punkte zutage. Zunächst ist hier wie bereits oben erwähnt darauf hinzuweisen, dass das Programm das automatisierte Nachladen weiterer Funktionen zulässt.[723] Dies wird damit begründet bzw. gerechtfertigt, dass das aufgespielte Spähprogramm mit den sich aktualisierenden Versionen der originalen Skype-Software mithalten müsse. Damit kann aber gleichzeitig auch nicht ausgeschlossen werden, dass immer neue und weiter greifende Funktionen mit nachgeladen werden.[724]

Neben dieser Nachladefunktion trägt der Chaos Computer Club vor, dass die über den Trojaner eingeschleuste Software zudem das Fernsteuern des infiltrierten Rechners ermöglicht. Dies ist als solches bereits dahingehend problematisch, dass die Möglichkeit der Behörden, auf die Inhalte und Daten auf dem Rechner einzuwirken und diese zu verändern und zu manipulieren, den Beweiswert der so erhobenen Informationen einzuschränken vermag. Schließlich steht für diesen Fall immer die Gefahr im Raum, dass die ermittelnden Beamten Daten nicht

722 *Biermann*, S. 3.

723 http://ccc.de/de/updates/2011/staatstrojaner; *Biermann* II, S. 2.

724 http://ccc.de/de/updates/2011/staatstrojaner, die hier vermuten, dass die Nachladefunktion sogar bewusst eingefügt wurde.

bloß erhoben, sondern vorab deren Inhalt manipuliert oder untergeschoben haben könnten. Um den Beweiswert einer solchen Datenerhebung zu sichern, wäre also eine aufs Genauste ausgefeilte Protokollierung und Überwachung ausnahmslos aller Aktivitäten der handelnden Personen unabdingbar.

Mindestens genauso schwer wiegt jedoch die Möglichkeit, dass auch ein Zugriff Dritter denkbar ist, sobald die Fernsteuerfunktion erst einmal aktiviert worden ist.[725] Eine Zugriffsmöglichkeit außenstehender Dritter auf einen durch Beamte infiltrierten Rechner – ein größeres Missbrauchspotential ist in kaum einer Konstellation denkbar: Änderungen von Inhalten und das Löschen von potentiellen Beweisen sind nur zwei denkbare Beispiele, wie auf die eigentlich behördlich überwachten Daten genauso wie auf alle anderen auf dem Rechner befindlichen Inhalte von außen eingewirkt werden kann.[726] Letztlich ist aber auch dies eine Folge der technischen Eigenart der Spähsoftware, die, sobald sie einmal aus der Hand der Behörden und auf das Zielsystem gegeben wurde, unter der Kontrolle desjenigen steht, der auch das jeweilige System kontrolliert.[727] Dass dies ein nicht hinnehmbarer Zustand ist, erfordert keiner weiteren Begründung.

Darüber hinaus versäumte es der Hersteller DigiTask - wohl sehr zum Leidwesen der Behörden -, auch bei einer moderneren Version der vom Chaos Computer Club analysierten Überwachungs-Software[728] eine neuartige Verschlüsselung des Trojaners zu implementieren, was dazu führte, dass das Programm nach wie vor mit gängigen und altbekannten Virenschutzprogrammen des Zielsystems erkannt werden kann. Die konkreten Erfolgsaussichten eines Einsatzes mit solchen Mitteln scheinen daher relativ gering.

Zuletzt in diesem Zusammenhang nennenswert ist die Tatsache, dass sich das LKA Bayern nicht etwa selbst, also durch eigene Beamte oder Angestellte der Behörde, mit der Entwicklung der eingesetzten Überwachungssoftware befasst hat, sondern hierzu ein externes Unternehmen beauftragt wurde: der hessische Softwareentwickler DigiTask.[729]

Fraglich ist daher bereits, ob die Behörde das extern entwickelte Programm, das letztlich für die Überwachungsmaßnahme eingesetzt wurde, überhaupt in seiner komplexen Funktionalität erfasst hat, bevor es an das Zielsystem übermittelt wurde, also ob sich eine behördeninterne Abteilung mit den einzelnen techni-

---

725 http://ccc.de/de/updates/2011/staatstrojaner.

726 *Biermann* II, S. 2.

727 *Biermann* II, S. 4.

728 *Biermann* II, S. 2, die neuste überprüfte Version stammt aus dem Jahr 2010.

729 Zum Unternehmen: www.digitask.de/index.php?option=com_content&view=frontpage &Itemid=1.

schen Besonderheiten eingehend befasst hat. Entsprechende Informationen liegen jedoch nicht, jedenfalls nicht mit Sicherheit vor. Fast scheint es daher mangels besonderer Überprüfung der Möglichkeiten der eingekauften Software, als sei die Behörde tatsächlich in dem Glauben gewesen, ein restriktiv auf die Erfassung von Skype-Telefonie zugeschnittenes Überwachungsprogramm in Händen zu halten. Daraus folgt unweigerlich die Frage, ob eine Behörde, die ein Handwerkszeug (denn etwas anderes ist auch das jeweilige Tool nicht, mit dem eine verdeckte Online-Durchsuchung in welcher Form auch immer durchgeführt wird) mit solch weitgreifenden Möglichkeiten wie im vorliegenden Fall tatsächlich extern einkaufen und „blind" einsetzen darf. Nun ist insofern beachtlich, dass in aller Regel auch anderes Handwerkszeug und Arbeitsmaterial von Behörden nicht selbst hergestellt, sondern eingekauft werden. Gegen die externe Vergabe eines Entwicklungsauftrags ist also in erster Linie zunächst einmal nichts vorzubringen, zumal die Alternative hierzu die Schaffung einer spezifischen internen Entwicklungs-Abteilung wäre, was sicherlich eine weitaus größere finanzielle Belastung darstellte.

Problematisch stellt sich ein Einkauf wie im vorliegenden Fall jedoch dann dar, wenn sich die Behörde auf die Funktionalität des erhaltenen Produkts ohne weiteres verlässt und keinen ausreichenden Sachverstand[730] aufweist, etwaige Fehler, Unzulänglichkeiten oder zu weit greifende Funktionen des Produkts zu erkennen. Wenn also schon nicht in eine eigene Abteilung und Spezialisten investiert wird, muss aber unbedingt zumindest eine verantwortliche und ausreichend qualifizierte Stelle zur Überprüfung der Software eingerichtet werden. Das blinde Vertrauen auf das Können des beauftragten Unternehmens ist jedenfalls nicht ausreichend, wenn man bedenkt, welch gravierenden Grundrechtsverletzungen zulasten des Betroffenen der Einsatz des Produkts mit sich zu bringen droht und entbindet die Behörde nicht von einer etwaigen Haftung, die aus den durch den Einsatz der Software resultierenden Rechtsverletzungen möglicherweise entsteht. Ob nun eingekauft oder selbst entwickelt muss sich die die Software einsetzende Behörde alle aus dem Einsatz resultierenden Folgen zurechnen lassen, selbst, wenn die Reichweite der Software weiter ist, als die Behörde ursprünglich gedacht hatte.

Ganz offenbar haben entsprechende Überlegungen auch im Bundesinnenministerium stattgefunden. Innenminister Friedrich merkte Ende 2011 an, dass man

730 Oder erforderliche Hintergrundinformationen zum Produkt wie in diesem Fall der Quellcode des Programms. Darunter versteht sich quasi der Bauplan des Produkts, ohne den eine behördliche Analyse kaum möglich ist. Dieser wurde von DigiTask im vorliegenden Fall nicht an die Behörden weitergegeben, vgl. *Biermann/Steffen*.

bestrebt sei, zukünftig selbst für die Entwicklung entsprechender Programme zu sorgen.[731]

Zuletzt sei in diesem Zusammenhang auf die „Remote Forensic Software User Group“, vormals „DigiTask User Group“, hingewiesen, die jedenfalls aus Vertretern der bayerischen und baden-württembergischen Sicherheitsbehörden sowie Vertretern der schweizerischen[732], belgischen und niederländischen Behörden bestehen und auf Initiative des BKA hin gegründet wurde.[733] Hier werden seit einigen Jahren in regelmäßigen Abständen rechtliche wie tatsächliche und praktische Fragen rund um die Themen Quellen-TKÜ und verdeckte Online-Durchsuchung sowie deren Durchführung besprochen. Problematisch ist, dass es sich hier um eine informelle Gruppierung handelt, deren Existenz zunächst nicht publik gemacht wurde und die in ihrer Tätigkeit kaum zu kontrollieren ist.[734] Über konkrete Inhalte der einzelnen Zusammenkünfte liegen praktische keine verwertbaren Informationen vor und es zeigt sich insofern also auch im internationalen Kontext, dass bei weitem nicht alles bzw. dies nicht von vorne herein „auf den Tisch“ kommt, was im Bereich der Ermittlungen über das Internet auf behördlicher Seite stattfindet. Das Vertrauen in die Offenheit der verantwortlichen Stellen und die Verfassungskonformität ihres Handelns ist nicht zuletzt damit zweifelsohne mehr als erschüttert, was insbesondere hinsichtlich der massiven Grundrechtsgefährdungen im Falle der jeweiligen Maßnahme schwer wiegt. Es ist deshalb umso mehr geboten, ein wachsames und kritisches Auge auf die Aktivitäten der Behörden in diesem Bereich zu haben. Dass dies überhaupt erforderlich zu sein scheint, sollte zumindest den Bürger als potentiell Betroffenen jedoch äußerst nachdenklich stimmen.

Es zeigt sich also auch in kürzester Vergangenheit wieder, dass die Problematiken und Fragen um die verdeckte Online-Durchsuchung und der Quellen-TKÜ bei Weitem nicht annähernd geklärt sind und ganz offenbar zahlreiche Vorgänge

731 *Biermann/Steffen*; insofern bietet es erneut Grund zur Verwunderung und Sorge, dass inzwischen erneut eine Überwachungssoftware seitens des BKA extern eingekauft wurde und ebenso mithilfe eines Dritten auf Tauglichkeit überprüft wird, https://netzpolitik.org/wp-upload/BMI-Bericht-Sachstand-CC-TK%C3%9C.pdf; Alvares.

732 Vgl. http://www.heise.de/newsticker/meldung/Schweizer-Regierung-will-Staatstrojaner-beschraenkt-erlauben-1384479.html zum Staatstrojaner in der Schweiz.

733 http://www.heise.de/newsticker/meldung/BKA-initiierte-internationale-Staatstrojaner-Arbeitsgruppe-1378367.html.

734 http://www.heise.de/tp/artikel/35/35805/1.html; das Bestehen der Gruppe wurde erst auf eine Anfrage des Linken –Abgeordneten Andrej Hunko durch Dr. Ole Schröder bestätigt, vgl. BT-Drs. 17/8322, unter http://dip21.bundestag.de/dip21/btd/17/083/1708322.pdf hier S. 7.

und Details zu den einzelnen Maßnahmen nicht – jedenfalls nicht freiwillig durch die Behörden - publik gemacht werden oder wurden.

Lediglich eine Gewissheit verbleibt: die verdeckte Online-Durchsuchung ist vollumfänglich möglich, das grundlegende Handwerkszeug hierzu liegt den Behörden schon längere Zeit vor.

5. Schlussgedanken zur verdeckten Online-Durchsuchung im repressiven Bereich

Das vorstehende Kapitel hat die verdeckte Online-Durchsuchung sowohl in technischer als auch juristischer Hinsicht problematisiert und analysiert und einen Einblick in aktuelle Geschehnisse gegeben.

Neben den großen Komplexen Technik und Rechtliches sind noch zwei andere, voneinander unabhängige, zum Teil in beide Komplexe greifende Überlegungen anzustellen.

So ist zum einen nicht unerheblich für die Frage der Praktikabilität einer verdeckten Online-Durchsuchung eine in dieser Arbeit bereits mehrfach anklingende Facette des Internets und der Informationstechnik, die für den Nutzer gerade einen der entscheidenden Vorteile des Internets bildet: das Internet macht nicht an Staatsgrenzen halt, vielmehr ist es ein wesentliches Attraktivitätsmerkmal des Internets, dass Informationen gleich welchen (räumlichen) Ursprungs von jedem beliebigen Internetzugang weltweit abgerufen werden können. Das bedeutet aber zugleich, dass sich beispielsweise mobile Endgeräte, seien es Mobiltelefone oder Notebooks, die etwa einem deutschen Nutzer zugeordnet sind, gleichermaßen auch vom Ausland aus ins Internet einwählen können.[735]

Genauso kann und wird es in einer Vielzahl der Fälle so sein, dass sich Server, die mittelbar über andere zwischengeschaltete Dienstleister oder unmittelbar Inhalte und Dienste für einen Abruf über das WWW bereithalten, nicht in Deutschland befinden; ebenso nimmt die Dezentralität zu, mit der Inhalte zugänglich gemacht werden über Cloud Computing, sodass es keinen festen Bezugs- und Anknüpfungspunkt zur Rückverfolgung von Datenquellen mehr gibt.[736]

---

735 *Kemper* ZRP 2007, S. 107; vgl. *Seitz*, S. 35 sowie vorstehend Kapitel B. ab S. 27 sowie ab S. 60.

736 Hierzu ebenso die Ausführungen ab S. 60.

Richten sich in einem dieser Fälle selbstständige Maßnahmen einer deutschen Behörde gegen einen entsprechenden im Ausland befindlichen Rechner oder Server, so bringt die Durchführung der Maßnahme großer Wahrscheinlichkeit eine Verletzung des völkerrechtlichen Territorialprinzips mit sich.[737] Die Gefahr einer solchen Verletzung internationaler Regelungen steigt dabei proportional zum Anstieg der Dezentralisierung des WWW und der in Benutzung befindlichen mobilen Geräte. Ebenso ist denkbar, dass sich infolge eines solch grenzüberschreitenden Sachverhalts die Behörden mehrerer Staaten zuständig fühlen und es insofern zu womöglich komplizierten Zuständigkeitsfragen kommt. Die ebenso denkbare zeitintensive Klärung dieser Zuständigkeitsfragen kombiniert mit der ohnehin komplexen Aufgabe einer erfolgreichen verdeckten Online-Durchsuchung vereinfacht die Durchführung der Maßnahme keineswegs. Je länger der zeitliche Umfang ist, den eine Maßnahme erfordert, in diesem Fall sogar bis sie nur rechtmäßig eingeleitet werden kann, umso ungewisser wird der Erfolg; Beweise können vernichtet, Daten verändert oder Accounts gelöscht worden sein. Gerade im Umfeld des WWW ist eine flexible, schnelle Herangehensweise für erfolgreiche Ermittlungen von enormer Wichtigkeit. Ob diese Flexibilität und Schnelligkeit der Behörden allerdings realistisch angenommen werden kann, ist mehr als fraglich.

Da es natürlich maßgeblich vom Einzelfall abhängen wird, welche konkreten Probleme eine Fallgestaltung mit sich bringt, sei auf diese in der Tat jedoch nicht fernliegende Konstellation lediglich hingewiesen.

Zur Frage nach internationalen Bestrebungen und Ansatzpunkten im Bereich von Recht und Internet folgen Ausführungen unter Kapitel F. ab S. 313 der vorliegenden Arbeit.

Zum anderen gilt es folgenden Gedankengang in die Abwägungen zur verdeckten Online-Durchsuchung einzustellen:

Die Überlegung, die verdeckte Online-Durchsuchung werde – ihre Zulässigkeit und Geeignetheit einmal unter Vernachlässigung sämtlicher bestehender rechtlicher wie technischer Hürden vorausgesetzt – voraussichtlich nur in absoluten Ausnahmefällen erfolgreich eingesetzt werden, darf nicht als Argument entgegen ihrer Tauglichkeit und Erforderlichkeit als Ermittlungswerkzeug herangezogen werden.[738] Vielmehr ist diese Beschränkung auf Ausnahmesituationen gerade eine Ausprägung des Verhältnismäßigkeitsgrundsatzes, der von den Kritikern

737 Ausgenommen sind hier jedoch Fälle, in denen ausschließlich Vertragsparteien der Convention on Cybercrime betroffen sind. Diese sind einander nach den Bestimmungen der Art. 25ff. zur Rechtshilfe verpflichtet. Mehr zur CCC unter Kapitel F. ab S. 313.

738 Zu Recht *Kudlich* HFR 2007, S. 8.

ja durchaus vordergründig als Argument gegen die Findung einer gesetzlichen Grundlage der verdeckten Online-Durchsuchung vorgetragen wird.[739]

Zudem hat auch das Bundesverfassungsgericht – im Rahmen der Prüfung einer präventivrechtlichen Ermächtigung zur verdeckten Online-Durchsuchung - erkannt, dass die Erforderlichkeit und Verhältnismäßigkeit der Maßnahme nicht per se aufgrund der fraglos hohen Eingriffsintensität abzulehnen sind.[740] Vielmehr erkennt das Gericht an, dass neuartige Bedrohungen wie solche durch den internationalen Terrorismus, die in ihrer Allgegenwärtigkeit und globalen Gefährlichkeit ohnehin kaum greifbar zu sein scheinen, ein entschiedenes und konsequentes Entgegentreten herausfordern.[741] Hierbei wird insbesondere auch deutlich betont, dass die offene Online-Durchsuchung als aufgrund der Offenheit der Maßnahme weniger intensiver Eingriff in die Rechte des Betroffenen nicht notwendigerweise der verdeckten Online-Durchsuchung vorzuziehen ist.[742] Dies wäre nur der Fall, wenn die offene Variante des Zugriffs in gleichem Maße erfolgsversprechend wäre – davon ist jedoch gerade bei der verdeckten Online-Durchsuchung nicht auszugehen. Erfährt der Betroffene von der anstehenden Untersuchung, wird er mit an Sicherheit grenzender Wahrscheinlichkeit die relevanten Daten löschen, ändern oder andernorts abspeichern, der den Beamten im Zuge der Durchsuchung nicht zugänglich würde.

Daher besteht kein Anlass, die verdeckte Online-Durchsuchung hinter der offenen zurücktreten zu lassen und sie als unverhältnismäßig und damit generell verfassungswidrig einzustufen.

Erforderlich ist vielmehr, ihren absoluten Ausnahmecharakter zu betonen und diesem in einer zu schaffenden Regelung im angemessenen Ausmaß Rechnung zu tragen. Im repressiven Bereich sind in dieser Richtung jedoch bisher keine nennenswerten Bemühungen angestellt worden.

Ob nun die verdeckte Online-Durchsuchung tatsächlich durch die Schaffung einer entsprechenden Regelung in der StPO legitimiert werden wird, ob die Realisierung einer Regelung denkbar ist, die zu einhundert Prozent den verfassungsgerichtlichen Vorgaben gerecht werden kann, und ob die Schrankendogmatik in Art. 13 Abs. 2 bis 5 sowie 7 GG eine Änderung zugunsten der verdeckten Online-Durchsuchung erfährt, bleibt abzuwarten und ist hinsichtlich der nach wie vor andauernden politisch motivierten Diskussion kaum vorauszusagen. Während jedoch die Wahrscheinlichkeit der Schaffung einfachgesetzlicher Regelun-

---

739 *Kudlich* HFR 2007, S. 8.

740 BVerfGE 120, 274, 321f.

741 BVerfGE 120, 274, 318ff.

742 BVerfGE 120, 274, 318ff.

gen relativ naheliegend ist, wie es sich wie nachfolgend dargestellt auch an den Entwicklungen im präventiven Bereich im BKAG und in einigen Bundesländern zeigt, bliebe immer noch die Hürde einer erforderlichen Verfassungsänderung, sofern man den Schutzbereich des Art. 13 Abs. 1 GG wie hier vertreten als eröffnet betrachtet.[743]

Da nun jedoch seitens des BVerfG eine restriktive Auslegung des Wohnungsgrundrechts gewählt und dessen Eröffnung durch eine verdeckte Online-Durchsuchung abgelehnt wurde,[744] und zudem beachtliche Stimmen in der Politik die Schaffung der einfachgesetzlichen Voraussetzungen als ausreichend und erforderlich bewerten, ist ein klarer Trend erkennbar. Die Gesetzgebung schafft die einfachgesetzlichen Voraussetzungen, die Rechtsprechung könnte diese – soweit die am 27. Februar 2008 aufgestellten Anforderungen eingehalten werden – genügen lassen um den Eingriff durch die verdeckte Online-Durchsuchung zu rechtfertigen.

Ob dies ein erstrebenswerter Weg ist, bleibt zumindest in rechtsdogmatischer und verfassungsrechtlicher Hinsicht fraglich.

Insgesamt ist es, wie so oft, entscheidend, die Waage zu halten zwischen den demokratischen Eckpfeilern Freiheit und Sicherheit, sodass ein festgefahrenes Denken in den Kategorien schwarz-weiß, wie es auch im Diskurs über die verdeckte Online-Durchsuchung immer wieder festzustellen ist, nicht zielführend sein kann.

Nach der hier vertretenen Ansicht wird die verdeckte Online-Durchsuchung als ultima ratio unter den bundesrechtlichen Regelungen der Strafverfolgung und der Gefahrenabwehr nicht grundsätzlich abgelehnt. Jedoch sind die Vorgaben, die das Bundesverfassungsgericht in seiner Entscheidung vom 27. Februar 2008 aufgestellt hat, unbedingt einzuhalten, um die erforderlichen verfassungsrechtlichen Sicherheitsmechanismen zugunsten der überwachten Person zu gewährleisten und um dem absoluten Ausnahmecharakter der verdeckten Online-Durchsuchung gerecht zu werden. Solange dies nicht in jeder Hinsicht gewährleistet ist bzw. gewährleistet werden kann, darf diese Maßnahme, die so tiefgreifend die Rechte der Betroffenen zu verletzen droht, keineswegs als zulässig er-

---

743 Denkbar wäre dann etwa, eine dem Großen Lauschangriff vergleichbare Regelung zur verdeckten Online-Durchsuchung in Art. 13 GG zu schaffen, die der erheblichen Eingriffsintensität der Maßnahme gerecht wird und ihr eine vertypte Verhältnismäßigkeitsprüfung als Legitimationsschwelle auferlegt.

744 BVerfGE 120, 279, 310f.

achtet werden.[745] Sollte es zu den entsprechenden gesetzlichen Änderung und Neuregelungen kommen, sind jedoch jedenfalls die verschiedenen Aspekte unbedingt zu bedenken, die nach dem Urteil des Bundesverfassungsgerichts für die Rechtmäßigkeit einer repressiven wie auch präventiven bundesrechtlichen Ermächtigungsgrundlage de lege ferenda unabdingbar sind.[746]

Im folgenden Abschnitt zum präventivrechtlichen Themenbereich unter D. sollen die inzwischen vereinzelt vorhandenen präventiven Regelungen des Bundes und der Länder die verdeckte Online-Durchsuchung betreffend dargestellt und an den vom Bundesverfassungsgericht aufgestellten Maßstäben gemessen werden.

III. Fahndung via Internet

Zum Abschluss der Ausführungen über die Möglichkeiten, die das Internet den Behörden zur Informationsgewinnung bietet, soll auf eine letzte, nicht außer Acht zu lassende Variante der Internetnutzung eingegangen werden, die die Behörden zunehmend als Vorteil für ihre Arbeit zu entdecken scheinen.

Entgegen dem bisher hier womöglich vermittelten Eindruck, die Problematiken rund um die Internetkriminalität stellten die Strafverfolgungsbehörden vor technisch und rechtlich nahezu unlösbare Aufgaben, birgt das Internet, speziell auch hier wiederum das WWW, für die staatlichen Stellen der Strafverfolgung durchaus auch beachtliche und insbesondere rechtlich wie technisch relativ unkomplizierte Vorteile.

---

745 Auch hier sei wiederholt auf die Geschehnisse in Bayern hingewiesen, die ab S. 198 dargestellt werden. Nach dem hier getroffenen Ergebnis wiegen die Verfehlungen der bayerischen Behörden umso schwerer.

746 Im Übrigen findet sich bei *Denkowski* Kriminalistik 2007, S. 181ff. ein Vorschlag für die Formulierung einer Regelung (er bezeichnet sie als § 100 k StPO), die eine Ermächtigung zur Online-Durchsuchung bereithält. Dies sei hier jedoch nur als Literaturhinweis zu verstehen, mangels Reaktionen in Literatur, Rechtsprechung oder Politik wird hierauf an dieser Stelle nicht weiter eingegangen.

1. Allgemeines zur Personenfahndung

Besonders der Bereich der polizeilichen Personenfahndung kann von einer gezielten Internetnutzung profitieren.[747]

Doch bevor auf die internetspezifischen Punkte eingegangen wird, erfolgt zunächst eine Einführung in die Grundlagen der Maßnahme einer polizeilichen Personenfahndung.

Hinter dem Begriff der Personenfahndung verbergen sich mehrere mögliche Zielrichtungen einer Maßnahme. Die Suche nach einer bestimmten Person, sei sie den Behörden persönlich bekannt oder nicht, kann unterschiedlich motiviert sein. In Betracht kommen etwa die Ausschreibung zur Festnahme (§ 131 StPO), die Durchführung von Maßnahmen zur Ermittlung des gegenwärtigen Aufenthaltsorts („Ausschreibung zur Aufenthaltsermittlung", § 131a Abs. 1 StPO) sowie zur Klärung der Identität einer gesuchten Person, § 131b StPO.[748]

Als gesuchte Personen kommen dabei nicht nur der Tatverdächtige, sondern auch konkrete Zeugen oder vermisste Personen in Betracht,[749] wobei die Fahndung nach Tatverdächtigen sicherlich die Regel darstellt und in der folgenden Darstellung von Interesse sein wird.

Oftmals ist dann die sogenannte Zielfahndung als Untergruppe der Personenfahndung gegeben. Hier richtet sich die oftmals internationale Suche nach Tatverdächtigen oder Schwerverbrechern, die besonders schwerwiegende Gewaltverbrechen begangen haben, als besonders gefährlich gelten oder die Delikte im Wirtschaftsbereich begangen haben, die eine erhebliche Schadenssumme erreicht haben.[750]

Die Personenfahndung ist im Strafprozessrecht in §§ 131ff. StPO geregelt.

Von besonderer Bedeutung und für die weitere Bearbeitung allein relevant ist die Fahndung unter Einbeziehung der Bevölkerung, hier speziell unter Zuhilfenahme des Internets als Medium zur Informationsverbreitung und -Gewinnung.

---

747 Siehe etwa meistgesuchte Personen des BKA: http://www.bka.de/fahndung/personen /meistgesuchte/index.html .

748 *Haller/Conzen*, S. 94; *Kindhäuser*, S. 114f.; *Klesczewski*, S. 70f.; sehr interessanter Beitrag zum Thema Netzwerkfahndung von *Jürgs*, S. 1ff., der hier nicht weiter einbezogen wird mangels Einbeziehung der Öffentlichkeit bei dieser Form der Fahndung. Siehe hierfür auch S. 86ff.

749 *Haller/Conzen*, S. 94; *Klesczewski*, S. 70f. *Kindhäuser*, S. 114f.; vgl. die Definition des BKA: www.bka.de/nn_205924/DE/Fahndungen/fahndungen__node.html?__nnn=true.

750 *Spormann*; www.abendblatt.de/hamburg/article1033428/So-arbeiten-Zielfahnder.html.

Diese sogenannte Öffentlichkeitsfahndung ist ebenfalls ein Sonderfall der Personenfahndung und geht in ihrem Umfang über die internen Ermittlungen innerhalb einer Behörde hinaus.[751] Sie ist nur dann zulässig, wenn es um Delikte von erheblicher Bedeutung geht und alle anderen Fahndungsmaßnahmen im Vorfeld nicht erfolgreich waren, was sich aus § 131 Abs. 3 Satz 1 StPO ergibt.[752] Insofern ist die Öffentlichkeitsfahndung nur subsidiär zulässig.[753]

Dann dürfen die Fahndungsmittel unter Einhaltung der Voraussetzungen der Absätze 1 und 2 ausgeweitet und die Öffentlichkeit einbezogen werden, sei es durch die Information der Bürger über Rundfunk, Fernsehen oder Printmedien.[754] Aufgrund der Tiefe der möglichen Verletzung von Persönlichkeitsrechten ist hier jedoch Zurückhaltung geboten und das Mittel zu wählen, von dem bei gleicher Wirksamkeit die geringste Eingriffsintensität ausgeht.[755]

Es liegt auf der Hand, dass das Internet als neuartigstes dieser Massenmedien ebenso zur Ausweitung der Fahndungsaufrufe unter den vorstehend genannten Bedingungen herangezogen werden darf.[756] Zwar beinhaltet die Norm keine explizite Aufzählung der Kanäle, die zur Verbreitung eines Fahndungsaufrufs gewählt werden können. Jedoch steht außer Frage bzw. ergibt es sich aus logischen Erwägungen, dass die Bevölkerung über die verschiedenen vorhandenen, allgemein zugänglichen Medien unterrichtet werden muss, damit von einer Öffentlichkeit der Fahndung gesprochen werden kann. Hierzu zählt neben den klassischen Publikationswegen wie Zeitung, Rundfunk und Fernsehen fraglos auch das vergleichsweise moderne Internet.

§ 131 Abs. 4 StPO beinhaltet die Regelung, wie die Fahndungsausschreibung gestaltet werden soll und kann. Neben der möglichst genauen Bezeichnung der gesuchten Person soll diese im erforderlichen Maße beschrieben werden, wobei auch eine Abbildung beigefügt werden darf, Satz 1. Daneben können sowohl die Tat selbst, Ort und Zeit der Begehung sowie die relevanten Tatumstände angegeben werden, Satz 2.

---

751 *Meyer-Goßner*, § 131 Rn. 2.

752 *Joecks*, § 131, Rn. 4.

753 *Kühne*, S. 336; *Lemke* in Heidelberger Kommentar, § 131 Rn. 9.

754 *Lemke* in Heidelberger Kommentar, § 131 Rn. 9ff.

755 *Lemke* in Heidelberger Kommentar, § 131 Rn. 9ff.; *Kühne*, S. 336f.; *Joecks*, § 131 Rn. 4, *Kindhäuser*, S. 115.

756 *Joecks*, § 131, Rn. 4; *Lemke* in Heidelberger Kommentar, § 131 Rn. 10.

§ 131 Abs. 5 StPO verweist auf die §§ 115f. StPO, sodass auch vorerst ohne vorliegenden Haft- oder Unterbringungsbefehl so verfahren wird, als sei der Gesuchte aufgrund eines entsprechenden Befehls ergriffen worden.[757]

Gemäß § 131 a Abs. 1 StPO darf die Fahndung auch zur Ermittlung des unbekannten Aufenthaltsorts einer gesuchten Person, also sowohl beschuldigter Personen als auch Zeugen, eingesetzt werden sowie für die in Abs. 2 beschriebenen Maßnahmen; im Zuge von Verhältnismäßigkeitserwägungen sind jedoch vorab weniger belastende Schritte, wie etwa Anfragen bei Behörden, einzuleiten.[758]

Auch hier ist eine subsidiäre Öffentlichkeitsfahndung gestattet, § 131 a Abs. 3 StPO, sofern bezüglich einer Straftat von erheblicher Bedeutung ein dringender Tatverdacht gegeben ist.

Absatz 4 Satz 3 verbietet die Öffentlichkeitsfahndung nach einem Zeugen, wenn überwiegende schutzwürdige Interessen des Zeugen entgegenstehen. Nach § 131 a Abs. 4 Satz 2 StPO ist deutlich zu machen, dass es sich bei der gesuchten Person einer Aufenthaltsermittlung eines Zeugen gerade nicht um einen Beschuldigten handelt. Abbildungen sind gemäß Absatz 4 Satz 4 nur in Ausnahmesituationen zulässig. Ansonsten wird auf § 131 Abs. 4 StPO verwiesen, § 131 a Abs. 4 Satz 1 StPO.

Gemäß Absatz 5 dürfen jene Ausschreibungen, die keine Öffentlichkeitsfahndungen sind, in allen Fahndungshilfsmitteln der Strafverfolgungsbehörden vorgenommen werden.[759]

§ 131 b StPO enthält ergänzende Regelungen zur Veröffentlichung von Abbildungen eines Beschuldigten, Absatz 1, oder Zeugen, Absatz 2.

§ 131 c StPO enthält ergänzende Vorschriften zur Anordnung und Bestätigung von Fahndungsmaßnahmen.

Diese Ausführungen sollen als Einführung in die strafprozessrechtlichen Regelungen zur Personenfahndung dienen.

Findet eine Personenfahndung als behördliche Maßnahme statt, kommt möglicherweise die Betroffenheit von Grundrechten der gesuchten Person in Betracht, sofern natürlich bereits der Name oder abgrenzbare Abbildungen der Person vorliegen und verwendet werden. Bei einem anonymen Aufruf oder der Bitte um sachdienliche Hinweise kann mangels konkret belastetem Adressaten der Maßnahme auch keine Grundrechtsposition betroffen sein.

---

757 *Joecks*, § 131, Rn. 5.

758 *Meyer-Goßner* § 131 a, Rn. 1; *Joecks*, § 131 a, Rn. 2.

759 Eine Übersicht über die Fahndungshilfsmittel findet sich bei *Weihmann*, S. 6ff.

Die Möglichkeit der Grundrechtsbetroffenheit ist erst Recht für die Öffentlichkeitsfahndung zu bedenken, die durch die Einbeziehung der Bevölkerung in einen Fahndungsaufruf zugleich eine Intensivierung der Grundrechtsbetroffenheit des Gesuchten bewirkt.

Das Recht auf informationelle Selbstbestimmung kann hier massiv eingeschränkt werden, wenn Daten und beschreibende Angaben über die gesuchte Person oder sogar Bilder und Fotografien an die Bevölkerung weitergegeben werden, ebenso das Allgemeine Persönlichkeitsrecht, wenn der Gesuchte ungewollt in den Fokus der Öffentlichkeit gerückt wird.[760]

Aufgrund dieser Grundrechtsrelevanz der Personenfahndung ist es von für die Zulässigkeit der Maßnahme entscheidender Bedeutung, die Vorgaben der §§ 131ff. StPO zu wahren. Dann können die möglichen Grundrechtseingriffe mit §§ 131 ff. StPO als Ermächtigungsgrundlage gerechtfertigt werden.

2. Öffentlichkeitsfahndung via Internet

Fraglich ist nun, welche Besonderheiten sich im Bereich der Personenfahndung ergeben, wenn diese unter Zuhilfenahme des Internets durchgeführt werden.

Im Bereich der Personenfahndung via Internet gilt es grundsätzlich zunächst zu bedenken, dass mit dem Rückgriff der Behörden auf Massenmedien wie eben das Internet der Schritt weg von den Ermittlungen der Beamten im Hintergrund hin in die Öffentlichkeit erfolgt. Die Fahndung via Internet ist also auch immer zugleich eine Öffentlichkeitsfahndung, die wie festgestellt eine Verletzung des Rechts auf informationelle Selbstbestimmung und des Allgemeinen Persönlichkeitsrechts mit sich führt.

Insofern gilt es auch und gerade bei der Internetfahndung die Voraussetzungen der §§ 131ff. StPO einzuhalten um die Zulässigkeit der Maßnahme zu erreichen.

Insofern ist also keine abweichende Bewertung der Fahndung via Internet gegenüber anderen Öffentlichkeitsfahndungen festzustellen.

Zu betrachten sind allerdings die vielfältigen praktischen Möglichkeiten, die sich den Ermittlungsbehörden durch das Internet hinsichtlich der Personenfahndung neu ergeben.

760 *Kühne*, S. 337; zum Recht auf informationelle Selbstbestimmung siehe S. 156ff.

Die Vorreiterrolle, die dem Netzwerk innerhalb der Massenmedien innerhalb der letzten Jahre zuteilwurde, spiegelt sich auch in diesem Bereich der behördlichen Tätigkeit wieder.

Die Flexibilität und Aktualität, die das Internet bietet, seine Allgegenwärtigkeit und vor allem die Beliebtheit, derer sich das Internet in der Bevölkerung erfreut, können sich die Behörden hier leicht zunutze machen. Nicht zu vergessen ist hier ebenso, dass die Kommunikation und die Veröffentlichung von Informationen über das Internet nur mit unerheblichen Kosten für Technik und Personal verbunden ist, was die Attraktivität dieses Vorgehens natürlich nochmals steigert.

Ein erheblicher Anstieg der erreichbaren Bevölkerung kann durch die Einbeziehung des Internets in die Fahndung auf unterschiedliche Art und Weise realisiert werden. Zunächst einmal ist es naheliegend, dass Behörden ihre Fahndungsaufrufe auf ihrer eigenen Internetpräsenz bekannt machen.

Unter http://www.bka.de/nn_198404/DE/Fahndungen/Personen/ personen__node.html?__nnn=true findet man die 10 aktuellsten Öffentlichkeitsfahndungen des BKA. Soweit vorhanden, werden hier die Namen und Portraitbilder der gesuchten Personen veröffentlicht, selbst Geburtsdaten, Familienstand und die Verbrechen, derer sie beschuldigt sind, werden, soweit diese Informationen denn Behörden bekannt sind, aufgeführt, so etwa unter http://www.bka.de/nn_198410/DE/Fahndungen/Personen/BekannteTatverdaechtige/PothPoth/pothDanielUwe.html.

Der Übersicht halber besteht die Möglichkeit die aktuellen Fahndungen auch nach bekannten oder unbekannten Tatverdächtigen zu filtern.

Ebenfalls auf Länderebene finden sich entsprechende Inhalte auf den jeweiligen Internetseiten der Behörden, zum Teil werden hier sogar Mitschnitte und Aufzeichnungen von Überwachungskameras verfügbar gemacht.[761]

---

761 Exemplarisch:
Hessen: www.polizei.hessen.de/internetzentral/nav/865/86570ee1-825a-f6f8-6373-a91bbcb63046&conPage=1&conPageSize=25&conOrder=mc.dContentStartAt&conOrderDirection=DESC.htm;
Bayern: www.polizei.bayern.de/lka/fahndung/personen/straftaeter/bekannt/index.html nach bekannten Straftätern und unter http://www.polizei.bayern.de/lka/fahndung/personen/straftaeter/unbekannt/index.html nach unbekannten Straftätern,
Thüringen: http://www.thueringen.de/de/lka/fahndung/content.html,
NRW: http://www.polizei-nrw.de/lka/Fahndung/personenfahndungen/,
Schleswig-Holstein: http://www.polizei.schleswig-holstein.de/ internet/DE/Fahndung/Personen/personen _node.html,
Berlin: http://www.berlin.de/polizei/presse-fahndung/gesuchte_personen.html.

Neben der reinen Veröffentlichung von Bildern und ähnlichem Material können beispielsweise auch Stimmenmitschnitte eingestellt werden,[762] wozu gegenwärtig in den aktuellen Fahndungslisten jedoch kein konkretes Beispiel aufgefunden werden konnte.

Da nicht notwendigerweise eine nennenswerte Zahl privater Internetnutzer beim Besuch des Internets auf die Fahndungsseiten seiner Landespolizei stößt oder diese gar gezielt aufsucht, bietet es sich an, dieses Online-Angebot mit anderen Verbreitungsmechanismen der Massenmedien zu kombinieren bzw. zu unterstützen. So kann bei einer Öffentlichkeitsfahndung über Zeitungen oder Fernsehen, hier insbesondere zu denken an Nachrichtensendungen, die ja regelmäßig von einer enorm hohem Zuschauerzahl verfolgt werden,[763] auf die entsprechenden Internetseiten hingewiesen werden, um sich die Fahndungsaufrufe nochmal detailliert und umfassend ansehen zu können. So können Zuschauer bzw. Internetnutzer nach dem ersten Aufruf über Fernsehen, genauso auch denkbar über Rundfunk, nachhaltige Informationen aus dem Internet beziehen und sich in aller Ruhe mit einer Fahndung befassen.

Stünde lediglich die Information über Fernsehen und Rundfunk zur Verfügung, so wären das gezielte Nachrecherchieren eines Fahndungsaufrufs und die erneute Einsicht in Bilder oder Angaben zur Person des Gesuchten nicht ohne Weiteres möglich. Soweit also sind die Möglichkeiten der Behörden im Bereich der Personenfahndung schon ganz naheliegend durch die Nutzung des Internets erweitert.

Damit sind die denkbaren Vorteile jedoch bei Weitem noch nicht erschöpft.

So besteht darüber hinaus die Möglichkeit, die Suchen nicht nur auf der eigenen Internetpräsenz der einzelnen Behörde zu posten, sondern diese quasi als Banner auf Seiten Dritter, die gewohnheitsgemäß eine größere Popularität genießen als die Homepages von BKA und der verschiedenen LKA, zu veröffentlichen und so eine größere Öffentlichkeit zu erreichen.[764] Zu denken ist auch hier insbesondere an Internetseiten von Nachrichten- oder Boulevardmagazinen oder populären Zeitschriften, genauso ist die Veröffentlichung von Fahndungsaufrufen auf Internetauftritten von Universitäten und Hochschulen eine womöglich erfolgversprechende Idee.

Durch die hohe Beliebtheit des Internets und der hier gebotenen Alternativen zu Rundfunk und Fernsehen, die immer mehr Menschen annehmen, könnte jeden-

---

762 *Seitz*, S. 379.

763 http://www.digitalfernsehen.de/Tagesschau-hoechste-Quote-seit-20-Jahren.news_12423.0.html .

764 *Seitz*, S. 379, 380.

falls auch auf diesem Wege dauerhaft eine höhere Verbreitung der gesuchten Profile gewährleistet werden.

Auch ist es durchaus denkbar und infolge des bereits erwähnten stetigen Nutzerzuwachses sicherlich erfolgsversprechend, dass Behörden über Accounts in sozialen Netzwerken mit Fahndungsaufrufen aktiv werden.

Denkbar wäre die Bitte um Hinweise nach einer bestimmten Person beispielsweise über facebook oder Twitter, die sich einer mit anderen Internetdiensten kaum vergleichbaren Beliebtheit erfreuen.[765]

Dass die Verfügbarkeit und die Vorteile sozialer Netzwerke auch verschiedenen Behörden nicht verborgen blieben, zeigt sich bereits an verschiedenen Accounts von Behörden in facebook, die in durchaus beachtlichem Maße regelmäßig zur Verbreitung von Informationen genutzt werden. Einige Beispiele sind:

- Polizeipräsidium Karlsruhe unter www.facebook.com/ pages/Polizeipr%C3%A4sidium-Karlsruhe/110934798977636?sk=wall,
- LKA Berlin unter www.facebook.com/pages/Landeskriminalamt-Berlin/108359129229085,
- LKA Bayern unter www.facebook.com/pages/Bayerisches-Landeskriminalamt/155766184453840?sk=wall.

Hier finden sich neben allgemeinen Informationen und präventiven (Aufklärungs-) Maßnahmen der Polizei zwar nicht vordergründig, erstrecht nicht lediglich Fahndungsaufrufe. Aber dass dies ebenfalls eine naheliegende Idee zur Nutzung der Plattform ist, liegt auf der Hand und dürfte als nächster Schritt der behördlichen Internetnutzung hinsichtlich der Personenfahndung in Betracht gezogen werden.

Eine bedeutende Öffentlichkeit lässt sich im Übrigen auch ohne Aktivwerden einer Behörde erreichen, wenn Mitglieder sozialer Netzwerke untereinander entsprechende Fahndungsaufrufe verbreiten, seien es Aufrufe, die originär auf der Internetpräsenz eines Behörde befindlich waren, oder solche, die etwa über den Internetdienst einer Nachrichtensendung an die Bevölkerung gelangen sollen.

765 Vgl. für die genannten Communities unter B.II., im Übrigen hinsichtlich der Popularität der Netzwerke sehr übersichtlich und informativ: www.seo-united.de/blog/internet/twitter-in-zahlen.htm und www.seo-united.de/blog/internet/facebook-in-zahlen.htm.

Zur Veranschaulichung:

Postet facebook-Nutzer A seinem Bekannten B einen Link auf dessen Pinnwand, beispielsweise www.polizei.rlp.de/internet/nav/6aa/presse.jsp?uMen=6aa70d73-c9a2-b001-be59-2680a525fe06&sel_uCon=ba06093f-897d-0131-c5ec-3f110b42f27b&page=1&pagesize=10, dann wird dieser Post nicht nur den beiden beteiligten Personen A und B angezeigt, sondern zudem gleichzeitig allen Personen auf der Freundesliste von A und B.

Bedenkt man, dass unzählige facebook-Nutzer eine Freundesliste mit mehreren hunderten Kontakten haben, so wird deutlich, welch breite Öffentlichkeit so schnell und vor allem kostenfrei erreicht werden kann.

Ein solches Vorgehen bietet sich dabei natürlich nicht nur über facebook an, sondern über alle vergleichbaren Netzwerke.[766] Sofern sich eine Behörde einen Account in einem Netzwerk anlegt, steht diese Möglichkeit natürlich auch der Behörde bzw. einzelnen für die Behörde auftretenden Beamten offen.

Da dieses Vorgehen aber wie schon angemerkt relativ unabhängig vom Tätigwerden der Behörden möglich und insofern für eine detailliertere Betrachtung uninteressant ist, sei hierauf lediglich hingewiesen.

Stellt man sich eine Verbreitung von Fahndungsaufrufen über Twitter vor, so ist die Variante von besonderem Interesse, der zufolge ein Tweet an alle Nutzer öffentlich gemacht wird. Außerdem steigt bei zunehmender Zahl an Followern der veröffentlichenden Behörden die Wahrscheinlichkeit der Kenntnisnahme durch die Community, da der Tweet dem Follower auf dessen Log angezeigt wird. Auch hier können im Übrigen Nutzer die Inhalte anderer Nutzer wie theoretisch auch von Behörden mit Twitter-Account verbreiten, sogenannter „ReTweet".[767] Twittern also andere Nutzer Fahndungsaufrufe weiter, werden deren Tweets wiederum auf dem Log ihrer Follower veröffentlicht, und immer so weiter.

Der Mehrwert der Internetnutzung zugunsten der Behörden ist auch an dieser Stelle wiederum evident.

Der Mehrwert einer durchdachten Internetnutzung kann also an verschiedenen Ansatzpunkten erkannt und ohne größere (technische oder finanzielle) Schwierigkeiten für die Behörden realisiert werden.

Hinsichtlich der juristischen Gegebenheiten rund um die Personenfahndung unter Zuhilfenahme des Internets ergeben sich keine Abweichungen von den oben

---

766 Zu nennen sind etwa noch die Internetdienste „Wer-kennt-wen" oder „MeinVZ".

767 *Parr* II.

dargestellten Regelungen. Das Internet und die vorgenannten zugehörigen Dienste und sozialen Netzwerke sind, solange es sich um im Rahmen des jeweiligen Dienstes um öffentlich zugängliche Verbreitungen und nicht um persönliche Kontaktierung einzelner Mitglieder handelt, in die Riege der zur Durchführung der Öffentlichkeitsfahndung zulässigen Massenmedien neben Fernsehen, Rundfunk und Presse einzustellen, ohne dass eine anderweitige juristische Bewertung geboten erscheint.

Da es sich auch im Rahmen der behördlich veranlassten Suche via Internet also um eine Form der Öffentlichkeitsfahndung handelt und es insofern in dieser Variante ebenso zu einer Berührung des Rechts auf informationelle Selbstbestimmung des Gesuchten kommt, sind als Ermächtigungsgrundlage wiederum die §§ 131 – 131 c StPO heranzuziehen.[768] Hier ergeben sich aber wie vorstehend schon betont, keine weiteren internetspezifischen Besonderheiten gegenüber der Öffentlichkeitsfahndung mit den klassischen massenmedialen Kommunikationswegen.

3. Personenfahndung außerhalb deutscher Staatsgrenzen?

Beachtlich ist letztlich noch ein Charakteristikum des Internets, das schon im Zusammenhang mit diversen anderen vorstehenden Ausführungen zum Tragen kam: das Internet als grenzüberschreitendes Medium.

Soweit lediglich der Fahndungsaufruf innerhalb der deutschen Staatsgrenzen getätigt wird wie etwa innerhalb einer Nachrichtensendung eines deutschen Fernsehkanals, stellt sich hier keinerlei Problematik. Dann ist es auch erst einmal unproblematisch, wenn deutsche Behörden oder andere Stellen einen Fahndungsaufruf auf ihrer Internetseite veröffentlichen.

Zu Kollisionen mit Zuständigkeiten anderer Staatsgewalten kommt es aber spätestens dann, wenn infolge eines Fahndungsaufrufs eine Festnahme in einem fremden Staatsgebiet zur Debatte steht. Dort sind dann gemäß dem Territorialprinzip zunächst die jeweiligen heimischen Behörden zuständig.[769]

---

768 Im Detail zum Recht auf informationelle Selbstbestimmung vgl. ab S. 156; *Seitz*, S. 380, 381, 385, hier zu den internetspezifischen Voraussetzungen einer Suche nach §§ 131 – 131 c StPO.

769 *Kühne*, S. 19; *Eser* in Schönke/Schröder, Vorb. §§ 3 – 9 Rn.1, 12f.; *Collardin* CR 1995, S. 619; *Malek*, S. 17, 18; *Vetter*, S. 158; *Rau*, S. 106.

Sicherlich ist theoretisch auch denkbar, dass infolge eines nicht im Internet veröffentlichten Fahndungsaufrufs eine Festnahme auf fremdem Staatsgebiet erfolgt. Dennoch ermöglicht das Internet den uneingeschränkten Zugriff auf online zugänglich gemachte Daten unabhängig von einer Sendezeit und besonderen Empfangsvorrichtungen oder -Einstellungen wie der Empfang oder Bezug anderer deutscher Medien im Ausland. Durch diese Vereinfachung des Informationsbezugs auch jenseits deutscher Staatsgrenzen erhöht sich die Möglichkeit, dass Personenfahndungen – insbesondere nach nichtdeutschen Tatverdächtigen, bei denen ohnehin eine verstärkte Gefahr des Absetzens ins Ausland gegeben ist – außerhalb des deutschen Hoheitsgebiets vermehrt kommuniziert und verbreitet werden und letztlich eine große internationale Aufmerksamkeit erreichen können.

Ob ein Fahndungsaufruf nun letzten Endes ins Ausland führt oder nicht, dort von der Bevölkerung und den Behörden wahrgenommen wird und letzten Endes Erfolg hat, kann im Voraus naturgemäß nicht festgestellt werden, sondern hängt maßgeblich vom Einzelfall und der Kooperation des betroffenen Souveräns ab.

Einzelfragen dieser Fallkonstellation können insofern hier nicht geklärt werden, als Denkanstoß sei jedoch dennoch auf die möglichen Problemfelder hingewiesen.

4. Fazit Fahndung via Internet

Es bleibt zusammenfassend festzuhalten, dass es durchaus auch Möglichkeiten gibt, Datennetze zugunsten der Strafverfolgungsbehörden ohne die in den vorstehenden Kapiteln dargestellten mitunter massiven technischen wie juristischen Problemfelder, die insbesondere bei der verdeckten Online-Durchsuchung nicht zu leugnen sind, einzusetzen.

Durchaus ist denkbar, dass sich im Laufe der Zeit und des technischen Fortschritts weitere ähnliche Nutzungsmöglichkeiten zugunsten der Behörden ergeben, die neue Ansätze für Ermittlungsmaßnahmen mit sich bringen können.

Jedenfalls sind die Behörden den Schritt in die virtuelle Welt gegangen und beginnen, ihre Vorteile für sich zu nutzen. Gerade die Möglichkeiten, die sich aus sozialen Netzwerken ergeben, werden hierbei bei Weitem jedoch noch nicht ausgeschöpft.

Vorbehaltlich der Wahrung der gesetzlichen Voraussetzungen haben die Behörden hier durchaus noch erheblichen Spielraum innerhalb der virtuellen Welt, ihre Ermittlungsmaßnahmen voranzutreiben und auszuweiten.

D. Landesrechtliche Regelungen

Neben den Regelungen des Bundes und hier vornehmlich aus dem Grundgesetz im Zusammenspiel mit der StPO können sich Befugnisse für Ermittlungsbehörden auch aus präventiven bundes- wie landesrechtlichen Normen ergeben.

Während der Bereich der Strafverfolgung, also der Repression, seinen Niederschlag hauptsächlich in der bundesrechtlichen Strafprozessordung gefunden hat, finden sich die Befugnisse im Bereich der Gefahrenabwehr und der Prävention grundsätzlich in den Polizei- und Verfassungsschutzgesetzen des Bundes[770] und der Länder.

Da es sich hierbei also unter anderem auch um eine Angelegenheit der Länder handelt, ist ein Blick in die jeweiligen Landesgesetze erforderlich, in die die Ermittlungen via Internet bereits Einzug erhalten haben.

Während im vorstehenden Kapitel umfassend verschiedene denkbare Herangehensweisen und Zielobjekte der bundesbehördlichen Stellen dargelegt wurden, konzentrieren sich die folgenden Überlegungen zum Landesrecht auf die Diskussion der vorhandenen Regelungen zur verdeckten Online-Durchsuchung. Da wie festgestellt hier nach wie vor eine angeregte Debatte in Politik, Wissenschaft und Medien stattfindet, rücken die diesbezüglichen Neuerungen in den Gesetzestexten des Bundes und der insofern bereits aktiv gewordenen Länder sowie die vorhandene Rechtsprechung in den Fokus der folgenden Betrachtungen.

Nach oben verwiesen wird bezüglich der Ausführungen zu Technik und Umsetzbarkeit der verdeckten Online-Durchsuchung, ebenso wie bezüglich der Fragen um die Grundrechtsrelevanz dieser Maßnahme, da sich insoweit keine Unterschiede zwischen den bundes- und landesrechtlichen Ausführungen ergeben würden.

Für die Skizzierung der möglicherweise vorhandenen landesrechtlichen Ermächtigungsgrundlagen erfolgt zunächst der Blick in das Landesrecht von Nordrhein-Westfalen, namentlich in das Verfassungsschutzgesetz Nordrhein-Westfalen (VSG NRW), das hinsichtlich der Schaffung einer Befugnisnorm für die verdeckte Online-Durchsuchung eine Vorreiterrolle eingenommen hat bzw. einnehmen wollte (Unterpunkt I.).

---

770 Hier alleine relevant das BKAG; Eine Betrachtung des bundesrechtlichen Verfassungsschutzes wird hier nicht angestellt.

Hierbei wird zudem nochmals auf das zugehörige Urteil des Bundesverfassungsgerichts vom 27. Februar 2008 eingegangen werden, das schon vorab an einigen Stellen zitiert worden ist und als Grundsatzentscheidung des Bundesverfassungsgerichts zur verdeckten Online-Durchsuchung gesehen werden kann.

Es folgt eine Analyse der bayerischen Landesgesetze im Gesetz über die Aufgaben und Befugnisse der Bayerischen Staatlichen Polizei, kurz Polizeiaufgabengesetz (PAG), die seit dem 1. August 2008 ebenfalls eine Regelung zur verdeckten Online-Durchsuchung beinhalten (Unterpunkt II.).

Im Anschluss wird der Blick zurück auf das Bundesrecht gelegt. Im BKAG findet sich seit dem 01. Januar 2009 eine Bestimmung, die auf Ermittlungen im informationstechnischen Bereich gerichtet ist und die es an dieser Stelle an den Vorgaben des BVerfG zu messen gilt (Unterpunkt III.).

Im Unterpunkt IV. wird – im Rahmen der bereits verfügbaren und veröffentlichten Informationen – auf die aktuellen einschlägigen Entwicklungen in der Gesetzgebung für Rheinland-Pfalz eingegangen, in der gegenwärtig ebenfalls die Einführung einer Befugnis zur verdeckten Online-Durchsuchung zur Debatte steht.

Abgesehen von der Situation in diesen drei genannten Bundesländern finden sich gegenwärtig keine konkreten landesrechtlichen Entwicklungen hin zur verdeckten Online-Durchsuchung, zumindest nicht im öffentlichen Diskurs. Sicherlich finden sich zahlreiche Kommentare aus politischen Lagern der Länder, diese sollen jedoch hier nicht allesamt dargestellt werden.[771] Insofern erfolgen die Darstellungen nachfolgend nur, soweit im jeweiligen Bundesland zumindest bereits ein Entwurf einer Gesetzesnovelle verabschiedet worden ist.

Wie sich die länderspezifische Gesetzeslandschaft rund um die verdeckte Online-Durchsuchung in den nächsten Jahren entwickeln wird, bleibt abzuwarten.

---

771 Zur politischen Diskussion nur exemplarisch in:
- Hessen, hier wird zumindest seitens der CDU eine Novelle der Polizeigesetze gefordert bzw. beraten: http://www.focus.de/politik/deutschland/parteien-noch-keine-einzige-online-durchsuchung_aid_444980.html; http://www.heise.de/security/meldung/Online-Durchsuchung-light-in-Hessen-203105.html; www.faz.net/artikel/C30840/ sicherheitspolitik-bouffier-lehnt-sonderweg-bei-online-durchsuchung-ab-30060160.html.
- Baden-Württemberg: http://www.heise.de/newsticker/meldung/Polizeigesetz-Baden-Wuerttemberg-Heimliche-Online-Durchsuchung-als-Zankapfel-194779.html.
- Niedersachsen: http://www.teltarif.de/arch/2008/kw09/s29069.html.

I. Nordrhein-Westfalen

Nordrhein-Westfalen war das erste Bundesland Deutschlands, das den Versuch der gesetzlichen Verankerung einer verdeckten Online-Durchsuchung über das Internet unternahm.

Der mit der Änderung des nordrhein-westfälischen Gesetzes zum Verfassungsschutz neu eingefügte § 5 Abs. 2 Nr. 11 VSG NRW sollte den Weg zu einer legitimen Regelung hinsichtlich der verdeckten Online-Durchsuchung zugunsten der Verfassungsschutzbehörde ebnen.[772]

Am 27. Februar 2008 wurde die Regelung jedoch durch ein Urteil des Bundesverfassungsgerichts, das inzwischen regelrecht als Grundsatzurteil zum Themenbereich der verdeckten Online-Durchsuchung betrachtet werden muss, als verfassungswidrig und damit als nichtig bewertet und zurückgewiesen.[773]

Ob sich daraus ein generelles Verbot der verdeckten Online-Durchsuchung lesen lässt oder ob das Bundesverfassungsgericht in seiner Entscheidung lediglich die Herangehensweise und Umsetzung der Ermächtigung zur verdeckten Online-Durchsuchung in Nordrhein-Westfalen ablehnt, wird im Folgenden geklärt. Ziel ist es, die Ergebnisse des Bundesverfassungsgerichts als Handlungsanweisung für den Gesetzgeber zusammenzufassen, um womöglich zu einer zulässigen Regelung der verdeckten Online-Durchsuchung zu gelangen.

---

772 Die gesammelten Gesetzgebungsmaterialien zum Gesetz zur Änderung des Gesetzes über den Verfassungsschutz in Nordrhein-Westfalen finden sich unter http://www.landtag.nrw.de/portal/WWW/Webmaster/GB_II/II.2/Suche/Landtagsdokumentation_14WP/Suchergebnisse_der_Landtagsdokumentation.jsp?view=detail&w=native%28%27id%3D%27%271402306%2F0100%27%27+%27%29; ausgesprochen übersichtlich und alle wesentlichen Diskussionspunkte zusammenfassend die Darstellung der Ausschussarbeit unter http://www.landtag.nrw.de/portal/WWW/dokumentenarchiv/Dokument/MMD14-3045.pdf?von=1&bis=0.
Zwar ist vorliegende Arbeit vordergründig auf die Betrachtung repressiver wie polizeilicher Regelungen fokussiert. Da jedoch sowohl in NRW als auch in Bayern in kürzester Vergangenheit einschlägige Neuerungen und betreffend NRW die für die laufende rechtswissenschaftliche und politische Diskussion grundlegende verfassungsgerichtliche Entscheidung in Zusammenhang mit einer Norm des Verfassungsschutzes der Länder ergangen sind, erfolgt hier auch ein Blick auf Regelungen des Verfassungsschutzes.

773 BVerfGE 120, 274ff.

1. § 5 Abs. 2 Nr. 11 Satz 1 VSG NRW

§ 5 Abs. 2 Nr. 11 Satz 1 VSG NRW sollte eine Vorreiterrolle im Bereich der Ermächtigungsgrundlagen zugunsten verdeckter Maßnahmen mit Bezug zum Internet einnehmen. Um den sich verändernden Gegebenheiten im Gesellschaft und Technik hinsichtlich der Bedeutung des Internets auch in juristischer Sicht gerecht werden zu können, sollte eine Maßnahme ermöglicht werden, die den Zugriff auf informationstechnische Systeme der Nutzer sowie der darüber verfügbaren Daten und Inhalte erlaubt.

Die Gefahr, die von der verdeckten Online-Durchsuchung hinsichtlich der Grundrechte der Betroffenen ausgeht, wurde in Kapitel C.II., S. 108ff., ausführlich dargestellt. Die dort festgestellte Eingriffsintensität der Maßnahme muss auch hier bei den landesrechtlichen Überlegungen und der Prüfung einer potentiellen Ermächtigungsgrundlage stets im Sinne behalten werden.

Wie das Streben nach einer entsprechenden tauglichen Norm in Nordrhein-Westfalen tatsächlich gesetzlich umgesetzt werden sollte bzw. vorerst umgesetzt wurde, wird im Folgenden zunächst dargestellt.

a) Wortlaut

Die betreffende Regelung sollte nach der Vorstellung der nordrhein-westfälischen Regierung folgenden Wortlaut haben:

§ 5 Befugnisse

(1) Die Verfassungsschutzbehörde darf die zur Erfüllung ihrer Aufgaben erforderlichen Informationen einschließlich personenbezogener Daten verarbeiten, soweit nicht die nach § 28 anzuwendenden Bestimmungen des Datenschutzgesetzes Nordrhein-Westfalen oder besondere Regelungen in diesem Gesetz entgegenstehen.

(2) Die Verfassungsschutzbehörde darf nach Maßgabe des § 7 zur Informationsbeschaffung als nachrichtendienstliche Mittel die folgenden Maßnahmen anwenden:

(...)

11. heimliches Beobachten und sonstiges Aufklären des Internets, wie insbesondere die verdeckte Teilnahme an seinen Kommunikationseinrichtungen bzw. die Suche nach ihnen, sowie der heimliche Zugriff auf informationstechnische Systeme auch mit Einsatz technischer Mittel. Soweit solche Maßnahmen einen Eingriff in das Brief-, Post- und Fernmeldegeheimnis darstellen bzw. in Art und Schwere diesem gleichkommen, ist dieser nur unter den Voraussetzungen des Gesetzes zu Artikel 10 Grundgesetz zulässig;

(...)

Neben der Nr. 11 nennenswert ist ebenso § 5 Abs. 2 Nr. 12 VSG NRW, der zum Abschluss der in der Norm aufgelisteten Befugnisse eine relativ offen gehaltene Formulierung zugunsten vergleichbarer Maßnahmen enthält:[774]

12. weitere vergleichbare Methoden, Gegenstände und Instrumente zur heimlichen Informationsbeschaffung, insbesondere das sonstige Eindringen in technische Kommunikationsbeziehungen durch Bild-, Ton- und Datenaufzeichnungen.

Dass sich auch aus dieser sehr unspezifisch gehaltenen Beschreibung bei Durchführung einer entsprechenden Maßnahme mit an Sicherheit grenzender Wahrscheinlichkeit vergleichbare Berührungspunkte mit Grundrechten der betroffenen Personen wie auf den Seiten 64ff. und 90ff. ausgeführt ergeben können, ist evident: die *heimliche* Informationsbeschaffung durch *Eindringen* in technische *Kommunikationsbeziehungen* verheißt hinsichtlich der Grundrechte der Betroffenen nichts Gutes.

Diese offene Auffangbestimmung für sonstige Maßnahmen erfordert in jedem Falle und unabhängig von den Rückschlüssen, die das Urteil des Bundesverfassungsgerichts womöglich auf die Auslegung dieser Variante zulässt, eine restriktive Interpretation, wobei auf die Konsequenzen des Urteils für die Nr. 12 der Regelung an späterer Stelle nochmal angegangen wird.

---

774 Diese Regelung war vor der Verabschiedung des Änderungsgesetzes enthalten in § 5 Abs. 2 Nr. 11 VSG NRW a.F. und ist infolge der Änderung zur Nr. 12 geworden. Inhaltlich hat sich hier jedoch nichts verändert.

Innerhalb des Verfassungsschutzgesetzes beinhalten lediglich die Formulierungen von § 5 Abs. 3 und Abs. 4 VSG NRW ansatzweise Bestimmungen, die den Behörden verschiedene Pflichten zur Wahrung der Interessen der Betroffenen auferlegen, zu dieser Thematik jedoch nachstehend genaueres.

Weitergehende Spezifikationen oder Schutzmechanismen zugunsten der überwachten Person, die den technischen wie grundrechtsbezogenen Besonderheiten der verdeckten Online-Durchsuchung im Sinne der Nr. 11 und Nr. 12 der Regelung Rechnung zu tragen bestimmt wären, wurden darüber hinaus jedoch nicht formuliert, weder innerhalb des § 5 VSG NRW selbst, noch an anderer Stelle des Gesetzes.

Ob dies die Beurteilung des § 5 Abs. 2 Nr. 11 VSG NRW durch das Bundesverfassungsgericht beeinflusst hat und was dies für die Interpretation des § 5 Abs. 2 Nr. 12 VSG NRW bedeutet, wird nachfolgend dargestellt ab S. 231.

b) Einordnung und Reichweite

Weiter ist nun jedoch vorab zu klären, wie weit und für wen die hier enthaltenen Befugnisse dieser Regelung greifen. Wie auf den Seiten 108ff. eingangs dargestellt, drängen insbesondere Persönlichkeiten des BKA, der Polizeibehörden und tendenziell konservativ ausgerichteter Parteien dazu, die verdeckte Online-Durchsuchung relativ umfassend einsetzen zu dürfen.

Was inzwischen auf Bundesebene in nur ganz spezifischen Ausnahmefällen und nur zugunsten des BKA gestattet ist, war die nordrhein-westfälische Landesregierung bemüht, schon im Jahr 2006 zugunsten der Landesbehörden zu reglementieren. Es ist daher folgend zu beleuchten, ob hier eine (ausreichend) restriktive Regelung hinsichtlich Zuständigkeit für sowie Reichweite der Maßnahme getroffen wurde.

aa) Behördenzuständigkeit

Das Gesetz über den Verfassungsschutz in Nordrhein-Westfalen dient gemäß § 1 VSG NRW „*der Abwehr von Gefahren für die freiheitliche demokratische Grundordnung, den Bestand und die Sicherheit des Bundes und der Länder*“.

Es handelt sich bei den hier enthaltenen Regelungen also um solche, die – wie im Landesrecht typisch – der Gefahrenabwehr zu dienen bestimmt sind.

Sie ermächtigen jedoch nicht das nordrhein-westfälische LKA oder die Polizeibehörden zu den aufgeführten Maßnahmen, sondern die Befugnisregelungen begünstigen die Verfassungsschutzbehörde von Nordrhein-Westfalen.

Dies ist gemäß des § 2 Abs. 1 VSG NRW das Innenministerium, dessen Aufgaben sich aus § 3 VSG NRW ergeben. Hier wird auch deutlich, dass die Verfassungsschutzbehörde gerade nicht ohne Weiteres in Aufgabenbereiche der Polizei eindringen darf, sondern sie nur in spezifischen aufgelisteten Fallkonstellationen zuständig ist.[775]

Daher sei an dieser Stelle bereits mit Nachdruck betont, dass der Landesgesetzgeber von Nordrhein-Westfalen nicht geplant hat, die verdeckte Online-Durchsuchung als Allzweck-Handwerkszeug der Polizeibehörden für die Ermittlungen im Bereich schon leichter bis mittlerer Kriminalität zu etablieren.

Die Fokussierung der Schaffung einer Ermächtigungsgrundlage ausschließlich zugunsten des Verfassungsschutzes deutet darauf hin, dass die verdeckte Online-Durchsuchung nach der Vorstellung des Landesgesetzgebers – möglicherweise auch aufgrund der in vorstehendem Kapitel ausführlich dargestellten Grundrechtsrelevanz - auf Ausnahmesituationen als ultima ratio beschränkt werden sollte.

Insgesamt finden sich die der Verfassungsschutzbehörde zustehenden Befugnisse in §§ 5 und 5a VSG NRW, die zuletzt am 20.12.2006 durch das „Gesetz zur Änderung des Gesetzes über den Verfassungsschutz in Nordrhein-Westfalen" ergänzt wurden.[776] Vordergründig wurden hier Befugnisse zu Datenerhebungen ergänzt, die unter Zuhilfenahme von informationstechnischen Systemen durchgeführt werden.[777]

---

775 Gemäß dem Trennungsgebot ist überdies ein freier Austausch von Daten und Informationen zwischen geheimdienstlichen bzw. Behörden des Verfassungsschutzes und normalen Polizeibehörden unzulässig. Vgl. BVerfGE 97, 198, 217ff.

776 www.landtag.nrw.de/portal/WWW/dokumentenarchiv /Dokument/ XMMGVB0638 .pdf? von=620&bis=621.

777 www.landtag.nrw.de/portal/WWW/dokumentenarchiv/Dokument/XMMGVB0638.pdf ? von= 620&bis=621.

bb) Umfang und Ausgestaltung der Ermächtigung

Betreffend den Umfang und die konkrete Ausgestaltung der Ermächtigung zur verdeckten Online-Durchsuchung im VSG NRW ist in Hinblick auf die Darstellung des Bundesverfassungsgerichtsentscheids deswegen eine relativ genaue Darstellung geboten, da sich aus dem Gesamtbild von ursprünglich bestehender Regelung und der diesbezüglichen gerichtlichen Bewertung die Maßstäbe und Voraussetzungen ergeben, die für die Zulässigkeit etwaiger Folgeregelungen in anderen Ländern herangezogen werden müssen.[778]

Hinsichtlich der Reichweite der Ermächtigung aus § 5 Abs. 2 Nr. 11 VSG NRW gilt es, Satz 1 der Norm nochmals unterteilt in die Alternativen 1 und 2 zu betrachten.

Alternative 1 beschreibt *das heimliches Beobachten und sonstiges Aufklären des Internets, wie insbesondere die verdeckte Teilnahme an seinen Kommunikationseinrichtungen bzw. die Suche nach ihnen.*

Hier bezieht sich die Maßnahme zunächst nicht auf den tatsächlichen verdeckten Zugriff auf ein fremdes informationstechnisches System und die dort hinterlegten Daten und Inhalte, sondern auf das Internet selbst sowie dessen Dienste als Zugriffsobjekt.

Hier soll die Verfassungsschutzbehörde also unter anderem dazu ermächtigt werden, durch Internetrecherche und passive Beobachtung sowie Teilnahme an Chats oder ähnlichen Kommunikationsportalen unter falschem Namen an relevante Informationen über Personen oder Sachverhalte zu gelangen.[779]

Die Teilnahme an und die Suche nach virtuellen Kommunikationseinrichtungen sind jedoch nur exemplarisch genannte Möglichkeiten der Nutzung des Netzes („insbesondere"), eine abschließende Befugnis ist hierin nicht enthalten. Vielmehr gestattet die getroffene Formulierung („sonstiges Aufklären") geradezu jede auch verdeckte Vorgehensweise, sofern das Bezugsobjekt der Tätigkeit das Internet als solches ist, damit aber auch seine Dienste und Anwendungen, und dies ohne eine Form der weiteren Ausgestaltung und Einschränkung.

---

778 Stimmen aus der Literatur werden innerhalb dieses Unterkapitels nur ausnahmsweise berücksichtigt, da in Hinblick auf die folgenden Ausführungen zu Bayern und Rheinland-Pfalz eine verfassungsgerichtlich orientierte und nicht rechtwissenschaftliche Prognose abgegeben werden soll.

779 Vgl. beispielsweise *Jürgs*, S. 1ff. über das Vorgehen gegen Kinderpornographie, hier jedoch beleuchtet seitens BKA und LKA.

Die einzelnen grund- und strafprozessrechtlichen Fragestellungen betreffend die Überwachung laufender Kommunikationsvorgänge in Chats oder E-Mail-Programmen, sowie die Möglichkeit als verdeckter Ermittler an solchen Vorgängen teilzunehmen, wurde auf den Seiten 64ff. bereits ausführlich dargestellt, worauf insofern verwiesen werden kann.

Demgegenüber verbirgt sich hinter der Formulierung der 2. Alternative tatsächlich die Maßnahme, die als verdeckte Online-Durchsuchung von den Befürwortern gefordert wird. Der *heimliche Zugriff auf informationstechnische Systeme auch mit Einsatz technischer Mittel.*

Die hier getroffene sehr indifferente Beschreibung sowohl des Zugriffsobjekts als auch der Zugriffsmittel lässt einen großen Spielraum für eine weite Grenzziehung der Zulässigkeit der entsprechenden möglichen Maßnahmen.

Was der Gesetzgeber unter den Begriff der informationstechnischen Systeme zählt, wird in keiner Weise deutlich, sodass im Wege einer extensiven Auslegung neben dem üblichen Personal Computer auch mobile Endgeräte, also Notebooks, Smartphones und PDAs, darüber hinaus aber auch durchaus Speichermedien ohne notwendigen eigenen Internetzugang wie Festplatten und USB-Sticks als taugliche Zugriffsobjekte in Betracht kommen. Dass der Gesetzgeber eine restriktivere Regelung treffen wollte, kann bei einem derart weit formulierten Gesetzestext nicht unterstellt werden.[780] Somit wurde bereits hinsichtlich des Zugriffsobjekts versäumt, eine klare Definition der Handlungsanweisung für die Behörde zu schaffen.

Ebenso vage ist die Darstellung der Zugriffsmittel. Was genau sich hinter dem „Einsatz technischer Mittel" verbergen soll, bleibt wenn nicht der Phantasie, dann doch jedenfalls dem technischen Geschick der Verfassungsschutzbehörde bzw. der beauftragten externen Unternehmen überlassen, die sich mit der Entwicklung und der Konstruktion der Zugriffsmittel befassen. „Technische Mittel" umfasst bereits dem Wortlaut nach zunächst einmal alles, was einen technikbasierten Bezug aufweist. Dazu zählen in den Fallkonstellationen der verdeckten Online-Durchsuchung sämtliche auf den Seiten 116ff. aufgeführten technisch möglichen Vorgehensweisen bei einer Durchsuchung, sei es der Zugriff über Software oder Hardware, der Einsatz von Trojanern, Keyloggern oder die Durchführung von Tempest-Angriffen. Da es sich bei all diesen Methoden nicht zuletzt um den Einsatz technischer Mittel handelt und die Norm keine sonstigen

780 Zumal die gesamten Gesetzgebungsmaterialen keinen entsprechenden Schluss zulassen, http://www.landtag.nrw.de/portal/WWW/Webmaster/GB_II/II.2/Suche/Landtagsdokumentation_14WP/Suchergebnisse_der_Landtagsdokumentation.jsp?view=detail&w=native%28%27id%3D%27%271402306%2F0100%27%27+%27%29.

Voraussetzungen an die Art und Weise der Durchführung aufstellt, müssen auch alle diese Methoden von der Ermächtigungsgrundlage des § 5 Abs. 2 Nr. 11 VSG NRW umfasst sein.

Jedoch sei an dieser Stelle betont, dass diese extrem weite Formulierung betreffend das Zugriffsobjekt im Urteil des Bundesverfassungsgerichts nicht beanstandet wurde.

Zudem deutet der Zusatz „*auch*" mit Einsatz technischer Mittel darauf hin, dass zudem der physische Zugriff auf informationstechnische Systeme ermöglicht werden soll, bzw. der heimliche Erstzugriff auf ein Endgerät durch einen physischen An- und Eingriff in die Integrität des Geräts stattfindet und eine Folgeüberwachung dann unter Einsatz technischer Mittel stattfindet.

Auch diese Kombinationsmöglichkeit eines Zugriffs kann nach der Formulierung des § 5 Abs. 2 Nr. 11 VSG NRW durchgeführt werden.

Hinsichtlich der grundrechtlichen Fragestellungen im Bereich der verdeckten Online-Durchsuchung als heimliche Maßnahme, die sich auch infolge der nach § 5 Abs. 2 Nr. 11 VSG NRW möglichen Zugriffsarten zulasten des Betroffenen ergeben können, wird auf die Ausführungen auf den Seiten 134ff. verwiesen.

Satz 2 verweist daneben noch auf das Gesetz zu Artikel 10 Grundgesetz, soweit eine Maßnahme nach Satz 1 einen Eingriff in Art. 10 Abs. 1 GG darstellt oder einem solchen nach Art und Schwere gleichkommt.[781]

Ob eine verdeckte Online-Durchsuchung als Maßnahme nach § 5 Abs. 2 Satz 1 VSG NRW, in deren Zusammenhang insbesondere an eine Verletzung des Fernmeldegeheimnisses zu denken sein, diese Verletzung in aller Regel aber mangels laufenden Kommunikationsvorgangs abzulehnen sein wird, tatsächlich einen solchen Eingriff darstellt, wird maßgeblich vom Einzelfall abhängen. Gleiches gilt für die Bewertung eines Eingriffs als nach Art *und* Schwere vergleichbar mit einer Beeinträchtigung von Art.10 Abs. 1 GG. Insbesondere die Vergleichbarkeit der Eingriffsart dürfte nur in seltenen Fällen einer verdeckten Online-Durchsuchung gegeben sein, da hier ja gerade nicht das von Art. 10 Abs. 1 GG adressierte Schutzgut, also speziell hinsichtlich des Fernmeldegeheimnisses das Vertrauen der Kommunikationsteilnehmer in die Privatheit des Kommunikationsprozesses und des -Mediums, sondern das allgemeine Persönlichkeits-

---

781 Daneben existiert eine Normverweisung in § 5 Abs. 2 VSG NRW, der auf § 7 Abs. 1 und dieser wiederum auf § 3 Abs. 1 VSG NRW verweist. Hier wird als Tatbestandsvoraussetzung zum Einsatz nachrichtendienstlicher Mittel die Möglichkeit zum Gewinn von Erkenntnissen zugunsten des Verfassungsschutzes festgelegt. Hieraus ergeben sich keine weiteren Problemfelder.

recht in seinen informations- bzw. datenspezifischen Ausprägungen angegriffen wird, wie auf den Seiten 139ff. beschrieben. Insofern wird die Einschlägigkeit dieses Verweises maßgeblich vom Einzelfall abhängen.

Ginge man davon aus, dass § 5 Abs. 2 Nr. 11 VSG NRW in der Fassung, die der Gesetzgeber gewählt hat, Bestand hätte und als taugliche Ermächtigungsgrundlage von der Verfassungsschutzbehörde herangezogen werden könnte, dann wäre hiermit sicherlich eine umfassende Befugnis geschaffen worden, die – wenn auch nicht zugunsten des LKA oder gar des BKA – die verdeckte Online-Durchsuchung in einem Rahmen zuließe, der den Vorstellungen der Befürworter der Maßnahme nahezu entspricht, jedenfalls aber äußerst nahe kommt.

Weitergehende Ausführungen zu den Modalitäten der Maßnahme wie etwa ein Richtervorbehalt oder Schutzmechanismen zugunsten des Kernbereichsschutzes sind in der Regelung jedoch außer in Ansätzen in Abs. 3 und 4 bzw. in § 5 Abs. 2 Nr. 11 Satz 2 VSG NRW nicht enthalten.[782] Dass sich die Ermächtigung zur verdeckten Online-Durchsuchung und anderer vergleichbarer Maßnahmen insbesondere durch dieses Fehlen weitergehender Ausgestaltungsansätze zugunsten der Betroffenen einer der neu eingeführten Maßnahmen innerhalb des VSG NRW angreifbar gemacht hat, hat das Bundesverfassungsgericht in seinem Urteil hierzu dargelegt.

Im folgenden Abschnitt werden die Überlegungen des Gerichts und die Kernaussagen aus dem zugehörigen Urteil dargestellt.

2. Bewertung durch das Bundesverfassungsgericht

Das Bundesverfassungsgericht hat in seinem Urteil vom 27. Februar 2008 den Ansatz einer Ermächtigungsgrundlage zur verdeckten Online-Durchsuchung aus Nordrhein-Westfalen als verfassungswidrig und damit nichtig erklärt.[783]

Innerhalb dieser umfangreichen Grundsatzentscheidung wurde neben einigen anderen angegriffen Normen § 5 Abs. 2 Nr. 11 Satz 1 und 2 VSG NRW aufgrund einer Verfassungsbeschwerde überprüft und infolge der Überprüfung in verschiedenen Punkten als verfassungsrechtlich unzureichend bewertet.[784]

---

782 Vgl. auch *Kutscha*, S. 14 in LT NRW Ausschussprotokoll Apr 14/275 vom 19.10.2006: www.landtag.nrw.de/portal/WWW/dokumentenarchiv/Dokument?Id=MMA14%2F275|1|4&Id=MMA14%2F275|5|44.

783 BVerfGE 120, 274ff.

784 BVerfGE 120, 274, 274; es wird im Folgenden auf die verletzten Verfassungsprinzipien einzugehen sein, die Überlegungen zu etwaigen Grundrechtsverletzungen finden sich

Verstöße gegen das Prinzip der Normenbestimmtheit sowie gegen den Verhältnismäßigkeitsgrundsatz sowie erhebliche Mängel im Kernbereichsschutz werden hinsichtlich § 5 Abs. 2 Nr. 11 Satz 1 Alt. 2, Satz 2 VSG NRW festgestellt, § 5 Abs. 2 Nr. 11 Satz 1 Alt. 1 VSG NRW verstößt gegen das Zitiergebot aus Art. 19 Abs. 1 Satz 2 GG.

a) Verstöße gegen Normenbestimmtheit, Verhältnismäßigkeit und den Kernbereichsschutz durch § 5 Abs. 2 Nr. 11 Satz 1 Alt. 2, Satz 2 VSG NRW

Zunächst erfolgt eine Darstellung der festgestellten Verstöße gegen den Verhältnismäßigkeitsgrundsatz, den Kernbereichsschutz und das Bestimmtheitsgebot.

§ 5 Abs. 2 Nr. 11 Satz 1 Alt. 2 VSG NRW wird berechtigterweise in zweierlei Hinsicht vom Bundesverfassungsgericht kritisiert.

Zunächst scheitert die Verfassungsmäßigkeit der Regelung am Verhältnismäßigkeitsgrundsatz. Dieser besagt, dass eine Maßnahme, die zu einem Eingriff in Grundrechte führt, einen legitimen Zweck verfolgen und zur Verfolgung des Zwecks geeignet, erforderlich und angemessen sein muss.[785]

Den legitimen Zweck sieht das Bundesverfassungsgericht als gegeben an: durch die Zuständigkeit des Verfassungsschutzes ergibt sich die Zielrichtung der vorhandenen Maßnahmen, neben anderen hochwertigen Verfassungsgütern die freiheitliche demokratische Grundordnung sowie den Bestand von Bund und Ländern insbesondere vor dem internationalen Terrorismus zu schützen; § 1 VSG NRW.[786] Da terroristische Organisationen vermehrt informationstechnische Systeme in ihre Tätigkeiten einbeziehen, liegt es nahe, dass auch die Verfassungsschutzbehörde auf diese Techniken zurückgreifen darf, um den Bedrohun-

---

auf S. 130ff. und werden nachfolgend nur punktuell wiedergegeben; zusammenfassend zu den einzelnen rechtsstaatlichen Anforderungen an eine verfassungsgemäße Eingriffsermächtigung siehe auch *Hornung* JZ 2007, S. 828.

785 Hierzu vgl. *Hufen*, S. 120ff.; weiterführend auch *Kloepfer*, S. 100ff.; *Sodan* in Sodan, Vorb. zu Art. 1 Rn. 60ff.

786 BVerfGE 120, 274, 319; DT 2009, S. 28; vgl. auch NRW LT-Dr. 14/2211, S. 1, 17 unter http://www.landtag.nrw.de/portal/WWW/dokumentenarchiv/Dokument/MMD14-2211.pdf?von=1&bis=0 vom 03.07.2006.

gen entgegentreten zu können; dass der Gesetzgeber dies nun einfachgesetzlich ausgestalten wollte, sieht das Gericht als legitimen Zweck an.[787]

Die Eignung des § 5 Abs. 2 Nr. 11 Satz 1 Alt. 2 VSG NRW, diesem Zweck zu dienen, nimmt das Gericht ebenso an.[788]

Auch hinsichtlich der Erforderlichkeit sieht das Gericht keine Probleme; es ist also keine gleich wirksame, aber weniger eingriffsintensive Maßnahme zur Erhebung der Daten ersichtlich.[789]

Die Verhältnismäßigkeitsprüfung scheitert jedoch am Erfordernis der Verhältnismäßigkeit im engeren Sinne. Diesem Erfordernis nach muss im Wege einer Gesamtbetrachtung ermittelt werden, dass die Intensität des Eingriffs nicht außer Verhältnis zum legitimen Zweck bzw. den sonstigen den Eingriff rechtfertigenden Gründen stehen darf; notwendig ist hier also ein Interessenausgleich.[790]

Wie festgestellt führt eine verdeckte Online-Durchsuchung, die der Formulierung des § 5 Abs. 2 Nr. 11 Satz 1 Alt. 2 VSG NRW möglich wäre, zu erheblichen Grundrechtseingriffen, die es den Behörden ermöglichen, ein umfassendes Gesamtbild von Persönlichkeit und Lebensumständen des Betroffenen zu gewinnen und dies sogar ohne eine Kenntnisnahme durch die betroffene Person.[791] Auch kann nicht vollständig ausgeschlossen werden, dass erhobene Daten ihrerseits in die Hände Dritter geraten, die diese zumindest theoretisch wiederum verändern oder weiterreichen könnten.[792]

Eine derart intensive Beeinträchtigung ist nur dann nicht schon per se unverhältnismäßig, wenn die zum Eingriff führende Maßnahme einem Anlass dient, der seinerseits ein hinreichendes Gewicht aufweist (hier also gemäß § 1 VSG NRW der Gefahrenabwehr durch die Verfassungsschutzbehörde) und eine realistische Wahrscheinlichkeit des Eintritts einer Rechtsgutsverletzung besteht.[793] Bloße

---

787 BVerfGE 120, 274, 319f.

788 BVerfGE 120, 274, 319ff., hier noch mit einigen weiteren detaillierteren Überlegungen zur Geeignetheit.

789 BVerfGE 120, 274, 321, wegen Möglichkeiten der Veränderung und Löschung von Daten insbesondere nicht die offene Online-Durchsuchung, bei der der Betroffene Kenntnis von der Maßnahme hat, vgl. auch: *Kemper* ZRP 2007 S.107.

790 *Kloepfer*, S. 103; *Sodan* in Sodan, Vorb zu Art. 1 Rn. 66; *Hufen*, S. 123f.

791 Siehe hierfür S. 110ff. und bei BVerfGE 120, 274, 321ff.

792 Beachtlich ist hier, dass in der aktuellen Diskussion um den Einsatz eines Bundestrojaners in Bayern der Chaos Computer Club erheblich Sicherheitsmängel und Lücken in der staatlichen Software gefunden zu haben scheint; http://ccc.de/de/updates/2011/staatstrojaner; http://www.spiegel.de/netzwelt/netzpolitik/0,1518,790756,00.html.

793 BVerfGE 120, 274, 328.

Vermutungen oder Ermittlungen im Vorfeld konkreter Anhaltspunkte reichen in Anbetracht der hohen Eingriffsintensität der in Frage stehenden Maßnahmen nicht aus.[794]

So liegt es aber bei der Maßnahme nach vorliegender Vorstellung des Landesgesetzgebers. Zwar kann die Gefahrenabwehr durch den Verfassungsschutz als hinreichend gewichtiger Anlass einer Maßnahme angesehen werden. Ohne jegliche Abstufung oder Erforderlichkeitsschwelle jedoch wird die verdeckte Online-Durchsuchung als weitere Ermittlungsmaßnahme in die Reihe der übrigen, bereits vorhandenen Regelungen eingefügt. Wie nahe liegend oder dringend der Eintritt einer Rechtsgutsverletzung im Einzelfall ist bzw. für die Zulässigkeit der Maßnahme sein muss, wird jedoch nicht definiert.

In Anbetracht der extrem hohen Gefahr gleich mehrerer Grundrechtsverletzungen, darf eine Maßnahme keine derart niedrige Zugriffsschwelle haben.

Insofern kann von der Angemessenheit der Maßnahme hier nicht die Rede sein, was das Bundesverfassungsgericht zutreffend erkennt.[795]

Zuletzt kritisiert das Gericht in diesem Zusammenhang, dass die Maßnahme nicht unter den Vorbehalt richterlicher Anordnung gestellt wurde, was bei dem heimlichen Zugriff auf informationstechnische Systeme jedoch infolge der Schwere des Eingriffs grundsätzlich gewährleistet sein muss.[796][797]

Insgesamt ist also dem Erfordernis der Verhältnismäßigkeit durch § 5 Abs. 2 Nr. 11 Satz 1 Alt. 2 VSG NRW nicht Rechnung getragen und schon hierin begründet sich die Verfassungswidrigkeit der Norm.

Des Weiteren erhebt das Gericht massive Bedenken hinsichtlich des Schutzes des Kernbereichs privater Lebensgestaltung.

---

794 BVerfGE 120, 274, 328.

795 Nochmals ausführlich zu den Ausführungen des BVerfG zur Angemessenheit im vorliegenden Fall bei *Schröder/Schröder*, S: 117ff.

796 BVerfGE 120, 274, 331ff. Ausnahmeregelungen sind in Eilfällen möglich; vgl. auch *Kudlich* HFR 2007, S. 11.

797 Nicht ausreichend ist es, über den Verweis des § 5 Abs. 2 Nr. 11 Satz 2 VSG NRW die Verfahrensregelungen aus § 3 Abs. 1 G 10 anwenden zu wollen. Selbst wenn man die umfassende Einbeziehung des G 10 befürwortet (was man mangels jeglicher Vorschläge zur Konkretisierung des Verweises innerhalb des Gesetzgebungsprozesses zu § 5 Abs. 2 Nr. 11 VSG NRW der Landesregierung NRW unterstellen kann), gilt dies zum einen nur für die Telekommunikationsüberwachung, während § 5 Abs. 2 Nr. 11 Satz 1 Alt. 2 VSG NRW auch andersartige heimliche Zugriffsarten ermöglicht. Zum anderen mangelt es auch innerhalb des G 10 an einem Richtervorbehalt, BVerfGE 120, 274, 334.

Das Bundesverfassungsgericht betont ausdrücklich, dass dieser Bereich absolut vor staatlichen Eingriffen geschützt werden muss, selbst wenn überwiegende Interessen der Allgemeinheit dem Kernbereichsschutz gegenüberstehen.[798]

Bei einer Maßnahme, die unter einem Zugriff auf ein informationstechnisches System stattfindet, liegt es besonders nahe, gespeicherte oder in einem Kommunikationsprozess übermittelte Inhalte zu erheben, die höchstpersönliche Bezüge aufweisen, da immer mehr Bereiche des täglichen Lebens in virtueller Form dokumentiert, hinterlegt oder geregelt werden.[799] Dies wiegt besonders schwer bei verdeckten Maßnahmen, in deren Zusammenhang der Betroffene selbst keinerlei Kenntnis von dem Zugriff hat.[800]

Um diesem hohen verfassungsrechtlichen Gut des Kernbereichsschutzes dennoch Rechnung tragen zu können, sind besonders wirksame und strenge Vorkehrungen erforderlich: soweit möglich, muss die Datenerhebung bereits von vorneherein unterbleiben bzw. unterbrochen werden, falls während der Erhebung der Kernbereichsbezug der Daten erkannt wird; wurden entsprechende Daten dennoch erhoben, sind diese unverzüglich zu löschen und dürfen einer Auswertung nicht zugänglich gemacht werden.[801] Da es gerade bei Ermittlungen in informationstechnischen Systemen nahezu immer möglich ist, dass Kernbereichsbezüge aufgefunden werden bzw. diese Möglichkeit nicht ausgeschlossen werden kann, bedarf es hier neben der Regelung der Datenerhebung auch eine spezifische Regelung der Datenverwertung durch eine unabhängige Einrichtung.[802]

Weder innerhalb des § 5 Abs. 2 Nr. 11 VSG NRW selbst noch bei Anwendung des Gesetzes zu Artikel 10 Grundgesetz infolge des Verweises in Satz 2 der Regelung wird dem Erfordernis nach einem umfassenden Kernbereichsschutz Rechnung getragen, an keiner Stelle werden zugunsten dieser Maßstäbe auch nur in Ansätzen Vorkehrungen getroffen.[803] Aufgrund der hohen Wahrscheinlichkeit einer Berührung von Daten mit Kernbereichsbezug wiegt dieser Mangel verfassungsrechtlich schwer.

---

798 BVerfGE 6, 32, 41; 32, 373, 378f.; 34, 238, 245; 80, 367, 373; 120, 274, 335f; *Buermeyer* HRRS 2007 II, S. 336f.; *Hornung* DuD 2007, S. 576.

799 BVerfGE 120, 274, 335ff.

800 BVerfGE 120, 274, 335ff.

801 BVerfGE 120, 274, 337f.

802 BVerfGE 120, 274, 337f.

803 BVerfGE 120, 274, 337ff.; dies erkennt auch schon vor der Verabschiedung des Gesetzes *Roggan*, S. 23 in LT NRW Ausschussprotokoll Apr 14/275 vom 19.10.2006 unter http://www.landtag.nrw.de/portal/WWW/dokumentenarchiv/Dokument?Id=MMA14%2F275|1|4&Id=MMA14%2F275|5|44.

Folglich kommt das Bundesverfassungsgericht auch in dieser Hinsicht zur Unzulässigkeit des § 5 Abs. 2 Nr. 11 Satz 1 Alt. 2 VSG NRW.

Auch hinsichtlich § 5 Abs. 2 Nr. 11 Satz 2 VSG NRW finden sich Ansatzpunkte für Kritik.

Das im Rechtsstaatsprinzip gründende Bestimmtheitsgebot soll sicherstellen, dass sowohl Exekutive als auch Judikative vom Parlamentsgesetzgeber klar formulierte und möglichst eindeutige gesetzliche Vorgaben zur Ausführung ihrer Aufgaben erhalten; zugleich gewährleisten bestimmte und klare Formulierungen eine gesteigerte Erkennbarkeit von tatbestandlichen Voraussetzungen, Grenzen und Rechtsfolgen einer Maßnahme zugunsten der betroffenen Personen.[804]

Umfasst von diesem Erfordernis nach Klarheit und Bestimmtheit sind sowohl die Tatbestandsvoraussetzungen als auch die Rechtsfolgen einer Maßnahme durch die Behörden.

Unzureichend bewertet das Bundesverfassungsgericht insofern die Formulierung des § 5 Abs. 2 Nr. 11 Satz 2 VSG NRW.[805]

Hier wird als tatbestandliche Voraussetzung für den Verweis in das Gesetz zu Artikel 10 Grundgesetz ein Eingriff durch eine Maßnahme in Art. 10 GG gefordert. Die Entscheidung, ob und in welche Grundrechte eine behördliche Maßnahme eingreift, kann mitunter jedoch ihrerseits intensive Überlegungen und Einschätzungen erfordern, die in den Aufgabenbereich des Gesetzgebers fallen.[806] Gerade bei so neuartigen und umstrittenen Maßnahme wie jenen über das Internet ist die Benennung betroffener Grundrechte wie dargestellt nicht ohne Weiteres möglich.

Den hier erforderlichen Anstrengungen, die relevanten Grundrechte zu benennen und einfachgesetzlich auszugestalten, darf sich der Gesetzgeber nicht dadurch entziehen, indem er auf lediglich ein nur möglicherweise einschlägiges Grundrecht von mehreren in Betracht zu ziehenden Grundrechten innerhalb des Tatbestands der Maßnahme hinweist und die weitere Entscheidung über Ausgestaltung und Umsetzung dieses Grundrechts der Verwaltung überlässt.[807]

Dieser Mangel an Bestimmtheit wird durch die Ergänzung noch intensiviert, demnach der Verweis in das Gesetz zu Artikel 10 Grundgesetz auch dann greift,

---

804 BVerfGE 8, 274, 325; 57, 295, 321; 110, 33, 53, 57; 115, 320, 365; weiterführend hierzu *Hufen*, S. 117, 344f.; *Sodan* in Sodan, Vorb zu Art. 1 Rn.59.

805 BVerfGE 120, 274, 317.

806 BVerfGE 120, 274, 317.

807 BVerfGE 120, 274, 317.

wenn eine Maßnahme einem Eingriff in Artikel 10 Abs. GG nach „Art und Schwere“ gleichkommt; diese Formulierung erfordert eine wertende Betrachtung des stattgefundenen Zugriffs mit einem solchen, der einen entsprechenden Eingriff in Art. 10 GG darstellen würde.[808] Darüber hinaus enthält die Regelung keinerlei Konkretisierung oder Maßstab, die für eine solche vergleichende Betrachtung heranzuziehen wären.[809]

Zuletzt ist hinsichtlich des Verweises des § 5 Abs. 2 Nr. 11 Satz 2 VSG NRW problematisch, dass hier nicht geregelt ist, auf welche Teile des Gesetzes zu Artikel 10 Grundgesetz verwiesen wird; mangels jeglicher Einschränkung lässt sich vertreten, dass auf das komplette Gesetz verwiesen wird, dann aber auch auf Regelungen, die Rechtsfolgen, Kontrollregelungen und ähnliches enthalten.[810] Andererseits könnte unter „Voraussetzungen“ auch lediglich die materielle Eingriffsschwelle des § 3 G 10 zu verstehen sein oder die enthaltenen Verfahrensregelungen in §§ 9ff. G 10, genauso gut könnte der Gesetzgeber auch beides gemeint haben.[811]

All diese Regelungsmängel führen dazu, dass das Gebot der Normenbestimmtheit nicht gewahrt wurde und bereits hieraus die Verfassungswidrigkeit der Norm resultiert.

b) Verstoß gegen das Zitiergebot durch Satz 1 Alt. 1 der Ermächtigung

Daneben sieht das Bundesverfassungsgericht einen Verstoß gegen das Zitiergebot des Art. 19 Abs. 1 Satz 2 GG durch § 5 Abs. 2 Nr. 11 Satz 1 Alt.1 VSG NRW.

Das Zitiergebot beinhaltet das Erfordernis, dass bei Schaffung einer Ermächtigungsgrundlage, die in Grundrechte einzugreifen droht, jene Grundrechtspositionen vom Gesetzgeber innerhalb der Regelung selbst genau benannt werden müssen; so soll sichergestellt sein, dass sich der Gesetzgeber das Ausmaß einer

808 BVerfGE 120, 274, 317f.
809 BVerfGE 120, 274, 317f.
810 BVerfGE 120, 274, 317f.
811 BVerfGE 120, 274, 317f.

neuen Regelung bewusst macht und die Notwendigkeit einer Maßnahme deutlich hinterfragt.[812]

Insofern genügt es nicht, dass § 5 Abs. 2 Nr. 11 Satz 2 VSG NRW die Verweisung in das Gesetz zu Artikel 10 Grundgesetz enthält und so ein Indiz gegeben sein mag, dass eine Verletzung des Art. 10 Abs. 1 GG durch eine entsprechende Maßnahme in Betracht kommt; es bedarf der expliziten Benennung des Eingriffs innerhalb der jeweiligen Ermächtigung.[813]

Eine letzte Ungenauigkeit sieht das Bundesverfassungsgericht darin, dass, selbst wenn man den Verweis in Satz 2 der Ermächtigung grundsätzlich als Benennung eines verletzten Grundrechts genügen ließe, unklar bleibt, für welche der beiden in § 5 Abs. 2 Nr. 11 Satz 1 VSG NRW beinhalteten Ermächtigungsgrundlagen eine Verletzung von Art. 10 Abs. 1 GG vom Gesetzgeber erkannt worden ist.[814] Auch hier ist die getroffene Formulierung nicht ausreichend konkret getroffen worden.

Damit steht also auch die Verfassungswidrigkeit des § 5 Abs. 2 Nr. 11 Satz 1 Alt. 1 VSG NRW infolge eines Verstoßes gegen das Verfassungsprinzip des Zitiergebots fest.[815]

Insgesamt ist damit festzuhalten, dass das Bundesverfassungsgericht an eine taugliche Ermächtigungsgrundlage im Zusammenhang mit Zugriffen auf informationstechnischen Systeme durchaus hohe Anforderungen stellt und diese innerhalb des Urteils vom 27. Februar 2008 als rechtsstaatliche Mindestanforderungen und Wegweiser für etwaige Folgeregelungen in anderen Bundesländern konstatiert.

§ 5 Abs. 2 Nr. 11 VSG NRW wird bzw. wurde diesen rechtsstaatlichen Maßstäben jedoch in gleich mehreren Richtungen nicht gerecht.

c) Sonstiges

Ergänzend zu diesen Verstößen der Regelung gegen Verfassungsprinzipien hatte das Bundesverfassungsgericht zudem die Verletzung von Grundrechten, na-

812 Dieses Erfordernis gilt natürlich sinnhafter Weise für jene Grundrechte, die einem Gesetzesvorbehalt unterliegen: *Kloepfer*, S. 98f.; *Hufen*, S. 126; *Sodan* in Sodan, Art. 19 Rn. 5ff.; BVerfGE 64, 72, 79f.; 5, 13, 16.

813 BVerfGE 120, 274, 343.

814 BVerfGE 120, 274, 344.

815 BVerfGE 120, 274, 343.

mentlich der Art. 2 Abs. 1 i.V.m. Art. 1 Abs. 1 durch Alt. 2 der Eingriffsermächtigung und Art. 10 Abs. 1 durch Alt. 1, festgestellt.[816] Hinsichtlich pro und contra zu diesen Ergebnissen nach der in dieser Arbeit vertretenen Ansicht wird auf die Seiten 129ff. verwiesen.

Generell bleibt aber neben all den aufgeführten Unzulänglichkeiten der Regelungen auch festzuhalten, dass dann keine Bedenken an die Durchführung von Maßnahmen und Zugriffen auf informationstechnische Systeme zu stellen sind, wenn hierdurch keine Verletzung von Grundrechten droht[817] – wenngleich diese Überlegung rein theoretischer Natur sein dürfte in Anbetracht der bereits dargelegten enormen Gefahren für Grundrechtspositionen, die von einer entsprechenden Maßnahme ausgehen.

3. Konsequenz und Fazit

Die Verfassungswidrigkeit der Norm führt zu ihrer Nichtigkeit.[818]

Für die Interpretation des § 5 Abs. 2 Nr. 12 VSG NRW muss dies bedeuten, dass nur solche Maßnahmen in zulässiger Weise als *„weitere vergleichbare Methoden, Gegenstände und Instrumente (...)“* im Sinne der Eingriffsermächtigung des § 5 Abs. 2 VSG NRW in Betracht zu ziehen sind, die deutlich unterhalb der erheblichen Eingriffsintensität der in Nr. 11 vorgesehenen Maßnahmen liegen bzw. ausschließlich mit den Ermächtigungen der Nr. 1 – 10 vergleichbar sind.

Da auch Nr. 12 heimliche Zugriffe zur Informationsbeschaffung erlaubt und diese Ermächtigung, die schon vor der Gesetzesänderung als § 5 Abs. 2 Nr. 11 VSG NRW a.F. existierte, Bestand hatte, sind die Überlegungen des Verfassungsgerichts zu § 5 Abs. 2 Nr. 11 VSG NRW für die Auslegung dieses weiten Ermächtigungstatbestands, der seiner offenen Wortbedeutung nach durchaus auch zu Eingriffen entsprechend jener des § 5 Abs. 2 Nr. 11 Satz 1 Alt. 1 VSG NRW erlauben könnte, anzuwenden.

Nicht zulässig kann es also sein, einen spezifischen Nutzer in einem Chatroom gestützt auf § 5 Abs. 2 Nr. 12 VSG NRW zu überwachen und auszuforschen,

816 Schließlich können auch landesrechtliche Regelungen zu einer Verletzung von Grundrechten führen, nochmals betont bei *Manssen*, S. 45 Rn. 148; zu den gerichtlichen Überlegungen hinsichtlich der Grundrechtsverletzungen vgl. BVerfGE 120, 274, 274, 306ff., 341ff.; sowie zusammenfassend etwa *Gudermann*, S. 129ff.; *Schröder/Schröder*, S. 101ff.

817 BVerfGE 120, 274, 344.

818 BVerfGE 120, 274, 274.

wenn hierdurch je nach Einzelfall und Sachverhalt in dessen Grundrechte eingegriffen wird. Ein solches Vorgehen wäre unter § 5 Abs. 2 Nr. 11 Satz 1 Alt. 1 VSG NRW zu subsumieren gewesen, was aber nach vorstehender Herleitung und Begründung als verfassungswidrig beurteilt wurde.

Die Nichtigkeit einer spezifischen Eingriffsermächtigung darf durch die Behörden nicht dadurch umgangen werden, dass die entsprechende Maßnahme durch Rückgriff auf eine andere, allgemeiner formulierte und wirksame (Auffang-) Ermächtigung gerechtfertigt werden kann.

Sonst liefen die dargestellten Überlegungen des Bundesverfassungsgerichts durch Anwendung des § 5 Abs. 2 Nr. 12 VSG NRW ins Leere, jedenfalls soweit § 5 Abs. 2 Nr. 11 Satz 1 Alt. 1 VSG NRW hinsichtlich der Teilnahme an Kommunikationseinrichtungen betrachtet wird.

Dass eine verdeckte Online-Durchsuchung nicht durch § 5 Abs. 2 Nr. 12 VSG NRW gerechtfertigt werden kann, ergibt sich nicht nur an der für die Auffangregelung zu intensive Grundrechtsbeeinträchtigung der Maßnahme, sondern auch daraus, dass bei der verdeckten Online-Durchsuchung nach in aller Regel abgespeicherten Inhalten nicht von einem Eindringen in technische Kommunikationsbeziehungen gesprochen werden kann.[819]

Neben der sich ergebenden Nichtigkeit des § 5 Abs. 2 Nr. 11 VSG NRW hat sich das Bundesverfassungsgericht jedoch nicht für eine generelle Ablehnung oder Undenkbarkeit der Legitimation einer verdeckten Online-Durchsuchung ausgesprochen. Vielmehr seien an die Rechtmäßigkeit einer tauglichen Ermächtigungsgrundlage aufgrund der drohenden erheblichen Eingriffe in Grundrechte der Betroffenen in entsprechendem Maße höchste Anforderungen zu stellen.

Damit steht aber zugleich eines fest: die verdeckte Online-Durchsuchung per se ist nicht als verfassungswidrig zu bewerten. Massiv bemängelt wurde die Art und Weise der Umsetzung und die fehlende Berücksichtigung grundlegender rechtsstaatlicher Grundsätze. Die Möglichkeit einer verfassungsmäßigen Formulierung einer Regelung zur verdeckten Online-Durchsuchung ist unter Wahrung der durch das Bundesverfassungsgericht aufgestellten Maßstäbe aber durchaus denkbar und durch die ausführlichen Anmerkungen des Bundesverfassungsgerichts gewissermaßen vorgezeichnet.

So wird einerseits die Möglichkeit gewahrt, eine neue, möglicherweise zeitgemäße Ermächtigungsgrundlage zu schaffen, die den Behörden eine den gegenwärtigen Entwicklungen und Umständen angepasste Handlungsoption eröffnet. Andererseits wird die Anforderung an die zu schaffende Regelung gestellt, die

---

819 Vgl. S. 153.

Rechte der potentiell Betroffenen in höchst möglichem Maße zu schützen. Auf diesem Wege kann ein Kompromiss gefunden werden zwischen der Notwendigkeit der Weiterentwicklung sowie der Anpassung der vorhandenen Handlungsoptionen der Polizei- und Verfassungsschutzbehörden und dem rechtsstaatlichen Bedürfnis nach Einhaltung gewisser Grundregeln, wie insbesondere eben wie festgestellt die Wahrung des Bestimmtheitsgebots, des Verhältnismäßigkeitsgrundsatzes unter Berücksichtigung eines Vorbehalts richterlicher Anordnung sowie des Kernbereichsschutzes und des Zitiergebots.

Damit haben sowohl die Bundesregierung als auch die Landesregierungen insoweit grünes Licht und vor allem eine Richtlinie, anhand derer sie vorab einschätzen und bewerten lassen können, ob eine ihrerseits geplante Ermächtigungsgrundlage einer Prüfung anhand des Grundgesetzes durch das Bundesverfassungsgericht standhalten könnte.

Ob und wie sich die anderen Bundesländer Deutschlands nach diesem ersten missglückten Gehversuch Nordrhein-Westfalens hin zu einer legitimen Ermächtigungsgrundlage zur verdeckten Online-Durchsuchung gesetzgeberisch betätigt haben, wird im Anschluss beleuchtet.

Eine Nachfolgeregelung wurde im Übrigen für das Landesrecht Nordrhein-Westfalens bisher noch nicht getroffen.

II. Bayern

Nach Nordrhein-Westfalen war es die Landesregierung Bayerns, die sich mit der Einführung einer Ermächtigungsgrundlage im Bereich informationstechnischer Systeme und insbesondere der verdeckten Online-Durchsuchung verbindlich befasste.

Dabei ist beachtlich, dass gleich in zwei Rechtsquellen des bayerischen Landesrechts eine entsprechende Neuerung getätigt wurde.

Zum einen wurde im Polizeirecht mit Art. 34 d Gesetz über die Aufgaben und Befugnisse der Bayerischen Staatlichen Polizei (Polizeiaufgabengesetz – folgend: PAG) eine Grundlage für den verdeckten Zugriff auf informationstechnische Systeme geschaffen.

Zum anderen finden sich relevante Regelungen zur verdeckten Online-Datenerhebung in Art. 6 e ff. Bayerisches Verfassungsschutzgesetz (BayVSG).

Das PAG wurde im relevanten Bereich nach der Einführung des Art. 34 d PAG am 01. August 2008 zuletzt mit Wirkung zum 27. Juli 2009 durch das Gesetz zur Änderung des Polizeiaufgabengesetzes, des Bayerischen Verfassungsschutzgesetzes und des Bayerischen Datenschutzgesetzes geändert.[820]

Das BayVSG wurde am 08. Juli 2008 durch das Gesetz zur Änderung des Bayerischen Verfassungsschutzgesetzes, des Ausführungsgesetzes Art. 10-Gesetz und des Parlamentarischen Kontrollgremium-Gesetzes um zahlreiche Regelungen, darunter auch jene betreffend die verdeckte Online-Durchsuchung, ergänzt.[821]

Dass der jeweilige Gesetzgebungsprozess nicht unumstritten war, zeigt sich an der regelrechten Flut an Gesetzgebungsmaterialien.[822] Hier erfolgt von Befürwortern und Gegnern der neuen geplanten Ermächtigungsgrundlagen ein argumentativer Schlagabtausch über die Erforderlichkeit der in Frage stehenden Neuerungen.[823] Hinsichtlich der konservativen bis liberalen Positionierung der einzelnen politischen Lager sowie der Inhalte der jeweiligen Argumentationen kann auf die ausgeführten Problematiken zu Grundrechtsrelevanz und Erforderlichkeit auf S. 134ff. bzw. auf den unten angeführten Link unter Fußnote 822 verwiesen werden.

---

820 Bayerisches GVBl. Nr. 14/2009, 380; insofern obsolet ist die Fassung des PAG, die *Gudermann*, S. 62ff., ohne weitere Kommentierung oder Prüfung aufführt; *Teubert*, S. 96; *Schmidbauer/Steiner*, Art. 34 d Rn. 18.

821 Eingefügt nach Bayerisches GVBl. Nr. 14/2008, 357 und nochmals partiell abgeändert nach Bayerisches GVBl. Nr. 14/2009, 380.

822 Eine Zusammenfassung der Gesetzgebungsmaterialien zum Thema verdeckte Online-Durchsuchung in Bayern bietet www.bayern.landtag.de/cps/rde/xchg/landtag/x/-/www1/441.htm/-/papp/Suche_Dokumente/http://www.bayern.landtag.de/www/dokumente.suche.maske.jsp?STATE=SHOW_MASK&DOKUMENT_REMOVE_FLAGS=true&DOKUMENT_TYPE=SIMPLE&TEST=&ERW_PLPR=&DOKUMENT_INTEGER_WAHLPERIODE=15&DOKUMENT_DOKUMENTNR=&DOKUMENT_SUCHBEGRIFFE=online+durchsuchung&DOKUMENT_DATE_DATE_FROM=21.09.2003&DOKUMENT_DATE_DATE_TO=19.10.2008&DOKUMENT_INTEGER_DATE_FLAG=2&DOKUMENT_BOOLEAN_VOLLTEXT=true&DOKUMENT_BOOLEAN_SCHLAGWORT=true&DOKUMENT_BOOLEAN_DRS=true&DOKUMENT_BOOLEAN_APR=false&DOKUMENT_BOOLEAN_PLPR=true&DOKUMENT_EINFACHE_SORTIERUNG=1&DOKUMENT_INTEGER_TREFFERANZAHL=10&BUTTONSCHLAGWORT=Suche+starten; die Summe der einzelnen Vorgangsmappen, Anfragen und Protokollen sind über 700 Din A4-Seiten Gesetzgebungsmaterialien; daneben auch *Krempl*, S. 1f.

823 So etwa der Dringlichkeitsantrag nach Bay LT-Drs 15/9064 vom 17.10.2007, sowie Bay LT-Drs 15/10544 vom 09.04.2008 und Bay LT-Drs. 15/10948 vom 26.06.2008, zu finden unter o.g. Link.

Stellungnahmen bzw. Urteile zu den Normen liegen bisher weder von Landesgerichten noch vom Bundesverfassungsgericht vor. Insofern folgt die Darstellung der neuen Regelungen zunächst unter Bezugnahme auf die verfügbaren Gesetzgebungsmaterialien und der vorhandenen Kommentare aus der Presse.

Anhand der vorstehend hergeleiteten Ergebnisse für die Anforderungen an die Verfassungsmäßigkeit einer Ermächtigungsgrundlage für Eingriffe in informationstechnische Systeme aus dem Urteil des Bundesverfassungsgerichts vom 27. Februar 2008 wird zum Abschluss der Ausführungen zu den Neuerungen jeweils eine Prüfung der Verfassungsmäßigkeit der neuen bayerischen Regelungen durchgeführt.

1. Art. 34 d PAG

Im Gegensatz zu den Bemühungen der nordrhein-westfälischen Gesetzgebung hat sich die bayerische Regierung neben der Ergänzung der Befugnisse des Verfassungsschutzes auch eine polizeirechtliche Regelung für die Ermittlung in informationstechnischen Systemen geschaffen.

Keine detaillierte Darstellung erfolgt hier zu Art. 34 a ff. PAG; hier sind Ermächtigungen enthalten, die im Bereich laufender Telekommunikation ansetzen. Es liegt insofern keine konkret auf informationstechnische Systeme und hier abgespeicherte Daten fokussierte Maßnahme vor, wenngleich auch internetbasierte Kommunikation unter den Begriff der Telekommunikation zu subsumieren und damit von den hier formulierten Eingriffsermächtigungen umfasst ist. Weitergehende Besonderheiten ergeben sich hier nicht, für grundsätzliche Ausführungen zur Grundrechtsrelevanz von Eingriffen in internetbasierte Telekommunikation kann auf die Seiten 89ff. verwiesen werden; die bundesrechtlichen Überlegungen sind auf die Situation im Landesrecht übertragbar.

Allgemeine Bestimmungen zu Datenschutz und Datenverarbeitung befinden sich in den Art. 37 ff. PAG.

a) Wortlaut

Demgegenüber findet sich in Art. 34 d PAG eine Ermächtigungsgrundlage, die den verdeckten Zugriff auf informationstechnische Systeme erlaubt.[824] Bereits die Länge des Wortlauts deutet darauf hin, dass hier eine wesentlich dezidiertere Formulierung getroffen wurde, als dies in Nordrhein-Westfalen der Fall war.

Die Landesregierung Bayerns hat sich zu folgendem Wortlaut entschieden:

Art. 34 d Verdeckter Zugriff auf informationstechnische Systeme

(1) Die Polizei kann mit technischen Mitteln verdeckt auf informationstechnische Systeme zugreifen, um Zugangsdaten und gespeicherte Daten zu erheben von Personen,

1. die für eine Gefahr verantwortlich sind, soweit dies zur Abwehr einer dringenden Gefahr für

a) den Bestand oder die Sicherheit des Bundes oder eines Landes,

b) Rechtsgüter der Allgemeinheit, deren Bedrohung die Grundlagen der Existenz der Menschen berührt, oder

c) Leib, Leben oder Freiheit einer Person erforderlich ist, oder

2. soweit bestimmte Tatsachen die begründete Annahme rechtfertigen, dass

a) sie für Personen nach Nr. 1 bestimmte oder von diesen herrührende Mitteilungen entgegennehmen oder entgegengenommen haben, ohne insoweit das Recht zur Verweigerung des Zeugnisses nach §§ 53, 53a StPO zu haben, oder solche Mitteilungen weitergeben oder weitergegeben haben oder

---

824 Die Normen sind auch mit allen anderen hier nicht weiter berücksichtigten Änderungen aufgeführt unter www.gesetze-bayern.de/jportal/portal/page/bsbayprod.psml;jsessionid =99710A61510D8FE764F173655BCE7BD6.jp45?showdoccase=1&doc.id=jlr-PolAufgGBY1990rahmen&doc.part=X&doc.origin=bs.

b) die unter Nr. 1 genannten Personen ihre informationstechnischen Systeme benutzen oder benutzt haben.

Eine Maßnahme nach Satz 1 darf nur durchgeführt werden, wenn die Erfüllung einer polizeilichen Aufgabe auf andere Weise aussichtslos oder wesentlich erschwert wäre. Daten dürfen unter den Voraussetzungen des Satzes 1 gelöscht werden, wenn eine gegenwärtige Gefahr für Leib oder Leben nicht anders abgewehrt werden kann. Wird erkennbar, dass in ein durch ein Berufsgeheimnis geschütztes Vertrauensverhältnis im Sinn der §§ 53, 53a StPO eingegriffen wird, ist die Maßnahme insoweit unzulässig, es sei denn, sie richtet sich gegen den Berufsgeheimnisträger selbst. Soweit dies informationstechnisch und ermittlungstechnisch möglich ist, hat die Polizei durch geeignete Vorkehrungen sicherzustellen, dass die Erhebung von Daten unterbleibt, die dem Kernbereich der privaten Lebensgestaltung zuzurechnen sind. Wird erkennbar, dass solche Daten betroffen sind und bestehen keine Anhaltspunkte dafür, dass diese Daten dem Zweck der Herbeiführung eines Erhebungsverbots dienen sollen, ist die Maßnahme insoweit unzulässig. Maßnahmen nach den Sätzen 1 und 3 sind zu dokumentieren.

(2) Die Polizei kann unter den Voraussetzungen des Abs. 1 auch technische Mittel einsetzen, um

1. zur Vorbereitung einer Maßnahme nach Abs. 1 spezifische Kennungen sowie

2. den Standort eines informationstechnischen Systems zu ermitteln.

Personenbezogene Daten Dritter dürfen dabei nur erhoben werden, wenn dies aus technischen Gründen unvermeidbar ist. Nach Beendigung der Maßnahme sind diese unverzüglich zu löschen.

(3) Art. 34 Abs. 4 Satz 1 gilt entsprechend. Für die richterliche Anordnung ist Art. 24 Abs. 1 Satz 3 entsprechend anzuwenden. Zuständig ist das in § 74a Abs. 4 GVG bezeichnete Gericht, in dessen Bezirk die beantragende Polizeidienststelle ihren Sitz hat; über Beschwerden entscheidet das in § 120 Abs. 4 Satz 2 GVG bezeichnete Gericht. Die Anordnung von Maßnahmen nach Abs. 1 und 2 ist schriftlich zu erlassen und zu begründen. Die Anordnung muss, soweit möglich,

Namen und Anschrift des Betroffenen, gegen den sich die Maßnahme richtet, sowie die Bezeichnung des informationstechnischen Systems, auf das zugegriffen werden soll, enthalten. In der Anordnung sind Art, Umfang und Dauer der Maßnahme zu bestimmen. Die Anordnung ist auf höchstens drei Monate zu befristen. Eine Verlängerung um jeweils nicht mehr als einen Monat ist möglich, soweit die Voraussetzungen fortbestehen. Bestehen die in den Abs. 1 und 2 bezeichneten Voraussetzungen nicht fort, ist die Maßnahme unverzüglich zu beendigen; die Beendigung ist dem Richter mitzuteilen.

(4) Bestehen bei der Durchsicht der Daten Anhaltspunkte dafür, dass Daten

1. dem Kernbereich privater Lebensgestaltung zuzuordnen sind oder

2. Inhalte betreffen, über die das Zeugnis als Geistlicher, Verteidiger, Rechtsanwalt, Arzt, Berater für Fragen der Betäubungsmittelabhängigkeit, Psychologischer Psychotherapeut oder Kinder- und Jugendlichenpsychotherapeut nach §§ 53, 53a StPO verweigert werden könnte, oder

3. einem Vertrauensverhältnis mit anderen Berufsgeheimnisträgern zuzuordnen sind,

sind diese unverzüglich zu löschen oder dem für die Anordnung nach Abs. 1 zuständigen Richter zur Entscheidung über ihre weitere Verwendung vorzulegen. Bei Gefahr im Verzug kann die Entscheidung auch eine in Art. 33 Abs. 5 Satz 1 genannte Stelle treffen; in diesem Fall ist eine richterliche Entscheidung unverzüglich nachzuholen. Die Löschung ist zu dokumentieren.

(5) Die durch eine Maßnahme nach den Abs. 1 und 2 erlangten personenbezogenen Daten sind besonders zu kennzeichnen. Sie dürfen nur zu den Zwecken verwendet werden, zu denen sie erhoben wurden.

Daten, bei denen sich nach der Auswertung herausstellt, dass

1. die Voraussetzungen für ihre Erhebung nicht vorgelegen haben oder

2. sie Inhalte betreffen, über die das Zeugnis als Geistlicher, Verteidiger, Rechtsanwalt, Arzt, Berater für Fragen der Betäubungsmittelabhängigkeit, Psychologischer Psychotherapeut oder Kinder- und Jugendlichenpsychotherapeut nach §§ 53, 53a StPO verweigert werden könnte, oder

3. sie dem Kernbereich privater Lebensgestaltung oder einem Vertrauensverhältnis mit anderen Berufsgeheimnisträgern zuzuordnen sind und keinen unmittelbaren Bezug zu den in Abs. 1 Satz 1 Nr. 1 genannten Gefahren haben,

dürfen nicht verwendet werden. Dies gilt nicht, wenn ihre Verwendung zur Abwehr einer gegenwärtigen Gefahr für Leib, Leben oder Freiheit einer Person erforderlich ist und Daten im Sinn der Nr. 2 oder 3 nicht betroffen sind. In diesen Fällen ist eine richterliche Entscheidung über die Zulässigkeit der Verwendung unverzüglich nachzuholen; Abs. 3 Satz 2 findet entsprechende Anwendung.

(6) Daten, die dem Kernbereich privater Lebensgestaltung zuzurechnen sind und nicht verwendet werden dürfen, sind unverzüglich zu löschen; die Löschung ist zu dokumentieren. Die durch eine Maßnahme nach den Abs. 1 und 2 erlangten personenbezogenen Daten,

1. deren Verwendung zu den in Abs. 5 Satz 2 genannten Zwecken nicht erforderlich ist, oder

2. für die ein Verwendungsverbot besteht,

sind zu sperren, wenn sie zum Zweck der Information der Betroffenen und zur gerichtlichen Überprüfung der Erhebung oder Verwendung der Daten noch benötigt werden; andernfalls sind sie zu löschen. Art. 34 Abs. 7 Sätze 3 und 4 gelten entsprechend.

(7) Von Maßnahmen nach den Abs. 1 und 2 sind

1. die Personen zu unterrichten, gegen die die Maßnahme gerichtet war, sowie

2. diejenigen, deren personenbezogene Daten im Rahmen einer solchen Maßnahme erhoben oder gelöscht und zu den Zwecken des Abs. 5 Satz 2 verwendet wurden.

Die Unterrichtung erfolgt, sobald dies ohne Gefährdung des Zwecks der Maßnahme, der eingesetzten nicht offen ermittelnden Beamten oder der in Abs. 1 Satz 1 Nr. 1 genannten Rechtsgüter geschehen kann. Ist wegen desselben Sachverhalts ein strafrechtliches Ermittlungsverfahren gegen den Betroffenen eingeleitet worden, ist die Unterrichtung in Abstimmung mit der Staatsanwaltschaft nachzuholen, sobald dies der Stand des Ermittlungsverfahrens zulässt. Art. 34 Abs. 6 Sätze 3 bis 5 gelten entsprechend. Die gerichtliche Zuständigkeit und das Verfahren richten sich im Fall des Satzes 3 nach den Regelungen der Strafprozessordnung, im Übrigen gelten Abs. 3 Sätze 2 und 3.

(8) Die Staatsregierung unterrichtet den Landtag jährlich über die erfolgte Erhebung von Daten nach Abs. 1 Satz 1 mit Ausnahme von Zugangsdaten sowie die Löschung solcher Daten nach Abs. 1 Satz 3. Art. 34 Abs. 9 Satz 2 gilt entsprechend. In dem Bericht sind anzugeben:

1. die Anzahl der den Maßnahmen zu Grunde liegenden Anordnungen, unterschieden nach

a) Erstanordnungen,

b) Verlängerungsanordnungen,

2. die jeweilige Anordnungsdauer,

3. die Anzahl der Maßnahmen, unterschieden nach

a) Erhebungen von Daten,

b) Löschungen von Daten,

4. die gesetzlichen Grundlagen der Maßnahmen.

b) Bewertung

Grundlegend ist festzustellen, dass es sich bei der in Art. 34 d PAG beschriebenen Maßnahme um eine verdeckte Online-Durchsuchung handelt, wie sie auch bisher Gegenstand der hiesigen Betrachtung war.

Ermächtigt werden soll zu der heimlichen Infiltration von informationstechnischen Systemen verdächtigter bzw. polizeilich verantwortlicher Personen unter Zuhilfenahme technischer Mittel. Die zu infiltrierenden informationstechnischen Systeme und die dazu einzusetzenden technischen Mittel werden in der Regelung nicht weiter spezifiziert, was jedoch hinsichtlich der Verfassungsmäßigkeit der Maßnahme unschädlich ist; eine weitergehende Spezifikation wurde auch vom Bundesverfassungsgericht in seinem Grundsatzurteil nicht gefordert.[825] Informationstechnische Systeme können also sowohl Smartphones, PDAs, Server oder Rechner und alle vergleichbaren Systeme sein; als technische Mittel kommen Keylogger, die IP-Adressen-Rückverfolgung oder Trojaner etc. in Betracht.[826]

Zudem sind die endgültigen Zielobjekte der Maßnahme neben Zugangsdaten, Kennungen und Standortermittlungen auch die auf dem System abgespeicherten Daten, was der auf S. 108f. getroffenen Definition der Zielrichtung der verdeckten Online-Durchsuchung entspricht.

Dass diese Maßnahme auch zunächst ohne Kenntnis des Betroffenen, also geheim, erfolgen soll, ergibt sich neben der Normüberschrift und den Bestimmun-

---

825 BVerfGE 120, 274ff. - Auch die überprüfte Norm § 5 Abs. 2 Nr. 11 VSG NRW enthielt die Formulierung „informationstechnische Systeme" und „technische Hilfsmittel", was nicht als übermäßig indifferent beanstandet wurde.

826 *Teubert*, S. 97; *Schmidbauer/Steiner*, Art. 34 d R. 105ff; *Roos/Lenz*, § 31 c Rn. 1, 5, zwar betreffend das rheinland-pfälzische Polizeirecht; hier findet sich jedoch eine übereinstimmende Formulierung. Zur Technik im Übrigen vgl. S. 120ff.

gen in Absatz 1 Satz 1 auch aus der Pflicht zur nachträglichen Information des Adressaten der Maßnahme nach Absatz 7.

Da es anders als im Falle der nordrhein-westfälischen Gesetzgebung zur verdeckten Online-Durchsuchung für die neuen bayerischen Ermächtigungsgrundlagen noch keine Bewertung durch das Bundesverfassungsgericht oder einen anderen staatlichen Spruchkörper gibt, ist es geboten, die auf den Seiten 231ff. hergeleiteten Maßstäbe des Bundesverfassungsgerichts auf Art. 34 d PAG anzuwenden. Zwar handelt es sich bei der hier vorliegenden Norm nicht um eine solche zugunsten des Verfassungsschutzes wie es in Nordrhein-Westfalen der Fall war, sondern um eine Norm zugunsten der Landespolizei. Grundsätzlich sind daher die aufgestellten Maßstäbe durch das Bundesverfassungsgericht nicht „eins-zu-eins" auf eine Prüfung der Verfassungsmäßigkeit des Art. 34 d PAG zu übertragen. Da allerdings gegenwärtig keinerlei anderweitige und gleichwertige Bewertungsmaßstäbe zur Verfügung stehen, ist auf das Grundsatzurteil Bezug zu nehmen. Zudem kann für den Fall, dass Art. 34 d PAG den aufgestellten Maßstäben ganz oder in Teilen nicht gerecht wird, dieser Umstand auch für die Bewertung dieser polizeirechtlichen Norm jedenfalls als starkes Indiz gesehen werden, an die Verfassungsmäßigkeit der Regelung ernsthafte Zweifel zu stellen.

aa) Gefahr als erforderliche Eingriffsschwelle

Ein beachtlicher Unterschied zu dem beurteilten Gesetz in Nordrhein-Westfalen ist zunächst, dass es sich bei Art. 34 d PAG nicht um eine Befugnis zugunsten des Verfassungsschutzes handelt, sondern eine polizeiliche Eingriffsermächtigung geschaffen wurde.

Die Maßnahme einer Polizeibehörde darf jedoch nicht ohne Erreichen einer gewissen Eingriffsschwelle, genauer gesagt verdachtslos durchgeführt werden; d.h. das Tätigwerden einer Polizeibehörde erfordert in jedem Falle das Bestehen oder den Verdacht einer konkreten Gefahr. Wird diesem Erfordernis innerhalb einer gesetzlichen Regelung nicht Rechnung getragen und die Eingriffsermächtigung nicht eingeschränkt, fehlt es bereits an einer der Zulässigkeitsvoraussetzungen polizeilichen Handelns und die entsprechende Maßnahme ist als rechtswidrig zu bewerten.

Vorliegend findet sich in Abs. 1 Satz 1 der Regelung die entsprechende Eingriffsschwelle formuliert. Der Zugriff ist nach Absatz 1 Satz 1 Ziffer 1 nur dann zulässig, soweit er zur Abwehr einer dringenden Gefahr für die aufgeführten

Rechtsgüter erforderlich ist oder nach Ziffer 2 soweit anzunehmen ist, dass eine Person mit einem nach Ziffer 1 Verantwortlichen in Kontakt steht oder stand.

Die verdeckte Online-Durchsuchung ist folglich nicht zulässig im Bereich reiner Vorfeldermittlungen, sondern erfordert bereits eine gewisse Sachlage und kann sodann ergänzend eingesetzt werden.

Zudem muss der Adressat der Maßnahme die für die Gefahr verantwortliche Person oder ihr Nachrichtenmittler sein, Absatz 1 Satz 1.

Im Übrigen ist hier die ähnlich der in § 20 k BKAG vorfindliche Subsidiaritätsklausel erwähnenswert, die sich in Absatz 1 Satz 2 findet. Die verdeckte Online-Durchsuchung ist also nur dann überhaupt zulässig, wenn die Polizeiarbeit andernfalls ohne Aussicht auf Erfolg oder zumindest wesentlich erschwert wären. Es zeigt sich also schon an dieser Formulierung, dass die verdeckte Online-Ermittlung von der bayerischen Landesregierung zumindest normativ grundsätzlich als Ultima Ratio der polizeilichen Ermittlungsarbeit bewertet wird,[827] was hinsichtlich der Eingriffsintensität dieser Maßnahme zu begrüßen ist.

bb) Anforderungen des Bundesverfassungsgerichts an die verdeckte Online-Durchsuchung

Abgesehen von dieser Besonderheit des Polizeirechts können die Ergebnisse des Urteils des Bundesverfassungsgerichts vom 27. Februar 2008 zur verdeckten Online-Durchsuchung auf die vorliegende Regelung angewendet werden.

Dass an dieser Stelle keine feststehende Prognose über die Verfassungsmäßigkeit der bayerischen Regelung getroffen werden kann, liegt auf der Hand. Dennoch wird versucht, eine erste Einschätzung abzugeben darüber, ob der neue Art. 34 d PAG eine taugliche und zulässige Ermächtigungsgrundlage zur verdeckten Online-Durchsuchung darstellen kann.

Insbesondere ist es geboten, das Augenmerk auf die Punkte Kernbereichsschutz, Datenschutz und Datensicherheit, Verhältnismäßigkeit der Regelung - hier insbesondere auf die Angemessenheit[828] - und das Zitiergebot zu legen.

---

827 Ob dieser Einordnung der Maßnahme in der Praxis auch tatsächlich Rechnung getragen wird bzw. werden wird, dürfte jedoch abzuwarten bleiben, bedenkt man die letzten Entwicklungen in der bayerischen Ermittlungspraxis, vgl. S. 198ff.

828 Schließlich ist zu bedenken, dass die Verfassungsmäßigkeit des § 5 Abs. 2 Nr. 11 VSG NRW an der Angemessenheit im engeren Sinne gescheitert ist! BVerfGE 120, 274, 827f.

aaa) Kernbereich privater Lebensgestaltung

Während die nordrhein-westfälische Regelung keinerlei Bestimmungen enthielt, die dem Schutz des Kernbereichs privater Lebensgestaltung zuzuordnen gewesen wären, finden sich entsprechende Mechanismen in der vorliegenden Formulierung.

Eine erste Berücksichtigung dieser absolut zu schützenden Inhalte findet sich in Absatz 4 Satz 1, demnach entsprechende Daten unverzüglich zu löschen oder dem zuständigen Richter vorzulegen sind, sobald bei der Auswertung Anhaltspunkte für die Kernbereichsrelevanz bestehen. Werden hiernach Daten gelöscht, muss dies gemäß Absatz 4 Satz 3 dokumentiert werden.

Auch Absatz 5 beinhaltet unter anderem Bestimmungen des Kernbereichsschutzes, bezieht sich allerdings auf die Phase *nach* der Auswertung der gewonnenen Daten. Stellt sich in dieser Phase heraus, dass eine Kernbereichsrelevanz gegeben ist, dann dürfen die Daten nicht verwendet (!) werden, es sei denn (!!), die Verwendung der Daten ist für die Abwehr einer gegenwärtigen Gefahr für Leib, Leben oder Freiheit einer Person erforderlich und ein Richter hat über die Zulässigkeit der Verwendung der Daten entschieden.

Dürfen die Daten, deren Kernbereichsrelevanz erst nach der Auswertung festgestellt wurde, mangels positiver richterlicher Entscheidung nicht verwendet werden, so sind auch diese zu löschen, Absatz 6 Satz 1.

Grundsätzlich ist zunächst anerkennend festzustellen, dass sich der bayerische Landesgesetzgeber bewusst mit der Problematik um den Schutz des Kernbereichs privater Lebensgestaltung befasst hat, dessen Lückenhaftigkeit bzw. Fehlen das Bundesverfassungsgericht in Nordrhein-Westfalen massiv kritisiert hat.

Dennoch hat auch hier der Gesetzgeber keine unangreifbare Formulierung gewählt.

Noch durchaus positiv zu bewerten ist die angebrachte Unterteilung der einzelnen Phasen der Datengewinnung, wie sie bereits in Absatz 1 Satz 5, 6 der Regelung vorgenommen bzw. begonnen wird. Weitergehend wird in den Absätzen 4 und 5 das Auffinden von kernbereichsrelevanten Daten vor und nach der Auswertung, also der wertenden Durchsicht der erhobenen Daten, betrachtet, ergänzend zur Behandlung jener Daten, die schon in der vorgelagerten Phase der Datenerhebung auf einen entsprechend sensiblen Inhalt hinweisen. Dann nämlich ist eine Schutzregelung dahingehend erforderlich, dass diese Daten gar nicht erst berührt, also erhoben werden und es dementsprechend auch nicht zur Auswertungsphase kommen kann. Dies hat der bayerische Gesetzgeber grundsätzlich berücksichtigt.

Die Formulierung „soweit dies informationstechnisch und ermittlungstechnisch möglich ist" ist jedoch sehr offen gehalten und lässt extrem viel Raum, sich um den Ausschluss der Zulässigkeit der Datenerhebung zu argumentieren.[829] Unterstellt, eine Datei ist unter einem nicht eindeutigen Namen abgespeichert, etwa datei.doc, enthält aber Material mit Kernbereichsbezug, so ist es bereits hier informations- und ermittlungstechnisch nicht möglich, vorab den Inhalt der Datei einzuschätzen. Da man dies aber letztendlich jeder Datei unterstellen und vorab den Inhalt in keinem Fall mit Gewissheit voraussagen kann, läuft diese Formulierung in der Praxis ins Leere.

Wenig hilfreich ist darüber hinaus die Unterscheidung danach, ob die in Frage stehenden Daten mit Kernbereichsbezug der Herbeiführung eines Erhebungsverbots dienen sollen oder nicht, wie es Absatz 1 Satz 6 formuliert. In einem solchen Falle würde die entsprechende Maßnahme der Regelung zufolge nicht als unzulässig bewertet werden. Ob eine Datei mit entsprechendem Inhalt nun bewusst zur Herbeiführung eines entsprechenden Verbots dienen soll oder nicht, kann im Einzelfall wiederum kaum nachgewiesen oder ausgeschlossen werden, sodass sich hierin kein sinnvolles oder taugliches Bewertungskriterium erblicken lässt.

Unterstellt, der Gesetzgeber hat diese Möglichkeit erkannt, sich der Regelungsschwierigkeiten halber[830] einer genaueren Berücksichtigung im Gesetzeswortlaut enthalten, wiegt dies genauso schwer, wie das Übersehen dieser Problematik. Der umfassende Schutz des Kernbereichs privater Lebensgestaltung, den das Bundesverfassungsgericht seit langen Jahren und in ständiger Rechtsprechung betont,[831] erfordert genaue Regelung, die den ganzen Prozess der verdeckten Online-Durchsuchung und insbesondere die eigentliche Datengewinnung durch die Behörden abdeckt. Wurde ein Inhalt zunächst erhoben und bewusst wahrgenommen, so kann zwar im Nachhinein die Datei gelöscht werden, nicht aber das Wissen zumindest einer Person über den zunächst erhobenen und ausgewerteten Inhalt.

---

829 *Schmidbauer/Steiner*, Art. 34 d, Rn. 75.

830 Auf die Schwierigkeiten in der Erkennung von Kernbereichsrelevanz in der Erhebungsphase wurde bereits hingewiesen: genauso wenig wie sich hinter lebenslauf.doc tatsächlich eine Datei mit dem Lebenslauf einer Person verbergen muss, ist es notwendigerweise ausgeschlossen, dass sich unter sonstiges.pdf nicht doch auch kernbereichsrelevante Inhalte verbergen können.

831 BVerfGE 120, 274, 337ff.; BVerfGE 109, 279, 313; *Buermeyer* HRRS 2007 II, S. 337; *Schantz* KritV 2007, S. 323.

Nur aufgrund der Tatsache, dass die Regelung der Erhebungsphase wesentlich schwieriger ausfällt, als die ihrerseits schon diffizile Handhabe der Kernbereichsdaten nach Erhebung, entbindet den Gesetzgeber nicht von der Pflicht, eine angemessene und praktikable gesetzliche Lösung für dieses Regelungsproblem zu finden.

Ob der bayerische Gesetzgeber diesen Punkt nun unbewusst oder bewusst übersehen hat, muss offen bleiben[832] - in beiden Fällen findet sich hier schon ein Ansatzpunkt für Kritik an der Ermächtigungsgrundlage.

Auch lassen sich Bedenken bei der Ausgestaltung der Durchsicht der Daten mit Bezug zum Kernbereich privater Lebensgestaltung äußern. Zwar ist ein Richter mit der Anordnung der Maßnahme betraut. Jedoch findet sich keine Regelung darüber, welche Stelle die erhobenen Daten und damit auch jene mit Kernbereichsrelevanz auswerten soll.[833] Damit ist anzunehmen, dass diese Aufgabe ebenfalls der Polizeibehörde zukommt, die die Maßnahme ausgeführt hat und sodann gegebenenfalls an die Staatsanwaltschaft für das weitere Verfahren weiterleitet. Dann kann aber auch nicht mehr von der erforderlichen Unabhängigkeit der auswertenden Stelle gesprochen werden,[834] da Polizei und Staatsanwaltschaft in dieser Hinsicht auf der gleichen Seite stehen und die Kenntnis der auswertenden Polizeibeamten über die Inhalte der Daten mit (zu) großer Wahrscheinlichkeit vollumfänglich, und damit auch mit Inhalten aus dem Kernbereich privater Lebensgestaltung, an die Staatsanwaltschaft weitergegeben wird. Insofern bedarf es also ebenso einer abweichenden Zuständigkeitsregelung, was der bayerische Gesetzgeber übersehen und damit einen weiteren Ansatzpunkt für Kritik an der neuen Ermächtigungsgrundlage geschaffen hat.[835]

---

832 Insofern enthält auch das verfügbare Gesetzgebungsmaterial keine eindeutigen Hinweise; dass die hohe Bedeutung eines effektiven Kernbereichsschutzes allerdings grundsätzlich erkannt wurde, ergibt sich aus der zahlreichen Bezugnahme hierauf, so etwa in Bay LT-Drs. 15/10313, vom 01.04.2008, S. 3f., oder in Bay LT-Drs. 15/10948 vom 26.06.2008, S. 84, jeweils einzusehen unter o.g. Link.

833 Damit bleibt die hier getroffene Formulierung hinsichtlich einer klaren Regelung betreffend den Kernbereichsschutz sogar noch hinter der schon uneindeutigen Fassung des § 20 k Abs. 7 BKAG zurück, vgl. S. 282ff.

834 Vgl. etwa BVerfGE 120, 274, 332f., 338f.; *Poscher* JZ 2009, S. 276.

835 Daher unverständlich die unkritische Argumentation bei *Schmidbauer/Steiner*, Art. 34 d Rn. 127ff., die nach (zulässiger) Durchsicht durch die Polizeibehörde und Auswertung durch das Gericht unterscheiden; selbst wenn diese Trennung der Zuständigkeiten gewährleistet wäre, besteht immer noch eine erhebliche Gefahr, dass die Polizeibehörde schon bei der Durchsicht in unzulässiger Weise Kenntnisse aus Kernbereichsdaten gewinnt und nutzt.

Eine letzte Problematik hinsichtlich des Schutzes des Kernbereichs privater Lebensgestaltung liegt in der Möglichkeit, Daten, deren Kernbereichsrelevanz erst nach Auswertung erkannt wurde, einer richterlichen Entscheidung über die Zulässigkeit der Verwendung zuzuführen nach Absatz 5 Satz 5.

Den Eingriff in den Kernbereich privater Lebensgestaltung hat das Bundesverfassungsgericht prinzipiell als Verletzung desgleichen bewertet.[836] Eine Berührung solcher Inhalte oder gar die Verwendung in einem Verfahren muss also ausnahmslos unterlassen werden, eine zulässige Verwendung entsprechender Inhalte kann nicht durch eine landesrechtliche Ermächtigungsgrundlage erreicht werden. Sicherlich ist nicht zu unterstellen, dass die Verweisung an den zuständigen Richter dazu führt, dass die betroffenen Daten durchgehend auch einer Verwendung im Verfahren zugesprochen würden; die bloße Möglichkeit jedoch ist allerdings als rechtliches nullum zu bewerten, da jeder Richter in jeder Situation gleich – nämlich ablehnend – entscheiden müsste, um ein verfassungsmäßiges und damit zulässiges Ergebnis zu erreichen.

Gewissermaßen liegt in diesem Schlupfloch zur Verwendung von Daten mit Kernbereichsrelevanz gleich eine mögliche doppelte bzw. dreifache Verletzung der vom Bundesverfassungsgericht aufgestellten Schutzanforderungen: möglicherweise wurden Daten erhoben, obwohl in der Erhebungsphase bereits Anhaltspunkte für den Kernbereichbezug bestanden haben, woraufhin nach Beendigung der Durchsicht der Daten (durch die Polizeibeamten selbst) diese nach Erkennen der Kernbereichsrelevanz an den zuständigen Richter übergeben werden, der die Zulässigkeit der Verwendung der Daten ausspricht.

Es bleibt damit festzuhalten, dass trotz der ganz evidenten Bestrebungen des Gesetzgebers, den Kernbereichsschutz umfänglich zu gewährleisten, immer noch beachtliche Mängel aufzufinden sind.[837]

Ob diese einer Überprüfung der Norm durch das Bundesverfassungsgericht standhalten würden, bleibt zum jetzigen Zeitpunkt zwar noch offen, ist allerdings nach der hier vertretenen Auffassung äußerst fraglich. Vielmehr muss in Erwägung gezogen werden, eine Maßnahme, die eine Kernbereichsverletzung fast unwillkürlich mit sich zu bringen droht, von vorne herein und ohne „Wenn und Aber" als verfassungswidrig zu bewerten, wenn – wie im vorliegenden Falle

---

836 BVerfGE 6, 32, 41; 32, 373, 378f.; 34, 238, 245; 80, 367, 373. Dass das Bundesverfassungsgericht in BVerfGE 80, 367, 373ff selbst von diesem Prinzip abweicht, darf nicht als Argument herangezogen werden, eine Verwendungsmöglichkeit von Daten aus dem Kernbereich privater Lebensgestaltung in eine Ermächtigungsnorm einzufügen.

837 Vgl. auch *Herrmann*, S. 174.

- keine wirksamen Schutzmechanismen zugunsten des Kernbereichsschutzes ersichtlich sind.

bbb) Datenschutz und Datensicherheit

Thematisch anzulehnen an den Kernbereichsschutz ist die Frage nach Datenschutz und Datensicherheit im Übrigen gemäß der neuen Regelung.

Während das nordrhein-westfälische Vorbild auch hier eine extreme Lückenhaftigkeit aufweist bzw. aufwies, findet sich vorliegend eine durchaus umfassende Berücksichtigung dieser Erfordernisse.

So wird an verschiedener Stelle dem Schutz von Trägern von Berufsgeheimnissen Rechnung getragen, indem die Erhebung bzw. Verwendung entsprechender Daten untersagt bzw. eine Löschungspflicht festgelegt wird, sofern der Inhalt erst nach Auswertung korrekt erschlossen werden konnte. Zwar kann es auch hier Ausnahmen geben, denen zufolge die Verwendung entsprechender Daten möglich sein könnte; da es sich hierbei aber anders als bei Daten mit Bezug zum Kernbereich privater Lebensgestaltung nicht um ausnahmslos geschützte Positionen handelt, ist hierhin kein derart problematischer Punkt wie im Kernbereichsschutz zu erblicken.[838]

Auch die Verwendung von personenbezogenen Daten wird berücksichtigt und gewissen Voraussetzungen unterstellt.

Hier ist insbesondere auch positiv festzuhalten, dass die nahe liegende Wahrscheinlichkeit erkannt wird, Daten Dritter zu erheben und dass diese einem besonders gesteigerten Schutz zu unterstellen sind, Absatz 2 Satz 2.[839]

Daneben wurde mit Absatz 3 auch dem Erfordernis eines Richtervorbehalts Rechnung getragen, der zugleich die Befristung sowie Spezifikationen betreffend den Adressaten und des infiltrierten informationstechnischen Systems der Maßnahme beinhaltet. Hinsichtlich dieser Anordnungspflicht sowie der beigefügten Ergänzungen bestehen keine weiteren Bedenken.

838 Auch kritisch zur Frage nach dem Schutz des Zeugnisverweigerungsrecht nach Abs. 1 Satz 1 Nr. 2a: *Schmidbauer/Steiner*, Art. 34 d Rn. 56.

839 Sicherlich kann auch hier nicht garantiert werden, dass, falls durch die Erhebung und womöglich Kenntnisnahme durch die Beamten ein neuer Verdacht gegen den Dritten selbst in Betracht kommt, die Daten tatsächlich einer weiteren Verwendung entzogen werden. Dennoch geht hier der Schutz Dritter durch die getroffene Pflicht zur Löschung der entsprechenden Daten weiter, als dies im BKAG der Fall ist, vgl. S. 282ff.

Zudem findet sich eine Pflicht zur Unterrichtung in Absatz 7 und 8 enthalten. Nach Absatz 7 ist der Adressat der Maßnahme zu unterrichten, sobald dies ohne Gefährdung des Erfolgs der Maßnahme vorgenommen werden kann. Dass man die Unterrichtung des Adressaten nachträglich durchführt, hat das Bundesverfassungsgericht im Grundsatzurteil vom 27. Februar 2008 als zulässig bewertet, sodass es hier keiner weiteren Betrachtung bedarf.[840]

Absatz 8 verpflichtet die Staatsregierung zur Unterrichtung des Landtags über Erhebung und Löschung von Daten infolge einer verdeckten Online-Durchsuchung; Erhebung und Löschung sind vorab gemäß Absatz 1 Satz 7 und Absatz 6 Satz 1 zu dokumentieren. Die damit einhergehende Rechenschaft über die Durchführung der verdeckten Online-Durchsuchung gegenüber dem demokratisch legitimierten Landesparlament ist in Anbetracht der Intensität der Maßnahme begrüßenswert.

Hinsichtlich der übrigen Schutzmechanismen, die Datenschutz und Datensicherheit betreffen, ist der vorliegenden Regelung also durchaus zuzustimmen. Hier sind, auch in Anlehnung an die Vorgaben des Bundesverfassungsgerichts, keine nennenswerten Unzulänglichkeiten festzustellen.

ccc) Verhältnismäßigkeit der Regelung und Zitiergebot

Zuletzt ist es an dieser Stelle geboten, den Blick auf die für die Beurteilung des § 5 Abs. 2 Nr. 11 VSG NRW unter anderem entscheidenden Verfassungsprinzipien der Verhältnismäßigkeit und des Zitiergebots zu legen.[841]

Der Verhältnismäßigkeitsgrundsatz als Verfassungsprinzip setzt sich aus vier verschiedenen Elementen zusammen: dem legitimen Zweck, der Geeignetheit, Erforderlichkeit und Angemessenheit im engeren Sinne.[842]

Während im VSG NRW unter anderem insbesondere der Schutz vor terroristischen Organisationen den legitimen Zweck bildete, dem die Maßnahme zu die-

840 BverfGE 120, 274, 325.

841 Vgl. S. 232ff., 237; die dort noch relevante Normbestimmtheit ist hier nicht zu thematisieren, da mangels Verweisung wie in § 5 Abs. 2 Nr. 11 VSG NRW enthalten kein gesteigertes Bedürfnis der Normklarheit besteht. Insgesamt ist die Regelung des PAG eindeutig formuliert.

842 Hierzu vgl. *Hufen*, S. 120ff.; weiterführend auch *Kloepfer*, S. 100ff.; *Sodan* in Sodan, Vorb. zu Art. 1 Rn. 60ff.

nen bestimmt ist, sind hierfür im PAG die in Absatz 1 genannten, hochrangigen Rechtsgüter anzuführen. Auch hier ist daher der legitime Zweck gegeben.

Geeignet und erforderlich ist die Maßnahme des Art. 34 d PAG ebenso, da die verdeckte Online-Durchsuchung dem Schutz der aufgeführten Rechtsgüter zuträglich ist und zudem kein gleich wirksames, aber milderes Mittel zur Verfügung steht, um die erforderlichen Daten zu erheben.

Fraglich ist, ob die vorliegende Regelung – anders als § 5 Abs. 2 Nr. 11 VSG NRW – auch angemessen im engeren Sinne ist, ob also im Wege eines Interessenausgleichs die Intensität des Eingriffs nicht außer Verhältnis zu den den Eingriff rechtfertigenden Gründen steht.

Abweichend zu der Problematik, die sich in Nordrhein-Westfalen und der dortigen übermäßig indifferenten Formulierung der Eingriffsermächtigung bot,[843] hat der bayerische Gesetzgeber zum einen eine bestimmte Schwelle benannt, ab der die Maßnahme überhaupt erst zulässig angewendet werden darf. Nach Absatz 1 muss dafür entweder eine dringende Gefahr für die genannten Rechtsgüter bestehen, oder bestimmte Tatsachen eine begründete Annahme der genannten Umstände gegeben sein. Die verdeckte Online-Durchsuchung darf nach dem PAG also nicht zugunsten von Vorfeldermittlungen oder bei noch vager Sachlage eingesetzt werden, sondern erst, wenn die Ermittlungen schon eine relativ eindeutige Tendenz aufweisen.[844] Damit besteht schon eine wesentlich stärker ausgereifte und durchdachte Regelung als es im VSG NRW der Fall war.

Zum anderen hat der bayerische Gesetzgeber eine Subsidiaritätsklausel eingefügt, der zufolge die verdeckte Online-Durchsuchung nur ergänzend dann einzusetzen ist, wenn die polizeiliche Ermittlungstätigkeit andernfalls aussichtslos oder zumindest wesentlich erschwert wäre. Auch hier trifft die Behörde sodann also eine Rechtfertigungspflicht, die die Anwendung der Maßnahme auf die Ausnahmefälle beschränken soll, für die sie gedacht ist.

Letztlich ist es aber immer eine Frage des konkreten Falles, wie die Verhältnismäßigkeit eines Zugriffs zu bewerten ist. So erkennen Schmidbauer/Steiner zu Recht, dass es von für die Verhältnismäßigkeit entscheidender Bedeutung ist, welche Zielrichtung die Maßnahme hat, also welche Art von Daten erhoben werden sollen:[845] die Erhebung von reinen Zugangskennungen ist demnach weniger eingriffsintensiv als die Erhebung von auf einem Speichermedium hinterlegten Daten, aber eingriffsintensiver als die behördliche Löschung von Daten,

843 BVerfGE 120, 274, 372ff.

844 *Schmidbauer/Steiner*, Art. 34 d Rn. 5.

845 *Schmidbauer/Steiner*, Art. 34 d Rn. 97, 104

da hier der Betroffene unweigerlich und unmittelbar Kenntnis von der Maßnahme erhält. Je niedriger die Eingriffsintensität der Maßnahme ist, desto leichter ist die Maßnahme zugunsten des Allgemeininteresses zu rechtfertigen.[846] Dies muss im Einzelfall berücksichtigt werden.

Gerade im Vergleich zu § 5 Abs. 2 Nr. 11 VSG NRW scheint es unter Berücksichtigung dieser Zulässigkeitsvoraussetzungen zunächst vertretbar, von der Angemessenheit der Regelung zu sprechen.

Jedoch wiegt die Bedrohung für die verschiedenen einschlägigen Grundrechte schwer, wobei es grundsätzlich zu bedenken gilt, dass diese eben gerade nicht schrankenlos gewährleistet werden und insofern durchaus auch dem Gesetzgeber ein gewisser Handlungsspielraum zuzugestehen ist. Dies gilt aber gerade für den Schutz des Kernbereichs privater Lebensgestaltung nicht, den das Bundesverfassungsgericht uneingeschränkt gewahrt wissen will. Liegt eine Berührung dieses Rechts vor und tritt damit eine Verletzung des Kernbereichs privater Lebensgestaltung ein, muss eine entsprechende Maßnahme ausnahmslos als unverhältnismäßig bewertet werden. Bei diesem Gedankengang muss zugrunde gelegt werden, dass die Berührung von kernbereichsrelevanten Daten bei Durchführung der Maßnahme nahezu vorprogrammiert ist. Dies muss zur Folge haben, dass eine Norm, die eine entsprechende Maßnahme vorsieht, ebenso als unverhältnismäßig zu bewerten ist.

Problematisch ist hier abschließend und womöglich entscheidend zudem die Frage nach der Einhaltung des Zitiergebots.

Wie bereits dargestellt, ist es im Falle einer drohenden Grundrechtsverletzung durch eine auf einer Ermächtigungsgrundlage gestützte hoheitliche Maßnahme die Aufgabe des Gesetzgebers, die bedrohten Grundrechtspositionen explizit zu benennen.[847]

Zwar beinhaltet das PAG an anderer Stelle eine Regelung, die die Betroffenheit von Grundrechten zum Gegenstand hat:

Art. 74 Einschränkung von Grundrechten

Auf Grund dieses Gesetzes können die Grundrechte auf Leben und körperliche Unversehrtheit, Freiheit der Person, Versammlungsfreiheit und Unverletzlich-

846 BVerfGE 120, 274, 319f.

847 *Kloepfer*, S. 98f.; *Hufen*, S. 126; *Sodan* in Sodan, Art. 19 Rn. 5ff.; BVerfGE 64, 72, 79f.; 5, 13, 16; vorstehend S. 246f.

keit der Wohnung und das Fernmeldegeheimnis (Art. 2 Abs. 2 Sätze 1 und 2, Art. 8 Abs. 1, Art. 10, Art. 11 und Art. 13 des Grundgesetzes, Art. 102 Abs. 1, Art. 106 Abs. 3,Art. 112 Abs. 1, Art. 113 und Art. 109 der Verfassung) eingeschränkt werden.

Daneben benennt Art. 34 d PAG zudem an verschiedener Stelle den Kernbereich privater Lebensgestaltung und unterstellt die entsprechenden Daten verschiedenen Schutzregelungen; insofern kann also von der expliziten Benennung einer grundrechtlich geschützten Position, deren Bedrohung durch die Maßnahme dem Gesetzgeber bewusst ist, gesprochen werden.

Jedoch liegen weitaus mehr bedrohte Grundrechtspositionen vor als lediglich der Kernbereich privater Lebensgestaltung. Neben dem in der Einschlägigkeit umstrittenen Wohnungsgrundrecht und dem bei einer verdeckten Online-Durchsuchung nur im Einzelfall relevanten Fernmeldegeheimnis sind es insbesondere das Recht auf informationelle Selbstbestimmung und das IT-Grundrecht als materielle Grundrechte, die an dieser Stelle vom Gesetzgeber hätten bedacht werden müssen.

Stattdessen aber übersieht der Gesetzgeber die Notwendigkeit der Benennung der verschiedenen Grundrechte schlichtweg.[848] Dass der Gesetzgeber die Benennung dieser übrigen Grundrechte unterlassen hat und damit die Verletzung des Zitiergebots herbeiführt, ist in Anbetracht der langen wissenschaftlichen und politischen Vorgeschichte zur verdeckten Online-Durchsuchung kaum nachzuvollziehen.[849] Dass dieses verfassungsmäßige Erfordernis im Zuge des umfangreichen und zeitintensiven Gesetzgebungsverfahrens nicht eingehalten wurde, kann auch und gerade in Anbetracht der ausnehmend starken Eingriffsintensität der verdeckten Online-Durchsuchung nicht hinweggegangen werden.

Art. 34 d PAG verletzt also das Zitiergebot, was zwar im Zuge einer restriktiven Auslegung dieses Gebots nicht notwendigerweise zu dessen Nichtigkeit führen muss, aber dennoch einen beachtlichen Kritikpunkt im Falle einer gerichtlichen Überprüfung der Norm bilden sollte.[850]

---

848 So findet dieses Gebot im Gesetzgebungsprozess nur ganz untergeordnet und zudem in anderem Zusammenhang als den Regelungen zur verdeckten Online-Durchsuchung Beachtung, Bay LT-Drs 15/10313 vom 01.04.2008, S. 27, und Bay LT-Drs 15/10345 vom 02.04.2008, S. 11; vgl. o.g. Link.

849 Zumal ja die Bedeutung des Zitiergebots offensichtlich bei der Diskussion in anderem Zusammenhang bekannt gewesen ist.

850 *Hufen*, S. 126; *Sodan* in Sodan, Art. 19 Rn. 5ff.; *Kloepfer*, S. 98f.

ddd) Fazit Art. 34 d PAG

Auch in Anbetracht der Masse an Gesetzgebungsmaterial wird deutlich, mit welcher Wichtigkeit das Thema verdeckte Online-Durchsuchung in Bayern bis zur Verabschiedung der entsprechenden Gesetze behandelt wurde.

Insofern liegt also auch Denkowski falsch, der hier noch davon ausgeht, dass eine präventive verdeckte Online-Durchsuchung im Polizeirecht der Länder prinzipiell keine Erfolgsaussichten haben kann.[851] Für Maßnahmen im Polizeirecht hat er die Überlegung angestellt, dass präventive Maßnahmen zu ihrer Legitimität jedenfalls einer konkreten Gefahrenlage bedürfen. Um diese festzustellen, seien Vorfeldmaßnahmen - auch bereits innerhalb der informationstechnischen Systeme – erforderlich, die ihrerseits eine Verletzung des Rechts auf informationelle Selbstbestimmung herbeiführen oder Rechte unbeteiligter Dritte tangieren können. Aufgrund dieser drohenden Gefahr lehnt Denkowski die Rechtmäßigkeit landesgesetzlicher Ermächtigungen zur präventiven verdeckten Online-Durchsuchung per se ab.

Jedoch ist nicht ersichtlich, wieso es ausgeschlossen sein soll, den notwendigen Gefahrengrad durch andere Vorfeldmaßnahmen als solche innerhalb informationstechnischer Systeme zu erreichen. Die Möglichkeit, dass dies nur in seltenen Fällen zutreffen könnte, spricht aber nicht für mangelnde Erfolgssaussichten oder prinzipielle Unzulässigkeit der Maßnahme selbst. Daher wird auch in Hinblick auf etwaige Folgeregelungen – im Falle einer Nichtigkeitserklärung durch das Bundesverfassungsgericht - in Bayern selbst oder in einem anderen Bundesland der Ansicht von Denkowski hier nicht gefolgt. Grundsätzlich ist eine polizeiliche Ermächtigungsgrundlage zugunsten einer verdeckten Online-Durchsuchung durchaus denkbar – sie muss lediglich den hohen Hürden gerecht werden, die das Bundesverfassungsgericht am 27. Februar 2008 aufgestellt hat bzw. die sich aus anderen Rechtsgrundsätzen ergeben.

Insgesamt bildet Art. 34 d PAG eine zum Teil durchaus genauere und tiefer durchdachte Norm als § 5 Abs. 2 Nr. 11 VSG NRW, die der Durchführung einer verdeckten Online-Durchsuchung sehr enge Grenzen setzt.[852] Dass die bayerische Gesetzgebung dabei erste Maßstäbe und Grundregeln aus dem Grundsatzurteil des Bundesverfassungsgerichts als Leitfaden heranziehen konnte, wird an verschiedener Stelle deutlich.

---

851 *Denkowski* Kriminalistik 2007, S. 181.

852 *Schmidbauer/Steiner*, Art. 34 d Rn. 4.

Dass dennoch keine Ermächtigungsgrundlage geschaffen wurde, die den bayerischen Polizeibehörden ohne verfassungsrechtliche Bedenken als Handwerkszeug mitgegeben werden kann, wurde ebenso dargestellt.

Insofern bleibt es abzuwarten, ob das Bundesverfassungsgericht im Falle einer Überprüfung der Norm diese als Ganzes als nichtig erklärt wie es in Nordrhein-Westfalen der Fall war, oder ob es in Anbetracht der schwierigen Regulierbarkeit und Einzelfallbezogenheit der verdeckten Online-Durchsuchung die hier getroffenen Bestimmungen als ausreichend anerkennt.

Nach der hier vertretenen Ansicht ist jedoch eine noch genauere Formulierung zu verlangen, um die erheblichen drohenden Grundrechtseingriffe angemessen rechtfertigen zu können. Die Schwierigkeit einer juristischen und politischen Fallkonstellation darf die zuständigen Stellen nicht davon entbinden, ihren verfassungsmäßigen Pflichten nachzukommen.

Jedenfalls der klare Verstoß gegen das Zitiergebot muss vorm Bundesverfassungsgericht erhebliche Kritik zur Folge haben.

2. BayVSG

Das Verfassungsschutzgesetz wurde hinsichtlich der Ermittlungen in informationstechnischen Systemen durch verschiedene Regelungen ergänzt.[853] Hier ist anders als im PAG nicht eine einheitliche, relativ umfassende Regelung geschaffen worden; vielmehr finden sich hier etwa Verfahrensregelungen in eigenen Artikeln wieder sowie eine Vielzahl an Verweisen auf andere thematisch verwandte Regelungen des BayVSG. Die nachfolgend dargestellten Neuerungen des BayVSG sind im Rahmen der Überlegungen zur verdeckten Online-Durchsuchung von besonderem Interesse.[854]

Nicht detailliert eingegangen wird hier auf die Regelungen der Art. 6 – 6 d BayVSG, die ebenfalls Ermächtigungsgrundlagen im thematisch angelehnten Bereich rund um den Einsatz nachrichtendienstlicher oder technischer Mittel zur Informationsgewinnung beinhalten und mitunter auch im Einzelfall für sonstige Ermittlungen im Internet relevant werden können.

853 Der aktuelle Wortlaut des BayVSG findet sich unter www.verfassungsschutz.bayern .de/imperia/md/content/lfv_internet/service/bayerisches_verfassungsschutzgesetz__bay vsg_0810.pdf.

854 Im Übrigen wird auf die Regelungen unter vorstehendem Link verwiesen, in deren Umgebung Art. 6e f. BayVSG eingebettet wurde.

Bestimmungen, die die sich an die jeweilige Maßnahme anschließende Datenverarbeitung sowie Auskunftsansprüche der Betroffenen und ähnliche Formalitäten regeln, befinden sich in den Art. 7 bis 11 BayVSG.

Konkret auf die verdeckte Online-Durchsuchung gemünzte Bestimmungen finden sich jedoch in den folgenden Normen.

a) Wortlaut

Im Bereich des Verfassungsschutzes hat sich der Gesetzgeber in Bayern zur Verabschiedung der folgenden Regelungen entschieden:

Art. 6 e Verdeckte Online-Datenerhebung

(1) Das Landesamt für Verfassungsschutz kann bei Vorliegen tatsächlicher Anhaltspunkte einer konkreten Gefahr für ein überragend wichtiges Rechtsgut unter den Voraussetzungen des Art. 6a Abs. 2 im Einzelfall mit technischen Mitteln verdeckt auf informationstechnische Systeme zugreifen, um Zugangsdaten und gespeicherte Daten zu erheben; die Maßnahmen sind zu dokumentieren. Die Anordnung ist nur zulässig, wenn die Erforschung des Sachverhalts auf andere Weise aussichtslos oder wesentlich erschwert wäre. Sie darf sich nur gegen Verdächtige und ihre Nachrichtenmittler richten. Gegen Nachrichtenmittler darf sich die Maßnahme nur insoweit richten, als sie kein Recht zur Verweigerung des Zeugnisses nach den §§ 53, 53a StPO haben. Wird erkennbar, dass in ein durch ein Berufsgeheimnis geschütztes Vertrauensverhältnis im Sinn der §§ 53, 53a StPO eingegriffen wird, ist die Maßnahme insoweit unzulässig, es sei denn, sie richtet sich gegen den Berufsgeheimnisträger selbst. Soweit informationstechnisch und ermittlungstechnisch möglich, sind alle Maßnahmen zu ergreifen, mit denen die Erhebung von Daten, die dem Kernbereich privater Lebensgestaltung zuzurechnen sind, vermieden werden kann. Wird erkennbar, dass solche Daten betroffen sind und bestehen keine Anhaltpunkte dafür, dass diese Daten dem Zweck der Herbeiführung eines Erhebungsverbots dienen sollen, ist die weitere Datenerhebung insoweit unzulässig.

(2) Zur Vorbereitung einer Maßnahme nach Abs. 1 dürfen auch technische Mittel eingesetzt werden, um spezifische Kennungen sowie den Standort eines informationstechnischen Systems zu ermitteln. Personenbezogene Daten Dritter

dürfen dabei nur erhoben werden, soweit dies aus technischen Gründen unvermeidbar ist. Nach Beendigung der Maßnahme sind diese unverzüglich zu löschen.

Art. 6 f Verfahrensvorschriften

(1) Maßnahmen nach Art. 6c Abs. 4 sowie Auskünfte nach Art. 6c Abs. 2 bedürfen eines Antrags, der durch den Präsidenten des Landesamts für Verfassungsschutz oder seinen Vertreter schriftlich zu stellen und zu begründen ist. Über den Antrag entscheidet das Staatsministerium des Innern.

(2) Die Anordnung einer Maßnahme nach Art. 6c Abs. 4 sowie eines Auskunftsersuchens nach Art. 6c Abs. 2 über künftig anfallende Daten ist auf höchstens drei Monate zu befristen. Eine Verlängerung um jeweils nicht mehr als drei Monate ist auf Antrag zulässig, soweit die Voraussetzungen der Anordnung fortbestehen. Anordnungen über Auskunftsersuchen nach Art. 6c Abs. 2 sind dem Verpflichteten insoweit schriftlich mitzuteilen, als dies erforderlich ist, um ihm die Erfüllung seiner Verpflichtung zu ermöglichen. Das Auskunftsersuchen und die übermittelten Daten darf der Verpflichtete dem Betroffenen oder Dritten nicht mitteilen.

(3) Im Fall der Anordnung eines Auskunftsersuchens nach Art. 6c Abs. 2 Satz 1 Nrn. 3 bis 5 sowie bei Maßnahmen nach Art. 6c Abs. 4 unterrichtet das Staatsministerium des Innern monatlich die nach Art. 2 des Ausführungsgesetzes Art. 10-Gesetz (AGG 10) gebildete Kommission über die Anordnungen vor deren Vollzug. Bei Gefahr im Verzug kann es den Vollzug der Anordnung auch bereits vor der Unterrichtung der Kommission anordnen. Die Kommission prüft von Amts wegen oder auf Grund von Beschwerden, ob die Anordnung zulässig und notwendig ist. § 15 Abs. 5 G 10 ist mit der Maßgabe entsprechend anzuwenden, dass die Kontrollbefugnis der Kommission sich auf die gesamte Erhebung, Verarbeitung und Nutzung der nach Art. 6c Abs. 2 Satz 1 Nrn. 3 bis 5 und Abs. 4 erlangten personenbezogenen Daten erstreckt. Anordnungen, die die Kommission für unzulässig oder nicht notwendig erklärt hat, hat das Staatsministerium des Innern unverzüglich aufzuheben. Die Daten unterliegen in diesem Fall einem absoluten Verwendungsverbot und sind unverzüglich zu löschen. Für die Verarbeitung der erhobenen Daten ist § 4 G 10 entsprechend anzuwenden. Für

die Mitteilung an den Betroffenen finden § 12 Abs. 1 und 3 G 10 entsprechende Anwendung.

(4) Die Erhebung und Verwendung von Daten nach Art. 6d bedarf der Genehmigung des Präsidenten des Landesamts für Verfassungsschutz oder seines Stellvertreters. Soweit bei Maßnahmen nach Art. 6d Daten erhoben wurden, bei denen sich nach Auswertung herausstellt, dass

1. die Voraussetzungen für ihre Erhebung nicht vorgelegen haben oder

2. sie Inhalte betreffen, über die das Zeugnis als Geistlicher, Verteidiger, Rechtsanwalt, Arzt, Berater für Fragen der Betäubungsmittelabhängigkeit, Psychologischer Psychotherapeut oder Kinder- und Jugendlichenpsychotherapeut nach §§ 53, 53a StPO verweigert werden könnte, oder

3. sie dem Kernbereich privater Lebensgestaltung zuzuordnen sind und keinen unmittelbaren Bezug zu den in Art. 6a Abs. 2 genannten Bestrebungen oder Tätigkeiten haben,

dürfen sie nicht verwendet werden, es sei denn, ihre Verwendung ist zur Abwehr einer gegenwärtigen Gefahr für Leib, Leben oder Freiheit einer Person erforderlich und Daten im Sinn der Nr. 2 oder 3 sind nicht betroffen. Daten, die nicht verwendet werden dürfen, sind unverzüglich zu löschen.

(5) Bei Maßnahmen nach Art. 6e gelten Art. 6b Abs. 1 bis 4 entsprechend. Die schriftliche Anordnung der Maßnahme muss soweit möglich Namen und Anschrift des Betroffenen, gegen den sich die Maßnahme richtet, sowie die Bezeichnung des informationstechnischen Systems, auf das zugegriffen werden soll, enthalten und ist bei der erstmaligen Anordnung abweichend von Art. 6b Abs. 1 Satz 4 auf höchstens drei Monate zu befristen. Bestehen bei der Durchsicht der Daten Anhaltspunkte dafür, dass Daten

1. dem Kernbereich privater Lebensgestaltung zuzuordnen sind oder

2. Inhalte betreffen, über die das Zeugnis als Geistlicher, Verteidiger, Rechtsanwalt, Arzt, Berater für Fragen der Betäubungsmittelabhängigkeit, Psychologischer Psychotherapeut oder Kinder- und Jugendlichenpsychotherapeut nach §§ 53, 53a StPO verweigert werden könnte, oder

3. einem Vertrauensverhältnis mit anderen Berufsgeheimnisträgern zuzuordnen sind,

sind diese unverzüglich zu löschen oder dem zuständigen Richter zur Entscheidung über die weitere Verwendung vorzulegen; Art. 6b Abs. 2 Satz 7 gilt entsprechend. Zuständiges Gericht ist das in § 74a Abs. 4 GVG bezeichnete Gericht, in dessen Bezirk das Landesamt für Verfassungsschutz seinen Sitz hat. Über Beschwerden entscheidet das in § 120 Abs. 4 Satz 2 GVG bezeichnete Gericht. Für das Verfahren gelten die Vorschriften des Gesetzes über das Verfahren in Familiensachen und in Angelegenheiten der freiwilligen Gerichtsbarkeit entsprechend; die Rechtsbeschwerde ist ausgeschlossen.

Art. 6 g (aufgehoben)

Art. 6 h Information des Parlamentarischen Kontrollgremiums

(1) Das Staatsministerium des Innern unterrichtet im Abstand von höchstens sechs Monaten das Parlamentarische Kontrollgremium nach dem Parlamentarischen Kontrollgremium-Gesetz über die Durchführung von Auskunftsersuchen und Maßnahmen nach Art. 6c Abs. 2 und 4 sowie in jährlichem Abstand über die Datenerhebung nach Art. 6e und, sofern diese Daten länger als sechs Monate gespeichert wurden, nach Art. 6d; dabei ist insbesondere ein Überblick über Anlass, Umfang, Dauer, Ergebnis und Kosten der im Berichtszeitraum durchgeführten Maßnahmen nach Art. 6c Abs. 2 zu geben. Das Gremium erstattet dem Landtag jährlich einen Bericht über die Durchführung sowie Art, Umfang und Anordnungsgründe der Auskunftsersuchen und Maßnahmen nach Art. 6c Abs. 2, 4 und Art. 6e. Die Grundsätze des Art. 2 Abs. 1 PKGG sind zu beachten.

(2) Das Staatsministerium des Innern erstattet dem Parlamentarischen Kontrollgremium des Bundes jährlich einen Bericht nach § 8a Abs. 8 des Bundesverfassungsschutzgesetzes über die Durchführung des Art. 6c Abs. 2 Satz 1 Nrn. 3 bis 5; dabei ist insbesondere ein Überblick über Anlass, Umfang, Dauer, Ergebnis und Kosten der im Berichtszeitraum durchgeführten Maßnahmen nach Art. 6c Abs. 2 Satz 1 Nrn. 3 bis 5 zu geben.

b) Betrachtung

Wie auch schon hinsichtlich des Art. 34 d PAG festgestellt, liegt auch im Bereich des BayVSG noch keine gerichtliche Überprüfung der Regelung vor.

Insofern empfiehlt es sich auch an dieser Stelle, die Ergebnisse der bundesverfassungsgerichtlichen Grundsatzentscheidung zur verdeckten Online-Durchsuchung vom 27. Februar 2008 auf die neue Regelung, die ebenfalls eine Ermächtigungsgrundlage zugunsten des Verfassungsschutzes zum Gegenstand hatte, zu übertragen.

Nachdem bereits innerhalb dieses Kapitels wiederholend auf die dem Bundesverfassungsgericht nach entscheidenden Punkte für die Verfassungsmäßigkeit der Eingriffsermächtigung eingegangen wurde und da hier nicht eine einheitliche Regelung vorliegt, erfolgt hier zunächst eine punktuelle Betrachtung der getroffenen neuen Regelungen. Die Bewertung anhand der bundesverfassungsgerichtlichen Maßstäbe schließt sich daran an.

aa) Art. 6 e Verdeckte Online-Datenerhebung

Art. 6 e BayVSG bildet gewissermaßen den Kern der Ermächtigung zur verdeckten Online-Durchsuchung im bayerischen Verfassungsschutz. Dabei ist die Formulierung sehr kompakt, allein in Absatz 1 Satz 1 des Artikels finden sich verschiedene Voraussetzungen der Zulässigkeit der Maßnahme.

Zuständig ist demnach das Landesamt für Verfassungsschutz für die Erhebung von Zugangsdaten sowie gespeicherten Daten auf informationstechnischen Systemen durch technische Mittel.

Der Verfassungsschutz ist jedoch nur befugt, die verdeckte Online-Durchsuchung anzuwenden bei Vorliegen tatsächlicher Anhaltspunkte einer konkreten Gefahr für ein überragend wichtiges Rechtsgut. Damit ist zum einen eine erforderliche Eingriffsschwelle festgelegt, sodass der Einsatz der eingriffsintensiven Maßnahme schon zu Vorfeldermittlungen ausgeschlossen ist. Zum anderen ist der Einsatz nur zulässig bei Gefahren für ein überragend wichtiges Rechtsgut, wie etwa der Bestand oder die Sicherheit des Bundes oder eines Landes bzw. jene Rechtsgüter, die in Art. 6 a Abs. 2 BayVSG genannt sind, was den Anwendungsbereich der verdeckten Online-Durchsuchung nochmals einschränkt. Der Verweis auf die Voraussetzungen des Art. 6 a Abs. 2 BayVSG führt darüber hinaus zu dem Erfordernis, dass die Verhinderung der dort aufgeführten Straftaten Zweck der Maßnahme ist. Selbst bei Vorliegen all dieser Voraussetzungen ist die Maßnahme nur im Einzelfall, also nach Abwägung aller konkret gegebenen Umstände, zulässig.

Wie auch in Art. 34 d PAG findet sich eine Subsidiaritätsklausel; hinsichtlich der Regelungen zu Schutz von Daten mit Kernbereichsbezug und Trägern von Berufsgeheimnissen während der Phase der Datenerhebung kann zu den Ausführungen zu Art. 34 d Abs. 1 PAG verwiesen werden.

Absatz 2 der Regelung erlaubt die Ermittlung von Kennungen und Standorten. Ebenso wird hier der Schutz von Daten Dritter formuliert, wie es schon zu Art. 34 d Abs. 2 Satz 2 PAG dargestellt wurde.

Die Regelung konzentriert sich gewissermaßen auf das Wesentliche, also auf das, was grundlegend unter der verdeckten Online-Durchsuchung zu verstehen ist, nämlich die Erhebung der Daten.

Verfahrensregelungen sind hier noch nicht getroffen, schließen sich aber in Art. 6 f BayVSG an.

Die Einschätzung, ob die getroffenen Regelungen verfassungsmäßig sind und vor einer Prüfung durch das Bundesverfassungsgericht Bestand haben können, erfolgt daher im Anschluss an die Betrachtung der übrigen Bestimmungen.

bb) Art. 6 f Verfahrensvorschriften

Die Bestimmungen des Art. 6 f beziehen sich nicht ausschließlich auf Art. 6 e, sondern auch auf die Maßnahmen, die in Art. 6 b ff. BayVSG formuliert sind und auf die hier nicht näher einzugehen ist.

Daher wird hier auch nur die für Art. 6 e relevante Verfahrensvorschrift beleuchtet. Diese findet sich in Absatz 5 des Art. 6 f, der auf Art. 6 b Abs. 1 b bis 4 BayVSG verweist.

Art. 6 b Abs. 1 Satz 1 BayVSG bestimmt, dass die verdeckte Online-Durchsuchung bzw. die Erhebung und Verwendung der Daten von der einer richterlichen Anordnung auf Antrag des Präsidenten des Landesamts für Verfassungsschutz oder dessen Stellvertreters abhängig ist.

Absatz 2 Satz 5 bezieht sich auf die Phase nach Auswertung der Daten und beinhaltet Ausschlussregelungen betreffend die Verwendung bestimmter Inhalte sowie entsprechende Löschpflichten.

Wie schon bei der entsprechenden Bestimmung im PAG in Art. 34 d Abs. 5 ist hier das Augenmerk auf die Regelungen betreffend den Kernbereichsschutz zu legen, wobei vorliegend in Nr. 3 eine leicht abweichende Formulierung getroffen worden ist. Stellt sich nach Auswertung der Daten heraus, dass sie dem Kernbereich privater Lebensgestaltung zuzuordnen sind und (!!) keinen unmittelbaren Bezug zu den in Art. 6 a Abs. 2 genannten Bestrebungen oder Tätigkeiten haben, dürfen sie nicht verwendet werden und sind zu löschen.

Daraus ergibt sich jedoch auch im Umkehrschluss, dass Daten, die zwar dem Kernbereich privater Lebensgestaltung zuzuordnen sind, dabei allerdings einen unmittelbaren Bezug zu den in Art. 6 a Abs. 2 genannten Bestrebungen und Tätigkeiten haben, verwendet werden dürfen. Dies wiederum widerspricht der Rechtsprechung des Bundesverfassungsgerichts, der zufolge der Kernbereichsschutz absolut und keiner Einschränkung zugänglich ist.[855] Ließe man ein solches „Schlupfloch“ zugunsten einer Verwertung und Verwendung von Daten mit Kernbereichsbezug jedoch als zulässige Formulierung zu, so liefe die verfassungsgerichtlich aufgestellte Einordnung des Kernbereichsschutzes insofern leer. Einem solchen Ergebnis kann nicht gefolgt werden, was zu Folge hat, dass die Formulierung in Nr. 3 als verfassungswidrig bewertet werden muss.[856]

Nach Absatz 5 Satz 2 kann die Maßnahme auf maximal 3 Monate befristet werden. Zudem beinhaltet der Verweis nach Art. 6 b Abs. 4 auch die Pflicht, den Betroffenen über die Durchführung der Maßnahme zu informieren, sobald damit der Erfolg der Maßnahme nicht mehr verhindert zu werden droht, es sei denn, einer der aufgelisteten Ausschlussgründe ist gegeben.

Satz 3 bezieht sich auf die Auswertungsphase der erhobenen Daten und bestimmt Lösch- bzw. Vorlagepflichten für Daten mit dem dort aufgeführten Inhalt, was insoweit die Regelung nach Art. 6 b Abs. 3 BayVSG ergänzt. Hier ent-

---

855 BVerfGE 109, 279, 313; *Buermeyer* HRRS 2007 II, S. 337; *Schantz* KritV 2007, S. 323.
856 So auch *Herrmann*, S. 171.

spricht der Inhalt jenem aus Art. 34 d Abs. 4 PAG, sodass insofern auf die vorstehenden Ausführungen verwiesen werden kann.[857]

Zudem regeln Absatz 5 Satz 4 und 5 die Gerichtszuständigkeit.

cc) Art. 6 h Information des Parlamentarischen Kontrollgremiums

Gemäß Art. 6 h Abs. 1 Satz 1 BayVSG muss das Staatsministerium des Innern das Parlamentarischen Kontrollgremium über eine Maßnahme nach Art. 6 e in jährlichem Abstand unterrichten, nach Satz 2 ist dem Landtag jährlich ein Bericht über die konkreten Durchführungen und Maßnahmen nach Art. 6 e zu erstatten. Im Übrigen sind die hier getroffenen Regelungen nicht auf die verdeckte Online-Durchsuchung anzuwenden.

c) Bewertung

Es verwundert in Anbetracht der parallel verlaufenen Gesetzgebungsverfahren nicht sonderlich, dass sich die neuen Bestimmungen in PAG und BayVSG inhaltlich ähneln und sich damit bei der verfassungsrechtlichen Bewertung der Art. 6 e ff. BayVSG ähnliche Problemfelder stellen wie bei der Bewertung von Art. 34 d PAG.

Insofern kann hinsichtlich der Einschätzung der getroffenen Regelungen zum Kernbereichsschutz nach oben verwiesen werden mit Blick auf Bestimmtheit der Formulierung zur Erhebungsphase sowie die Schlupflöcher der Bestimmungen während und nach der Auswertungsphase.

Auch hier muss kritisch hinterfragt werden, ob der Gesetzgeber mit den neuen Regelungen im BayVSG, den offenen Formulierungen und den - dem Wortlaut nach im Einzelfall zulässigen - Verwendungsmöglichkeiten von Daten mit Kernbereichsbezug, insbesondere in Art. 6 f Absatz 4 Satz 2 Nr. 3 BayVSG der strikten Rechtsprechung des Bundesverfassungsgerichts noch gerecht wird. Vielmehr muss konstatiert werden, dass ein klarer Widerspruch der Formulierungen zu den Anforderungen des Bundesverfassungsgerichts besteht. Dies muss den vorstehenden Überlegungen und der hier vertretenen Ansicht nach dergestalt bewertet werden, die Verfassungsmäßigkeit der Norm abzulehnen.

Gleiches gilt für die Problematik hinsichtlich des Zitiergebots.

857 Vgl. S. 256f.

Zwar wird in den vorstehend genannten Regelungen des BayVSG neben der Gefahr für den Kernbereich privater Lebensgestaltung ergänzend durch den Verweis in Art. 6 e Abs. 1 Satz 1 zu Art. 6 a Abs. 2 BayVSG auch auf die Relevanz des Wohnungsgrundrechts hingewiesen.

Zudem formuliert Art. 22 die Einschränkung von Grundrechten:

Auf Grund dieses Gesetzes kann das Grundrecht der Unverletzlichkeit der Wohnung nach Art. 13 des Grundgesetzes und Art. 106 Abs. 3 der Verfassung und das Grundrecht des Brief-, Post- und Fernmeldegeheimnisses nach Art. 10 des Grundgesetzes und Art. 112 der Verfassung eingeschränkt werden.

Doch wiederum mangelt es an einer Benennung des Rechts auf informationelle Selbstbestimmung sowie des IT-Grundrechts, die als vordergründig zu nennende bedrohte Grundrechte einer verdeckten Online-Durchsuchung Relevanz besitzen.

Damit muss ebenso wie im Falle des Art. 34 d PAG ein Verstoß gegen das Zitiergebot festgestellt werden.

Auch die Einhaltung des Gebots der Verhältnismäßigkeit kann vorliegend nicht ohne Weiteres bejaht werden; neben der Beschränkung der Maßnahme auf den Schutz für überragend wichtige Rechtsgüter wurde zwar das Erfordernis einer gewissen Eingriffsschwelle bedacht und durch die Subsidiaritätsklausel in Art. 6 Abs. 3 BayVSG manifestiert, dass der verdeckten Online-Durchsuchung ein die übrigen Ermittlungen lediglich ergänzender Charakter im Sinne einer Ultima-Ratio-Maßnahme für Einzelfälle zukommen soll.

Jedoch muss in diese Überlegungen die Tatsache eingestellt werden, dass, wie schon wiederholt festgestellt, im Zuge einer verdeckten Online-Durchsuchung eine Berührung von Daten mit Kernbereichsbezug nahezu unausweichlich zu sein scheint. Da für diesen Fall die Verhältnismäßigkeit der konkreten Maßnahme abgelehnt werden muss und dieser Fall der Berührung von Daten mit Kernbereichsbezug als absoluter Regelfall anzusehen ist, muss die die Maßnahme vorsehende Norm auch als Ganzes als unverhältnismäßig bewertet werden.

In gleichem Maße unproblematisch wie bei Art. 34 d PAG dagegen sind ebenso die Punkte Zielobjekte und technische Mittel der Maßnahme, Datenschutz und Datensicherheit im Übrigen, also betreffend nicht kernbereichsrelevanter Punkte wie andere personenbezogene Daten, Daten Dritter oder Inhalte betreffend Träger von Berufsgeheimnissen, sowie die zugehörigen Dokumentations- und Löschpflichten.

Von der Normbestimmtheit ist hier ebenso auszugehen, die Verweise sind klar eingebettet und beziehen sich auf spezifische Abschnitte der in Bezug genommenen Normen.

d) Fazit BayVSG

Abgesehen von der Gesetzessystematik und einigen geringen abweichenden Formulierungen entspricht die Ermächtigungsgrundlage zugunsten des bayerischen Verfassungsschutzes im Bereich der verdeckten Online-Durchsuchung inhaltlich der Ermächtigung der Polizeibehörden.

Damit gehen auf der einen Seite die gleichen Verbesserungen gegenüber § 5 Abs. 2 Nr. 11 VSG NRW einher, wie sie auch im Rahmen des Art. 34 d PAG konstatiert werden konnten.

Auf der anderen Seite finden sich übereinstimmende verfassungsrechtlich bedenkliche Punkte in Art. 6 e ff. BayVSG. Unter Berücksichtigung des Urteils des Bundesverfassungsgerichts vom 27. Februar 2008 und der dort entwickelten Anforderungen an eine taugliche Ermächtigungsgrundlage zur verdeckten Online-Durchsuchung stehen insbesondere im Bereich des Kernbereichsschutzes und der Einhaltung des Zitiergebots nach wie vor erhebliche Bedenken gegen die Verfassungsmäßigkeit der neuen Regelungen im BayVSG im Raum.

Ebenso wie hinsichtlich des PAG wird eine verfassungsgerichtliche Überprüfung abzuwarten sein, die die Verfassungsmäßigkeit der in Frage stehenden Regelungen klärt.

3. Fazit Bayern

Der bayerische Gesetzgeber hat sich die vom Bundesverfassungsgericht aufgestellten Maßstäbe für die Verfassungsmäßigkeit einer Eingriffsermächtigung in informationstechnische Systeme ganz offensichtlich zur Grundlage der Ausarbeitung der neuen Regelungen im PAG[858] und BayVSG gemacht.

Eine deutliche inhaltliche Verbesserung der eingefügten und abgeänderten Bestimmungen ist im Verhältnis zu § 5 Abs. 2 Nr. 11 VSG NRW zweifelsohne festzustellen.

---

858 *Schmidbauer/Steiner*, Art. 34 d Rn. 192.

Dass dabei dennoch keine unumstößlichen und unangreifbaren Ermächtigungsgrundlagen für Polizei und Verfassungsschutz entstanden sind, zeigen die vorliegenden Betrachtungen.

Sollten in Zukunft weitere Bemühungen von anderen Landesgesetzgebern folgen, so wäre diesen zu noch umfassenderen Formulierungen der Ermächtigungsgrundlagen geraten, als sie in Bayern getroffen wurden.

Sofern zusätzlich ein wirksamer (!) Kernbereichsschutz gewährleistet und das Zitiergebot hinsichtlich aller durch die Maßnahme gefährdeter Grundrechtspositionen berücksichtigt ist, kann durchaus eine wirksame und unangreifbare Ermächtigungsgrundlage zur verdeckten Online-Durchsuchung Bestand haben.

Wie hilfreich und bedeutsam diese Grundlagen für die Behörden in der Praxis sein können, wird massiv vom Einzelfall abhängen und kann kaum vorausgesagt werden.

III. Ein Blick ins BKAG

Die Ausführungen auf S. 108ff. stellen den status quo der repressiven verdeckten Online-Durchsuchung hinsichtlich der Ermächtigungsgrundlagen im Strafprozessrecht dar.

Jedoch findet sich auch im Bundesrecht eine präventive Regelung zur Gefahrenabwehr.

Außerhalb der StPO ist auf § 20 k BKAG hinzuweisen, der das BKA dazu ermächtigt, verdeckte Eingriffe in informationstechnische Systeme vorzunehmen, insofern also gewissermaßen eine verdeckte Online-Durchsuchung wie oben beschrieben vorsieht.[859] Verdeckte Online-Durchsuchungen werden hier definiert als „verdeckte Eingriffe in informationstechnische Systeme“, wobei das Ziel der Maßnahme in Gefahrenprävention zu liegen hat.[860]

---

859 *Meyer-Goßner*, § 100 a Rn. 7b; *Müller* 2008, S. 1, *Rath* 2008, S. 2, BT-Drs. 16/9588, S. 26, zu finden unter http://dipbt.bundestag.de/dip21/btd/16/095/1609588.pdf. Die geplante bzw. geforderte Schaffung einer entsprechenden bundesrechtlichen Regelung zugunsten des Verfassungsschutzes ist gegenwärtig noch in keiner konkreten Phase, hierzu siehe etwa www.spiegel.de/netzwelt/web/0,1518,549125,00.html; www.netzwelt.de/news/79985-online-durchsuchung-ausweitung-verfassungsschutz-geplant.html; *Rath* II.

860 *Roggan* NJW 2009, S. 259f. nimmt hier eine gewisse Doppelfunktionalität der Ermächtigung an: neben der Verfolgung präventiver Zwecke sei dies auch für repressive Ziele zulässig. Diese Einschätzung bestätigt sich jedoch nicht im Wortlaut der Norm. Siehe

Die Neufassung des BKAG, die vom Bundestag am 12. November 2008 verabschiedet wurde und zum 1. Januar 2009 in Kraft trat, gewährt dem BKA erstmalig solche Befugnisse bzw. erteilt dem BKA solche Aufgaben, die der Gefahrenabwehr zuzuordnen sind, also präventivpolizeilichen Charakter haben.[861]

Die Befugnis hierzu ist, abgesehen von möglichen Problematiken in Zuständigkeitsfragen zwischen Bundes- und Landesbehörden sowie Staatsanwaltschaft und Bundespolizei,[862] jedoch hohen materiell rechtlichen Hürden unterstellt, wie bereits der erste Blick in den Wortlaut der Regelung verrät:

§ 20 k Verdeckter Eingriff in informationstechnische Systeme

(1) Das Bundeskriminalamt darf ohne Wissen des Betroffenen mit technischen Mitteln in vom Betroffenen genutzte informationstechnische Systeme eingreifen und aus ihnen Daten erheben, wenn bestimmte Tatsachen die Annahme rechtfertigen, dass eine Gefahr vorliegt für

1. Leib, Leben oder Freiheit einer Person oder

2. solche Güter der Allgemeinheit, deren Bedrohung die Grundlagen oder den Bestand des Staates oder die Grundlagen der Existenz der Menschen berührt.

Eine Maßnahme nach Satz 1 ist auch zulässig, wenn sich noch nicht mit hinreichender Wahrscheinlichkeit feststellen lässt, dass ohne Durchführung der Maßnahme in näherer Zukunft ein Schaden eintritt, sofern bestimmte Tatsachen auf eine im Einzelfall durch bestimmte Personen drohende Gefahr für eines der in Satz 1 genannten Rechtsgüter hinweisen. Die Maßnahme darf nur durchgeführt werden, wenn sie für die Aufgabenerfüllung nach § 4 a erforderlich ist und diese ansonsten aussichtslos oder wesentlich erschwert wäre.

---

auch *Eubel*, die feststellt, dass trotz des starken Drängens hin zur Schaffung der Ermächtigung im BKAG bisher keine Online-Durchsuchung durchgeführt worden sei.

861 *Roggan* NJW 2009, S. 257; die Änderung des BKAG zugunsten der verdeckten Online-Durchsuchung war 2 Jahre zuvor noch verneint worden: BT-Drs. 16/3972 unter http://dipbt.bundestag.de/dip21/btd/16/039/1603972.pdf.

862 *Roggan* NJW 2009, S. 257, 260.

(2) Es ist technisch sicherzustellen, dass

1. an dem informationstechnischen System nur Veränderungen vorgenommen werden, die für die Datenerhebung unerlässlich sind, und

2. die vorgenommenen Veränderungen bei Beendigung der Maßnahme soweit technisch möglich automatisiert rückgängig gemacht werden.

Das eingesetzte Mittel ist nach dem Stand der Technik gegen unbefugte Nutzung zu schützen. Kopierte Daten sind nach dem Stand der Technik gegen Veränderung, unbefugte Löschung und unbefugte Kenntnisnahme zu schützen.

(3) Bei jedem Einsatz des technischen Mittels sind zu protokollieren

1. die Bezeichnung des technischen Mittels und der Zeitpunkt seines Einsatzes,

2. die Angaben zur Identifizierung des informationstechnischen Systems und die daran vorgenommenen nicht nur flüchtigen Veränderungen,

3. die Angaben, die die Feststellung der erhobenen Daten ermöglichen, und

4. die Organisationseinheit, die die Maßnahme durchführt.

Die Protokolldaten dürfen nur verwendet werden, um dem Betroffenen oder einer dazu befugten öffentlichen Stelle die Prüfung zu ermöglichen, ob die Maßnahme nach Absatz 1 rechtmäßig durchgeführt worden ist. Sie sind bis zum Ablauf des auf die Speicherung folgenden Kalenderjahres aufzubewahren und sodann automatisiert zu löschen, es sei denn, dass sie für den in Satz 2 genannten Zweck noch erforderlich sind.

(4) Die Maßnahme darf sich nur gegen eine Person richten, die entsprechend § 17 oder § 18 des Bundespolizeigesetzes verantwortlich ist. Die Maßnahme darf

auch durchgeführt werden, wenn andere Personen unvermeidbar betroffen werden.

(5) Die Maßnahme nach Absatz 1 darf nur auf Antrag des Präsidenten des Bundeskriminalamtes oder seines Vertreters durch das Gericht angeordnet werden.

(6) Die Anordnung ergeht schriftlich. In ihr sind anzugeben

1. die Person, gegen die sich die Maßnahme richtet, soweit möglich, mit Name und Anschrift

2. eine möglichst genaue Bezeichnung des informationstechnischen Systems, in das zur Datenerhebung eingegriffen werden soll,

3. Art, Umfang und Dauer der Maßnahme unter Benennung des Endzeitpunktes sowie

4. die wesentlichen Gründe.

Die Anordnung ist auf höchstens drei Monate zu befristen. Eine Verlängerung um jeweils nicht mehr als drei weitere Monate ist zulässig, soweit die Anordnungsvoraussetzungen unter Berücksichtigung der gewonnenen Erkenntnisse fortbestehen. Liegen die Voraussetzungen der Anordnung nicht mehr vor, sind die auf Grund der Anordnung ergriffenen Maßnahmen unverzüglich zu beenden.

(7) Liegen tatsächliche Anhaltspunkte für die Annahme vor, dass durch die Maßnahme allein Erkenntnisse aus dem Kernbereich privater Lebensgestaltung erlangt würden, ist die Maßnahme unzulässig. Soweit möglich, ist technisch sicherzustellen, dass Daten, die den Kernbereich privater Lebensgestaltung betreffen, nicht erhoben werden. Erhobene Daten sind unter der Sachleitung des anordnenden Gerichts nach Absatz 5 unverzüglich vom Datenschutzbeauftragten des Bundeskriminalamtes und zwei weiteren Bediensteten des Bundeskriminalamtes, von denen einer die Befähigung zum Richteramt hat, auf kernbereichsrelevante Inhalte durchzusehen. Der Datenschutzbeauftragte ist bei Aus-

übung dieser Tätigkeit weisungsfrei und darf deswegen nicht benachteiligt werden (§ 4 f Abs. 3 des Bundesdatenschutzgesetzes). Daten, die den Kernbereich privater Lebensgestaltung betreffen, dürfen nicht verwertet werden und sind unverzüglich zu löschen. Die Tatsachen der Erfassung der Daten und der Löschung sind zu dokumentieren. Die Dokumentation darf ausschließlich für Zwecke der Datenschutzkontrolle verwendet werden. Sie ist zu löschen, wenn sie für diese Zwecke nicht mehr erforderlich ist, spätestens jedoch am Ende des Kalenderjahres, das dem Jahr der Dokumentation folgt.

Die Beantwortung der Frage, ob sich hinter dieser neuen Bestimmung tatsächlich eine verfassungsgemäße Ermächtigung zur verdeckten Online-Durchsuchung zu erblicken ist, erfordert einen genaueren Blick auf die einzelnen Elemente der Norm.

Dabei ist zunächst festzustellen, dass eine sehr weite Formulierung hinsichtlich der „Daten" getroffen wurde; diese sind tauglicher Gegenstand der Erhebung, sobald sie aus dem durchsuchten informationstechnischen System stammen; unerheblich dagegen ist, ob sie einem externen Speichermedium oder der Festplatte entnommen wurden, oder ob die von dem System ausgehende Internetnutzung des Betroffenen überwacht und die daraus entstammenden Daten gewonnen wurden (wie Passwörter oder Inhalte von internetbasierter Nachrichten, die über die Erstellung von Screenshots den Behörden bekannt wurden). Auch Verbindungsdaten, personenbezogene Daten und Standortdaten fallen daher unter diese weite Formulierung, wobei je nach dem, welchen Inhalt die einzelnen Daten aufweisen, unterschiedlich schwere Grundrechtseingriffe drohen.[863]

1. geschützte Rechtsgüter

Die verdeckte Online-Durchsuchung, die im BKAG formuliert ist, darf nicht zum Schutze jedes beliebigen Rechtsguts als Maßnahme herangezogen werden.

So muss gemäß § 20 k Abs. 1 Satz 1, Nr. 1 und 2 BKAG eine Gefahr bestehen für „Leib, Leben oder Freiheit einer Person" (Nr. 1) oder für „solche Güter der Allgemeinheit, deren Bedrohung die Grundlagen oder den Bestand des Staates oder die Grundlagen der Existenz der Menschen berührt" (Nr. 2).

863 Inhalte mit Kernbereichsbezug etwa dürften sich weniger in Verbindungsdaten als in personenbezogenen Daten finden.

Dabei ist es gemäß § 20 k Abs. 1 Satz 2 BKAG und entsprechend der Formulierung des Bundesverfassungsgerichts in der Entscheidung vom 27. Februar 2008 nicht erforderlich, dass sich mit hinreichender Wahrscheinlichkeit feststellen ließe, dass ohne die Maßnahme ein Schaden in näherer Zukunft an den geschützten Rechtsgütern eintritt.[864] Für die Angemessenheit und damit Zulässigkeit der Maßnahme ist ausreichend, dass bestimmte Tatsachen und Anhaltspunkte auf eine im Einzelfall drohende Gefahr für die vorstehend genannten Rechtsgüter durch bestimmte Personen hinweisen.[865] Diese im Einzelfall drohende Gefahr muss jedoch als Eingriffsschwelle gegeben sein. Um jedoch dem Grundsatz der Verhältnismäßigkeit und dem Ausnahmecharakter gerecht zu werden, der der verdeckten Online-Durchsuchung als verdeckte Ermittlungsmaßnahme eigen sein muss, ist es erforderlich, den Wortlaut der Regelung insofern restriktiv auszulegen, dass die verdeckte Online-Durchsuchung nur dann zulässig ist, wenn eine „existenzielle Bedrohungslage“[866] für die vorgenannten Rechtsgüter gegeben ist.

§ 20 k Abs. 1 Satz 3 BKAG verweist zudem auf die Regelung zur Aufgabenerfüllung in § 4 a BKAG; die verdeckte Online-Durchsuchung ist also als Mittel der Gefahrenabwehr nur zulässig, wenn sie für die Abwehr von Gefahren des internationalen Terrorismus erforderlich ist und diese Gefahrenabwehr ansonsten aussichtslos oder wesentlich erschwert wäre; die Maßnahme darf also lediglich ergänzend zu anderen Maßnahmen herangezogen werden, was den Ausnahmecharakter der verdeckten Online-Durchsuchung zeigt.

Folglich sind bereits hinsichtlich der Schutzrichtung bzw. der Zielrichtung der abzuwehrenden Gefahr ganz erhebliche, zum Teil jedoch nicht dem Wortlaut der Regelung explizit zu entnehmende Restriktionen vorgesehen, die die verdeckte Online-Durchsuchung auf den absoluten Ausnahmefall beschränken sollen. Ob im Falle der Durchführung einer entsprechenden Maßnahme tatsächlich ausschließlich zugunsten dieser Rechtsgüter ermittelt wird oder ob entsprechende anfängliche Ermittlungen nur als „Türöffner“ dienen um letztlich anderweitige Informationen gewinnen zu können, ist kaum zu bewerten.

---

864 *Roggan* NJW 2009, S. 260; BVerfGE 120, 274, 328f.

865 *Roggan* NJW 2009, S. 260; BVerfGE 120, 274, 328f.

866 *Roggan* NJW 2009, S. 260.

2. Technisches

In Absatz 2 der Norm finden sich einige Vorgaben hinsichtlich der technischen Umsetzung der Maßnahme.

Es sind gemäß § 20 k Abs. 2 Satz 1 Nr. 1 BKAG nur solche technischen Veränderungen am informationstechnischen System zulässig, die unerlässlich für die Datenerhebung sind. Diese Veränderungen am Zielsystem sind nach Beendigung der Maßnahme automatisiert rückgängig zu machen, soweit dies technisch möglich ist, § 20 k Abs. 2 Satz 1 Nr. 2 BKAG. Das Mittel, das zur Online-Durchsuchung eingesetzt wird, soll zudem nach den vorhandenen technischen Möglichkeiten gegen eine unbefugte Nutzung durch Dritte geschützt werden, § 20 k Abs. 2 Satz 2 BKAG.

Wurden Daten im Zuge der Maßnahme kopiert, so sind diese Kopien nach dem technisch Möglichen gegen Veränderung, unbefugte Löschung und unbefugte Kenntnisnahme zu schützen, § 20 k Abs. 2 Satz 3 BKAG.

Die Bestimmung nennt hier und in Satz 3 den „Stand der Technik“ als maßgeblichen Orientierungswert. Diese auch aus anderen rechtlichen Bereichen bekannte Formel umschreibt die Summe der technischen Möglichkeiten, die zu einem jeweiligen Zeitpunkt nach gesicherten wissenschaftlichen und technischen Erkenntnissen unter Berücksichtigung ihrer Wirtschaftlichkeit realisierbar sind; unterschieden wird hier weiter zwischen verschiedenen Anforderungsstufen technischer Möglichkeiten, wie etwa den „anerkannten Regeln der Technik“ als niedrigeres und dem „Stand der Wissenschaft und Technik“ als höchstes technisches Leistungsniveau.[867] Es wäre also grundsätzlich denkbar, dass das höchste technische Leistungsniveau als Anforderung an eine Regelung zugunsten der verdeckten Online-Durchsuchung zu stellen sein müsste. Zu diesem „Stand der Wissenschaft und Technik“ oder auch „best available technic“ genannt, zählen jedoch mitunter auch solche Techniken, die weder längerfristig getestet und in der Praxis angewandt wurden noch einer gewissen Wirtschaftlichkeit entsprechen.[868] Die Technik der verdeckten Online-Durchsuchung muss jedoch in erster Linie effektiv und sicher sein, auf Spekulationen oder technische Experimente kann hier nicht vertraut werden. Nicht zuletzt sollten die Kosten für die Technik der verdeckten Online-Durchsuchung keine exorbitante Höhe erreichen. Insgesamt scheidet damit die „best available technic“ als Maßstab für die Anforde-

867 HK, S. 2f., hier auch die einschlägigen Legaldefinitionen aus dem Umweltrecht etc.
868 HK, S. 3ff.

rungen an die technischen Voraussetzungen einer verdeckten Online-Durchsuchung aus.

Die Formulierung betreffend die technischen Erfordernisse ist somit ein vertretbarer Mittelweg zwischen technischer und wirtschaftlicher Realisierbarkeit, was in Anbetracht der stetig im Fortschritt befindlichen technischen Möglichkeiten sinnvoll erscheint.

Insofern dürften hiergegen keine weiteren Bedenken anstehen.

3. Protokollierung

In § 20 k Abs. 3 Satz 1 BKAG wird angeordnet, dass bei jedem Einsatz des technischen Mittels verschiedene Daten zu protokollieren sind. Umfasst sind die in den Nr. 1 – 4 der Norm formulierten Daten. Gemäß § 20 k Abs. 3 Satz 2 BKAG soll die Protokollierung ausschließlich dazu dienen, dem Betroffenen oder einer dazu befugten öffentlichen Stelle die Prüfung zu ermöglichen, ob die Rechtmäßigkeit der Maßnahme nach Absatz 1 gegeben ist. Möglicherweise könnte durch eine umfassende und unabhängige Protokollierung gewährleistet werden, dass zumindest keine bewusste Ermittlung durchgeführt wird, die nicht auf den Schutz der in Absatz 1 formulierten Rechtsgüter abzielt.

Nicht explizit formuliert ist hier eine Pflicht der Behörden zur Unterrichtung des Betroffenen über die Durchführung der Maßnahme. Diese ergibt sich jedoch aus § 20 w Abs. 1 Satz 1 Nr. 6 BKAG; wenngleich diese Regelung ihrerseits diverse Bestimmungen enthält, die die Unterrichtungspflicht zugunsten der Behörden wieder einschränkt.

Die Protokolldaten sind bis zum Ablauf des auf die Maßnahme und Speicherung folgenden Kalenderjahres aufzubewahren; die automatisierte Löschung soll nur dann nicht stattfinden, wenn die Daten der Protokolle noch für eine Prüfung nach Satz 2 erforderlich sind.

4. Verantwortlichkeit

Die verdeckte Online-Durchsuchung ist nur zulässig gegen verantwortliche Personen im Sinne der § 17 und § 18 des Bundespolizeigesetzes, so § 20 k Abs. 4 Satz 1 BKAG. Die Maßnahme ist selbst dann zulässig, wenn andere Personen unvermeidbar betroffen werden, § 20 k Abs. 4 Satz 2 BKAG.

In diesem Fall ist erforderlich, die betroffenen Daten Dritter einem besonderen Schutz zu unterstellen, wie etwa ausnahmslosen Löschpflichten nach Beendigung der Maßnahme. Dies fehlt in § 20 k BKAG jedoch.

In § 17 BPolG ist die Verantwortlichkeit für das Verhalten von Personen geregelt.

In Absatz 1 wird der Grundsatz festgelegt, dass eine Maßnahme gegen die Person zu richten ist, die eine Gefahr verursacht. Nach Absatz 2 können Maßnahmen auch gegen Aufsichtspersonen gerichtet werden, sofern die die Gefahr verursachende Person noch nicht vierzehn Jahre alt ist (Satz 1) oder gegen für eine Person bestellte Betreuer im Rahmen seines Aufgabenbereichs (Satz 2). Wird eine Gefahr durch eine Person bei Ausführung einer Verrichtung verursacht, zu der die Person bestellt wurde, so kann sich die Maßnahme auch gegen denjenigen richten, der die Person zur Verrichtung bestellt hat.

§ 18 BPolG regelt die Verantwortlichkeit für das Verhalten von Tieren oder den Zustand von Sachen.

Nach Absatz 1 ist eine Maßnahme gegen den Inhaber der tatsächlichen Gewalt zu richten, wenn Gefahren von einem Tier oder einer Sache ausgehen. Auch können sich Maßnahmen gegen den Eigentümer oder einen anderen Berechtigten richten (Absatz 2 Satz 1), es sei denn, der Inhaber der tatsächlichen Gewalt übt diese ohne den Willen des Eigentümers oder Berechtigten aus, Satz 2.

Sofern eine herrenlose Sache oder ein herrenloses Tier eine Gefahr verursacht, können sich Maßnahmen auch gegen den richten, der das Eigentum an der Sache oder dem Tier aufgegeben hat.

5. Antrag und Anordnung

Die verdeckte Online-Durchsuchung setzt des Weiteren einen Antrag des Präsidenten des Bundeskriminalamtes oder seines Vertreters und die Anordnung durch Gericht voraus, § 20 k Abs. 5 und 6 BKAG.[869]

869 So auch gefordert vom Bundesverfassungsgericht in BVerfGE 120, 274, 331.

6. Kernbereichsschutz

Bestimmungen zum Schutz des Kernbereichs privater Lebensgestaltung sind in § 20 k Abs. 7 BKAG getroffen.

Nach Satz 1 ist eine Maßnahme unzulässig, wenn tatsächliche Anhaltspunkte für die Annahme vorliegen, dass durch die Maßnahme allein Erkenntnisse aus dem Kernbereich privater Lebensgestaltung erlangt würden.[870]

Satz 2 bestimmt, dass im Rahmen des Möglichen technisch sicherzustellen ist, dass Daten mit Kernbereichsbezug nicht erhoben werden.[871]

Die erhobenen Daten müssen unter der Sachleitung desjenigen Gerichts, das nach Abs. 5 die Maßnahme angeordnet hat, unverzüglich vom Datenschutzbeauftragten des Bundeskriminalamtes und zwei weiteren Bediensteten des Bundeskriminalamtes, von denen einer die Befähigung zum Richteramt hat, auf kernbereichsrelevante Inhalte durchgesehen werden, § 20 k Abs. 7 Satz 3 BKAG.[872] Eine Weisungsgebundenheit des Datenschutzbeauftragten bei Ausübung der Durchsicht ist nicht gegeben, weswegen er nicht benachteiligt werden darf,[873] so Satz 4. Abs. 7 Satz 5 der Regelung beinhaltet das Verwertungsverbot für Daten mit Kernbereichsbezug sowie eine Pflicht zur unverzüglichen Löschung entsprechender Daten. Die Tatsachen der Datenerfassung sowie deren Löschung müssen dokumentiert werden gemäß § 20 k Abs. 7 Satz 6 BKAG, wobei diese Dokumentation ausschließlich für Zwecke der Datenschutzkontrolle verwendet werden darf, Satz 7. Die Dokumentation ist zu löschen, sobald sie für die Zwecke der Datenschutzkontrolle nicht mehr erforderlich ist oder aber spätestens am Ende des Folgejahres der Dokumentation, § 20 k Abs. 7 Satz 8 BKAG.

---

870 *Hofmann* in Hofmann/Hopfauf, Art. 2 Rn. 30e; zumal allein solche Daten in aller Regel auch keine Hinweise zugunsten der Gefahrenabwehr beinhalten dürften.

871 Dieser Anspruch ist grundsätzlich natürlich sehr zu begrüßen; mangels Hinweis im Gesetz, wie dies sicherzustellen sein sollte, bleibt die Umsetzung jedoch bis auf weiteres der Phantasie überlassen.

872 Sachleitung bedeutet in diesem Zusammenhang, dass das zuständige Gericht den formellen wie materiellen Rahmen der Durchsicht umfassend festlegt und überwacht. Eine vergleichbare Regelung findet sich in § 248 StPO.

873 Zum Beauftragten für Datenschutz vgl. ausführlich § 4 f Abs. 3 BDSG.

Absatz 7 beinhaltet folglich eine zweigliedrige Vorgabe hinsichtlich des Kernbereichsschutzes, die sich sowohl auf die Erhebungs- als auch auf die Verwertungsebene bezüglich Daten mit Kernbereichsbezug bezieht.[874]

7. Bewertung und Kritik

Fraglich ist nun abschließend, wie diese Regelung in ihren einzelnen Ansätzen und Formulierungen zu bewerten ist und ob sie als verfassungsgemäß einzustufen ist. Zugleich soll aber auch der Blick darauf gerichtet werden, inwieweit die Regelungen eine tatsächlich praktikable Maßnahme formulieren oder ob sich hierin lediglich eine theoretische Zugriffsmöglichkeit sehen lässt.

Soweit der Kreis der betroffenen Rechtsgüter nach Absatz 1 der Regelung in Frage steht, ist jedenfalls dann von der Verfassungsmäßigkeit auszugehen, wenn man wie oben bereits unterstellt aus Gründen der Verhältnismäßigkeit eine einschränkende Interpretation wählt und die verdeckte Online-Durchsuchung nur dann zulässt, wenn existenzielle Bedrohungssituationen aufzuklären sind. Dafür spricht nicht zuletzt auch, dass eine solche Interpretation durch die entsprechenden Vorgaben des Bundesverfassungsgerichts bereits indiziert wurde.[875]

Die subsidiäre Rolle, die Absatz 1 Satz 3 der verdeckten Online-Durchsuchung zuspricht, kommt der bundesverfassungsgerichtlichen Anforderung an die Verhältnismäßigkeit der Maßnahme ebenso entgegen.

Unzweifelhaft unzulässig ist die verdeckte Online-Durchsuchung nach § 20 k Abs. 1 BKAG also beispielsweise dann, wenn sie zur Aufklärung oder Verhinderung einfacherer Straftaten wie etwa jener aus §§ 223 Abs. 1, 263 Abs.1 StGB eingesetzt werden sollte. Wie diese Frage zu beantworten wäre, soweit beispielsweise eine Straftat nach § 129 a StGB im Raum stünde, kann pauschal nicht beantwortet werden; hier müsste im konkreten Einzelfall geprüft werden, ob tatsächlich eine existenzielle Bedrohungslage als hohe Gefahrenstufe für die durch § 20 k BKAG geschützten Rechtsgüter festzustellen ist. Sofern dies der Fall ist, wäre zumindest dieser Voraussetzung des § 20 k BKAG Rechnung getragen.

Hinsichtlich der getroffenen technischen Voraussetzungen in Absatz 2 der Regelung fällt positiv auf, dass zumindest normativ zugunsten des Inhabers des

874 Insoweit wird die Zweistufigkeit des Schutzes auch gefordert in BVerfGE 120, 274, 338.

875 BVerfGE 120, 274, 327ff.; *Möstl* in Wortprotokoll, S. 22.

überwachten Systems Schutzerfordernisse und Geringhaltungspflichten hinsichtlich der Beeinflussung der vorhandenen Software und der potentiell erhobenen Daten formuliert wurden.

Jedoch wurde nicht geregelt, was für die Behörden von besonderer Wichtigkeit gewesen sein dürfte: die zulässigen Modalitäten des ersten Zugriffs auf das infiltrierte System.[876] Insbesondere wurde keine Befugnis eingefügt, die den Behörden bzw. Beamten das Betreten derjenigen Räume gestattet, in denen das zu überwachende Objekt befindlich ist; eine entsprechende Befugnis ist jedoch im Vorfeld aus polizeilichem Lager gefordert worden.[877] Infolge der getroffenen vorliegenden Formulierung ist es nun also nicht zulässig, Wohnungen zu betreten, um Vorkehrungen für eine heimliche Infiltration eines Computersystems zu schaffen.[878] Die daraus folgende Notwendigkeit eines Zugriffs über die Datenleitung und folglich über die Software des Zielsystems hat den Vorteil, dass die Behörde ihr Vorgehen je nach technischer Vorbereitung und Durchführung nahezu gänzlich unbemerkt durchführen kann und ein geringeres Risiko des Entdeckens besteht als bei einem physischen Eindringen in eine Wohnung und einer Veränderung des Zielsystems vor Ort.[879] Zugleich besteht jedoch die Gefahr, dass derjenige, der relevante Informationen auf einem potentiell überwachten Rechner aufbewahrt, sich durch entsprechende technische Vorkehrungen vor unerwünschten Zugriffen durch Dritte, in diesem Falle dem Staat, schützt oder die Daten auf einem anderen, nicht am infiltrierten Rechner angeschlossenen Speichermedium sichert, auf die die Behörden dann, reduziert auf das unkörperliche Vorgehen, keinen Zugriff haben.

Andererseits ist zu berücksichtigen, dass eine bestehende virtuelle Zugriffsmöglichkeit für die Behörden zugleich bedeutet, dass auch andere Dritte zumindest theoretisch Zugriff auf das System nehmen und Daten verändern, hinzufügen

---

876 *Roggan* NJW 2009, S. 260.

877 So etwa *Dathe* in Wortprotokoll, S. 17. Dass eine entsprechende Kompetenz zum physischen Zugriff auf die Wohnung als Annexkompetenz angenommen wird, wird hier abgelehnt. Zwar mag dies beim Lauschangriff nach § 20 h BKAG vertretbar sein; dort ist aber die Überwachung ohne vorherigen physischen Zugriff schon gar nicht denkbar; die verdeckte Online-Durchsuchung dagegen erfordert den physischen Zugriff nicht notwendigerweise. Auch ist dieser gegenüber einem virtuellen Zugriff nicht als milderes Mittel einzuschätzen, woraus sich eine Zulässigkeit ableiten lassen könnte.

878 *Roggan* NJW 2009, S. 260. Vgl auch oben auf S. 108ff. dargestellte verschiedene Zugriffsmöglichkeiten! Zur Klarstellung sei hier nochmals darauf hingewiesen, dass selbst bei Vorliegen einer Betretensbefugnis die Verletzung des Art. 13 Abs. 1 GG infolge der verdeckten Online-Durchsuchung nicht gerechtfertigt wäre, vgl. S. 144f.

879 *Roggan* NJW 2009, S. 260.

oder löschen könnten; folglich sind die durch Behörden erhobenen Informationen nicht ohne Weiteres unproblematisch in einem Verfahren zu verwerten.[880]

Die sich hieraus ergebenden Problemfelder hinsichtlich Durchführung und Erfolg der verdeckten Online-Durchsuchung sollen an dieser Stelle jedoch lediglich nochmals angezeigt werden. Daraus folgern jedoch zunächst keine Zweifel an der Verfassungskonformität des Absatzes 2 und hier formulierten technischen Voraussetzungen. Gleiches gilt für die Protokollierungspflichten des Absatzes 3. Auch hier lassen sich keine kritischen Punkte ausmachen.

Anders jedoch gestaltet sich dies bei der Verantwortlichkeitsregelung nach Absatz 4 des § 20 k BKAG. Hier ergeben sich sowohl Schwierigkeiten betreffend der Verfassungsmäßigkeit als auch betreffend der Praktikabilität und des Erfolgs der Maßnahme.

Zunächst ist zu betonen, dass nach § 20 k Abs. 4 Satz 2 BKAG die Betroffenheit von Unbeteiligten die Maßnahme dann nicht ausschließt, wenn sie *unvermeidbar* ist.

Das bedeutet, dass die Maßnahme aber dann unzulässig ist, wenn infolge mangelnder Überschaubarkeit der jeweiligen tatsächlichen Umgebung des zu infiltrierenden Geräts der Rechner eines unbeteiligten Dritten, also gerade keiner Person im Sinne der §§ 17f. des Bundespolizeigesetzes und damit eines Nicht-Störers, überwacht wird.[881] Dann ist die Betroffenheit des Nicht-Störers nämlich gerade nicht unvermeidbar, sie ist lediglich aufgrund der konkreten Situation nicht vorab auszuschließen. Wenn für eine Behörde die Umgebung eines relevanten Systems derart undurchsichtig ist und keine klare Vorstellung darüber zu gewinnen ist, welche Personen bzw. welche Rechner von Personen bei der Maßnahme betroffen würden, dann muss von der Durchführung der verdeckten Online-Durchsuchung nach § 20 k BKAG abgesehen werden.

§ 20 k Abs. 4 Satz 2 BKAG meint vornehmlich Szenarien, in denen der „richtige" Rechner eines Verantwortlichen im Sinne des Bundespolizeigesetzes infiltriert wird, dabei jedoch beispielsweise auch Informationen über Nicht-Störer aus einem Kommunikationsvorgang notwendigerweise mit erhoben werden.

An dieser Stelle geht die Frage der Verfassungsmäßigkeit und Zulässigkeit der Maßnahme quasi Hand in Hand mit der Problematik der Umsetzbarkeit. Gemäß Absatz 2 legt § 20 k BKAG den Zugriff über Datenleitungen und Software fest, sodass die Sicherheit eines physischen Zugriffs, den gewollten feststehenden

---

880 *Roggan* NJW 2009, S. 260f., zur Frage der Verwertbarkeit von Beweisen, die durch eine verdeckte Online-Durchsuchung erhoben wurden, vgl. Kapitel E. ab S. 305.

881 *Roggan* NJW 2009, S. 261.

Rechner innerhalb einer Wohnung zu überwachen, verloren geht;[882] man stelle sich aber nun vor, dass ein Trojaner via E-Mail-Anhang auf den Rechner einer zu überwachenden Person übermittelt werden soll. Jedoch besteht praktisch keine denkbare Möglichkeit sicherzustellen, dass die betroffene Person diese E-Mail samt Anhang auch auf ihrem eigenen, also dem ermittlungsrelevanten Rechner öffnet und sich der Trojaner dort einnisten kann.[883] Genauso denkbar ist es, dass die E-Mail und ihr Anhang in einem Internet-Cafe oder auf dem Rechner einer anderen befreundeten Person geöffnet wird. Würde sodann infolge des Downloads und vorbehaltlich einer erfolgreichen Installation des Trojaners der „falsche" Rechner überwacht, läge wiederum kein Fall einer zulässigen verdeckten Online-Durchsuchung nach § 20 k Abs. 4 Satz 2 BKAG vor, sondern eine unzulässige Maßnahme infolge vorab nicht klarzustellender Umstände wie oben dargestellt.[884]

Dass sich an dieser Stelle, also in § 20 k Abs. 4 BKAG, eine der Hauptschwierigkeiten hinsichtlich der Zulässigkeit der verdeckten Online-Durchsuchung als Maßnahme des Bundeskriminalamtes zu sehen ist, muss bei der Bewertung des konkreten Einzelfalls nach den hier aufgeführten Maßstäben jedenfalls unbedingt berücksichtigt werden. Insbesondere der Einsatz von Schnüffelsoftware, die über Trojaner via E-Mail auf ein Zielsystem eingeschleust werden, ist eine eindeutige Eingrenzung und Fokussierung auf einen Zielrechner kaum denkbar. So könnte relativ unproblematisch, damit aber zugleich auch unkontrollierbar die für die Infiltration ursächliche E-Mail an andere E-Mail-Nutzer weitergeleitet werden, welche sodann ebenfalls von dem sich in ihrem Rechensystem einnistenden Trojaner betroffen wären. Sofern diese Gefahr nicht effektiv und ausnahmslos ausgeschlossen werden kann, müsste, um der Regelung des § 20 Abs. 4 BKAG gerecht zu werden, ein körperliches Zugreifen der Behörden auf ein Zielsystem gewählt werden um entsprechende Überwachungs-Tools aufzuspielen. Zumindest in diesem Falle kann davon ausgegangen werden, dass es nicht zu einer unwillkürlichen Verbreitung und Streuung der Maßnahme kommt.

Die Absätze 5 und 6 betreffend Antrag und Anordnung der Maßnahme sind dagegen nicht weiter problematisch, sie gehen dezidiert auf Formerfordernisse sowie die Voraussetzungen und Fristen für die Beendigung der Anordnung bzw.

---

882 *Roggan* NJW 2009, S. 261; der hier auch auf den hierin erkennbaren Unterschied zu Maßnahmen wie dem Lauschangriff und der Telekommunikationsüberwachung hinweist.

883 *Kutscha* in Wortprotokoll, S. 20.

884 Das Bundesverfassungsgericht spricht der Maßnahme eine „erhöhende Streubreite" zu, BVerfGE 120, 274, 326; ähnlich auch *Hoffmann-Riem* JZ 2008, S. 1018.

der Maßnahme ein und bieten keinerlei Anlass für Zweifel an ihrer Verfassungsmäßigkeit.

Hinsichtlich des Kernbereichsschutzes nach § 20 k Abs. 7 BKAG ist zwar erkennbar, dass der Gesetzgeber die Notwendigkeit entsprechender Gewährleistungen und Sicherungsmechanismen sieht und berücksichtigen will.

Jedoch ist es bereits fragwürdig, wie im Bereich der Daten*erhebung* überprüft werden soll, ob *allein* Daten mit Kernbereichsbezug betroffen sind oder betroffen würden. Denn nur dann ist dem Wortlaut nach die Datenerhebung unzulässig. Nun stellt sich jedoch die Frage, wann Daten betroffen sind, die *ausschließlich* Kernbereichsbezug haben.[885] Vielmehr finden sich in E-Mails, Dokumenten, Bilderalben etc. in aller Regel zugleich Inhalte, die andere Bezüge als solche zu kernbereichsrelevanten Inhalten aufweisen.[886] Daher wird es nur in den absoluten Ausnahmefällen zu einer Unzulässigkeit der Datenerhebung nach § 20 k Abs. 7 Satz 1 BKAG kommen und diese „Schutzregelung" zugunsten des Kernbereichs privater Lebensgestaltung verkommt zur Farce.[887] Gleiches gilt für das Erhebungsverbot des Satzes 2, da eine vorgelagerte technische Filtermöglichkeit zur Aussonderung von Daten mit Kernbereichsbezug vor der eigentlichen Erhebung kaum vorstellbar ist. Wird also der technische „Rahmen des Möglichen" nicht erreicht, so kann Satz 2 auch keine Schutzwirkung entfalten.

Es wäre stattdessen im Zuge des effektiven Kernbereichsschutzes geboten, die Maßnahme dann zu unterbrechen, wenn überhaupt die Möglichkeit besteht, dass Daten mit Kernbereichsbezug tangiert werden; da dies aber quasi die Gegenseite zur alleinigen Berührung von Kernbereichsdaten bildet (schließlich kann das Vorliegen eines Kernbereichsbezugs ohne Einsichtnahme in die Daten nie gänzlich ausgeschlossen werden, während das alleinige Vorliegen solcher Inhalte nahezu nie feststellbar sein wird), muss hier wiederum eine Einschränkung erfolgen:[888] sobald Anhaltspunkte dafür vorliegen, dass die Daten Informationen zur Planung oder Verabredung zu konkreten Straftaten beinhalten, dann darf die Maßnahme trotz einer möglichen Einsichtnahme von Daten mit Kernbereichsbezug stattfinden; dennoch darf auch hierbei die Erhebung der Kernbereichsdaten nicht gezielt beabsichtigt werden und es ist geboten, diese Erhebung soweit

885 *Poscher* JZ 2009, S. 276; *Hoffmann-Riem* JZ 2008, S. 1020.

886 *Poscher* JZ 2009, S. 276; *Hoffmann-Riem* JZ 2008, S. 1020, zumal Daten mit „ausschließlichem" Kernbereichsbezug ohnehin kaum ermittlungsrelevante Informationen beinhalten dürften.

887 *Geiger* in Wortprotokoll, S. 13.

888 *Poscher* JZ 2009, S. 276.

technisch oder praktisch möglich zu unterbinden bzw. die womöglich erhobenen Daten unwiderruflich zu löschen und nicht in ein Verfahren einzubringen.[889]

Hinsichtlich der Erhebungsebene scheint der Gesetzgeber die Vorgaben des Bundesverfassungsgerichts vom 27. Februar 2008, die auf den Kernbereichsschutz abzielen, misszuverstehen.[890] Während der Gesetzgeber - womöglich aufgrund des nahezu unvermeidbaren Berührens von Daten mit Kernbereichsbezug im Zuge einer verdeckten Online-Durchsuchung - nur dann ein Erhebungsverbot festlegt, wenn ausschließlich Kernbereichsdaten betroffen zu sein drohen, verlangt das Bundesverfassungsgericht die weitestgehende Vermeidung der Erhebung von Daten mit Kernbereichsbezug in jeder Hinsicht, also gerade auch dann, wenn wie zu erwarten neben Kernbereichsdaten auch andere Inhalte erhoben werden.[891] Unter Berücksichtigung dieser Prämisse ist es unzulässig, eine geringere Anforderung an Schutzmechanismen zugunsten der Betroffenen zu stellen, oder gar eine bestimmte Konstellation, die zudem nahezu in allen denkbaren Fällen vorliegen dürfte, überhaupt nicht regelt.[892] Und da schon in technischer Hinsicht in aller Regel etwa durch automatisierte Erstellung von Screen Shots zunächst einmal ungefiltert und unkontrolliert alle möglichen Informationen an die Behörde erhoben und weitergegeben werden, lässt sich hier die Erhebung *auch* von kernbereichsrelevanten Daten nicht vermeiden. Damit greift jedoch das in § 20 k BKAG normierte Erhebungsverbot nahezu in keiner Konstellation. Da sich insofern keinerlei taugliche Schutzwirkung zugunsten des Betroffenen entfaltet und dieser einen Eingriff in den Kernbereich privater Lebensgestaltung mit größter Wahrscheinlichkeit zu erleiden hat, ist hier bereits die Verfassungsmäßigkeit der Regelung stark zu bezweifeln.

Neben der Problematik auf Erhebungsebene findet sich zudem eine nicht unproblematische Formulierung in § 20 k Abs. 7 BKAG, die sich auf die Beweisverwertung bezieht.

Ist nicht auszuschließen, dass Daten mit Kernbereichsbezug im Rahmen einer verdeckten Online-Durchsuchung erhoben wurden, so stellt sich die Frage nach der Durchsicht und Zuordnung der erhobenen Daten. Würde die Behörde, die die Daten und Inhalte schlussendlich in einem Verfahren verwenden will, die Daten vorab nach Kernbereichsbezügen selbst filtern, bestünde folgende Gefahr: auch hinsichtlich kernbereichsbezogener Inhalte, die ein Beamter erst einmal zur Kenntnis genommen hat, wenn er also von verschiedenen Dingen und Situatio-

---

889 *Poscher* JZ 2009, S. 276.

890 *Roggan*, NJW 2009, S. 261; vgl. BVerfGE 120, 274, 338f.

891 vgl. BVerfGE 120, 274, 337ff.

892 *Roggan*, NJW 2009, S. 261; *Hoffmann-Riem* JZ 2008, S. 1020.

nen unumstößlich weiß, ist es in der Praxis kaum vorstellbar, dass dieses Wissen nicht in ein Verfahren eingebracht würde.[893] Damit würde aber auch ein gesetzlich geregelter Kernbereichsschutz ad absurdum geführt. Erforderlich ist daher die Trennung der für die Filterung der erhobenen Daten verantwortlichen Stelle von jener, die die Daten letzten Endes tatsächlich inhaltlich verwenden möchte.[894] Nur so kann sichergestellt werden, dass die verwertende Behörde keine Kenntnis über die kernbereichsrelevanten Inhalte erlangt.

Dieses Trennungserfordernis missachtet jedoch die Regelung des § 20 k Abs. 7 BKAG, indem die Durchsicht nach kernbereichsbezogenen Inhalten hiernach vom „Datenschutzbeauftragten des Bundeskriminalamtes und zwei weiteren Bediensteten des Bundeskriminalamtes " vollzogen werden soll. Damit ist aber gerade festgelegt, dass die Stelle die Durchsicht vornehmen soll, in deren Hand der weitere Gang des Verfahrens liegt, es wird nicht explizit gefordert, dass die beiden Bediensteten des Bundeskriminalamtes solche sind, die nicht im jeweiligen Verfahren involviert sind. Auf die diesbezügliche Unabhängigkeit der Bediensteten ohne gesetzliche Regelung zu vertrauen, kann in einem solch sensiblen Bereich allerdings nicht ausreichend sein – eine Trennung der Verantwortlichkeiten wurde also gerade nicht erreicht, ein effektiver Kernbereichsschutz ist durch die Regelung im BKAG folglich auch auf Verwertungsebene nicht realisiert worden.[895] Die Bestrebung allerdings, den Kernbereichsschutz in der Auswertungsphase zumindest zu berücksichtigen, zeigt sich an der Sachleitung des anordnenden Gerichts nach Absatz 5.[896]

Ebenso zu begrüßen ist zudem die ausnahmslose Löschpflicht, sofern Inhalte des Kernbereichs privater Lebensgestaltung betroffen sind.[897]

Zudem steht die Verletzung des Zitiergebots im Raum; die gleiche Problematik hat das Bundesverfassungsgericht bei der Prüfung des nordrhein-westfälischen Verfassungsschutzgesetzes im Bereich der verdeckten Online-Durchsuchung festgestellt.[898] Dieses Verfassungsprinzip erfordert die Benennung aller durch

---

893 *Poscher* JZ 2009, S. 276.

894 BVerfGE 120, 274, 339; *Poscher* JZ 2009, S. 276.

895 *Poscher* JZ 2009, S. 276. Umso kritischer ist dies zu bewerten, da die entsprechende Trennung allein durch die Einfügung eines die Unabhängigkeit der Bediensteten verlangenden Nebensatzes hätte realisiert werden können.

896 *Roggan* NJW 2009, S. 261.

897 Dass es auch gesetzliche Bestimmungen gibt, die in dieser Hinsicht Schlupflöcher für die Verwendung von kernbereichsrelevanten Daten bereithalten, zeigt sich auch anhand der Ausführungen zu den Regelungen in Bayern auf S. 241ff.

898 BVerfGE 120, 274, 343f.

eine hoheitliche Maßnahme gefährdeten Grundrechte innerhalb der Ermächtigungsgrundlage und beinhaltet damit eine Warn- sowie Besinnungsfunktion.[899]

Abgesehen von der konkludenten Benennung der Gefährdung des Kernbereichs privater Lebensgestaltung durch die entsprechenden Formulierungen in § 20 k BKAG hat der Gesetzgeber zwar in § 38 BKAG die Einschränkung von Grundrechten durch die Maßnahmen des BKAG wie folgt zitiert:

Die Grundrechte der körperlichen Unversehrtheit (Artikel 2 Abs. 2 Satz 1 des Grundgesetzes), der Freiheit der Person (Artikel 2 Abs. 2 Satz 2 des Grundgesetzes), des Brief-, Post- und Fernmeldegeheimnisses (Artikel 10 des Grundgesetzes), der Freizügigkeit (Artikel 11 Abs. 1 des Grundgesetzes) und der Unverletzlichkeit der Wohnung (Artikel 13 des Grundgesetzes) werden nach Maßgabe dieses Gesetzes eingeschränkt.

Jedoch übersieht diese Bestimmung die im Falle der verdeckten Online-Durchsuchung naheliegende Verletzung des Rechts auf informationelle Selbstbestimmung und des IT-Grundrechts, die einem einfachen Gesetzesvorbehalt unterstellt sind und daher grundsätzlich eine Rechtfertigung der entsprechenden Grundrechtsbetroffenheit durch die Bestimmungen des BKAG in Betracht kommen könnte.[900]

Dies wird jedoch weder in § 20 k BKAG noch in § 38 BKAG berücksichtigt.

Daher muss festgehalten werden, dass § 20 k BKAG dem Zitiergebot hinsichtlich des Rechts auf informationelle Selbstbestimmung und des IT-Grundrechts nicht gerecht wird und sich insofern eine durchaus beachtliche verfassungsrechtliche Problematik ergibt.[901]

899 Ausführlich bei *Hufen*, S. 126; *Sodan* in Sodan, Art. 19 Rn. 5ff.; *Kloepfer*, S: 98f.; BVerfGE 64, 72, 79f.; 5, 13, 16.

900 Für die Frage der Einschlägigkeit der durch eine verdeckte Online-Durchsuchung betroffenen Grundrechte kann auf die Ausführungen auf S. 134ff. verwiesen werden. Insofern beachtlich auch Art. 13 Abs. 4 GG, der zwar grundsätzlich auf präventive Maßnahmen zugeschnitten ist, aber nach der hier vertretenen Ansicht die verdeckte Online-Durchsuchung nicht umfasst, vgl. S. 144ff.

901 Wenngleich die Verletzung des Zitiergebots allein nicht notwendigerweise die Nichtigkeit der Regelung mit sich bringt bzw. das Gebot teilweise restriktiv ausgelegt wird, so macht es das Gesetz dennoch angreifbar, *Hufen*, S. 126; *Sodan* in Sodan, Art. 19 Rn. 5ff.; *Kloepfer*, S. 98f.

8. Zwischenergebnis zu § 20 k BKAG

Es zeigt sich, dass der Gesetzgeber offenbar versucht hat, eine Regelung zu treffen, die sich an den Maßstäben, die das Bundesverfassungsgericht aufgestellt hat, orientiert und zugleich trotz der erheblichen faktischen Schwierigkeiten der verdeckten Online-Durchsuchung praktikabel und Erfolg versprechend ist.

Dass ihm dies nur bedingt gelungen ist, zeigen die vorstehenden Erwägungen und Betrachtungen. Lässt man die evidenten Problemfelder hinsichtlich der Verfassungsmäßigkeit insbesondere der Absätze 4 und 7 einmal außer Betracht, bleiben dennoch die massiven Schwierigkeiten der Realisierung der Maßnahme, wie insbesondere zu Absatz 2 geschildert.

Auch die hohen materiell rechtlichen Hürden des Absatz 1 dürften insgesamt nur im absoluten Ausnahmefall vorliegen. Allein bereits die Beschränkung auf die Gefahrenabwehr im Bereich des internationalen Terrorismus zeigt den Ausnahmecharakter, den die verdeckte Online-Durchsuchung nach § 20 k BKAG haben soll.

Und dennoch stellt sich die Frage, ob auch in Hinblick auf die Verhältnismäßigkeit von Norm und Maßnahme die verdeckte Online-Durchsuchung unbedingt gesetzlich durchzusetzen sein sollte. Die drohenden bzw. nahezu sicher eintretenden massiven Grundrechtsverletzungen im Falle der Durchführung einer verdeckten Online-Durchsuchung sollten per se schon ein starkes Indiz gegen die Angemessenheit sein und somit erhebliche Zweifel an der Verfassungsmäßigkeit der entsprechenden Norm und der Maßnahme im Einzelfall begründen.

Ob zudem die Verletzung des Zitiergebots im Falle einer Überprüfung der Norm zu deren Nichtigkeit führen wird, muss zwar abgewartet werden, liegt aber auch hinsichtlich der Positionierung des Bundesverfassungsgerichts bezüglich der gleichen Problematik in Nordrhein-Westfalen nahe.[902]

Zudem sei an dieser Stelle nochmals nachdrücklich betont, dass die Regelungen des BKAG nicht die Staatsanwaltschaft dazu ermächtigt, zur Verfolgung „einfacher“ Kriminalität heimlich in fremde Computersysteme einzudringen, sondern greift ausschließlich zugunsten des BKAs in den aufgeführten Konstellationen. Daher kann das BKAG auch nicht als Ermächtigungsgrundlage für eine repressive verdeckte Online-Durchsuchung zugunsten der Strafverfolgungsbehörden herangezogen werden. Im Übrigen regelt § 20 v BKAG die behördenübergreifende Verwendung und Weitergabe personenbezogener Daten, die unter ande-

902 BVerfGE 120, 274, 343f.

rem auch durch eine Maßnahme nach § 20 k BKAG erhoben wurden. Dem ist dann nichts entgegenzuhalten, wenn sichergestellt ist, dass durch die Weitergabe keine neuen oder tieferen Grundrechtsverletzungen des Betroffenen drohen und die weiterzugebenden Daten ihrerseits einer rechtlich einwandfreien Erhebung zugänglich waren. Da dies nach den vorstehenden Überlegungen aber wohl eher die absolute Ausnahme sein dürfte, muss auch eine Weitergabe der Daten nach § 20 v BKAG einer kritischen einzelfallbezogenen Prüfung an verfassungsrechtlichen Maßstäben unterstellt werden.

IV. Rheinland-Pfalz

Nach der gescheiterten Ermächtigungsgrundlage in Nordrhein-Westfalen und den zwar bisher noch gültigen, jedoch verfassungsrechtlich nicht unproblematischen Neuerungen im bayerischen PAG und BayVSG ist Rheinland-Pfalz das dritte und bisher letzte[903] Bundesland, das sich mit der Schaffung einer Ermächtigungsgrundlage zugunsten der verdeckten Online-Durchsuchung befasste.[904]

Hier gilt das Augenmerk der Novellierung des Polizei- und Ordnungsbehördengesetzes (POG), die neben der Einfügung einer Ermächtigungsgrundlage zur verdeckten Online-Durchsuchung noch weitere Neuerung im Bereich der Telekommunikationsüberwachung vorsieht.[905]

Nachdem der erste Gesetzesentwurf am 18. August 2010 von der Landesregierung eingebracht worden ist,[906] wurde am 26. Januar 2011 das Gesetz zur Änderung des Polizei- und Ordnungsbehördengesetzes im rheinland-pfälzischen Landtag beschlossen – neben der Befürwortung der CDU übrigens auch mit Zustimmung von SPD und FDP, die sich auf Bundesebene von einer entsprechen-

---

903 Stand Februar 2012; im Übrigen auch das einzige Bundesland, das in diesem Bereich aktiv wird und dabei nicht unionsregiert war.

904 Wie bereits an anderer Stelle erwähnt, findet ein angeregter politischer und medialer Diskurs zum Thema verdeckte Online-Durchsuchung auch in zahlreichen anderen Bundesländern statt. Solange allerdings noch keine verbindlichen Gesetzesentwürfe oder entsprechende Anträge von einer Fraktion gestellt wurden, findet dieser sodann unverbindliche Diskurs in der vorliegenden Arbeit keine Berücksichtigung.

905 *Holzner* MMR 2010; hwww.rlp.de/einzelansicht/archive/2010/april/article/zulassung-von-online-durchsuchungen/.

906 Rl-P LT-Drs. 15/4879, 18.08.2011: www.landtag.rlp.de/landtag/drucksachen/4879-15.pdf.

den Einführung von Befugnisnormen eher distanzieren.[907] Das Gesetz ist seit 15.02.2011 in Kraft.

In erster Linie wird dabei auch in Rheinland-Pfalz als Motiv der Novellierung angeführt, dass die rechtliche Handhabe der Polizeibehörden mit den technischen Möglichkeiten Krimineller im Internet mithalten müsse und entsprechende Ermächtigungsgrundlagen für Zugriffe über das Internet erforderlich seien.[908]

Dabei wurde von der Landesregierung bereits auf das Grundsatzurteil des Bundesverfassungsgerichts und den entsprechenden Ergebnissen und (Schutz-) Anforderungen an eine solche Ermächtigungsgrundlage explizit Bezug genommen; es wird betont, dass in Rheinland-Pfalz berücksichtigt wurde, die verdeckte Online-Durchsuchung als restriktiv anzuwendende, andere Maßnahmen ergänzende Handhabe zu formulieren, der durch die enge Grenzziehung der Anwendbarkeit ein Ultima-ratio-Charakter zukommen müsse.[909]

1. Wortlaut

Wie auch im BayVSG schon festgestellt, finden sich hier im POG nicht nur in der eigentlichen Ermächtigungsgrundlage relevante Bestimmungen. Vielmehr wurden weitere eigenständige Regelungen, die die Ermächtigungsgrundlage ergänzen, eingefügt, die nachfolgend ebenso aufgeführt werden.

Im rheinland-pfälzischen Landtag wurde folgender Wortlaut hinsichtlich der verdeckten Online-Durchsuchung und der Erhebung von gespeicherten Daten auf einem informationstechnischen System beschlossen:[910]

---

907 Rl-P GVBl 2011 Nr. 2, S. 26ff; www.spdfraktion-rlp.de/204+M5dbf5a5f7b3 .html?PHPSESSID=1729368dc40f90050bde1513e9346c29; http://winfuture.de/news, 61088.html.

908 www.rlp.de/no_cache/aktuelles/presse/einzelansicht/archive/2010/april/article /ministerrat-billigte-entwurf-zur-novellierung-des-polizei-und-ordnungsbehoerdengesetzes-1/; www.spdfraktion-rlp.de/204+M5dbf5a5f7b3.html?PHP SESSID=1729368dc40f90050bde1513e9346c29.

909 www.rlp.de/no_cache/aktuelles/presse/einzelansicht/archive/2010/april/article /ministerrat-billigte-entwurf-zur-novellierung-des-polizei-und-ordnungsbehoerdengesetzes-1/; www.spdfraktion-rlp.de/204+M5dbf5a5f7b3.html?PH PSESSID=1729368dc40f90050bde1513e9346c29.

910 Die übrigen neuen Ermächtigungen wie etwa die mit technischen Mitteln unterstützte Überwachung von (laufender) Telekommunikation in § 31 POG, die Lokalisierung mobiler Endgeräte in § 31 a POG, die Erhebung von Nutzungsdaten in § 31 b POG oder

31 c Datenerhebung durch den Einsatz technischer Mittel in informationstechnischen Systemen

(1) Die Polizei kann ohne Wissen des Betroffenen mit technischen Mitteln in vom Betroffenen genutzte informationstechnische Systeme eingreifen und aus ihnen Daten erheben zur Abwehr einer Gefahr für Leib, Leben oder Freiheit einer Person oder für solche Güter der Allgemeinheit, deren Bedrohung die Grundlagen oder den Bestand des Staates oder die Grundlagen der Existenz der Menschen berührt, über

1. die nach den §§ 4 und 5 Verantwortlichen oder

2. Personen, bei denen bestimmte Tatsachen die Annahme rechtfertigen, dass sie für die nach den §§ 4 und 5 Verantwortlichen bestimmte oder von ihnen herrührende Mitteilungen entgegennehmen oder weitergeben.

Die Maßnahme ist nur zulässig, soweit die Aufgabenerfüllung nach Satz 1 auf andere Weise nicht möglich erscheint oder wesentlich erschwert wäre und die Voraussetzungen des § 39 a Abs. 3 vorliegen. Die Maßnahme darf auch durchgeführt werden, wenn Dritte unvermeidbar betroffen werden.

(2) Es ist technisch sicherzustellen, dass

1. an dem informationstechnischen System nur Veränderungen vorgenommen werden, die für die Datenerhebung unerlässlich sind, und

2. die vorgenommenen Veränderungen bei Beendigung der Maßnahme, soweit technisch möglich, automatisiert rückgängig gemacht werden.

---

die Ermächtigung zur Verhinderung und Unterbrechung von Telekommunikation in § 31 d POG werden hier nicht weiter dargestellt.

Das eingesetzte Mittel ist nach dem Stand der Technik gegen unbefugte Nutzung zu schützen. Kopierte Daten sind nach dem Stand der Technik gegen Veränderung, unbefugte Löschung und unbefugte Kenntnisnahme zu schützen.

(3) Unter den Voraussetzungen des Absatzes 1 dürfen technische Mittel eingesetzt werden, um zur Vorbereitung einer Maßnahme nach Absatz 1 die erforderlichen Daten, wie insbesondere spezifische Kennungen, sowie den Standort eines informationstechnischen Systems zu ermitteln. Personenbezogene Daten Dritter dürfen dabei nur erhoben werden, wenn dies aus technischen Gründen unvermeidbar ist.

(4) Bei jedem Einsatz des technischen Mittels sind zu protokollieren:

1. die Bezeichnung des technischen Mittels und der Zeitpunkt seines Einsatzes,

2. die Angaben zur Identifizierung des informationstechnischen Systems und die daran vorgenommenen nicht nur flüchtigen Veränderungen,

3. die Angaben, die die Feststellung der erhobenen Daten ermöglichen, und

4. die Organisationseinheit, die die Maßnahme durchführt.

Die Protokolldaten dürfen nur verwendet werden, um dem Betroffenen oder einer dazu befugten öffentlichen Stelle die Prüfung zu ermöglichen, ob die Maßnahme nach Absatz 1 rechtmäßig durchgeführt worden ist. Sie sind unverzüglich zu löschen, soweit sie für den in Satz 2 genannten Zweck nicht mehr erforderlich sind.

(5) Die Datenerhebung bedarf der richterlichen Entscheidung. In der schriftlichen Anordnung sind insbesondere

1. Voraussetzungen und wesentliche Abwägungsgesichtspunkte,

2. die Person, gegen die sich die Maßnahme richtet, soweit möglich mit Name und Anschrift,

3. Art, Umfang und Dauer der Maßnahme unter Benennung des Endzeitpunkts und

4. möglichst genau das informationstechnische System, in das zur Datenerhebung eingegriffen werden soll, sowie das technische Mittel

zu bestimmen. Zuständiges Gericht ist das Oberverwaltungsgericht Rheinland-Pfalz. Das Oberverwaltungsgericht entscheidet nach Maßgabe der Verwaltungsgerichtsordnung. Die Maßnahme ist auf höchstens drei Monate zu befristen. Eine Verlängerung um jeweils nicht mehr als einen Monat ist zulässig, sofern die Voraussetzungen der Anordnung weiterhin vorliegen.

(6) § 29 Abs. 5 und 8 findet entsprechende Anwendung.

§ 39 a Schutz des Kernbereichs privater Lebensgestaltung

(1) Verdeckte Maßnahmen der Datenerhebung, die in den Kernbereich privater Lebensgestaltung eingreifen, sind unzulässig. Dennoch erlangte Daten sind unverzüglich zu löschen. Erkenntnisse hierüber dürfen nicht verwertet werden. Die Tatsache der Datenerhebung ist zu dokumentieren.

(2) Die Datenerhebung nach § 29 darf nur angeordnet werden, soweit nicht aufgrund tatsächlicher Anhaltspunkte anzunehmen ist, dass durch die Überwachung Daten erhoben werden, die dem Kernbereich privater Lebensgestaltung zuzurechnen sind. Abzustellen ist dabei insbesondere auf die Art der zu überwachenden Räumlichkeiten und das Verhältnis der dort anwesenden Personen zueinander.

(3) Die Datenerhebung nach § 31, § 31 b oder § 31 c darf nur angeordnet werden, falls nicht tatsächliche Anhaltspunkte für die Annahme vorliegen, dass allein Erkenntnisse aus dem Kernbereich privater Lebensgestaltung erlangt werden. Bei einer Datenerhebung nach § 31 c ist, soweit technisch möglich, sicherzustellen, dass Daten, die den Kernbereich privater Lebensgestaltung betreffen, nicht erhoben werden.

(4) Das Oberverwaltungsgericht Rheinland-Pfalz besitzt die Sachleitung über die Auswertung von Daten, die durch Maßnahmen nach den §§ 29, 31, 31 b und 31 c erhoben wurden. Es gibt insbesondere die für die Prüfung einer Kernbereichsrelevanz erforderlichen Vorgaben und überprüft deren Realisierung. Zwei Bedienstete der zuständigen Polizeibehörde, von denen einer die Befähigung zum Richteramt haben muss, und der behördliche Datenschutzbeauftragte haben Daten, die durch Maßnahmen nach den §§ 29 und 31 c erhoben wurden, auf kernbereichsrelevante Inhalte durchzusehen.

(5) Die unmittelbare Kenntnisnahme einer Maßnahme nach den §§ 29, 31 und 31 c ist unverzüglich zu unterbrechen, sofern sich tatsächliche Anhaltspunkte ergeben, dass Inhalte, die dem Kernbereich privater Lebensgestaltung zuzurechnen sind, erhoben werden. Automatische Aufzeichnungen hierüber sind unverzüglich dem Oberverwaltungsgericht Rheinland-Pfalz zur Entscheidung über die Verwertbarkeit oder Löschung vorzulegen. Ist die Datenerhebung nach Satz 1 unterbrochen worden, darf sie im Fall des § 29 unter den Voraussetzungen des Absatzes 2 Satz 1 und in den Fällen der §§ 31 und 31 c unter denen des Absatzes 3 Satz 1 fortgeführt werden.

2. Bewertung

Da es ebenso wie für die Novellierungen in Bayern auch für jene in Rheinland-Pfalz noch keine spezifische verfassungsgerichtliche Bewertung der neuen Bestimmungen gibt, ist es hier gleichermaßen geboten, die neuen Regelungen an den vorhandenen Vorgaben des Bundesverfassungsgerichts vom 27. Februar 2008 zu überprüfen.

Nachdem in den vorstehenden Kapiteln diese Vorgaben am Beispiel Nordrhein-Westfalens erarbeitet wurden und bei der Bewertung der bayerischen Novellierungen wiederholt wurden, erfolgt an dieser Stelle eine Fokussierung auf die möglicherweise problematischen bzw. entscheidenden Punkte.[911]

Dabei fällt zunächst auf, dass hier ohne weitere Differenzierung in Absatz 1 Satz 1 von „Daten“ als Zielobjekte der Erhebung gesprochen wird. Eine Unterteilung nach Zugangs- und gespeicherte Daten, Kennungen und Standortdaten wie in den relevanten bayerischen Regelungen wurde nicht getroffen; da alle diese Unterformen von „Daten“ aber solche sind, die über eine Infiltration des informationstechnischen Systems ermittelbar sind, kann unterstellt werden, dass auch sämtliche dieser Formen von der Maßnahme umfasst sein sollen.[912]

a) Gefahrenschwelle

Da es sich hier wie im PAG um eine gefahrenabwehrrechtliche Bestimmung des Polizeirechts handelt, ist es für die Rechtmäßigkeit der Maßnahme erforderlich, sie einer Gefahrenschwelle zu unterstellen, ab deren Vorliegen die Maßnahme erst durchgeführt werden darf.

Spezifisch für die Maßnahme der verdeckten Online-Durchsuchung hat das Bundesverfassungsgericht eine Gefahrenschwelle als Eingriffsvoraussetzung benannt, die vorliegen muss.[913] Erforderlich sind dieser Rechtsprechung nach also „zumindest tatsächliche Anhaltspunkte einer konkreten Gefahr“ sowie „bestimmte Tatsachen […], die eine Gefahrenprognose tragen“.[914]

---

911 Nicht weiter dargestellt werden Punkte wie der erforderliche Richtervorbehalt, Fristen, Protokollierung, die Zuständigkeit der Gerichte, technische Regelungen in Absatz 2 und 3 u.ä.

912 Dass diese relativ indifferente Formulierung problematisch wäre, ist indes nicht ersichtlich. Zum einen fand sich auch in § 5 Abs. 2 Nr. 11 VSG NRW keine dezidierte Auflistung der von der Maßnahme umfassten Zieldaten, was das BVerfG nicht negativ bewertet hat. Zudem findet sich etwa auch in § 110 Abs. 3 StPO die uneingeschränkte Einbindung von Daten in die Maßnahme. Letztlich wird darüber hinaus auch in den dezidierteren bayerischen Regelungen keine Datenart von der Erhebung ausgeschlossen, sie werden lediglich einzeln benannt. Dennoch kann unter „gespeicherte Daten“ wie im PAG bezeichnet genauso vieles fallen wie unter „Daten“ ohne weitere Beschreibung im POG.

913 Hier zwar betreffend eine Ermächtigungsgrundlage für den Verfassungsschutz, aber dennoch als Richtlinie auch für das Polizeirecht tauglich: BVerfGE 120, 274, 328; http://www.rlp.de/no_cache/aktuelles/presse/einzelansicht/archive/2010/april/article/ministerrat-billigte-entwurf-zur-novellierung-des-polizei-und-ordnungsbehoerdengesetzes-1/; kritisch zur vom Bundesverfassungsgericht festgesetzten Grenze: *Holzner* MMR 2010.

914 BVerfGE 120, 274, 328f.

§ 31 c POG spricht jedoch – auch anders als die Regelung in Bayern - lediglich von „einer Gefahr“, ohne diese genauer zu bestimmen oder einen bestimmten höheren Gefahrengrad zu fordern.[915]

Insofern kann man dem Landesgesetzgeber also bereits eine erste Ungenauigkeit in der Formulierung vorwerfen, die mangels weitergehender Anforderungen an die Gefahrenstufe (dringend, gegenwärtig, etc.) lediglich den untersten Gefahrengrad verlangt.

Möglicherweise könnte eine Auslegung dieser indifferenten Gefahrenschwelle im Sinne der Rechtsprechung des Bundesverfassungsgerichts angedacht werden. Doch selbst für diesen Fall wäre die Bewertung des § 31 c POG vom Wohlwollen des beurteilenden Gerichts abhängig.

Nachdem das Bundesverfassungsgericht aber bereits im Urteil zu § 5 Abs. 2 Nr. 11 VSG NRW eine spezifische Gefahrenschwelle festgesetzt hat, die eine höhe Stufe eines Gefahrengrades erfordert,[916] ist hier festzustellen, dass das POG die Maßgabe des BVerfGE klar unterschreitet. Diese Ungenauigkeit des Gesetzgebers zugunsten der getroffenen Formulierung auslegen zu wollen, erscheint insofern nicht vertretbar. Es dürfte daher in diesem Zusammenhang zu erwarten sein, dass die im POG getroffene Formulierung zur Gefahrenschwelle bei einer gerichtlichen Überprüfung den Anforderungen des Bundesverfassungsgerichts nicht gerecht und der Überprüfung damit nicht standhalten wird.

b) Kernbereichsschutz

Die Regelungen zum Kernbereichsschutz wurden im POG nicht in die eigentliche Ermächtigungsgrundlage einbezogen, sondern wurden in einer eigenständigen Regelung an die verschiedenen Ermächtigungsgrundlagen angehängt.

Dabei ist zunächst positiv festzuhalten, dass § 39 a Abs. 1 POG eine ausnahmslose Unzulässigkeit der Erhebung und Verwertung von Daten mit Bezug zum Kernbereich privater Lebensgestaltung festlegt, die nicht nur für § 31 c POG, sondern prinzipiell für sämtliche Ermächtigungen des POG gilt.[917] Ebenso ist

---

915 Dies übersieht *Roos/Lenz*, § 31 c Rn. 1ff. offenbar gänzlich. Womöglich darf hier aber nicht ganz außer Acht gelassen werden, dass hier beide Autoren Polizeidirektor sind bzw. waren und insofern ein Interesse an einer nicht allzu kritischen Darstellung „ihrer“ neuen Ermächtigungsgrundlage haben.

916 BVerfGE 120, 274, 328: „tatsächliche Anhaltspunkte einer konkreten Gefahr“.

917 *Roos/Lenz*, § 39 a Rn. 5ff.

eine Löschpflicht entsprechender Daten in Abs. 1 Satz 2 der Regelung enthalten, Satz 3 regelt die zur Datenerhebung gehörige Dokumentation.

In Absatz 5 findet sich zudem die Pflicht, eine unmittelbare Kenntnisnahme durch die verdeckte Online-Durchsuchung zu unterbrechen, sofern tatsächliche Anhaltspunkte vorliegen, die auf die Erhebung von Kernbereichsdaten hindeuten. Zwar wird der Maßnahme durch diese Formulierung auch erst dort eine Grenze gezogen, wo eine Berührung und damit Verletzung des sensiblen Kernbereichs privater Lebensgestaltung wahrscheinlich ist; dennoch ist die auch hier ausnahmslose Pflicht zur Unterbrechung bzw. Einstellung der Maßnahme begrüßenswert.

§ 39 a Abs. 5 Satz 3 POG verweist auf Abs. 3 Satz 1 der Regelung.

§ 39 a Abs. 3 Satz 1 POG ist jedoch dahingehend problematisch, dass, wie schon betreffend der Formulierung in § 20 k BKAG dargestellt,[918] eine alleinige Betroffenheit von Kernbereichsdaten in wohl keiner Situation mit Bestimmtheit angenommen werden kann. Diese Bestimmung wird daher in der Praxis wohl zu keinem Ausschluss der verdeckten Online-Durchsuchung führen können. Auch die offene Formulierung des § 39 a Abs. 3 Satz 2 POG dürfte in der Praxis der Anwendbarkeit der verdeckten Online-Durchsuchung keine signifikanten Grenzen setzen; eine Prognose, welche Dateien kernbereichsrelevante Inhalte haben oder eben auch nicht, kann ohne Kenntnisnahme der Inhalte beim gegenwärtigen Stand der technischen Möglichkeiten nicht getroffen werden.[919] Somit wird auch hier eine zumindest vorläufige Erhebung kernbereichsrelevanter Daten nicht auszuschließen sein.

Wurde eine Datenerhebung daher nach Abs. 5 Satz 1 unterbrochen, dürfte eine Fortsetzung der Maßnahme zumindest in aller Regel nicht an Absatz 3 Satz 1 scheitern.

Hinsichtlich des Absatzes 4 der Regelung und der dort enthaltenen Bestimmung betreffend die Durchsicht und Auswertung von Daten, die infolge einer verdeckten Online-Durchsuchung nach § 31 c POG erhoben wurden, wird auf die Ausführungen auf den Seiten 169ff., 232ff. zum Kernbereichsschutz und der Auswertungsphase verwiesen.[920] Zwar liegt die Sachleitung bezüglich der letzten

---

918 Vgl. S. 282.

919 Unterstellt, eine entsprechende Prognose wird in Zukunft durch neuartige technische Entwicklungen möglich, könnte hierhin sodann eine mögliche Eingrenzung der Zulässigkeit der verdeckten Online-Durchsuchung gesehen werden.

920 Auch hier erscheint die Darstellung von *Roos/Lenz,* § 39 a Rn. 5ff. sehr unkritisch; dass lediglich die Sachleitung der Durchsicht beim zuständigen Gericht liegt, wird hier hin-

Auswertung der Daten beim Gericht; dennoch droht bereits bei einer oberflächlichen Durchsicht der erhobenen Daten durch die Polizeibehörde die Kenntnisnahme kernbereichsrelevanter Inhalte. Es muss daher auch hier gewährleistet sein, dass die an der Durchsicht beteiligten Personen nicht ebenso in das jeweilige Ermittlungsverfahren involviert sind; die Filterung der Daten muss völlig isoliert vom übrigen Verfahren stattfinden.

So findet sich in § 39 a POG insgesamt eine zwar in Teilen (Absätze 3 und 4) immer noch nicht unproblematische Regelung zum Kernbereichsschutz bei unter anderem verdeckten Online-Durchsuchungen. Dennoch ist eine Verbesserung des Schutzes gegenüber den Bestimmungen in Bayern und im BKAG durchaus zu erkennen, sodass die Orientierung der rheinland-pfälzischen Gesetzgebung an den Vorgaben des Bundesverfassungsgerichts in dieser Hinsicht angenommen werden kann.

c) Verhältnismäßigkeit

Hinsichtlich des Grundsatzes des Verhältnismäßigkeit bzw. spezieller hinsichtlich der Angemessenheit im engeren Sinne ist zunächst positiv festzustellen, dass die verdeckte Online-Durchsuchung gemäß § 31 c Abs.1 Satz 2 POG als subsidiäre Regelung nur herangezogen werden darf, wenn der Erfolg der polizeilichen Tätigkeit andernfalls gefährdet ist.[921] Auch ist sichergestellt, dass die Maßnahme nur zum Schutz der aufgeführten, hochrangigen Rechtsgüter zulässig ist.[922]

Zudem scheitert die Angemessenheit nicht an der Heimlichkeit der Maßnahme.[923]

Problematisch jedoch sind hier zwei Punkte.

Zum einen fehlt es wie vorstehend bereits dargestellt an der spezifischen Regelung einer Eingriffsschwelle, wie es das Bundesverfassungsgericht für die ver-

sichtlich der erforderlichen Unabhängigkeit der zuständigen Stelle bei der Durchsicht als ausreichend bewertet.

921 *Roos/Lenz*, § 31 c Rn. 6.

922 Also nicht etwa im Bereich reiner Vermögensdelikte, *Roos/Lenz*, § 31 c Rn. 3.

923 So auch BVerfGE 120, 274, 321, 325. Die nachträgliche Unterrichtung des Betroffenen richtet sich in Rheinland-Pfalz nach § 40 POG; der Datenschutz im Übrigen nach $§§ 41 ff. POG.

deckte Online-Durchsuchung gefordert hat.[924] Diese wurde aber gerade deswegen als Erfordernis der Angemessenheit der Maßnahme festgelegt, um der besonders hohen Grundrechtsrelevanz der verdeckten Online-Durchsuchung Rechnung zu tragen und sie nur ab einem gewissen Punkt und einem bestimmten Gefahrengrad zuzulassen. Da § 31 c POG keine entsprechende Formulierung enthält und demnach die verdeckte Online-Durchsuchung auch schon mit dem Vorliegen eines geringen Gefahrengrads möglich wäre, muss die Regelung insofern als unangemessen bewertet werden.

Zudem fällt auf, dass § 31 c Abs. 1 Satz 3 POG anders als die Löschpflichten in den bayerischen Regelungen keine effektiven Schutzmechanismen enthält, die sich auf die naheliegende Betroffenheit von Rechten Dritter beziehen. Stattdessen findet sich eine Formulierung, die § 20 k Abs. 4 BKAG inhaltlich entspricht.

Dass sich aus dieser Formulierung allerdings in aller Regel[925] weniger eine taugliche Begrenzung der Zulässigkeit der verdeckten Online-Durchsuchung ergeben wird, wurde auf den Seiten 291f. bereits hergeleitet, worauf verwiesen werden kann.

Die Durchführung einer verdeckten Online-Durchsuchung nach § 31 c POG birgt daher die naheliegende Gefahr, Daten Dritter zu erheben, die mangels entsprechender weitergehender Bestimmung keiner Löschpflicht unterstellt sind. Damit besteht die Möglichkeit, im Zuge der Durchsicht der erhobenen Daten Informationen über unbeteiligte Dritte zu gewinnen, die nicht unmittelbar mit der die Maßnahme begründenden Tatsachen in Zusammenhang stehen. Damit geht aber auch wie festgestellt die Gefährdung verschiedener Grundrechtspositionen der unbeteiligten Dritten einher.

Die damit nochmals gesteigerte Eingriffsintensität der verdeckten Online-Durchsuchung ohne gegenwirkende Schutzmechanismen deutet ebenfalls darauf hin, dass hier ein Verstoß gegen die Angemessenheit im engeren Sinne konstatiert werden muss.

---

924 In BVerfGE 120, 274, 328f., hier zwar hinsichtlich einer Regelung des Verfassungsschutzes und einer entsprechenden Eingriffsschwelle; polizeiliche Ermächtigungen haben allerdings ihrerseits gleichermaßen einen entsprechenden Gefahrengrad zu berücksichtigen, *Holzner* MMR 2010.

925 Vermeidbar ist die Erhebung von Daten Dritter vordergründig, wenn aufgrund mangelnder Überschaubarkeit der zu überwachenden Umgebung beispielsweise ein falscher Rechner infiltriert wurde; in diesem Fall ist die Maßnahme unzulässig, vgl. auch oben S. 272ff.; *Roggan* NJW 2009, S. 261.

d) Zitiergebot

Hinsichtlich des in den entsprechenden nordrhein-westfälischen und bayerischen Ermächtigungsgrundlagen verletzten Zitiergebots ist eine übereinstimmende Unvollständigkeit auch im vorliegenden Fall festzustellen.

So findet sich zwar auch hier eine Regelung, die auf den ersten Blick die Einhaltung des Zitiergebots andeutet:

§ 8 Einschränkung von Grundrechten

Aufgrund dieses Gesetzes können die Grundrechte auf

1. Leben und körperliche Unversehrtheit (Artikel 2 Abs. 2 Satz 1 des Grundgesetzes),

2. Freiheit der Person (Artikel 2 Abs. 2 Satz 2 des Grundgesetzes),

3. Versammlungsfreiheit (Artikel 8 des Grundgesetzes),

4. Wahrung des Brief-, Post- und Fernmeldegeheimnisses (Artikel 10 des Grundgesetzes),

5. Freizügigkeit (Artikel 11 des Grundgesetzes) und

6. Unverletzlichkeit der Wohnung (Artikel 13 des Grundgesetzes)

eingeschränkt werden.

Doch auch diese Bestimmung übersieht – wie bereits im BKAG und in den landesrechtlichen Regelungen Bayerns festgestellt – die Relevanz des Rechts auf informationelle Selbstbestimmung und des IT-Grundrechts im Falle einer verdeckten Online-Durchsuchung.

Daher muss wiederum ein Verstoß gegen das Zitiergebot festgestellt werden, was die Verfassungsmäßigkeit des Gesetzes fraglich macht.

3. Fazit

Ganz offensichtlich hat sich der rheinland-pfälzische Gesetzgeber an den vorhergehenden gesetzgeberischen Bewegungen im Bereich der verdeckten Online-Durchsuchung orientiert und war bestrebt, die kritischen Punkte der erforderlichen Maßnahme in einer verfassungsmäßigen Form zu reglementieren.[926]

Dass ihm dies nur bedingt gelungen ist, zeigen die vorstehenden Ausführungen.

Es bleibt abzuwarten, ob aus den nach wie vor kritischen Punkten insbesondere des Kernbereichsschutzes, der Angemessenheit und des Zitiergebots auch hier die Verfassungswidrigkeit und damit die Nichtigkeit der Regelung folgen werden oder ob § 31 c POG den Anforderungen des Bundesverfassungsgerichts im Falle seiner Überprüfung standhalten kann.

Dennoch ist auffallend, dass, selbst unter Berücksichtigung des Grundsatzurteils des Bundesverfassungsgerichts vom 27. Februar 2008 und der vorhergehenden Gesetzgebungsverfahren in Bayern und betreffend das BKAG keine Regelung getroffen werden konnte, die hinsichtlich der Verfassungsmäßigkeit umfassend unbedenklich ist. Ob dies an den zahlreichen zu berücksichtigenden Zulässigkeitsvoraussetzungen, den vielfältigen Bedrohungen für Grundrechtspositionen unterschiedlicher Personengruppen oder den zum Teil technisch bedingten Besonderheiten der verdeckten Online-Durchsuchung liegt, muss wohl vorerst offen bleiben.

Die enormen verfassungsrechtlichen und einfachgesetzlichen Schwierigkeiten, eine in jeder Hinsicht ausgereifte und taugliche Ermächtigungsgrundlage für die verdeckte Online-Durchsuchung zu schaffen, könnten aber doch an den Gedanken erinnern, dass nicht alles, was technisch möglich ist, auch rechtlich möglich sein muss.

---

926 So ja auch schon angegeben unter www.spdfraktion-rlp.de/204+M5dbf5a5f7b3.html?PHPSESSID=1729368dc40f90050bde1513e9346c29.

E. Verwertbarkeit elektronischer Daten im Strafrecht

Bisher wurde in der vorliegenden Arbeit auf bundes- wie landesrechtlicher Ebene geprüft, ob es taugliche Rechtsgrundlagen gibt, die einerseits Eingriffe in Grundrechte betroffener Personen rechtfertigen können, die infolge von solchen Maßnahmen aufzutreten drohen, die eine Infiltration informationstechnischer Systeme wie insbesondere des Internets oder etwa die Überwachung von internetbasierter Telekommunikation erlauben. Andererseits wurde damit auch festgestellt, ob die entsprechenden Rechtsgrundlagen eine Ermächtigung bieten, verschiedene Daten und Inhalte zu erheben.

Dabei wurde unterschieden zwischen den repressiven Maßnahmen der Strafprozessordnung und diversen präventiven Maßnahmen sowohl im Bundeskriminalamtsgesetz als auch in polizeirechtlichen und verfassungsschutzrechtlichen Gesetzestexten in Nordrhein-Westfalen, Bayern und Rheinland-Pfalz.

Neben diesen Erwägungen, die sich ganz überwiegend[927] auf die Phase der Erhebung von Daten bezogen, erfolgt nun abschließend der Blick auf die Phase der Verwertung der infolge behördlicher Maßnahmen gewonnenen Daten.

Da sich hierin ein Themengebiet findet, das aufgrund unzähliger rechtlicher wie tatsächlicher Aspekte und thematischer Verästelungen seinerseits einer eigenen umfangreichen Bearbeitung würdig ist und eine umfassende Darstellung diese auch erfordert, kann hier lediglich eine Einführung in die Problematik sowie der Hinweis auf vertiefende und weiterführende Literatur vorgenommen werden.[928]

---

927 Im Zuge der Erwägungen zum Schutz des Kernbereichs privater Lebensgestaltung bei Maßnahmen, die eine verdeckte Online-Durchsuchung vorsehen, wurde teilweise bereits ein Bezug von der Erhebungs- zur Verwertungsphase hergestellt, vgl. zum BKAG und den landesrechtlichen Darstellungen unter D. ab S. 221.

928 Vgl. zu Beweisverboten *Kühne*, S. 532ff.; *Eisenberg*, S. 110ff.; *Kindhäuser*, S. 254, 272f.; *Meyer-Goßner*, Einl Rn. 51ff. Ebenso nochmal sehr ausführlich und klar die Begriffsbestimmungen zu elektronischen Dokumenten und Dateien bei *Bergfelder*, S. 73 – 79, hier jedoch orientiert an der ZPO. Im Übrigen liefert Bergfelder Ausführungen zu beweisrechtlichen Fragen innerhalb des Zivilrechts.

I. Besonderheiten elektronischer Daten als Beweismittel im Strafverfahren

Kann im Zuge der Beweiserhebung für ein Verfahren relevantes Material über Computersysteme sichergestellt werden, stellt sich anschließend die Frage nach der Verwertbarkeit der aufgefundenen Inhalte.

Die evidente Besonderheit der vorliegend in Frage stehenden Materialien als Resultate von Erhebungsmaßnahmen ist zunächst deren Unkörperlichkeit.[929]

Während körperliche Objekte greifbar sind, und nur teilweise oder unter erheblichem Aufwand und abhängig von ihrer spezifischen Beschaffenheit manipulierbar, kopierbar oder zerstörbar sind, so gilt genau das Gegenteil für elektronische Daten.

Mit einem Mausklick werden Inhalte gelöscht, geändert oder vervielfältigt, ihr Ursprung wird verfälscht oder ist mitunter nicht zu recherchieren.[930]

Die Besonderheit und Schwierigkeit von Computerdaten als Beweismittel liegt also in erster Linie an der Flüchtigkeit und Manipulierbarkeit der Inhalte. Es ist ohne weitere Absicherungen praktisch nicht nachzuweisen, dass Inhalte von Computerdaten, so wie sie in einen Prozess eingeführt werden, ursprünglich durch den betroffenen Nutzer auf dem Computersystem gespeichert waren. Durch die Gefahr der Manipulation von Beweismaterial besteht ein erhöhtes Erfordernis zur Sicherung der Rechte des Adressaten der Maßnahme, genauso aber auch zur Gewährleistung der Authentizität des aufgefundenen Materials.[931]

Dieser Überlegung schließt sich der Gedanke notwendigerweise an, ob unkörperliche Objekte unproblematisch beispielsweise als Beweismittel in einem

---

929 Außer Acht gelassen werden an dieser Stelle beschlagnahmte Datenträger und ähnliche körperliche Objekte per se, da sich hier keine Besonderheiten ergeben gegenüber der Verwertung jedes anderen nicht-technischen Objekts.

930 Um dies im Anwendungsbereich der verdeckten Online-Durchsuchung auszuschließen, seien laut BMI verschiedene Dokumentationspflichten erforderlich, aber auch ausreichend, um die Beweiskraft der erhobenen Daten für ein Strafverfahren zu gewährleisten, Arbeitskreis, S. 5, 9f., hier auch zur Problematik um die Computer-Forensik zur Sicherung der Beweiskraft elektronischer Daten; siehe auch kritisch: http://ccc.de /de/updates/2011/staatstrojaner.

931 Zur Möglichkeit, die Behörden durch Übermittlung manipulierter Daten zu täuschen: *Hansen/Pfitzmann* DRiZ 2007, S. 2008; *Roßnagel* DRiZ 2007, S. 230; zum Sonderfall elektronisch signierter Dokumente: *Gassen*, S. 1ff.

Strafverfahren oder als taugliche Anhaltspunkte zur Erhärtung eines Verdachts herangezogen werden können oder ob von ihnen stattdessen eine geringere Beweiskraft ausgeht.[932]

Fest steht, dass den Besonderheiten elektronischer Daten als Beweismittel Rechnung getragen werden muss, um eine vertretbare Verwertbarkeit erreichen und im Anschluss an eine Verwertung eine größtmögliche Berücksichtigung der Interessen der Betroffenen gewährleisten zu können.

Es wird insofern für die Sicherstellung der Authentizität der eingebrachten Daten vorgebracht, das jeweilige Zielsystem müsse bei jeder Form der Datenerhebung kontrolliert und diese sowie jede mit der Erhebung in Verbindung stehende Eingabe protokolliert werden, um eine Echtheitsbestätigung der Daten zu ermöglichen und so deren Beweiswert für das Verfahren zu sichern.[933] Ebenso seien die an die Behörde zu übertragenden Daten zu verschlüsseln, um einer Veränderung der Inhalte vorzubeugen.[934]

Hinsichtlich des Schutzes der Interessen der Betroffenen werden daneben umfassende Löschpflichten angedacht, um die Zulässigkeit der Einbringung der Materialien in den Prozess zu sichern, sofern das aufgefundene Material nicht in Zusammenhang mit der verfolgten Straftat steht oder eine weitergehende Speicherung nicht erforderlich ist, oder etwa erhobene Daten unbeteiligte Dritte betreffen.[935] Ohne umfangreiche Löschpflichten und folglich verbunden mit der Gefahr, uferlose Mengen an Daten und Inhalten zu erheben und zu verwerten, müssten entsprechende Maßnahmen und damit auch die Verwertung der hierdurch gewonnenen Informationen von vorneherein als unverhältnismäßig und damit unzulässig abgelehnt werden.

Sofern aber elektronische Daten infolge von Maßnahmen erhoben werden, die bereits aufgrund einer zulässigen Ermächtigungslage mit entsprechenden Schutzmechanismen (wie etwa § 100 a StPO) durchgeführt werden können, müssen diese Daten auch unproblematisch in ein Verfahren eingebracht werden können. Sonst liefe der Erhebungszweck ins Leere, wenn zwar die Maßnahme zulässig wäre, eine Verwertung der erhobenen Daten und deren Einbringung in ein Verfahren jedoch an deren Eigenart scheitern müsste.

---

932 Sehr kritisch zu dieser Frage betreffend die verdeckte Online-Durchsuchung: Arbeitskreis, S. 10; web.piratenpartei.de/Pressemitteilung/bundestrojaner-gezielter-angriff-auf-das-grundgesetz-innenminister-friedrich-und-bk; Biermann II, S. 4.

933 Arbeitskreis, S. 5, 9f.; *Hansen/Pfitzmann* DRiZ 2007, S. 225, 228.

934 Arbeitskreis, S. 5.

935 *Horn* in Stern/Becker, Art. 2 Rn. 106; diese Überlegung findet in den bayerischen und rheinland-pfälzischen Regelungen zur verdeckten Online-Durchsuchung Niederschlag.

Als Beweismittel im Strafverfahren sind die Zeugen- und Sachverständigenvernehmung, die Einnahme richterlichen Augenscheins sowie die Verlesung von Urkunden in der StPO vorgesehen.[936]

Im Bereich der Verwertung von Beweisen stellt sich mit Hinblick auf internet- bzw. computerspezifische Besonderheiten die Frage danach, *wie*, also in welcher Beweisform, Computerdaten in einen Prozess einzuführen sind.[937]

Sofern eine rechtsfehlerfreie Überwachung vorliegt und nicht schon hieraus ein Verwertungsverbot resultiert, können die erhobenen elektronischen Daten durch Abspielen oder Vorlesen als Augenscheineinnahme durch den Richter eingebracht, durch Vorlage als Urkundenbeweis oder durch Vernehmung des die Überwachung bzw. sonstige Maßnahme durchführenden Beamten als Zeuge verwertet werden.[938]

Soweit Maßnahmen unter Zuhilfenahme des Internets zur Debatte stehen, die gegenwärtig mangels zulässiger Ermächtigungsgrundlage ihrerseits unzulässig sind - hier ist vordergründig an die verdeckte Online-Durchsuchung zur Repression zu denken - sind bei der Schaffung neuer gesetzlicher Regelungen aber unbedingt auch hinsichtlich der Verwertbarkeit der Zielobjekte der Maßnahme deren jeweilige Besonderheiten zu berücksichtigen. Sofern also neue und weitreichendere Ermächtigungsgrundlagen in Rede stehen, sind der Regelung Schutzmechanismen wie Kontroll- und Protokollierungspflichten, Signaturen oder ähnliches beizufügen, die eine möglichst sichere Echtheitsgarantie gewährleisten können. So können spätere Unklarheiten in der Verwertungsphase minimiert werden.

---

936 Ausführlich zu den einzelnen Beweismitteln: *Kramer*, S. 119 – 172; auf die allgemeinen Begriffsbestimmungen und Regelungen zum Verhältnis und der Dogmatik von Beweiserhebungs- und Beweisverwertungsverboten kann hier nicht eingegangen werden, findet sich en detail etwa bei *Haller/Conzen*, S. 254 – 264; *Eisenberg*, S. 112 – 145 oder *Kindhäuser*, S. 272 – 284, jeweils m.w.N.

937 *Spannbrucker*, S. 152f.; *Kudlich* JA 2000, S. 228; *Nack* in Pfeiffer, § 100 a Rn. 37, *Krey*, S. 1096; *Bär* CR 1995, S. 167, der sich hier für die eigenständige Beweisqualität von Dateiausdrucken ausspricht.

938 *Kindhäuser*, S. 248; *Kühne*, S. 531.

II. Verwertungsverbote als Resultat von Erhebungsverboten

Neben diesen Erwägungen zur Einbringung elektronischer Daten in ein Strafverfahren, die sich stark an der Beschaffenheit und der damit zusammenhängenden Besonderheiten elektronischer Daten orientieren, kommt eine Vielzahl an Verwertungsverboten in Betracht, die aus der Verletzung unterschiedlichster Grundsätze und Gebote resultieren können. Im Bereich der Beweiserhebung werden Beweisverbote unterteilt in Beweisthema-, Beweismittel- und Beweismethodenverbote sowie relative Beweisverbote.[939]

Liegt nun eines jener Erhebungsverbote vor, so dürfen die durch diese Maßnahme gewonnenen Erkenntnisse in aller Regel nicht verwertet werden (sogenannte unselbstständige Beweisverwertungsverbote).[940]

Zwar führt nicht ausnahmslos jedes Vorliegen eines Erhebungsverbots auch zu einem Verwertungsverbot.[941]

Auch ist denkbar, dass zwar eine rechtmäßige Beweiserhebung gegeben ist, jedoch die Verwertung der Beweise unverhältnismäßig stark in die Rechte des Betroffenen eingreifen würde und deswegen eine Verwertung der Beweise unterbleiben muss; in diesem Fall spricht man von selbstständigen Beweisverwertungsverboten.[942]

Im Bereich der Ermittlungen im Internet ergeben sich hier einige spezifische Problemfelder, die nachfolgend angerissen werden, wobei diese Aufzählung nicht abschließenden, sondern lediglich exemplarischen Charakters ist. Es wird hinsichtlich der Verwertungsphase an Punkten angesetzt, die in vorstehenden Kapiteln bereits in unterschiedlichem Zusammenhang angesprochen worden sind.

Sofern eine Maßnahme nach § 100 a StPO durchgeführt wurde, ergibt sich ein Verwertungsverbot infolge eines Beweismittelverbots, wenn die Eingriffsvoraussetzungen der Norm nicht gegeben waren bzw. sind, wie etwa Fehlen der

---

939 *Meyer-Goßner*, Einl Rn. 51ff.; *Kindhäuser*, S. 254; *Kühne*, S. 533ff.; *Eisenberg*, S. 112, hier auch zu den einzelnen Besonderheiten der jeweiligen Erhebungsverbote.

940 *Kindhäuser*, S. 272; *Joecks*, Vor § 94, Rn. 4; *Benfer/Bialon*, S. 350; *Meyer-Goßner*, Einl R. 55, § 100 a Rn. 35 hier etwa aus einer fehlenden richterlichen Anordnung oder wenn bei Beginn der Maßnahme kein Verdacht auf eine der Katalogdaten bestand.

941 *Kindhäuser*, S. 273; *Eisenberg*, S. 121.

942 *Eisenberg*, S. 121; *Kindhäuser*, S, 272.

richterlichen Anordnung oder Nichtvorliegen einer der Katalogtaten.[943] Dann war die Maßnahme per se schon nicht rechtmäßig, sodass die im Zuge dieser Maßnahme gewonnenen Erkenntnisse und Informationen ebenso nicht in rechtmäßiger Weise verwertet werden dürfen.[944] Gerade hinsichtlich einer Maßnahme nach §§ 100 a f. StPO oder den landesrechtlichen Bestimmungen zur verdeckten Online-Durchsuchung in Bayern und Rheinland-Pfalz ist die Einhaltung aller Eingriffsvoraussetzungen und damit auch der Verwertbarkeit der gewonnenen Informationen durchaus genau zu prüfen, da all diese Maßnahmen aufgrund der erheblichen Eingriffsintensität unter äußerst hohen Voraussetzungen stehen.

Anzuführen ist daneben insbesondere ein Verwertungsverbot infolge eines Beweisthemaverbotes wegen Berührung von Daten aus dem Kernbereich privater Lebensgestaltung, da im Vorfeld der Datenerhebung eine Prognose über den Inhalt der jeweiligen Datei nahezu ausgeschlossen ist.[945] Daher ist gerade bei Maßnahmen, die auf die Erhebung elektronischer Daten als Beweismaterial abzielen, eine erhöhte Gefahr einer Kernbereichsberührung als wesentliches Element des Intimbereichs des Betroffenen gegeben.

Sofern sich in den erhobenen Daten Inhalte oder Gesprächsaufzeichnungen finden, die Kommunikation zwischen dem Betroffenen und einer Person betrifft, der ein Zeugnisverweigerungsrecht nach §§ 52, 53 Abs. 1 Nr. 1 – 3 b StPO zukommt, so besteht hinsichtlich dieser Daten zunächst ein Beschlagnahmeverbot nach § 97 StPO und bei einem Verstoß hiergegen ein Verwertungsverbot.[946]

Ebenso ist dem Umstand bei der Beweisverwertung elektronischer Daten Rechnung zu tragen, dass die Ermittlung über Computersysteme mit hoher Wahrscheinlichkeit dazu führt, dass Informationen über Dritte gewonnen werden, die nicht Adressat der Maßnahme sind. Sollte sich aus diesen Informationen über Dritte jedoch wiederum strafrechtlich relevantes Material ergeben, so bestehen gegen die Verwertung dieser so genannten Zufallserkenntnisse massive Beden-

---

943 Dann haben die notwendigen Voraussetzungen für die Maßnahme als Beweismittel nicht vorgelegen, sodass sich das entsprechende Verbot ergibt: *Kindhäuser*, S. 254, 275; *Meyer-Goßner*, § 100 a Rn. 35.

944 Diese Doktrin der „Früchte des vergifteten Baums“ oder „fruit of the poisonous tree“ stammt aus dem Fall Silverthorne Lumber Co. Vs. United States, 251, U.S. 385 (1920), siehe http://supreme.justia.com/us/251/385/case.html.

945 *Meyer-Goßner*, § 100 a Rn. 36; *Eisenberg*, S. 133; *Kühne*, S.534f.; *Hornung* DuD 2007, S. 577; *Joecks* §100 a Rn. 25f; vgl. auch unter B.II.4. und den Erwägungen zu Bayern und Rheinland-Pfalz, sodass hier auf diese Problematik nicht weiter eingegangen werden muss.

946 *Kühne*, S. 311; *Eisenberg*, S. 772, 88; *Kindhäuser*, S. 276.

ken.[947] In diesem Fall nämlich steht das gegen einen Dritten zu verwertende Material in keinem originären Zusammenhang mit dem Anlass, der Grund für die Maßnahme gegenüber dem eigentlichen Adressaten war.[948] Dies wiederum bedeutet, dass ohne konkrete Anhaltspunkte und ohne ursprünglichen Verdacht schon keine Maßnahme direkt gegen den zufällig betroffenen Dritten zulässig gewesen wäre, zumindest sofern das aufgefundene Material auch ex post nicht den jeweiligen Voraussetzungen einer Maßnahme gerecht würde. Unter Berücksichtigung dieser Überlegung erscheint die Verwertung von Material kaum vertretbar, das aus einer Maßnahme stammt, die nicht einmal gegen diesen Dritten gerichtet ist.

Ebenso ist die Konstellation denkbar, dass Zufallserkenntnisse zwar den eigentlichen Adressaten der Maßnahme betreffen, sich aber auf ganz andere Taten beziehen, als jene, die der jeweiligen Maßnahme zugrundeliegen. Auch dann dürfen die Informationen jedenfalls nicht verwertet werden, wenn die damit in Zusammenhang stehende Tat keiner der die Maßnahme gestattenden Voraussetzungen entspricht.

Zufallserkenntnisse über personenbezogene Daten sind jedoch dann in vertretbarer Weise m Rahmen des § 447 Abs. 2 Satz 2, 3 StPO auch in anderen Strafverfahren zu verwerten, wenn die zufällig ermittelte Straftat ihrerseits als Katalogtat der jeweils der ursprünglichen Maßnahme zugrunde liegende Ermächtigungsgrundlage zu bewerten ist und damit die erforderlichen Eingriffsvoraussetzungen auch gegen den Dritten oder gegen den eigentlichen Adressaten in neuer Ausrichtung vorgelegen hätten.[949]

Zudem können die gewonnenen Erkenntnisse als Anlass zu weitergehenden Ermittlungen verwendet werden, auch wenn keine der Katalogtaten der jeweiligen Eingriffsermächtigung vorliegt.[950]

Unproblematisch ist die Verwertung von Informationen, die infolge einer verdeckten Maßnahme durchgeführt worden sind; dass das deutsche Recht auch ein verdecktes Vorgehen der Behörden kennt und als zulässig erachtet, zeigt sich an der Vielzahl von Ermächtigungen, die eine Maßnahme ohne Wissen des Betrof-

---

947 BGH 5 StR 223/00 – Beschluss vom 15. August 2000, einzusehen unter http://www.hrr-strafrecht.de/hrr/5/00/5-223-00.pdf, hier S. 1, oder in StV 2001, S. 545ff.

948 BGH 5 StR 223/00 – Beschluss vom 15. August 2000, einzusehen unter http://www.hrr-strafrecht.de/hrr/5/00/5-223-00.pdf, hier S. 1, oder in StV 2001, S. 545ff, *Kindhäuser*, S. 99.

949 *Eisenberg*, S. 118; *Kindhäuser*, S. 99, *Kühne*, S. 319.

950 *Meyer-Goßner*, § 477 Rn. 5a; *Kindhäuser*, S. 99.

fenen gestatten.[951] Zwar kann das Unterlassen der Behörde gerügt werden, wenn der Betroffene auch dann nicht nachträglich über die Durchführung der Maßnahme informiert wird, wenn diese Benachrichtigung ohne Gefährdung des Erfolgs der Maßnahme erfolgen kann.[952] Ein Verwertungsverbot ergibt sich hieraus jedoch nicht.[953]

III. Fazit Verwertbarkeit

Es zeigt sich also, dass sich in der Verwertungsphase von elektronischen Daten Besonderheiten ergeben können, die sowohl in der Beschaffenheit des Zielobjekts begründet sind als auch in den Eigenarten und technischen Gegebenheiten der jeweiligen zugrunde liegenden Zugriffsmöglichkeiten. Sofern diesen vorstehend aufgeführten Besonderheiten und Schwierigkeiten Rechnung getragen wurde und infolge einer verfassungsgemäßen Ermächtigungsgrundlage zulässige Inhalte in elektronischer Form erhoben wurden, so steht deren Verwertung und Einbringung in ein Verfahren nichts weiter entgegen.

---

951 Bspw. in §§ 100 a, 100 c, 100 f, 100 g, 100 h; BVerfGE 120, 274, 321.

952 *Meyer-Goßner* § 101 Rn. 5.

953 *Meyer-Goßner*, § 101 Rn. 5; BVerfG NJW 2010, S. 833, 848.

F. CCC – die Convention on Cybercrime

Eine der prägenden Besonderheiten der Thematik um Straftaten im Internet besteht in der grenzüberschreitenden Gegenwärtigkeit der entsprechenden Kriminalität.[954] Es ist neben dem Internet aktuell kein Medium denkbar, dass auch nur in ähnlicher Weise gleichermaßen umfassend verfügbar ist, schnell, flexibel, kostengünstig, anonym - und international.[955]

Versender von Spammails haben beispielsweise die Möglichkeit, ihre E-Mails über Server zu verschicken, die im Ausland stehen, und so die Anwendbarkeit deutschen Rechts zu umgehen.[956]

Neben der Frage nach der Zuständigkeit von Strafverfolgungsbehörden[957] kommt es im internationalen Kontext jedoch auch im Bereich materiellen und prozessualen Rechts mitunter zu Konflikten innerhalb der unterschiedlichen Rechtsordnungen. Ist etwa ein Verhalten oder die Verbreitung eines bestimmten Inhalts in einer Nation nicht unter Strafe gestellt, während ein entsprechendes Verhalten andernorts materiellrechtlich zu beanstanden wäre, ist fraglich, welches Recht zur Anwendung kommt und besonders worauf der betroffene Bürger vertrauen darf.[958]

Es stellen sich im internationalen Kontext folglich massive Probleme der Verfolgbarkeit internetspezifischen Verhaltens bzw. der Verfolgung mittels Internet. Es besteht gewissermaßen die Gefahr, mangels erforderlicher eindeutiger Handhabe gegen diese grenzüberschreitende Bedrohung, einem strafrechtsfreien Raum gegenüberzustehen.

Um diesem Umstand und den technischen Besonderheiten des Internets Rechnung zu tragen und der Cyberdelinquenz entgegenzutreten ist am 23. November 2001 in Budapest die Convention on Cybercrime unterzeichnet worden.[959]

---

954 *Malek*, S. 17.

955 *Rau*, S. 127.

956 Vgl. S. 23ff.

957 Beispiele aufgelistet bei *Kuner* CR 1996, S. 453.

958 *Vec* NJW 2002, S. 1536, 1539; *Rau*, S. 128.

959 Abzurufen unter http://conventions.coe.int/Treaty/EN/Treaties/Html/185.htm; siehe zu Eintrittsdatum und Ratifikation der einzelnen Vertragspartner: http://conventions .coe.int/Treaty/Commun/ChercheSig.asp?NT=185&CM=&DF=&CL=ENG; zur Historie: *Hilgendorf/Frank/Valerius*, S. 29ff. und *Störing*, S. 231.

Ihr Ziel ist es eine einheitliche, für die Vertragspartner verbindliche Rechtsquelle zu bieten, die eine einheitliche und gleichförmige Behandlung von Verfahren und Ermittlungen rund um informationstechnische Systeme anstrebt.

Als völkerrechtliches Übereinkommen ist es der CCC eigen, keine eigenständigen Ermächtigungsgrundlagen zugunsten der einzelnen Vertragspartner zu begründen; stattdessen begründet die CCC eine Selbstverpflichtung der Vertragspartner, die hier beinhalteten Vorgaben in nationales Recht umzusetzen.[960] Dabei werden in der CCC keine konkreten und ins Detail ausformulierten Gesetzesvorschläge geboten, sondern Mindeststandards formuliert, die die einzelnen Vertragspartner sodann flexibel und entsprechend der jeweiligen nationalen Rechtsgrundsätze ausgestalten können bzw. müssen. Dies ergibt sich auch aus Section 2 der Convention. Daher muss gefragt werden, ob die StPO diese Mindeststandards de lege lata umsetzt bzw. einhält und welche Punkte bei etwaigen noch zu schaffenden Normen womöglich zu beachten wären.

Im folgenden Abschnitt wird daher ein kurzer Überblick über die dortigen für die vorliegende Arbeit relevanten Bestimmungen zum Thema der Ermittlungsmaßnahmen erfolgen, der jedoch lediglich einen Einstieg in die internationale Ausprägung des gesamten Themenkomplexes bieten kann.

I. Wortlaut

Hier finden sich die im vorliegenden Rahmen relevanten verfahrensrechtlichen Bestimmungen unter Section 2, Artikel 14 – 21.

Innerhalb dieser Section finden sich Regelungen zu Sachverhalten, in denen der Computer als Mittel zu Tatbegehung via Internet eingesetzt wird, Ermächtigungs- und Eingriffsgrundlagen sowie rechtsstaatliche Anforderungen zur Nutzung des Internets und zur Beweiserhebung in elektronischer Form durch Strafverfolgungsbehörden zu Ermittlungszwecken.[961] Insgesamt sind die Regelungen der Convention schwerpunktmäßig der Strafverfolgung zuzuordnen, wenngleich im Rahmen einzelner Ermächtigungen auch Elemente der Gefahrenabwehr und Prävention zu Tage treten.[962]

960 Vgl. diese Umsetzungspflicht auch in Art. 14 Abs. 1 CCC; zu völkerrechtlichen Verträgen *Kempen/Hillgruber*, 3. Kapitel, § 10ff.

961 *Spannbrucker*, S. 137; die folgenden Darstellungen beziehen sich wiederum lediglich auf einen Vergleich mit dem deutschen repressiven Strafverfolgungsrecht.

962 *Spannbrucker*, S. 152.

Die einzelnen verfahrensrechtlichen Normen legen den Vertragspartnern die Pflicht auf, innerhalb der nationalen Grenzen die festgelegten Standards zu implementieren, also die legislativen Voraussetzungen zur Umsetzung der vereinbarten Ziele zu schaffen.[963] Folglich formuliert die Convention kein übergreifendes, für die Vertragsparteien unmittelbar verbindliches Recht; die Regelungen der Section 2 legen den Parteien vielmehr erst die Pflicht auf, innerstaatlich entsprechend den in der Convention getroffenen Regelungen gesetzgeberisch aktiv zu werden.

Die Convention wurde von Deutschland im Jahr 2009 ratifiziert und trat im Juli 2009 in Kraft, sodass sie eine für Deutschland verbindliche Rechtsquelle darstellt und Deutschland die Selbstverpflichtung zur Schaffung entsprechender Normen auferlegt.[964]

Die folgenden Darstellungen sollen die getroffenen Regelungen der Section 2 der Convention beleuchten und prüfen, inwieweit diesen Regelungen bereits im Rahmen der StPO Rechnung getragen wird; da sich schon aus Art. 14 ergibt, dass sich die CCC an der Verfolgung von Straftaten orientiert, ist vordergründig die StPO relevanter Prüfungsmaßstab. Polizeirechtliche oder verfassungsschutzrechtliche Regelungen der Länder werden nicht generell zum Vergleich herangezogen.[965] Es erfolgt neben dem Vergleich zur StPO lediglich ein Vergleich von § 20 k BKAG zur CCC, da sich hier die bisher einzige bundesrechtliche Regelung zur für die vorliegende Arbeit schwerpunktmäßig relevanten verdeckten Online-Durchsuchung findet.

Folgender Wortlaut wurde für Section 2, Artikel 14 – 21 festgelegt:

963 So in Art. 14 Abs. 1, 16 Abs.1, 3, 17 Abs. 1, 18 Abs. 1, 19 Abs. 1, 3, 4, 20 Abs. 1, 3, 21 Abs. 1, 3.

964 http://conventions.coe.int/Treaty/Commun/ChercheSig.asp?NT=185&CM=&DF=&CL=ENG.

965 Eine dezidierte Analyse und Bewertung der einzelnen Artikel findet sich bei *Spannbrucker*, S. 137ff.

Abschnitt 2 – Verfahrensrecht

Titel 1 – Allgemeine Bestimmungen

Artikel 14 Geltungsbereich verfahrensrechtlicher Bestimmungen

1 Jede Vertragspartei trifft die erforderlichen gesetzgeberischen und anderen Maßnahmen, um die Befugnisse und Verfahren zu schaffen, die in diesem Abschnitt für die Zwecke spezifischer strafrechtlicher Ermittlungen oder Verfahren vorgesehen sind.

2 Sofern in Artikel 21 nichts anderes vorgesehen ist, wendet jede Vertragspartei die in Absatz 1 bezeichneten Befugnisse und Verfahren an in Bezug auf

a die nach den Artikeln 2 bis 11 umschriebenen Straftaten;

b andere mittels eines Computersystems begangene Straftaten;

c die Erhebung von in elektronischer Form vorhandenem Beweismateri al für eine Straftat.

3 a Jede Vertragspartei kann sich das Recht vorbehalten, die in Artikel 20 bezeichneten Maßnahmen nur auf Straftaten oder Kategorien von Strafta ten anzuwenden, die in dem Vorbehalt bezeichnet sind; die Reihe dieser Straftaten oder Kategorien von Straftaten darf nicht enger gefasst sein als die Reihe der Straftaten, auf die sie die in Artikel 21 bezeichneten Maß nahmen anwendet. Jede Vertragspartei prüft die Möglichkeit, einen sol chen Vorbehalt zu beschränken, damit die in Artikel 20 bezeichnete Maß nahme im weitesten Umfang angewendet werden kann.

b Kann eine Vertragspartei aufgrund von Beschränkungen in ihren Rechtsvorschriften, die im Zeitpunkt der Annahme dieses Übereinkom mens in Kraft sind, die in den Artikeln 20 und 21 bezeichneten Maßnah men nicht auf Kommunikationen anwenden, die innerhalb eines Compu tersystems eines Diensteanbieters übermittelt werden, das i für eine geschlossene Nutzergruppe betrieben wird und

ii sich keiner öffentlichen Kommunikationsnetze bedient und nicht mit einem anderen öffentlichen oder privaten Computersystem verbunden ist,

so kann diese Vertragspartei sich das Recht vorbehalten, diese Maßna hmen auf solche Kommunikationen nicht anzuwenden. Jede Vertragspar tei prüft die Möglichkeit, einen solchen Vorbehalt zu beschränken, damit die in den Artikeln 20 und 21 bezeichneten Maßnahmen im weitesten Um fang angewendet werden können.

Artikel 15 Bedingungen und Garantien

1 Jede Vertragspartei stellt sicher, dass für die Schaffung, Umsetzung und Anwendung der in diesem Abschnitt vorgesehenen Befugnisse und Verfahren Bedingungen und Garantien ihres innerstaatlichen Rechts gelten, die einen angemessenen Schutz der Menschenrechte und Freiheiten einschließlich der Rechte vorsehen, die sich aus ihren Verpflichtungen nach dem Übereinkommen des Europarats von 1950 zum Schutz der Menschenrechte und Grundfreiheiten, dem Internationalen Pakt der Vereinten Nationen von 1966 über bürgerliche und politische Rechte und anderen anwendbaren völkerrechtlichen Übereinkünften auf dem Gebiet der Menschenrechte ergeben und zu denen der Grundsatz der Verhältnismäßigkeit gehören muss.

2 Diese Bedingungen und Garantien umfassen, soweit dies in Anbetracht der Art der betreffenden Befugnis oder des betreffenden Verfahrens angebracht ist, unter anderem eine gerichtliche oder sonstige unabhängige Kontrolle, eine Begründung der Anwendung sowie die Begrenzung des Umfangs und der Dauer der Befugnis oder des Verfahrens.

3 Soweit es mit dem öffentlichen Interesse, insbesondere mit einer geordneten Rechtspflege, vereinbar ist, berücksichtigt jede Vertragspartei die Auswirkungen der in diesem Abschnitt vorgesehenen Befugnisse und Verfahren auf die Rechte, Verantwortlichkeiten und berechtigten Interessen Dritter.

Titel 2 – Umgehende Sicherung gespeicherter Computerdaten

Artikel 16 – Umgehende Sicherung gespeicherter Computerdaten

1 Jede Vertragspartei trifft die erforderlichen gesetzgeberischen und anderen Maßnahmen, damit ihre zuständigen Behörden die umgehende Sicherung bestimmter Computerdaten einschließlich Verkehrsdaten, die mittels eines Computersystems gespeichert wurden, anordnen oder in ähnlicher Weise bewirken können, insbesondere wenn Gründe zu der Annahme bestehen, dass bei diesen Computerdaten eine besondere Gefahr des Verlusts oder der Veränderung besteht.

2 Führt eine Vertragspartei Absatz 1 so durch, dass eine Person im Wege einer Anordnung aufgefordert wird, bestimmte gespeicherte Computerdaten, die sich in ihrem Besitz oder unter ihrer Kontrolle befinden, sicherzustellen, so trifft diese Vertragspartei die erforderlichen gesetzgeberischen und anderen Maßnahmen, um diese Person zu verpflichten, die Unversehrtheit dieser Computerdaten so lange wie notwendig, längstens aber neunzig Tage, zu sichern und zu erhalten, um den zuständigen Behörden zu ermöglichen, deren Weitergabe zu erwirken. Eine Vertragspartei kann vorsehen, dass diese Anordnung anschließend verlängert werden kann.

3 Jede Vertragspartei trifft die erforderlichen gesetzgeberischen und anderen Maßnahmen, um den Verwahrer oder eine andere Person, welche die Computerdaten zu sichern hat, zu verpflichten, die Durchführung dieser Verfahren für den nach ihrem innerstaatlichen Recht vorgesehenen Zeitraum vertraulich zu behandeln.

4 Die Befugnisse und Verfahren nach diesem Artikel unterliegen den Artikeln 14 und 15.

Artikel 17 Umgehende Sicherung und teilweise Weitergabe von Verkehrsdaten

1 Jede Vertragspartei trifft in Bezug auf Verkehrsdaten, die nach Artikel 16 zu sichern sind, die erforderlichen gesetzgeberischen und anderen Maßnahmen, um sicherzustellen,

a dass die umgehende Sicherung von Verkehrsdaten unabhängig davon möglich ist, ob ein oder mehrere Diensteanbieter an der Übermittlung dieser Kommunikation beteiligt waren, und

b dass Verkehrsdaten in einem solchen Umfang umgehend an die zu ständige Behörde der Vertragspartei oder an eine von dieser Behörde be zeichnete Person weitergegeben werden, dass die Vertragspartei die Diensteanbieter und den Weg feststellen kann, auf dem die Kommunikati on übermittelt wurde.

2 Die Befugnisse und Verfahren nach diesem Artikel unterliegen den Artikeln 14 und 15.

Titel 3 – Anordnung der Herausgabe

Artikel 18 Anordnung der Herausgabe

1 Jede Vertragspartei trifft die erforderlichen gesetzgeberischen und anderen Maßnahmen, um ihre zuständigen Behörden zu ermächtigen anzuordnen,

a dass eine Person in ihrem Hoheitsgebiet bestimmte Computerdaten, die sich in ihrem Besitz oder unter ihrer Kontrolle befinden und die in ei nem Computersystem oder auf einem Computerdatenträger gespeichert sind, vorzulegen hat und

b dass ein Diensteanbieter, der seine Dienste im Hoheitsgebiet der Ver tragspartei anbietet, Bestandsdaten (1) in Zusammenhang mit diesen

Diensten, die sich in seinem Besitz oder unter seiner Kontrolle befinden, vorzulegen hat.

2 Die Befugnisse und Verfahren nach diesem Artikel unterliegen den Artikeln 14 und 15.

3 Im Sinne dieses Artikels bedeutet der Ausdruck „Bestandsdaten" (2) alle in Form von Computerdaten oder in anderer Form enthaltenen Informationen, die bei einem Diensteanbieter über Teilnehmer seiner Dienste vorliegen, mit Ausnahme von Verkehrsdaten oder inhaltsbezogenen Daten, und durch die Folgendes festgestellt werden kann:

a die Art des genutzten Kommunikationsdienstes, die dafür getroffenen technischen Maßnahmen und die Dauer des Dienstes;

b die Identität des Teilnehmers, seine Post- oder Hausanschrift, Tele fon- und sonstige Zugangsnummer sowie Angaben über Rechnungsstel lung und Zahlung, die auf der Grundlage des Vertrags oder der Vereinba rung in Bezug auf den Dienst zur Verfügung stehen;

c andere Informationen über den Ort, an dem sich die Kommunikations anlage befindet, die auf der Grundlage des Vertrags oder der Vereinba rung in Bezug auf den Dienst vorliegen.

Titel 4 – Durchsuchung und Beschlagnahme gespeicherter Computerdaten

Artikel 19 Durchsuchung und Beschlagnahme gespeicherter Computerdaten

1 Jede Vertragspartei trifft die erforderlichen gesetzgeberischen und anderen Maßnahmen, um ihre zuständigen Behörden zu ermächtigen,

a ein Computersystem oder einen Teil davon sowie die darin gespei cherten Computerdaten und b einen Computerdatenträger, auf dem Computerdaten gespeichert sein können,

in ihrem Hoheitsgebiet zu durchsuchen oder in ähnlicher Weise darauf Zugriff zu nehmen.

2 Jede Vertragspartei trifft die erforderlichen gesetzgeberischen und anderen Maßnahmen, um sicherzustellen, dass ihre Behörden, wenn sie ein bestimmtes Computersystem oder einen Teil davon nach Absatz 1 Buchstabe a durchsuchen oder in ähnlicher Weise darauf Zugriff nehmen und Grund zu der Annahme haben, dass die gesuchten Daten in einem anderen Computersystem oder einem Teil davon im Hoheitsgebiet der betreffenden Vertragspartei gespeichert sind, und diese Daten von dem ersten System aus rechtmäßig zugänglich oder verfügbar sind, die Durchsuchung oder den ähnlichen Zugriff rasch auf das andere System ausdehnen können.

3 Jede Vertragspartei trifft die erforderlichen gesetzgeberischen und anderen Maßnahmen, um ihre zuständigen Behörden zu ermächtigen, Computerdaten, auf die nach Absatz 1 oder 2 Zugriff genommen wurde, zu beschlagnahmen oder in ähnlicher Weise sicherzustellen. Diese Maßnahmen umfassen die Befugnis,

a ein Computersystem oder einen Teil davon oder einen Computerdaten träger zu beschlagnahmen oder in ähnlicher Weise sicherzustellen;

b eine Kopie dieser Computerdaten anzufertigen und zurückzubehalten;

c die Unversehrtheit der einschlägigen gespeicherten Computerdaten zu erhalten;

d diese Computerdaten in dem Computersystem, auf das Zugriff genom men wurde, unzugänglich zu machen oder sie daraus zu entfernen.

4 Jede Vertragspartei trifft die erforderlichen gesetzgeberischen und anderen Maßnahmen, um ihre zuständigen Behörden zu ermächtigen anzuordnen, dass jede Person, die Kenntnisse über die Funktionsweise des Computersystems oder über Maßnahmen zum Schutz der darin enthaltenen Daten hat, in vernünftigem Maß die notwendigen Auskünfte zu erteilen hat, um die Durchführung der in den Absätzen 1 und 2 genannten Maßnahmen zu ermöglichen.

5 Die Befugnisse und Verfahren nach diesem Artikel unterliegen den Artikeln 14 und 15.

Titel 5 – Erhebung von Computerdaten in Echtzeit

Artikel 20 Erhebung von Verkehrsdaten in Echtzeit

1 Jede Vertragspartei trifft die erforderlichen gesetzgeberischen und anderen Maßnahmen, um ihre zuständigen Behörden zu ermächtigen,

> *a Verkehrsdaten, die mit bestimmten in ihrem Hoheitsgebiet mittels ei nes Computersystems übermittelten Kommunikationen in Zusammenhang stehen, durch Anwendung technischer Mittel im Hoheitsgebiet dieser Ver tragspartei in Echtzeit zu erheben oder aufzuzeichnen und*
>
> *b einen Diensteanbieter im Rahmen seiner bestehenden technischen Möglichkeiten zu verpflichten,*

i solche Verkehrsdaten durch Anwendung technischer Mittel im Hoheitsgebiet dieser Vertragspartei in Echtzeit zu erheben oder aufzuzeichnen oder

ii bei der Erhebung oder Aufzeichnung solcher Verkehrsdaten in Echtzeit mit den zuständigen Behörden zusammenzuarbeiten und diese zu unterstützen.

2 Kann eine Vertragspartei die in Absatz 1 Buchstabe a bezeichneten Maßnahmen aufgrund der in ihrer innerstaatlichen Rechtsordnung festgelegten Grundsätze nicht treffen, so kann sie stattdessen die erforderlichen gesetzgeberischen und anderen Maßnahmen treffen, um sicherzustellen, dass Verkehrsda-

ten, die mit bestimmten in ihrem Hoheitsgebiet übermittelten Kommunikationen in Zusammenhang stehen, durch Anwendung technischer Mittel in diesem Hoheitsgebiet in Echtzeit erhoben oder aufgezeichnet werden.

3 Jede Vertragspartei trifft die erforderlichen gesetzgeberischen und anderen Maßnahmen, um einen Diensteanbieter zu verpflichten, die Tatsache, dass eine nach diesem Artikel vorgesehene Befugnis ausgeübt wird, sowie alle Informationen darüber vertraulich zu behandeln.

4 Die Befugnisse und Verfahren nach diesem Artikel unterliegen den Artikeln 14 und 15.

Artikel 21 Erhebung von Inhaltsdaten in Echtzeit

1 Jede Vertragspartei trifft die erforderlichen gesetzgeberischen und anderen Maßnahmen, um ihre zuständigen Behörden in Bezug auf eine Reihe schwerer Straftaten, die durch ihr innerstaatliches Recht zu bestimmen sind, zu ermächtigen,

a inhaltsbezogene Daten bestimmter Kommunikationen in ihrem Ho heitsgebiet, die mittels eines Computersystems übermittelt wurden, durch Anwendung technischer Mittel im Hoheitsgebiet dieser Vertragspartei in Echtzeit zu erheben oder aufzuzeichnen und

b einen Diensteanbieter im Rahmen seiner bestehenden technischen Möglichkeiten zu verpflichten,

i solche inhaltsbezogenen Daten durch Anwendung technischer Mittel im Hoheitsgebiet dieser Vertragspartei in Echtzeit zu erheben oder aufzuzeichnen oder

ii bei der Erhebung oder Aufzeichnung solcher inhaltsbezogener Daten in Echtzeit mit den zuständigen Behörden zusammenzuarbeiten und diese zu unterstützen.

2 Kann eine Vertragspartei die in Absatz 1 Buchstabe a bezeichneten Maßnahmen aufgrund der in ihrer innerstaatlichen Rechtsordnung festgelegten Grundsätze nicht treffen, so kann sie stattdessen die erforderlichen gesetzgeberischen und anderen Maßnahmen treffen, um sicherzustellen, dass inhaltsbezogene Daten bestimmter Kommunikationen in ihrem Hoheitsgebiet durch Anwendung technischer Mittel in diesem Hoheitsgebiet in Echtzeit erhoben oder aufgezeichnet werden.

3 Jede Vertragspartei trifft die erforderlichen gesetzgeberischen und anderen Maßnahmen, um einen Diensteanbieter zu verpflichten, die Tatsache, dass eine nach diesem Artikel vorgesehene Befugnis ausgeübt wird, sowie alle Informationen darüber vertraulich zu behandeln.

4 Die Befugnisse und Verfahren nach diesem Artikel unterliegen den Artikeln 14 und 15.

II. Betrachtung und Einordnung

Es ist nun geboten, einen genaueren Blick auf die einzelnen Bestimmungen zu legen und ihre Übereinstimmung mit bzw. ihre Bedeutung für die geltende deutsche Rechtslage zu betrachten.

Zuvor allerdings und um eine punktuelle Definition innerhalb der folgenden Überlegungen zu vermeiden, erfolgt zunächst die Begriffsbestimmung einiger wichtiger Terminologien anhand Artikel 1 der Konvention.

Artikel 1 Begriffsbestimmungen

Im Sinne dieses Übereinkommens bedeutet

> *a „Computersystem“ eine Vorrichtung oder eine Gruppe miteinander verbundener oder zusammenhängender Vorrichtungen, die einzeln oder zu mehreren auf der Grundlage eines Programms automatische Daten verarbeitung durchführen;*

b „Computerdaten“ jede Darstellung von Tatsachen, Informationen oder Konzepten in einer für die Verarbeitung in einem Computersystem geeigneten Form einschließlich eines Programms, das die Ausführung einer Funktion durch ein Computerprogramm auslösen kann;

c „Dienstanbieter“

i jede öffentliche oder private Stelle, die es Nutzern ihres Dienstes ermöglicht, mit Hilfe eines Computerprogramms zu kommunizieren;

ii jede andere Stelle, die für einen solchen Kommunikationsdienst oder für seine Nutzer Computerdaten verarbeitet oder speichert;

d „Verkehrsdaten“ alle Computerdaten in Zusammenhang mit einer Kommunikation unter Nutzung eines Computersystems, die von einem Computersystem, das Teil der Kommunikationskette war, erzeugt wurden und aus denen der Ursprung, das Ziel, der Leitweg, die Uhrzeit, das Da tum, der Umfang oder die Dauer der Kommunikation oder die Art des für die Kommunikation benutzten Dienstes hervorgeht.

1. Art. 14 / Art. 15

Art. 14 der Convention legt zunächst den Geltungsbereich der verfahrensrechtlichen Bestimmungen fest.

Die folgenden Befugnisse der Art. 14 - 21 beziehen sich demnach auf die vorab in der Convention festgelegten Straftaten, Abs. 2 a., sowie andere Straftaten, die mittels eines Computersystems begangen wurden, Abs. 2 b. Zudem gelten die Regelungen gemäß Art. 14 Abs. 2 c. für die Erhebung von Beweisen in elektronischer Form. Eine Einschränkung der sehr weit gefassten Formulierung des Art. 14 Abs. 1 findet sich in Absatz 2 und 3 a), b) der Norm oder kann sich aus Art. 15 ergeben.[966]

Konkrete Ermächtigungen sind in Art. 14 jedoch noch nicht enthalten.

---

966 *Spannbrucker*, S. 151.

Vielmehr verpflichten sich die Vertragspartner hier, die den folgenden Bestimmungen nach erforderlichen gesetzlichen Grundlagen innerhalb ihres Zuständigkeitsbereichs zu schaffen.

Die bloße Festlegung des Anwendungsbereichs der Convention in strafprozessualer Hinsicht über Art. 14 entspricht gebündelt den Befugnissen, die sich für deutsche Strafverfolgungsbehörden aus den §§ 94ff. StPO ergeben.[967]

In Art. 15 wird den Vertragspartnern die Pflicht auferlegt, bei der Umsetzung der Festlegungen Belange wie Menschenrechte, Freiheits- sowie Datenschutz und Verhältnismäßigkeitserwägungen zu berücksichtigen; eine weitergehende Befugnis wird hier nicht formuliert.

2. Art. 16

Art. 16 befasst sich mit der Ermächtigung zum Zugriff auf und zur beschleunigten Sicherung von gespeicherten Computerdaten.[968] Art. 16 Abs. 1 ist sehr weit formuliert und wird lediglich durch Absatz 2 der Norm hinsichtlich der Dauer der Aufbewahrung der Daten konkretisiert bzw. eingeschränkt; abgesehen von einem Hinweis in Absatz 3 werden keine Anforderungen an Datenschutz und Vertraulichkeit der sichergestellten Daten gestellt. Auch die Herangehensweise bei einem Zugriff, sei er verdeckt oder offen, ist nicht weiter konkretisiert. Es ist insofern also dringend zu fordern, dass die nationale Umsetzung der hier enthaltenen internationalen Vorgaben zugunsten der Betroffenen einer Maßnahme strengere Datenschutz- und Sicherungsregelungen beinhaltet, um die Rechte der Adressaten weitgehend zu schützen.

Aus dem deutschen Strafverfolgungsrecht de lege lata kommt hier zunächst die Sicherstellung nach § 94 StPO als vergleichbare Regelung in Betracht; § 100 a StPO scheidet nach obigen Ausführungen aus im Bereich gespeicherter Daten und ist insofern hier nicht als nationale Ausgestaltung des Art. 16 zu bewerten.[969]

Jedoch besteht wie festgestellt hinsichtlich der Anwendbarkeit des § 94 StPO Uneinigkeit, soweit es um die Frage der Körperlichkeit des betroffenen Objekts geht[970] - ein Erfordernis, das Art. 16 gerade nicht beinhaltet.

---

967 *Spannbrucker*, S. 152.

968 *Spannbrucker*, S. 161, hier auch mit genaueren Ausführungen und Voraussetzungen.

969 Zu § 100 a StPO siehe die Ausführungen auf S. 97ff. bzw. S. 183ff.

970 Vgl. S. 180f.

Nach der hier vertretenen Ansicht jedoch[971] ist im Zuge einer angebrachten modernen Betrachtungsweise § 94 StPO dahingehend auszulegen, dass auch unkörperliche Gegenstände Objekte der Maßnahme sein können. Für Vertreter der Gegenmeinung wäre eine Wahrnehmung der von Art. 16 formulierten Interessen durch deutsche Regelungen über § 94 StPO nur für den Fall denkbar, dass man die Sicherstellung von Daten in Form von Fotokopien „verkörperlicht“.[972] Andernfalls könnte dieser Ansicht nach nicht davon gesprochen werden, dass § 94 StPO dem Gedanken des Art. 16 entspricht, da Art. 16 gerade das ermöglichen soll, was für § 94 StPO und unkörperliche Objekte ausgeschlossen wäre.

Neben § 94 StPO ist zudem an § 110 Abs. 3 Satz 2 StPO zu denken, der eine Ermächtigung zur Sicherung von Daten enthält. Wie auf den Seiten 159ff. dargestellt, bezieht sich diese jedoch nur auf die Sicherung von Daten, die auf einem Speichermedium hinterlegt sind, das im Zuge einer Durchsicht nach § 110 Abs. 1, 2 StPO und in den hier festgelegten Grenzen mit durchgesehen werden darf. So formuliert § 110 Abs. 3 StPO zwar eine grundsätzlich vergleichbare Regelung zu Art. 16 Abs. 1 der Konvention, ist dabei jedoch – was durchaus zu begrüßen ist - durch § 110 Abs. 1 und 2 relativ restriktiv anwendbar.

Sollte zukünftig dennoch die Schaffung einer konkret dem Inhalt des Art. 16 entsprechenden Norm für das nationale Recht angedacht werden, so böte es sich an, vordergründig aufgrund der flüchtigen, veränderbaren und multiplizierbaren Wesensart der Zielobjekte entsprechender Maßnahmen die Belange des Datenschutzes und der Speichermodalitäten auf Behördenseite stärker zu berücksichtigen, als dies gegenwärtig für Art. 16 gewährleistet ist.[973]

3. Art. 17

Art. 17 regelt die Sicherung und Teilweitergabe von (in der Regel beim Diensteanbieter bereits gespeicherten) Verkehrsdaten und konkretisiert für diese Art der Daten den Art. 16.

---

971 Vgl. S. 187f.

972 Dies wird in der Literatur zum Teil als milderer Eingriff gegenüber der Beschlagnahme des Speichermediums betrachtet und deshalb unter § 94 StPO subsumiert, vgl. zum Streitstand, jedoch ablehnend *Spannbrucker*, S. 157.

973 In Anbetracht der Tatsache jedoch, dass erst kürzlich der neue Abs. 3 in § 110 StPO ohne noch weitergehende Ausgestaltungen der CCC eingefügt wurde, ist eine alsbaldige Verabschiedung weiterer neuer Gesetze als Umsetzung der CCC eher fraglich.

Nicht umfasst von der Reichweite der Ermächtigung zur Datenerhebung bzw. Sicherung ist der Inhalt der Kommunikation bzw. des Datenaustauschs, sondern gemeint sind die spezifischen Parameter wie Angaben über beteiligte Personen bzw. beteiligte Rechner, Verbindungsdauer etc.[974]

Zu unterscheiden ist hier, wo eine Behörde auf Daten zugreift, also beim (eigentlich überwachten) Nutzer, oder bei einem Diensteanbieter. Da die Artikel 17 Abs. 1 a. hierzu selbst keine genauere Formulierung enthält, könnten beide Zielrichtungen gemeint sein.

Sofern auf Verkehrsdaten bei einem Diensteanbieter Zugriff genommen werden soll, kommen die §§ 100 a[975] und 100 g StPO in Betracht.[976]

Hinsichtlich des § 100 g StPO ist trotz des abweichenden Wortlauts zu Art. 17 ein vergleichbarer Inhalt festzustellen, wobei § 100 g StPO sogar weiter gefasst ist, indem eine Offenlegung der Inhalte der Verbindungsdaten nach Erteilung einer Auskunftsanordnung erlaubt wird.[977] Damit beinhaltet Art. 17 keine über § 100 g StPO hinausgehende Formulierung, sodass insofern das nationale Bundesrecht bereits heute eine vergleichbare Regelung vorsieht.

Soweit es um die Erhebung von Verkehrsdaten bei dem Betroffenen selbst geht, ist zunächst danach zu unterscheiden, ob die Verkehrsdaten als Information über einen vergangene Telekommunikationsprozess abgespeichert sind und vom Speichermedium aus erhoben werden, oder ob die Verkehrsdaten im Zuge einer gegenwärtigen Telekommunikation aufgezeichnet werden.

Für den ersten Fall unterscheiden sich die Verkehrsdaten nicht von anderen Computerdaten, die sich auf einem informationstechnischen System befinden, sodass auf die Ergebnisse der Seiten 90ff. verwiesen werden kann, sofern es um einen verdeckten Zugriff geht. Für diesen Fall sieht die StPO gegenwärtig keine Ermächtigungsgrundlage vor; zwar umfasst die Beschlagnahme nach § 94 StPO nach der hier vertretenen Ansicht auch unkörperliche Gegenstände, erlaubt je-

---

974 Zu den genauen Voraussetzungen: *Spannbrucker*, S. 161.

975 Nur der Dienstanbieter genießt den Schutz des Art. 10 Abs. 1 GG auch hinsichtlich der Verbindungsdaten, sodass §§ 100 a, 100 b StPO in dieser Konstellation anwendbar sind, *Sodan* in Sodan, Art.10 Rn. 7; *Benfer/Bialon*, S. 340; *Gaede* StV 2009, S. 98.

976 Nur hinweisend sei an dieser Stelle auch § 20 m BKAG genannt, der eine vergleichbare Regelung im Polizeirecht bietet.

977 *Spannbrucker*, S. 166, hier auch weiter im Detail zur Frage des Adressaten der Maßnahme; *Meyer-Goßner*, § 100 g Rn. 3; beachte aber auch hier BVerfG 1 BvR 256/08, 1 BvR 263/08, 1 BvR 586/08: www.bundesverfassungsgericht.de/pressemitteilungen /bvg10-011, wonach § 100 g StPO als teilnichtig erklärt wird, soweit es um die Erhebung von Verbindungsdaten im Sinne des § 113 a TKG geht wegen Verstoßes gegen Art. 10 Abs. 1 GG.

doch nicht den verdeckten Zugriff auf das zu durchsuchende Zielsystem und bietet damit keine umfassende Ermächtigung im Sinne einer verdeckten Online-Durchsuchung zur Datenerhebung.

Sofern dagegen ein offener Zugriff, den Artikel 17 Abs. 1 a. mangels eindeutiger Formulierung gleichermaßen umfasst, geprüft wird, kann zudem § 102 StPO zu § 94 StPO hinzugezogen werden, der auf den Seiten 90ff. unter anderem gerade auch an der Heimlichkeit der verdeckten Online-Durchsuchung gescheitert ist. Erforderlich ist für § 102 StPO aber dennoch die Einbindung der Datensicherung in eine klassische Wohnungsdurchsuchung.

Auch § 110 Abs. 3 Satz 2 StPO kann hier innerhalb seiner Grenzen als vergleichbare Ermächtigung zur Sicherung der im Zuge einer Durchsicht vorgefundenen Daten angeführt werden.

Für den Fall der Überwachung laufender Kommunikationsprozesse zur Erhebung von Verkehrsdaten beim Betroffenen kann auf die Ausführungen auf den Seiten 64ff. verwiesen werden, wobei hier insbesondere auf § 100 a StPO hinzuweisen ist, der eine vergleichbare Regelung enthält.

Die Regelungen zur Weitergabe von Verkehrsdaten an andere Vertragsparteien nach Art. 17 Abs. b wurde bisher an keiner Stelle der StPO umgesetzt, wurde aber bezüglich personenbezogener Daten in § 61 a IRG geregelt.

Insgesamt fällt auf, dass die Formulierung des Art. 17 sowohl hinsichtlich der Erhebung von Daten beim Diensteanbieter als auch beim Betroffenen extrem offen gehalten ist und einen offenen oder verdeckten Zugriff nicht weiter benennt. Damit gewährt auch diese Regelung - wie für völkerrechtliche Verträge üblich - den Vertragspartnern die Flexibilität, die vorgegebenen Mindeststandards in eigenes nationales Recht nach eigenem Ermessen und in Anpassung an die jeweiligen nationalen gesetzlichen Anforderungen einzubringen. Für das deutsche Strafprozessrecht bedeutet dies in erster Linie, Anforderungen wie das Bestimmtheitsgebot und den Verhältnismäßigkeitsgrundsatz bei der (auch zukünftigen) Ausgestaltung des Art. 17 sowie der CCC im Ganzen zu wahren.

4. Art. 18

Eine Befugnis, Computerdaten von Personen und Kundendaten von Dienstanbietern herauszuverlangen, findet sich in Art. 18 Abs. 1, wobei Art. 18 Abs. 3 eine Definition von Kundendaten enthält.

Im deutschen Recht scheinen die §§ 94, 95 StPO eine entsprechende Befugnis zu beinhalten. Sofern vertreten wird, Daten als unkörperliche Objekte seien von den Bestimmungen nicht umfasst,[978] können lediglich in § 95 StPO die Befugnis zur Anordnung der Herausgabe der Datenträger selbst erblicken, nicht aber dem Art. 18 entsprechend die Möglichkeit zur Anordnung der Herausgabe der dort genannten Daten. Nach der hier vertretenen Auffassung ist dies jedoch möglich.

Daneben findet sich eine Regelung zu einem Auskunftsverfahren in § 113 TKG. Hier jedoch kann lediglich auf die in §§ 95, 111 TKG genannten Daten, nur im Einzelfall und nur zu den in § 113 TKG genannten Zwecken durch die dort aufgeführten Behörden und Stellen zugegriffen werden. § 113 TKG ist damit wesentlich enger gefasst als Art. 18 der Convention und daher nur bedingt vergleichbar.

5. Art. 19

Art. 19 regelt die Durchsuchung und Beschlagnahme gespeicherter Daten. Die umfangreiche und weite Formulierung dieser Bestimmung bündelt verschiedene Befugnisse, die nach deutschem Recht in getrennten Normen zu Durchsuchung und Beschlagnahme sowie Zeugen- und Sachverständigenvorschriften gefasst sind.[979]

Die Durchsuchung bemisst sich innerhalb Deutschlands an §§ 102ff. StPO, deren Ausgestaltung und Regelungsinhalt mit Art. 19 Abs. 1, 2 zunächst durchaus vergleichbar scheint, insbesondere nach Einfügung des § 110 Abs. 3 StPO, der nun auch die Durchsicht von Papieren in gewissen, engen Grenzen auf Speichermedien erstreckt.[980] Jedoch geht Art. 19 Abs. 1, 2 über diese Befugnisse hinaus, erlaubt er doch einen uneingeschränkten Zugriff ohne separate Anordnung auf die Computerdaten.[981] Die vergleichbaren Befugnisse eines offenen Zugriffs nach §§ 102ff. StPO werden insofern in Art. 19 Abs. 1, 2 um unkörperliche Durchsuchungsobjekte erweitert und es fehlt die für §§ 102ff. StPO charakteristische und aus Aspekten der Rechtsstaatlichkeit erforderliche klare Begrenzung der Durchsuchungsbefugnis auf den Wohnungsbereich des Beschuldigten und dessen Kenntnis von der Maßnahme. Nur bei Vorliegen dieser

978 *Spannbrucker*, S. 171, 172, hier auch erneut (ablehnend) zur Frage, inwieweit eine Fotokopie bzw. ein Ausdruck der Daten als zulässige „Verkörperlichung" dienen kann.

979 *Spannbrucker*, S. 181.

980 Vgl. S. 176ff.; zu den Details siehe *Spannbrucker*, S. 181ff.; *Sieber*, S. 65.

981 *Spannbrucker*, S. 185; zum Umfang des § 20 k BKAG siehe S. 273ff.

Merkmale könnte im Einzelfall eine Durchsuchung von Daten unter Wahrung der Voraussetzungen nach § 102 StPO in Betracht kommen.

Soweit eine verdeckte Maßnahme im Raum steht, ist auf die Seiten 90ff. zu verweisen; der verdeckte Zugriff auf informationstechnische Systeme ist von der StPO gegenwärtig nicht geregelt.

Steht eine offene Maßnahme zur Diskussion, die der weiten Formulierung des Art. 19 nach auch denkbar ist, kann wiederum auf § 110 Absatz 3 StPO verwiesen werden.

Ob hinsichtlich der Sicherstellung von Computerdaten als Beweismittel § 94 StPO herangezogen und mit Art. 19 Abs. 3 verglichen werden kann, hängt auch hier wieder maßgeblich davon ab, ob man die Unkörperlichkeit der Objekte als Ausschlusskriterium der Anwendbarkeit des § 94 heranziehen möchte. Sofern dieser Meinung anders als nach der hier vertretenen Ansicht gefolgt wird, müsste - um dem Erfordernis der Körperlichkeit nach § 94 StPO gerecht zu werden - die Anfertigung von Kopien der Computerdaten als milderer Eingriff gegenüber der Sicherstellung des Datenträgers genügen.

Die Sicherstellung der Datenträger nach Artikel 19 Abs. 3 a. selbst als körperliche Objekte kann dagegen unproblematisch mit § 94 StPO verglichen werden.

Art. 19 Abs. 4 ist mit §§ 48ff., 72ff. StPO vergleichbar, indem er eine Auskunftspflicht systemkundiger Personen formuliert, wobei unklar bleibt, ob diese als Zeugen oder als Sachverständige am Prozess zu beteiligen sind.[982]

6. Art. 20

Die Echtzeit-Erhebung von Verkehrsdaten ist in Art. 20 der Convention formuliert. Insofern stehen also keine gespeicherten Daten in Frage, sondern solche, die in einem laufenden oder zukünftigen Kommunikationsprozess ausgetauscht werden bzw. entstehen. Die Echtzeit-Erhebung ist in § 100 g Abs.1 Satz 3 StPO geregelt, der zum einen die Ermächtigung zugunsten der Behörden enthält, selbst die Überwachung von Verkehrsdaten zu betreiben, die Dienstanbieter aber ebenso zur Zusammenarbeit mit den Behörden verpflichtet.[983] § 100 g Abs. 1

---

982 *Spannbrucker*, S. 187, dass die Auskunftspflicht nicht den Beschuldigten selbst treffen kann, ergibt sich aus dem nemo-tenetur-Prinzip, vgl. *Beulke*, S. 78.

983 *Meyer-Goßner*, § 100 g Rn. 3; *Spannbrucker*, S. 198; *Eisenberg*, S. 945, der jedoch für künftig anfallende Verbindungsdaten auch §§ 100 a, 100 b StPO statt § 100 g StPO heranzieht.

Satz 3 StPO kann damit als Vergleichsnorm zu Art. 20 herangezogen werden, wenngleich auch für Art. 20 wieder festgehalten werden muss, dass er weit gefasst ist und kaum Anordnungsvoraussetzungen beinhaltet.

Daneben können, da hier nicht gespeicherte, sondern gegenwärtig fließende Daten betroffen sind, die §§ 100 a, 100 b StPO zur Überwachung auch der Verkehrsdaten herangezogen und folglich mit Art. 20 verglichen werden, wenn sie sogar den Zugriff auf den Inhalt der Kommunikation erlauben.[984]

7. Art. 21

Ebenfalls auf Übertragungsdaten von Echtzeitkommunikation wie Art. 20 bezieht sich auch Art. 21 der Convention, jedoch nicht hinsichtlich der Verkehrs- sondern der Inhaltsdaten.

Dass die Echtzeitüberwachung laufender Kommunikation über § 100 a StPO nach deutschem Recht zumindest nach herrschender Meinung zulässig ist, wurde oben bereits ausgeführt.[985] Damit liegt hier eine relativ unproblematische Vergleichbarkeit zu Art. 21 der Convention vor und eine Umsetzung der Inhalte des Art. 21 in nationales Recht ist nicht notwendig. Jedoch ist wiederum festzustellen, dass die Regelung der Convention – entsprechend ihrer Wesensart als völkerrechtliche Vereinbarung - relativ offen formuliert ist und wenige bis keine den Rechtsschutz der Betroffenen gewährleistenden Voraussetzungen definiert; da aber das deutsche Pendant in § 100 a StPO diesen Erfordernissen durch hohe Anwendungsvoraussetzungen Rechnung trägt, ergeben sich diesbezüglich keine weiteren Probleme.[986]

Art. 21 erfordert insofern keine weitere gesetzliche Grundlage im nationalen Bundesrecht.

---

984 *Spannbrucker*, S. 199.

985 Vgl. die Ausführungen auf S. 97ff.

986 Auch dürfte die Tatsache, dass das deutsche Recht hier gegenüber der CCC strengere Voraussetzungen formuliert, nicht zu einer Vertragsbrüchigkeit führen; schließlich dürfen die deutschen Behörden hier nicht *weniger* als es die CCC vorsieht, sie dürfen es lediglich unter gewissen Voraussetzungen, die für die Einhaltung verfassungsrechtlicher Grundlagen grundlegend sind.

8. Vergleich mit § 20 k BKAG

Da die Bestimmungen in der CCC sehr stark zwischen Computerdaten, Verkehrsdaten und Inhaltsdaten differenziert, eine solch feingliedrige Unterteilung jedoch im durchaus beachtenswerten § 20 k BKAG nicht getroffen wurde, soll diese Regelung auf Parallelen zu den vorstehend benannten Bestimmungen der CCC überblicksartig hin überprüft werden.

Übereinstimmungen des § 20 k BKAG mit den Artikeln 14 und 15 als reine Verfahrensbestimmungen ohne eigene Ermächtigungsgrundlagen scheiden zweifelsohne aus.

Betreffend der Artikel 16 bis 18 ist festzuhalten, dass die Regelung im BKAG insofern noch weiter reicht, als dass hier nicht lediglich die Sicherung von Daten in einem informationstechnischen System geregelt ist, sondern auch und gerade die gänzliche Infiltration des Systems selbst.

Dies ist jedoch nur insoweit als Parallele zu bewerten, wie die Artikel 16 – 18 von einem Vorgehen der Behörde gegen den eigentlichen Adressat der Maßnahme und das zugehörige Zielsystem selbst ausgehen. Sobald eine Mitwirkung von Diensteanbietern relevant wird, kann § 20 k BKAG, der diesbezüglich keine Bestimmung enthält, nicht mehr als nationale Ausgestaltung der Konvention angesehen werden.[987]

Die größte materielle Ähnlichkeit besteht von § 20 k BKAG zu Artikel 19 der Konvention.

Geregelt ist hier in beiden Fällen die Ermächtigung zur Infiltration und Durchsuchung von Datensystemen, Datenspeicherung und den Daten selbst, wobei sich § 20 k BKAG auf eine verdeckte Maßnahme bezieht und Art. 19 der Konvention insofern nicht festgelegt ist, womit er auch eine offene Maßnahme umfasst,[988] die im BKAG so nicht formuliert ist. Ebenso enthalten beide Regelugen

987 Anderweitige Bestimmungen im BKAG, die die Diensteanbieter in die Pflicht nehmen, sind in der Umgebung des § 20 k BKAG aufzufinden, wie etwa in § 20 m BKAG.

988 Art. 19 CCC dergestalt zu interpretieren, dass er nur eine offene Maßnahme vorsieht und das BKAG somit eine weitergehende Ermächtigung enthält, wird hier abgelehnt. Das schon mehrfach angeführte Merkmal völkerrechtlicher Vereinbarungen, offene Formulierungen zu enthalten um die flexible Umsetzung durch die einzelnen Vertragspartner in Einhaltung jeweiliger nationaler Rechtsgrundsätze zu gewährleisten, ist auch hier zu beachten. Art. 19 CCC restriktiv auf offene Maßnahmen beschränken zu wollen, ist daher nicht angebracht, vielmehr ist mangels genauerer Regelung davon auszugehen, dass sowohl offene als auch verdeckte Maßnahmen zunächst nicht ausgeschlossen sein

Bestimmungen zum Umgang mit den gewonnenen Daten. Dass dabei das BKAG wesentlich stärker detailliert ist, liegt an den spezifischen nationalen Recht- und Verfassungsmäßigkeitserfordernissen, die an eine deutsche Ermächtigungsnorm zu stellen sind.

Dem Kern der von Artikel 19 angestrebten Maßnahme kommt damit § 20 k BKAG dennoch äußerst nahe und kann daher als nationale Ausgestaltung der Konvention im Bereich einer verdeckten Maßnahme gesehen werden.

Jedoch gilt es zu beachten, dass das BKAG eben ausschließlich das BKA zu den entsprechenden Maßnahmen ermächtigt, Artikel 19 jedoch von einer Ermächtigung der nationalen Strafverfolgungsbehörden ausgeht. Insgesamt kann daher nur von einer partiellen nationalen Ausgestaltung des Artikels 19 durch § 20 k BKAG gesprochen werden.

Die Erhebung von Daten in Echtzeit im Sinne von Artikel 20 und 21 ist zwar grundsätzlich vom Wortlaut des § 20 k BKAG nicht explizit ausgeschlossen; wie festgestellt ist aber die Erhebung von Daten in Echtzeit aufgrund der starken Abhängigkeit von äußeren Parametern nur in Ausnahmefällen Ziel einer verdeckten Online-Durchsuchung.

Daher liegt es nahe, § 20 k nach Sinn und Zweck nicht als nationale Ausgestaltung von Artikel 20 und 21 zu bewerten.

III. Fazit zur Convention on Cybercrime

Wie sich aus diesem Überblick über die Regelungen der Convention im Bereich der Strafverfolgung ergibt, besteht besonders hinsichtlich des Rechtsschutzes der Betroffenen das Bedürfnis, strenge Eingriffsvoraussetzungen bei den einschlägigen Normen des deutschen Rechts zu verlangen. Je schwerer ein Eingriff in die Rechte der Betroffenen wiegt, umso stärker ist es erforderlich, Mechanismen zur Beschränkung der staatlichen Kontrolle einzubauen, soweit Regelungen der Convention in nationales Recht transformiert werden sollen, um den rechtsstaatlichen Anforderungen nach deutschen Maßstäben gerecht zu werden.

Klare Bestimmungen formuliert die CCC hier nicht, was in ihrem Charakter als völkerrechtliche Vereinbarung begründet ist. Würden die Bestimmungen klarer gefasst, hätten die einzelnen Vertragspartner weniger Flexibilität in der nationalen Ausgestaltung und es bestünde die Gefahr, dass einzelne Vertragspartner

---

sollen und die konkrete gesetzliche Ausgestaltung im Ermessen der Vertragspartner liegt.

keinen ausreichenden Spielraum mehr hätten, um zu einer verfassungsgemäßen Formulierung der jeweiligen Norm zu gelangen.

Insbesondere mangelt es an klaren Eingriffsvoraussetzungen und Begrenzungen der in den einzelnen Artikeln beschriebenen Ermächtigungen. Diese vorgefundenen weiten Formulierungen führen zu nicht unerheblichen Schwierigkeiten bei dem Vergleich zum ausdifferenzierten deutschen Strafprozessrecht, wie die vorstehenden Ausführungen zeigen.

Dennoch ist das Bestreben insgesamt bemerkenswert, einen gemeinsamen, internationalen Schritt gegen die Delinquenz über das Internet zu gehen und eine gemeinsame Regelung in materieller und prozessualer Hinsicht zu schaffen an einer Stelle, an der isolierte nationale Rechtsordnungen an ihre Grenzen stoßen und sich bis dato weder eine offizielle gemeinsame Verwaltung noch eine klare Verantwortlichkeit im Kampf gegen die Internetdelinquenz gefunden hat.[989]

---

989 *Rau*, S. 126f.; *Mayer* NJW 1996, S. 1789.

G. Abschlussgedanken

Was lässt sich nun abschließend und zusammenfassend über die neuartigen Maßnahmen und Zugriffsmöglichkeiten sagen, die den Behörden durch informationstechnische Systeme zur Verfügung stehen? Konnten die in der Einleitung der vorliegenden Arbeit aufgeworfenen Fragen beantwortet werden?

Es konnte zunächst eine Einführung in das Themengebiet der Netzwerktechnik geboten werden, die die technischen Aspekte des Internets und die möglichen Ansatzpunkte für Datenerhebungen durch Behörden beleuchtete.

Es folgte sodann der ausführliche Blick auf die rechtliche Situation im Bundes- wie Landesrecht hinsichtlich der möglichen Maßnahmen im Internet sowie einige Überlegungen zu Folgefragen im Bereich der Verwertbarkeit elektronischer Daten.

Abschließend wurde der Blick gerichtet auf die Convention on Cybercrime als internationaler Ansatz zur Handhabung internetbezogener Rechtsfragen.

Als Quintessenz bleibt festzuhalten:

Es darf nicht alles, was technisch möglich ist, juristisch ohne weiteres möglich sein.

Je stärker Menschen ihr privates wie berufliches Leben durch Nutzung technischer Systeme virtualisieren, desto größer wird das Schutzerfordernis innerhalb dieses Bereichs.

Rechtspolitisch stellt sich damit insbesondere die Frage nach der angemessenen Fortbildung gesetzlicher, womöglich strafprozessualer Regelungen.[990] Es gilt, die Balance zwischen größtmöglicher Sicherheit einerseits und demokratisch erforderlicher und garantierter Freiheit andererseits zu finden – Freiheit versus Sicherheit, ein Streitstand, der seit jeher für Gesprächsstoff sorgt.[991]

990 *Vetter*, S. 165.

991 Vgl. etwa *Künast* ZRP 2008, S. 201; *Gercke* CR 2007, S. 246; *Huber* NVwZ 2007, S. 880; *Braunbeck* DRiZ 2007, S. 231; siehe auch zum Verbot von Blackberrys des Herstellers RIM und mobiler Internetnutzung aus Sicherheitsgründen in arabischen Staaten: Tagesschau 01.08.2010, S. 1, 2; und der Verpflichtung zur Zugangsermöglichung für Indien auf private verschlüsselte Daten der Handynutzer hinsichtlich Google, Skye und Blackberrys: Tagesschau 13.08.2010, S. 1.

Während die Verfechter der Sicherheit im Netz die Verbreitung eines (straf-) rechtsfreien bzw. steuerungsfreien Bereichs bekämpfen wollen,[992] fechten andere für größtmögliche Freiheit und gar die Schaffung eines Grundrechts auf Datenschutz.[993]

Je stärker die Zugriffsmöglichkeiten des Staats ausgeweitet werden, je mehr Daten protokolliert werden müssen, umso stärker wird die Anonymität und Verfügungsfreiheit über die eigenen Daten der Internetnutzer eingeschränkt.[994] Je stärker eine Überwachung des Internets droht, umso stärker werden der Nutzen und die Attraktivität des Internets für Privatpersonen eingeschränkt.

Außerdem – wenn es einer Behörde (technisch) möglich ist, Daten über die Distanz mit oder ohne Kenntnis des Betroffenen zu erheben, wer kann dann gewährleisten, dass Dritte nicht in gleichem Maße Zugriff auf bei einer Behörde hinterlegte Daten nehmen können? Dass online erhobene Daten zumindest kurzweilig auch in elektronischer Form online bei der Behörde existieren, bevor sie auf externen Speichermedien offline gespeichert oder als Kopie ausgedruckt werden, liegt in der Natur der Sache. Für diesen Moment jedenfalls kann nicht ausgeschlossen werden, dass externe Hacker Zugriff auf diese Daten nehmen können und sich so diverse personenbezogene Daten, womöglich sogar solche mit Kernbereichsbezug, und strafrechtlich relevantes Material beschaffen. Ob diese Gefahr eines möglichen Zugriffs von außen in Kauf genommen werden

---

992 *Ziercke*, S. 12; *Koch* GA 2002, S. 703; kritisch: *Neumann* DRiZ 2007, S. 226.

993 *Künast* ZRP 2008, S. 202; *Weßlau* ZStW 113 (2001), S. 706. Diesem Spannungsfeld zuzuordnen war und ist darüber hinaus die Diskussion um die Vorratsdatenspeicherung. Diese sollte Dienstanbieter dazu verpflichten, Verbindungsdaten aus Kommunikationsprozessen für die Dauer von sechs Monaten zu speichern und diese Daten bei Vorliegen der entsprechenden Voraussetzungen an Strafverfolgungsbehörden herauszugeben entsprechend der EG-Richtlinie 2006/24/EG. Die hierfür getroffenen Regelungen wurden am 2.März 2010 vom BVerfG als verfassungswidrig erklärt, da diese zu ungenau seien hinsichtlich der Datensicherheit und die Voraussetzungen zur Abfrage der Daten zu niedrig seien, BVerfG 1 BvR 256/08, 1 BvR 263/08, 1 BvR 586/08 siehe: http://www.bundesverfassungsgericht.de/pressemitteilungen/bvg10-011; generell jedoch sei die Umsetzung der Richtlinie durchaus zulässig, sofern strengere Voraussetzungen und genauere Datenschutzbestimmungen zur Sicherung der Rechte der Betroffenen vorgesehen werden. Im Sommer 2013 befasste sich zudem der EuGH im Rahmen einer Vorabentscheidung mit der Vorratsdatenspeicherung: http://curia.europa .eu/juris/fiche.jsf?id=C;293;12;RP;1;P;1;C2012/0293/P. Eine Entscheidung auf die Verhandlung vom 09.07.2013 wird jedoch erst Anfang 2014 erwartet.

994 *Weßlau* ZStW 113 (2001). S. 682, 683, auf S. 703 auch zum Problem der massiven Datenanhäufung als Folgeproblematik.

sollte, um sich die Möglichkeit der elektronischen Datenerhebung zur Informationsbeschaffung seitens der Behörde zu bewahren, ist stark zu bezweifeln.

Diesen Überlegungen sowie den auf den Seiten 108ff. und 221ff. angestellten Betrachtungen ist jedoch der Gedanke gegenüberzustellen, dass selbst die höchst eingriffsintensive verdeckte Online-Durchsuchung nicht pauschal als unzulässig oder in ihrer Existenz als verfassungswidrig zu bewerten ist, sondern dass sie aufgrund der Intensität der Eingriffs in Rechte des Betroffenen einer ganz dezidierten gesetzlichen Ausgestaltung bedürfen; dies vorausgesetzt, kann auch die verdeckte Online-Durchsuchung durchaus als Instrument zur Prävention und Repression bedacht werden.[995] Dieser Einschätzung entsprechen grundsätzlich auch die Beschlussfassungen des 69. Deutschen Juristentags.[996] Alarmierend ist jedoch die in den Beschlüssen festzustellende Tendenz, die Schaffung repressiver Grundlagen zugunsten verdeckter Online-Durchsuchung und Quellen-TKÜ anzustreben, realisierbare und naheliegende Sicherungen der Rechte Betroffener im Gegenzug allerdings offenbar nicht vornehmen zu wollen.[997]

Sollten sich zukünftig weitere Landes- oder auch der Bundesgesetzgeber mit der Schaffung neuer Ermächtigungsgrundlagen zugunsten von Maßnahmen im informationstechnischen Bereich, insbesondere der verdeckten Online-Durchsuchung und der Quellen-TKÜ, befassen, ist an diese der Appell nach ausnahmslos wirksamen Schutzmechanismen[998] und hohen Eingriffsvoraussetzungen zugunsten der Adressaten der Maßnahme zu richten.

Besteht Anlass zum Zweifel, dass diese Schutzmechanismen in technischer, faktischer und juristischer Hinsicht die Rechte des Adressaten effektiv wahren, oder das die hohen Eingriffsvoraussetzungen eingehalten werden können, so ist von der Maßnahme bzw. von der Schaffung der Ermächtigungsgrundlage abzusehen.

Und so bleibt auch und gerade im Bereich der behördlichen Ermittlungen im informationstechnischen Umfeld festzuhalten:

Der Zweck heiligt nicht die Mittel.

---

995 Hier auch beachtlich, die steigenden Zahlen in der Internetkriminalität: PKS 2009 und 2010: www.bmi.bund.de/cae/servlet/contentblob/1069004/publicationFile/65239/PKS 2009.pdf; www.bmi.bund.de/SharedDocs/Downloads/DE/Broschueren/2011/PKS2010 .pdf?__blob=publicationFile.

996 DJT Beschlüsse III.

997 DJT Beschlüsse III.4.

998 Sowohl in technischer als auch normativer Hinsicht.

Literaturverzeichnis

Albrecht, Florian, Rechtswidrige Online-Durchsuchung durch das Bayerische Landeskriminalamt. Anmerkung zu LG Landshut, Beschl. V.20.01.2011 – 4Qs 346/10, http://www.jurpc.de/aufsatz/20110059.htm, Zitiert als: Albrecht, Abs. [bezieht sich auf die im Dokument gewählte Unterteilung]

Alvares de Souza Soares, Philipp, Der nächste Staatstrojaner soll bald einsatzbereit sein, 27.03.2013, http://www.zeit.de/digital/datenschutz/2013-03/bka-staatstrojaner-elaman-gamma, Zitiert als: Alvares [vollständiger Text entspricht einer DIN A4-Seite]

Arbeitskreis „Technische und organisatorische Datenschutzfragen" der Konferenz der Datenschutzbeauftragten des Bundes und der Länder, Technische Aspekte der Online-Durchsuchung, 21.09.2007, http://www.sachsen-anhalt.de/fileadmin/Elementbibliothek/Bibliothek_Politik_und_Verwaltung/Bibliothek_LFD/PDF/binary/Service/infomaterialien/Technische_Aspekte_der_Onlinedurchsuchung.pdf, Zitiert als: Arbeitskreis, S.

Bär, Wolfgang, Durchsuchungen im EDV-Bereich, Teil 1: CR 1995, S. 158 – 169, Teil 2: CR 1995, S. 227 – 234, Zitiert als: Bär CR 1995, S.

Bär, Wolfgang, EDV-Beweissicherung im Strafverfahren bei Computer, Handy, Internet, DRiZ 2007, S. 218 – 221, Zitiert als: Bär DRiZ 2007, S.

Bär, Wolfgang, Strafrecht in der digitalen Welt – Vortrag im Rahmen der Herbsttagung des Bundeskriminalamtes 2007: „Tatort Internet – eine globale Herausforderung für die Innere Sicherheit", http://www.bka.de/kriminalwissenschaften/herbsttagung/2007/langfassung_baer.pdf, Zitiert als: Bär, S.

Bär, Wolfgang, Anmerkung zu BGH MMR 2007, S. 174f., MMR 2007, S. 175 – 177, Zitiert als: Bär MMR 2007, S.

Benfer, Jost/Bialon, Jörg, Rechtsengriffe von Polizei und Staatsanwaltschaft – Voraussetzungen und Grenzen, 4. Auflage, München 2010, Zitiert als: Benfer/Bialon, S.

Bergfelder, Martin, Der Beweis im elektronischen Rechtsverkehr, Hamburg 2006, Zitiert als: Bergfelder, S.

Bernsmann, Klaus, Anmerkung zu BGH NJW 2001, S. 1587ff., NStZ 2002, S. 103 – 104, Zitiert als: Bernsmann NStZ 2002, S.

Beukelmann, Stephan, Die Online-Durchsuchung, StraFo 2008, S. 1., Zitiert als: Beukelmann StraFo 2008, S.

Beulke, Werner, Strafprozessrecht, 10. Auflage, Heidelberg 2008, Zitiert als: Beulke, S.

Beulke, Werner/Meininghaus, Florian, Der Staatsanwalt als Datenreisender – heimliche Online-Durchsuchung, Fernzugriff und Mailbox-Überwachung, in: Strafverteidigung, Revision und die gesamte Strafrechtswissenschaften - Festschrift für Gunter Widmaier zum 70. Geburtstag / Köln, München 2008; S. 63 - 79, Zitiert als: Beulke/Meininghaus 2008, S.

Beulke, Werner/Meininghaus, Florian, Anmerkung zu BGH StV 2007, S. 60ff., StV 2007, S. 63 – 65, Zitiert als: Beulke/Meininghaus StV 2007, S.

Biermann, Kai, Rettet den Richtervorbehalt, 12.10.2011, http://www.zeit.de/politik/deutschland/2011-10/trojaner-richtervorbehalt-2/komplettansicht, Zitiert als: Biermann, S. [bezieht sich auf einen Ausdruck des Dokuments auf DIN A4 Papier]

Biermann, Kai, CCC kann auch aktuellen Staatstrojaner kapern, 26.10.2011, http://www.zeit.de/digital/datenschutz/2011-10/ccc-staatstrojaner-analyse2/komplettansicht, Zitiert als: Biermann II, S. [bezieht sich auf einen Ausdruck des Dokuments auf DIN A4 Papier]

Biermann, Kai/Steffen, Tilman, Friedrich plant Nichtangriffspakt für das Internet, (hier Seite 5/5: Staatstrojaner), 25.10.2011, http://www.zeit.de/digital/2011-10/friedrich-staatstrojaner-netzpolitik/seite-5, Zitiert als: Biermann/Steffen

Böckenförde, Thomas, Die Ermittlung im Netz, Tübingen 2003, Zitiert als: Böckenförde, S.

Borchers, Detlef, Zwei Programmierstellen für den "Bundestrojaner", 11.01.2007, http://www.heise.de/newsticker/meldung/Zwei-Programmierstellen-fuer-den-Bundestrojaner-133275.html, Zitiert als: Borchers [vollständiger Text entspricht einer DIN A4-Seite]

Borchers, Detlef, Virtuelle Ermittler in sozialen Netzen, 13.07.2011, http://www.heise.de/newsticker/meldung/Virtuelle-Ermittler-in-sozialen-Netzen-1279004.html, Zitiert als: Borchers II [vollständiger Text entspricht einer DIN A4-Seite]

Braun, Frank, 0zapftis – (Un)Zulässigkeit von „Staatstrojanern", K&R 2011, S. 681 – 686, Zitiert als: Braun K&R, S.

Braunbeck, Christoph, Bundesrat gegen Online-Durchsuchung privater Computer, DRiZ 2007, S. 231, Zitiert als: Braunbeck DRiZ 2007, S. 231.

Brautlecht, Nicholas, Wenn Schüler sich online systematisch fertig machen, 23.03.2011, http://www.welt.de/vermischtes/weltgeschehen/article12934719/Wenn-Schueler-sich-online-systematisch-fertig-machen.html, Zitiert als: Brautlecht, S. [bezieht sich auf einen Ausdruck des Dokuments auf DIN A4 Papier]

Brenner, Harald, Die strafprozessuale Überwachung des Fernmeldeverkehrs mit Verteidigern, Tübingen 1994, Zitiert als: Brenner, S.

Brunst, Phillip, Alle 30 Sekunden ein Treffer, 31.01.2011, http://www.pbrunst.de/tag/online-durchsuchung/, Zitiert als: Brunst [vollständiger Text entspricht einer Din A4 – Seite]

Buermeyer, Ulf, Die "Online-Durchsuchung". Technischer Hintergrund des verdeckten hoheitlichen Zugriffs auf Computersysteme, HRRS 2007, S. 154 – 166, Zitiert als: Buermeyer HRRS 2007, S.

Buermeyer, Ulf, Die „Online-Durchsuchung". Verfassungsrechtliche Grenzen des verdeckten hoheitlichen Zugriffs auf Computersysteme, HRRS 2007, S. 329 – 337, Zitiert als: Buermeyer HRRS 2007 II, S.

Buermeyer, Ulf/Bäcker, Matthias, Zur Rechtswidrigkeit der Quellen-Telekommunikationsüberwachung auf Grundlage des § 100a StPO, HRRS 2009, S. 433 – 441, Zitiert als: Buermeyer/Bäcker HRRS 2009, S.

Buermeyer, Ulf, Quellen-TKÜ – ein kleines Einmaleins (nicht nur) für Ermittlungsrichter, 13.10.2011, http://ijure.org/wp/archives/756, Zitiert als: Buermeyer online, S. [bezieht sich auf einen Ausdruck des Dokuments auf DIN A4 Papier]

Bundesnetzagentur, Mobilfunk – Die Entwicklung der Mobilfunknetze in Deutschland, http://emf2.bundesnetzagentur.de/tech_mobfunk.html, Zitiert als: Bundesnetzagentur Mobilfunk, S. [bezieht sich auf einen Ausdruck des Dokuments auf DIN A4 Papier]

Bundesnetzagentur, UMTS – der Multimedia-Mobilfunk, http://emf2.bundesnetzagentur.de/pdf/Mobilfunk-BNetzA.pdf, Zitiert als Bundesnetzagentur UMTS, S.

Bündnis 90/DIEGRÜNEN, Resolution - "Für Sicherheit mit Augenmaß: Bürgerrechte schützen – den Rechtsstaat verteidigen", 12.14.10.2007, http://www.gruene-bw.de/fileadmin/gruenebw/dateien/LDK_Heilbronn/BeschlussInnereSicherheit.pdf, Zitiert als: B90 Resolution, S.

Burger, Reiner, Netz-Kriminalität – Wände im Internet, 10.03.2011, http://www.faz.net/aktuell/feuilleton/medien/netz-kriminalitaet-waende-im-internet-1605514.html, Zitiert als: Burger, S. [bezieht sich auf einen Ausdruck des Dokuments auf DIN A4 Papier]

Collardin, Marcus, Straftaten im Internet – Fragen zum internationalen Strafrecht, CR 1995, S. 618 – 622, Zitiert als: Collardin CR 1995, S.

Dallmeyer, Jens, Wiedergeburt der "Funktionstüchtigkeit der Strafrechtspflege?", HRRS 2009, S. 429 – 433, Zitiert als: Dallmeyer HRRS 2009, S.

Denkowski, Charles von, "Online-Durchsuchung" – der Gesetzgeber ist gefordert, Kriminalistik 2007, S. 177 – 185, Zitiert als: Denkowksi Kriminalistik 2007, S.

Deutsche Telekom AG, Datenschutzbericht 2009, http://www.download-telekom.de/dt/StaticPage/85/47/82/dtag_dsb_2009_D.pdf_854782.pdf, Zitiert als: DT 2009, S.

Deutscher Juristentag, Beschlüsse des 69. Deutschen Juristentags 2012, http://www.djt.de/fileadmin/downloads/69/121206_djt_69_beschluesse_web_rz.pdf, Zitiert als: DJT Beschlüsse.

Dirscherl, Hans-Christian, Sniffer Network Monitor analysiert Internetverkehr, 10.06.2010, http://www.pcwelt.de/ratgeber/Gratis-Tool-von-Microsoft-Sniffer-Network-Monitor-analysiert-Internetverkehr-170085.html, Zitiert als: Dirscherl [vollständiger Text entspricht einer Din A4-Seite]

Donath, Andreas, Fast jeder fünfte Mensch auf der Welt ist online - 2010 werden voraussichtlich 1,5 Milliarden Menschen online sein, 24.05.2007, http://www.golem.de/0705/52467.html, Zitiert als: Donath [vollständiger Text entspricht einer Din A4-Seite]

Eifert, Martin, Informationelle Selbstbestimmung im Internet – Das BVerfG und die Online-Durchsuchung, NVwZ 2008, S. 521 – 523, Zitiert als: Eifert NVwZ 2008, S.

Eisenberg, Ulrich, Beweisrecht der StPO – Spezialkommentar, 7. Auflage, München 2011, Zitiert als: Eisenberg, S.

Eubel, Cordula, Online-Durchsuchungen – bisher geht es auch ohne, 25.05.2010, http://www.tagesspiegel.de/politik/online-durchsuchungen-bisher-geht-es-auch-ohne/1844734.html, Zitiert als: Eubel [vollständiger Text entspricht einer DIN A4-Seite]

Federrath, Hannes/Köpsell, Stefan, Projekt: AN.ON - Anonymität.Online, http://anon.inf.tu-dresden.de/, Zitiert als: Federrath/Köpsell [vollständiger Text entspricht einer Din A4-Seite]

Fehling, Christoph/Leymann, Frank, Cloud Computing, http://wirtschaftslexikon.gabler.de/Archiv/1020864/cloud-computing-v3.html#head0, Zitiert als: Fehling/Leymann [vollständiger Text entspricht einer Din A4-Seite]

Fezer, Gerhard, Überwachung der Telekommunikation und Verwertung eines „Raumgesprächs“, NStZ 2003, S. 625 – 630, Zitiert als: Fezer NStZ 2003, S.

Fischer, Thomas, Strafgesetzbuch und Nebengesetze, 58. Auflage, München 2011, Zitiert als: Fischer, § Rn.

Fleissner, Peter, Angriffe auf (geheime Daten) und die Verfügbarkeit, http://igw.tuwien.ac.at/peterf/V8.pdf, Zitiert als: Fleissner, S.

Fox, Dirk, Realisierung, Grenzen und Risiken der „Online-Durchsuchung“, DuD 2007, S. 827 – 834, Zitiert als: Fox DuD 2007, S.

Fox, Dirk, Stellungnahme zur „Online-Durchsuchung“, 29.09.2007, http://www.secorvo.de/publikationen/stellungnahme-secorvo-bverfg-online-durchsuchung.pdf, Zitiert als: Fox online, S.

Frank, Thomas, Zur strafrechtlichen Bewältigung des Spamming, Würzburg 2003, Zitiert als: Frank, S.

Franz, Holger, HSDPA – Was ist das?, 21.10.2005, http://www.comptech-info.de/component/content/article/47-technik-infos/178-hsdpa-was-ist-das, Zitiert als Franz, S. [bezieht sich auf einen Ausdruck des Dokuments auf DIN A4 Papier]

Freiling, Felix, Schriftliche Stellungnahme zum Fragenkatalog Verfassungsbeschwerden 1 BvR 370/07 und 1 BvR 595/07, http://pi1.informatik.uni-mannheim.de/filepool/publications/stellungnahme-online-durchsuchung.pdf, Zitiert als: Freiling, S.

Gaede, Karsten, Der grundrechtliche Schutz gespeicherter E-Mails beim Provider und ihre weltweite strafprozessuale Überwachung, StV 2009, S. 96 – 102, Zitiert als: Gaede StV 2009, S.

Gassen, Dominik, Beweiswert und Verwertbarkeit elektronisch signierter Dokumente, 15.05.2005, http://www.gewrs.de/files/050510_Gassen.pdf, Zitiert als: Gassen, S.

Gehring, Robert, Tausende Südkoreaner verklagen Apple wegen Ortungsdiensten, 17.08.2011, http://www.golem.de/1108/85784.html, Zitiert als: Gehring [vollständiger Text entspricht einer Din A4-Seite]

Gercke, Marco Heimliche Online-Durchsuchung: Anspruch und Wirklichkeit – der Einsatz softwarebasierter Ermittlungsinstrumente zum heimlichen Zugriff auf Computerdaten, CR 2007, S. 245 – 253, Zitiert als: Gercke CR 2007, S.

Göbel, Klaus, Strafprozess, 7. Auflage, München 2009, Zitiert als: Göbel, S.

Grabenströer, Anna, „Der Bundestrojaner ist nicht vorstellbar“, 29.08.2007, http://www.tagesschau.de/inland/meldung488832.html, Zitiert als: Grabenströer, S. [bezieht sich auf einen Ausdruck des Dokuments auf DIN A4 Papier]

Graf, Jürgen P., Internet: Straftaten und Strafverfolgung, DRiZ 1999, S. 281 – 286, Zitiert als: Graf DRiZ 1999, S.

Graf, Jürgen Peter (Hrsg.), Strafprozessordnung, § 94: Silke Ritzert, § 99: Jürgen Graf, § 110: Sigrid Hegmann, München 2010, Zitiert als: *Bearbeiter* in Graf, § Rn.

Gudermann, Anne, Online-Durchsuchung im Lichte des Verfassungsrechts – Die Zulässigkeit eines informationstechnologischen Instruments moderner Sicherheitspolitik, Hamburg 2010, Zitiert als: Gudermann, S.

Günther. Ralf, Anmerkung zu BVerfG NStZ 2006, S. 641f., NStZ 2006, S. 643 – 644, Zitiert als: Günther NStZ 2006, S.

Haller, Klaus/Conzen, Klaus, Das Strafverfahren, 6. Auflage, Heidelberg 2010, Zitiert als: Haller/Conzen, S.

Handwerkskammer für München und Oberbayern, Normen und Technische Regeln, www.hwk-muenchen.de/viewDocument?onr=74&id=266, Zitiert als: HK, S. [bezieht sich auf die Seitenangabe des pdf-Dokuments]

Hansen, Markus/Pfitzmann, Andreas, Online-Durchsuchung – Teil I: Technische Grundlagen von Online-Durchsuchung und – Beschlagnahme (Teil II siehe unten von Roßnagel), DRiZ 2007, S. 225, 227 – 228, Zitiert als: Hansen/Pfitzmann DRiZ 2007, S.

Harnisch, Stefanie/Pohlmann, Martin, Strafprozessuale Maßnahmen bei Mobilfunkgeräten – Die Befugnis zum Einsatz des sog. IMSI-Catchers, HRRS 2009, S. 202 – 217, Zitiert als: Harnisch/Pohlmann HRRS 2009, S.

Härting, Niko, Spuren im Netz: Google Analytics und das „Computer-Grundrecht", NJW-aktuell Heft 3/2010, S. 10, http://www.haerting.de/downloads/pdfs/NJW-aktuell_3_2010_Haerting.pdf, Zitiert als: Härting NJW 2007, S.

Hartmann, Arthur/Schmidt, Rolf, Strafprozessrecht – Grundzüge des Strafverfahrens, 3. Auflage, Bremen 2010, Zitiert als: Hartmann/Schmidt, S.

Hartmann-Wergen, Tanja, Grundlagen zum Strafprozessrecht, 4. Auflage, Gießen 2009, Zitiert als: Hartmann-Wergen, S.

Heidelberger Kommentar, Strafprozessordnung, §§112 – 136a: Michael Lemke, 4. Auflage, Heidelberg 2009, Zitiert als: *Lemke* in Heidelberger Kommentar, § Rn.

Helfert, Carola, Was man über DNS wissen sollte, http://www.unterwegs-im.net/content/view/90/8/, Zitiert als: Helfert [vollständiger Text entspricht einer DIN A4-Seite]

Herrmann, Christoph, Das Grundrecht auf Gewährleistung der Vertraulichkeit und Integrität informationstechnischer Systeme, Frankfurt 2010, Zitiert als: Herrmann, S.

Hilbert, Thomas, http – Hypertext Transfer Protocol, http://frisch.rz.uni-mannheim.de/ba/inhalt/vortraege06/14.ppt#256,2,HTTP - Hypertext Transfer Protocol, Zitiert als: Hilbert, S.

Hilgendorf, Eric/Frank, Thomas/Valerius, Brian, Computer- und Internetstrafrecht – ein Grundriss, Würzburg 2005, Zitiert als: Hilgendorf/Frank/Valerius, S.

Hilger, Hans, Über den „Richtervorbehalt" im Ermittlungsverfahren, JR 1990, S. 485 – 489, Zitiert als: Hilger JR 1990, S.

Hinz, Christian, Onlinedurchsuchungen, Jura 2009, S. 141 – 146, Zitiert als: Hinz Jura 2009, S.

Hipp, Dietmar, Richter erfinden das Computer-Grundrecht, Teil 1 und 2, 27.02.2008, http://www.spiegel.de/politik/deutschland/0,1518,538238,00.html, Zitiert als: Hipp 2008, S. [bezieht sich auf einen Ausdruck des Dokuments auf DIN A4 Papier]

Hömig, Dieter, „Neues" Grundrecht, neue Fragen? – Zum Urteil des BVerfG zur Online-Durchsuchung, Jura 2009, S. 207 – 213, Zitiert als: Hömig Jura 2009, S.

Hoffmann-Riem, Wolfgang, Der grundrechtliche Schutz der Vertraulichkeit und Integrität eigengenutzter informationstechnischer Systeme, JZ 2008, S. 1009 – 1022, Zitiert als: Hoffmann-Riem JZ 2008, S.

Hofmann, Manfred, Die Online-Durchsuchung – staatliches „Hacken" oder zulässige Ermittlungsmaßnahme?, NStZ 2005, S. 121 – 125, Zitiert als: Hofmann NStZ 2005, S.

Hofmann, Hans/Hopfauf, Axel (Hrsg.), *GG* – Kommentar zum Grundgesetz, Einleitung: Axel Hopfauf, Vor 1: Sebastian Müller-Franken, Art. 2, 10, 13, 19, 20: Hans Hofmann, Art. 5: Christoph Kannengießer, 12. Auflage, Berlin 2011, Zitiert als: *Bearbeiter* in Hofmann/Hopfauf, Art. Rn.

Holzner, Stefan, Rheinland-Pfalz: Online-Durchsuchung und weitere Maßnahmen der TK-Überwachung geplant, MMR-Aktuell 7/2010, 302767, Zitiert als: Holzner MMR 2010

Hömig, Dieter (Hrsg.), Grundgesetz, Art. 19: Michael Antoni, 9. Auflage, Baden-Baden 2010, Zitiert als: *Antoni* in Hömig, Art. Rn.

Hornung, Gerrit, Die Festplatte als „Wohnung"? – Erwiderung auf Johannes Rux JZ 2007, *S. 285ff.*, JZ 2007, S. 828 – 831, Zitiert als: Hornung JZ 2007, S.

Hornung, Gerrit, Ermächtigungsgrundlage für die „Online-Durchsuchung“?, DuD 2007, S. 575 – 580, Zitiert als: Hornung DuD 2007, S.

Huber, Berthold, Trojaner mit Schlapphut – Heimliche „Online-Durchsuchung“ nach der Nordrhein-Westfälischen Verfassungsschutzgesetz, NVwZ 2007, S. 880 – 884, Zitiert als: Huber NVwZ 2007, S.

Hufen, Friedhelm, Staatsrecht II – Grundrechte München 2007, Zitiert als: Hufen, S.

Hunsicker, Ernst, „Online-Durchsuchungen“ – Auf der Suche nach dem Machbaren, Kriminalistik 2007, S. 187 – 190, Zitiert als: Hunsicker Kriminalistik 2007, S.

Innenausschuss, Wortprotokoll, 73. Sitzung, Protokoll Nr. 16/73, 15.09.2008, http://www.gesmat.bundesgerichtshof.de/gesetzesmaterialien/16_wp/terrorismusabwehr_int_bka/wortproto.pdf, Zitiert als: Redner in Wortprotokoll, S.

Jahn, Matthias/Kudlich, Hans, Die strafprozessuale Zulässigkeit der Online-Durchsuchung, JR 2007, S. 57 – 61, Zitiert als: Jahn/Kudlich JR 2007, S.

Jarass, Hans/Pieroth, Bodo, Grundgesetz für die Bundesrepublik Deutschland, 11. Auflage, Zünchen 2011, Zitiert als: Jarass/Pieroth, Art. Rn.

Joecks, Wolfgang, Studienkommentar StPO, 3. Auflage, München 2011, Zitiert als: Joecks, § Rn.

Jungholt, Thorsten/Lutz, Martin, „Online-Durchsuchungen sind unverzichtbar“, 11.07.2007, http://www.welt.de/welt_print/article1016280/Online_Durchsuchungen_sind_unverzichtbar.html, Zitiert als: Jungholt/Lutz, S. [bezieht sich auf einen Ausdruck des Dokuments auf DIN A4 Papier]

Jürgs, Michael, Pädokriminalität – Wie Netzwerkfahnder gegen Kinderpornografie kämpfen, 04.08.2011, http://www.spiegel.de/panorama/justiz/0,1518,778457-2,00.html, Zitiert als: Jürgs, S. [bezieht sich auf einen Ausdruck des Dokuments auf DIN A4 Papier]

Karadeniz, Besim, Global System for Mobile Communication (GSM), http://www.netplanet.org/telefonie/gsm.shtml, Zitiert als: Karadeniz, S. [bezieht sich auf einen Ausdruck des Dokuments auf DIN A4 Papier]

Kehrer, Anika, BKA und Bundesanwalt: "Wir brauchen die Online-Überwachung", 10.10.2007, http://www.linux-magazin.de/NEWS/BKA-und-Bundesanwalt-Wir-brauchen-die-Online-Ueberwachung, Zitiert als: Kehrer [vollständiger Text entspricht einer Din A4 – Seite]

Kempen, Bernhard/Hillgruber, Christian, Völkerrecht, München 2007, Zitiert als: Kempen/Hillgruber, Kapitel §

Kemper, Martin, Die Beschlagnahmefähigkeit von Daten und E-Mails, NStZ 2005, S. 538 – 544, Zitiert als: Kemper NStZ 2005, S.

Kemper, Martin, Anforderungen und Inhalt der Online-Durchsuchung bei der Verfolgung von Straftaten, ZRP 2007, S. 105 – 109, Zitiert als: Kemper ZRP 2007, S.

Kindhäuser, Urs, Strafprozessrecht, 2. Auflage, Bonn 2010, Zitiert als: Kindhäuser, S.

Klau, Peter, So funktioniert Twitter, 17.06.2009, http://www.suite101.de/content/so-funktioniert-twitter-a57535, Zitiert als: Klau [vollständiger Text entspricht einer Din A4 – Seite]

Klesczewski, Diethelm, Strafprozessrecht, München 2007, Zitiert als: Klesczewski, S.

Klesczewski, Diethelm, Straftataufklärung im Internet – Technische Möglichkeiten und rechtliche Grenzen von strafprozessualen Ermittlungseingriffen im Internet, ZStW 123 (2011), S. 737 – 766, Zitiert als: Klesczewski ZStW, S.

Kloepfer, Michael, Verfassungsrecht Band II – Grundrechte, München 2010, Zitiert als: Kloepfer, S.

Koch, Alexander, Strafrechtliche Probleme des Angriffs und der Verteidigung in Computernetzen, Marburg 2006, Zitiert als: Koch, S.

Koch, Arnd, Nationales Strafrecht und globale Internetkriminalität – zur Reform des Strafanwendungsrechts bei Telekommunikationsdelikten im Internet, GA 2002, S. 703 – 713, Zitiert als: Koch GA 2002, S.

König, Peter/Kossel, Axel, Heiter bis wolkig – Die Trends 2011: Cloud Computing, mobile Vielfalt, Netze im Netz, c't 06/11, http://www.heise.de/ct/artikel/Heiter-bis-wolkig-1194890.html, Zitiert als: König/Kossel, S. [bezieht sich auf einen Ausdruck des Dokuments auf DIN A4 Papier]

Korge, Tobias, Die Beschlagnahme elektronisch gespeicherter Daten bei privaten Trägern von Berufsgeheimnissen, Frankfurt 2009, Zitiert als: Korge, S.

Kramer, Bernhard, Grundbegriffe des Strafverfahrensrechts – Ermittlung und Verfahren, 7. Auflage, Stuttgart 2009 Zitiert als: Kramer, S.

Krempl, Stefan, Bayerischer Landtag setzt den "Bayerntrojaner" frei, 03.07.2008, http://www.heise.de/newsticker/meldung/Bayerischer-Landtag-setzt-den-Bayerntrojaner-frei-183633.html, Zitiert als: Krempl, S. [bezieht sich auf einen Ausdruck des Dokuments auf DIN A4 Papier]

Krey, Volker, Deutsches Strafverfahrensrecht, Band 2, Trier 2007, Zitiert als: Krey, S.

Kudlich, Hans, Strafprozessuale Probleme des Internet – Rechtliche Probleme der Beweisgewinnung in Computernetzen, JA 2000, S. 227 – 234, Zitiert als: Kudlich JA 2000, S.

Kudlich, Hans, Zur Zulässigkeit strafprozessualer Online-Durchsuchungen, Humbold Forum Recht (HFR) 19/2007, S. 1 – 12, Zitiert als: Kudlich HFR 2007, S.

Kühl, Kristian/Reichold, Hermann/Ronellenfitsch, Michael, Einführung in die Rechtswissenschaft, München 2011, Zitiert als: Kühl/Reichold/Ronellenfitsch, S. Rn.

Kühn, Ulrich, Geolokalisierung mit anonymisierten IP-Adressen, DuD 2009, S. 747 – 751, Zitiert als: Kühn DuD 2009, S.

Kühn, Ulrich, Geolokalisierung mit anonymisierten IP-Adressen, http://www.datenschutz-hamburg.de/uploads/media/Geolokalisierung_mit_anonymisierten_IP-Adressen__DuD-Beitrag_.pdf, Zitiert als: Kühn, S.

Kühne, Hans-Heiner, Strafprozessrecht – Eine systematische Darstellung des deutschen und europäischen Strafverfahrensrechts, 8. Auflage, Trier 2010, Zitiert als: Kühne, S.

Künast, Renate, „Meine Daten gehören mir" – und der Datenschutz gehört ins Grundgesetz, ZRP 2008, S. 201 – 205, Zitiert als: Künast ZRP 2008, S.

Kuner, Christopher, Internationale Zuständigkeitskonflikte im Internet, CR 1996, S. 453 – 458, Zitiert als: Kuner CR 1996, S.

Kutscha, Martin, Verdeckte „Online-Durchsuchung" und Unverletzlichkeit der Wohnung, NJW 2007, S. 1169 – 1172, Zitiert als: Kutscha NJW 2007, S.

Kutscha, Martin, Mehr Schutz von Computerdaten durch ein neues Grundrecht?, NJW 2007, S. 1042 – 1044, Zitiert als: Kutscha NJW 2008, S.

Lee, Won-Sang, Die Verhältnismäßigkeit im Cyberstrafrecht, Würzburg 2009, Zitiert als: Lee, S.

Leitl, Michael, Was ist...Cloud Computing?, 27.09.2010, http://www.harvardbusinessmanager.de/heft/artikel/a-719757.html, Zitiert als: Leitl, S. [bezieht sich auf einen Ausdruck des Dokuments auf DIN A4 Papier]

Lindemann, Gerhard, Usenet Support, http://www.usenet-support.de/Impressum.html, Zitiert als: Lindemann, Link

Lipinski, Klaus (Hrsg./GF), Wissens-Portal ITwissen.info, http://www.itwissen.info/, Zitiert als: Lipinski, Link

Lischka, Konrad/Reißmann, Ole, Schnüffeln ohne Grenzen, 13.10.2011, Teil 1: http://www.spiegel.de/netzwelt/netzpolitik/0,1518,791477,00.html, Teil 2: http://www.spiegel.de/netzwelt/netzpolitik/0,1518,791477-2,00.html, Teil 3: http://www.spiegel.de/netzwelt/netzpolitik/0,1518,791477-3,00.html,

Zitiert als: Lischka/Reißmann, *Teil* [vollständiger Text der einzelnen Teile entspricht einer Din A4 – Seite]

Lischka, Konrad/Reißmann, Ole, Experten entdecken zweiten Staatstrojaner, 20.10.2011, http://www.spiegel.de/netzwelt/netzpolitik/0,1518,792744,00.html, Zitiert als: Lischka/Reißmann II, S. [bezieht sich auf einen Ausdruck des Dokuments auf DIN A4 Papier]

Malek, Klaus, Strafsachen im Internet, Hannover 2005, Zitiert als: Malek, S.

Manhart, Klaus, Die schlimmsten IT-Fehler - Die zehn größten IT-Irrtümer und –Fehlprognosen, 10.04.2007, http://www.tecchannel.de/server/hardware/466465/it_irrtuemer_fehlprognosen_fehlentscheidungen_manager_fehler_computer/index4.html, Zitiert als: Manhart, S. [bezieht sich auf die im Dokument vorgenommene Bezifferung]

Manhart, Klaus, Automatische Verschlüsselung mit E-Mail Gateways, 02.07.2008, http://www.tecchannel.de/kommunikation/e-mail/1762105/automatische_verschluesselung_mit_e_mail_gateways/index8.html, Zitiert als: Manhart II. [vollständiger Text entspricht einer Din A4 – Seite]

Manssen, Gerrit, Staatsrecht II, Grundrechte, 7. Auflage, München 2010, Zitiert als: Manssen, S. Rn.

Mayer, Franz, Recht und Cyberspace, NJW 1996, S. 1782 – 1791, Zitiert als: Mayer NJW 1996, S.

Meinel, Christoph/Sack, Harald, WWW: Kommunikation, Internetworking, Web-Technologien, Berlin 2004, Zitiert als: Meinel/Sack, S.

Meininghaus, Florian, Der Zugriff auf E-Mails im strafrechtlichen Ermittlungsverfahren, Hamburg 2007, Zitiert als: Meininghaus, S.

Meyer-Goßner, Lutz, Strafprozessordnung , 54. Auflage, München 2011, Zitiert als: Meyer-Goßner, § Rn.

Mitchell, Bradley, Media Access Control (MAC), http://compnetworking.about.com/od/networkprotocolsip/g/bldef_mac.htm, Zitiert als: Mitchell [vollständiger Text entspricht einer Din A4 – Seite]

Mozek, Martin, Der „große Lauschangriff“, Düsseldorf 2000, Zitiert als: Mozek, S.

Müller, Christiane, Der Bundestrojaner ist da: Parlament beschließt BKA-Gesetz, 12.11.2008, http://www.telemedicus.info/article/1042-Der-Bundestrojaner-ist-da-Parlament-beschliesst-BKA-Gesetz.html, Zitiert als: Müller 2008, S. [bezieht sich auf einen Ausdruck des Dokuments auf DIN A4 Papier]

Nenninger, Kristof, Anmerkung zu BGHZ NJW 2010, S. 2061ff., NJW 2010, S. 2064 – 2065, Zitiert als: Nenninger NJW 2010, S.

Neumann, Ralph, Die elektronischen Schlapphüte kommen – Was soll, was kann und wozu nützt eine Online-Durchsuchung?, DRiZ 2007, S. 226, Zitiert als: Neumann DRiZ 2007, S. 226.

Nicolai, Alexander, Wie nutzen Deutschlands größte Marken Social Media?, http://www.construktiv.de/newsroom/wp-content/uploads/2009/12/social-media-studie_langversion_091207.pdf, Zitiert als: Nicolai, S.

Obenhaus, Nils, Cloud Computing als neue Herausforderung für Strafverfolgungsbehörden und Rechtsanwaltschaft, NJW 2010, S. 651 – 655, Zitiert als: Obenhaus NJW 2010, S.

Olbertz, Christopher, IP-Adressen: Aufbau, Funktionsweise und Vergabe, 13.01.2011, http://www.suite101.de/content/aufbau-funktionsweise-und-vergabe-von-ip-adressen-a97641, Zitiert als: Olbertz, S. [bezieht sich auf einen Ausdruck des Dokuments auf DIN A4 Papier]

Ott, Stephan, Suchmaschinen-Lexikon – Was ist ein Referer?, http://www.linksandlaw.de/suchmaschinen-lexikon-referer.htm, Zitiert als: Ott [vollständiger Text entspricht einer Din A4 – Seite]

Palm, Franz/Roy, Rudolf, Mailboxen – Staatliche Eingriffe und andere rechtliche Aspekte, NJW 1996, S. 1791 – 1797, Zitiert als: Palm/Roy NJW 1996, S.

Parr, Ben, HOW TO: Retweet on Twitter, 16.04.2009, http://mashable.com/2009/04/16/retweet-guide/, Zitiert als: Parr II [vollständiger Text entspricht einer Din A4 – Seite]

Parr, Ben, *HOW TO: Track Iran Election with Twitter and Social Media,* 14.06.2009, http://mashable.com/2009/06/14/new-media-iran/, Zitiert als: Parr [vollständiger Text entspricht einer Din A4 – Seite]

Pfeiffer, Gerd, Strafprozessordnung, 5. Auflage, München 2005, Zitiert als: Pfeiffer, § Rn.

Pfeiffer, Gerd (Hrsg.), Karlsruher Kommentar zur Strafprozessordnung, §§ 94 – 111p StPO: Armin Nack, 5. Auflage, München 2003, Zitiert als: Nack in Pfeiffer, § Rn.

Pfitzmann, Andreas, Möglichkeiten und Grenzen der Nutzungsüberwachung von Informations- und Kommunikationssystemen in einer freiheitlichen demokratischen Gesellschaft, http://dud.inf.tu-dresden.de/literatur/MoegGrenzderNutzuebIuK-Sys-V1-0.pdf, Zitiert als: Pfitzmann, S.

Pfitzmann, Andreas, Contra Online-Durchsuchung – Möglichkeiten und Grenzen der Nutzungsüberwachung von Informations- und Kommunikationssystemen in deiner freiheitlichen demokratischen Gesellschaft, Informatik Spektrum 2008, S. 65 – 69, Zitiert als: Pfitzmann IS 2008, S.

Pieroth, Bodo/Schlink, Bernhard, Grundrechte – Staatsrecht II, 26. Auflage, Heidelberg 2010, Zitiert als: Pieroth/Schlink, S.

Poscher, Ralf, Menschenwürde und Kernbereichsschutz, JZ 2009, S. 269 – 277, Zitiert als: Poscher JZ 2009, S.

Rath, Christian, "Da entsteht eine Art deutsches FBI" – Interview mit Hansjörg Geiger, 6.11.2008, http://www.taz.de/1/politik/schwerpunkt-ueberwachung/artikel/1/%5Cda-entsteht-eine-art-deutsches-fbi%5C/, Zitiert als: Rath 2008, S. [bezieht sich auf einen Ausdruck des Dokuments auf DIN A4 Papier]

Rath, Christian, Auch Verfassungsschutz will schnüffeln, 08.12.2008, http://www.netzwelt.de/news/79985-online-durchsuchung-ausweitung-verfassungsschutz-geplant.html, Zitiert als: Rath II [vollständiger Text entspricht einer Din A4 – Seite]

Rau, Lars, Phänomenologie und Bekämpfung von Cyberpiraterie – eine kriminologische und kriminalpolitische Analyse, Göttingen 2004, Zitiert als: Rau, S.

Reißmann, Ole, Experten werfen Bundesregierung Vertuschung vor, 23.11.2011, http://www.spiegel.de/netzwelt/netzpolitik/0,1518,799407,00.html, Zitiert als: Reißmann, S. [bezieht sich auf einen Ausdruck des Dokuments auf DIN A4 Papier]

Roggan, Fredrik, Das neue BKA-Gesetz – Zur weiteren Zentralisierung der deutschen Sicherheitsarchitektur, NJW 2009, S. 257 – 262, Zitiert als: Roggan NJW 2009, S.

Roos, Jürgen/Lenz, Thomas, Polizei- und Ordnungsbehördengesetz Rheinland-Pfalz – POG, 4. Auflage, Stuttgart 2011, Zitiert als: Roos/Lenz, § Rn.

Rosengarten, Carsten/Römer, Sebastian, Der „virtuelle verdeckte Ermittler" in sozialen Netzwerken und Internetboards, NJW 2012, S. 1764 – 1767, Zitiert als: Rosengarten/Römer NJW 2012, S.

Roßnagel, Alexander, Online-Durchsuchung – Teil II: Verfassungspolitische und verfassungsrechtliche Fragen der Online-Durchsuchung, DRiZ 2007, S. 229 – 230, Zitiert als: Roßnagel DRiZ 2007, S.

Roth, Philipp, Neuer Rekord: 600 Millionen aktive Facebook Nutzer, 14.1.2011, http://allfacebook.de/news/neuer-rekord-600-millionen-aktive-facebook-nutzer, Zitiert als: Roth [vollständiger Text entspricht einer Din A4 – Seite]

Rux, Johannes, Ausforschung privater Rechner durch die Polizei- und Sicherheitsbehörden – Rechtsfragen der „Online-Durchsuchung“, JZ 2007, S. 285 – 295, Zitiert als: Rux JZ 2007, S.

Rux, Johannes, Analogie oder besondere Ausprägung des Verhältnismäßigkeitsprinzips? – Schlusswort zu Erwiderung, Hornung JZ 2007, S. 828, JZ 2007, S. 831 – 833, Zitiert als: Rux JZ 2007 II, S.

San Miguel, Renay, Experts: Chat rooms a haven for hackers, 10.04.2002, http://articles.cnn.com/2002-04-10/tech/hackers.chat.rooms_1_hackers-credit-card-numbers-mafiaboy?_s=PM:TECH, Zitiert als: San Miguel, S. [bezieht sich auf einen Ausdruck des Dokuments auf DIN A4 Papier]

Sawall, Achim, Telekom startet 4G-Netz mit 10 MBit/s, 30.08.3010, http://www.golem.de/1008/77568.html, Zitiert als: Sawall [vollständiger Text entspricht einer DIN A4-Seite]

Schaar, Peter/Landwehr, Sebastian, Anmerkung zu BGH vom 31.01.2007 – StB 18/06, K&R 2007, S. 158ff., K&R 2007, S. 202 – 205, Zitiert als: Schaar/Landwehr K&R 2007, S.

Schantz, Peter, Verfassungsrechtliche Probleme von „Online-Durchsuchungen“, KritV 2007, S.310 – 330, Zitiert als: Schantz KritV 2007, S.

Schejbal, Jan. Tempest im Browser, http://www.janschejbal.de/projekte/tempest/, Zitiert als: Schejbal, S. [bezieht sich auf einen Ausdruck des Dokuments auf DIN A4 Papier]

Schieb, Jörg, Hunger nach IP-Adressen, 03.04.2011, http://www.dradio.de/dkultur/sendungen/wissenschaft/1426684/, Zitiert als: Schieb, S. [bezieht sich auf einen Ausdruck des Dokuments auf DIN A4 Papier]

Schlegel, Stephan, „Online-Durchsuchung light“ – Die Änderung des § 110 StPO durch das Gesetz zur Neuregelung der Telekommunikationsüberwachung, HRRS Januar 2008, S. 23 – 30, Zitiert als: Schlegel HRRS 2008, S.

Schlegel, Stephan, „Rechtsprechungsübersicht“, HRRS 2008 Nr. 800, http://www.hrr-strafrecht.de/hrr/bverfg/06/2-bvr-902-06-1.pdf, Zitiert als: Schlegel online, S.

Schmidbauer, Wilhelm/Steiner, Udo, Bayrisches Polizeiaufgabengesetz – Kommentar, 3. Auflage, München 2011, Zitiert als: Schmidbauer/Steiner, Art. Rn.

Schmidt, Jürgen, Bundestrojaner: Geht was – was geht; Technische Optionen für die Online-Durchsuchung, 11.03.2007, http://www.heise.de/security/artikel/Bundestrojaner-Geht-was-was-geht-270880.html, Zitiert als: Schmidt, S. [bezieht sich auf einen Ausdruck des Dokuments auf DIN A4 Papier]

Schmittmann, Jens, Die Überwachung und Aufzeichnung von Telefaxübermittlungen im Lichte des Art. 10 GG, RDV 1995, S. 234 – 238, Zitiert als: Schmittmann RDV 1995, S.

Schönke, Adolf/Schröder, Horst (Hrsg), Strafgesetzbuch, §§ 3 – 10 StGB: Albin Eser, 28. Auflage, München 2010, Zitiert als: *Eser* in Schönke/Schröder, § Rn.

Schörner, Thomas, Cloud Computing immer wichtiger, 19.02.2010, http://www.n24.de/news/newsitem_5862887.html, Zitiert als: Schörner, S. [bezieht sich auf einen Ausdruck des Dokuments auf DIN A4 Papier]

Schröder, Claudia, Online-Durchsuchung: Nichts zu drehen und zu wenden, 19.01.2009, http://www.heise.de/tp/artikel/29/29552/1.html, Zitiert als: Schröder online, S. [bezieht sich auf einen Ausdruck des Dokuments auf DIN A4 Papier]

Schröder, Burkhard/Schröder, Claudia, Die Online-Durchsuchung - Rechtliche Grundlagen, Technik, Medienecho Hannover, 2008, Zitiert als: Schröder/Schröder, S.

Seitz, Nicolai, Strafverfolgungsmaßnahmen im Internet, Neuss 2004, Zitiert als: Seitz, S.

Sieber, Ulrich, Gutachten C zum 69. Deutschen Juristentag – Straftaten und Strafverfolgung im Internet, München 2012, Zitiert als: Sieber, S.

Sieber, Ulrich, Stellungnahme zu dem Fragenkatalog des Bundesverfassungsgerichts in dem Verfahren 1 BvR 370/07 zum Thema der Online-Durchsuchungen, http://mpicc.de/shared/data/pdf/bverfg-sieber-1-endg.pdf, Zitiert als: Sieber online I, S.

Sieber, Ulrich, Online-Durchsuchungen in Einzelfällen wichtig, 10.10.2007, http://www.mpg.de/bilderBerichteDokumente/dokumentation/pressemitteilungen/2007/pressemitteilung20071010/genPDF.pdf, Zitiert als: Sieber online II, S.

Sodan, Helge (Hrsg.), Grundgesetz, Art. 1 – 19 GG: Helge Sodan, München 2009, Zitiert als: Sodan in Sodan, Art. Rn.

Sokolow, Andrej, Sicherheitssoftware soll keine Ausnahme für Polizei-Trojaner machen, 18.03.2007, http://www.heise.de/newsticker/meldung/Sicherheitssoftware-soll-keine-Ausnahme-fuer-Polizei-Trojaner-machen-158572.html, Zitiert als: Sokolow, S. [bezieht sich auf einen Ausdruck des Dokuments auf DIN A4 Papier]

Spannbrucker, Christian, Convention on Cybercrime - Ein Vergleich mit dem deutschen Computerstrafrecht in materiell- und verfahrensrechtlicher Hinsicht, http://epub.uni-regensburg.de/10281/1/CCC.pdf, urn:nbn:de:bvb:355-opus-4510, Zitiert als: Spannbrucker, S.

Spiegel Magazin online - flo/AFP/dpa, Neues BKA-Gesetz - Opposition spricht von "schwarzem Tag für die Grundrechte", 19.12.2008, http://www.spiegel.de/politik/deutschland/0,1518,597652,00.html, Zitiert als: Spiegel 2008, S. [bezieht sich auf einen Ausdruck des Dokuments auf DIN A4 Papier]

Spiegel Magazin online – pat/AP, Online-Durchsuchungen auch für Geheimdienst interessant, 23.04.2008, http://www.spiegel.de/netzwelt/web/0,1518,549125,00.html, Zitiert als: Spiegel 2008 II, S. [bezieht sich auf einen Ausdruck des Dokuments auf DIN A4 Papier]

Spormann, Rüdiger, Zielfahnder – die Terrier der Polizei, www.spormann.de/ziel.htm, Zitiert als: Spormann

Stadler, Thomas, Die Quellen-TKÜ, http://www.internet-law.de/2011/10/die-quellen-tku.html, Zitiert als: Stadler, S. [bezieht sich auf einen Ausdruck des Dokuments auf DIN A4 Papier]

Stein, Ekkehart/Frank, Götz, Staatsrecht, 20. Auflage, Tübingen 2007, Zitiert als: Stein/Frank, §.

Stern, Klaus/Becker, Florian (Hrsg.), Grundrechte – Kommentar, Art. 2: Hans-Detlef Horn, Art. 10: Ralf Schenke, Art. 13: Klaus Stern, Köln 2010, Zitiert als: *Bearbeiter* in Stern/Becker, Art. Rn.

Stöcker, Christian/Horchert, Judith, Überwachungsskandale: Alles, was man über Prism, Tempora & Co. wissen muss, 03.07.2013, http://www.spiegel.de/netzwelt/netzpolitik/prism-und-tempora-fakten-und-konsequenzen-a-909084.html, Zitiert als: Stöcker/Horchert [vollständiger Text entspricht einer Din A4 – Seite]

Störing, Marc, Strafprozessuale Zugriffsmöglichkeiten auf E-Mail-Kommunikation, Berlin 2007, Zitiert als: Störing, S.

Tanenbaum, Andrew, Computer Networks, 4. Auflage, New Jersey 2003, Zitiert als: Tanenbaum, S.

Teubert, Jürgen, Datenschutz und Polizei in Bayern, Hilden 2011, Zitiert als: Teubert, S.

Tinnefeld, Marie-Theres, Online-Durchsuchung – Menschenrechte vs. Virtuelle Trojaner, MMR 2007, S. 137 – 138, Zitiert als: Tinnefeld MMR 2007, S.

Turner, James/Bedell, Kevin, Struts, München 2003, Zitiert als: Turner/Bedell, S.

Valerius, Brian, Ermittlungsmaßnahmen im Internet – Rückblick, Bestandsaufnahme, Ausblick, JR 2007, S. 275 – 280, Zitiert als: Valerius JR 2007, S.

Vassilaki, Irini, Strafverfolgung der grenzüberschreitenden Internet – Kriminalität – Prolegomena zur rationalen Strukturierung des internationalen Strafprozessrechts, CR 1999, S. 574 – 581, Zitiert als: Vassilaki CR 1999, S.

Vec, Milos, Internet, Internationalisierung und nationalstaatlicher Rechtsgüterschutz, NJW 2002, S. 1535 – 1539, Zitiert als: Vec NJW 2002, S.

Vetter, Jan, Gesetzeslücken bei der Internetkriminalität, Stuttgart 2002, Zitiert als: Vetter, S.

Wegener, Bernhard W./Muth, Sven, Das „neue Grundrecht“ auf Gewährleistung der Vertraulichkeit und Integrität informationstechnischer Systeme, Jura 2010, S. 847 – 852, Zitiert als: Wegener/Muth Jura 2010, S.

Weigert, Martin, Zahl aktiver deutschsprachiger Twitter-Nutzer wächst wie nie zuvor, 07.04.2010, http://netzwertig.com/2010/04/07/statistik-zahl-aktiver-deutschsprachiger-twitter-nutzer-waechst-wie-nie-zuvor/, Zitiert als: Weigert [vollständiger Text entspricht einer Din A4 – Seite]

Weihmann, Robert, *Fahndung,* 01.01.2010, http://www.weihmann.info/images/Kriminalistik/Kapitel%2009,%20Fahndung.pdf, Zitiert als: Weihmann, S.

Weiß, André, Online-Durchsuchungen im Strafverfahren, Hamburg, 2009, Zitiert als Weiß, S.

Weßlau, Edda, Gefährdung des Datenschutzes durch den Einsatz neuer Medien im Strafprozess, ZStW 113 (2001), S. 681 – 708, Zitiert als: Weßlau ZStW 113 (2001), S.

Wohlers, Wolfgang/Demko, Daniela, Der strafprozessuale Zugriff auf Verbindungsdaten (§§ 100 g, 100 h StPO), StV 2003, S. 241 – 248, Zitiert als: Wohlers/Demko StV 2003, S.

Wolter, Jürgen (Hrsg.), Systematischer Kommentar zur Strafprozessordnung, Band II, §§ 94 – 136a StPO, §§ 94 – 100, 102 - 110 StPO: Wolfgang Wohlers, §§ 100 a – 101: Jürgen Wolter, 4. Auflage, Köln 2010, Zitiert als: *Bearbeiter* in Wolter, § Rn.

Ziercke, Jörg, Pro Online-Durchsuchung, Informatik Spektrum 2008, S. 62 – 64, Zitiert als: Ziercke IS 2008, S.

Ziercke, Jörg, Polizei in der digitalen Welt – Vortrag im Rahmen der Herbsttagung des Bundeskriminalamtes 2007: „Tatort Internet – eine globale Herausforderung für die Innere Sicherheit“, http://www.bka.de/kriminalwissenschaften/herbsttagung/2007/langfassung_ziercke.pdf, Zitiert als: Ziercke, S.

Zimmermann, Bernd, Online-Internet-Kurs, http://www.www-kurs.de/index.htm, Zitiert als: Zimmermann, Link

Zimmermann, Nino, Address Resolution Protocol (ARP) & Dynamic Host Configuration Protocol (DHCP), http://www-rnks.informatik.tu-cottbus.de/content/unrestricted/teachings/2005/SS/ProseminarInternet/Ausarbeitungen/ARPundDHCP.pdf, Zitiert als: Zimmermann TU, S.

Online-Quellen anonym

(ausgenommen sind im folgenden Verzeichnis bekannte Unternehmenshomepages und -Rubriken, Homepages von Ministerien, Parteien und Behörden, Online-Material von der Bundes- oder von Landesregierungen, Urteile)

Zitiert als: Link

Absender können gefälscht werden, http://www.blafusel.de/book_stuff/442280_sample.pdf

Android & iPhone Statistik: Smartphone Verkäufe wachsen um 72% in 2010, http://news.preisgenau.de/android-iphone-statistik-smartphone-verkaufe-wachsen-um-72-in-2010-17492.html

Angeblicher Bundestrojaner geknackt, 09.10.2011, http://www.tagesschau.de/inland/trojaner100.html

Anonym surfen - So verschleiern Sie IP und Spuren im Internet, http://www.computerbetrug.de/anonym-surfen-im-internet/

Anonymität der Internetnutzer durch IPv6 bedroht, http://www.verivox.de/nachrichten/anonymitaet-der-internetnutzer-durch-ipv6-bedroht-81782.aspx

ARP - Address Resolution Protocol, http://www.elektronik-kompendium.de/sites/net/0901061.htm

Bericht zu Nr. 10 des Beschlusses des Haushaltsausschusses des Deutschen Bundestages zu TOP 20 der 74. Sitzung am 10. November 2011, https://netzpolitik.org/wp-upload/BMI-Bericht-Sachstand-CC-TK%C3%9C.pdf

Betrieblicher Datenschutz: Warnung für BlackBerry-Nutzer, 06.11.2009, http://www.bwr-media.de/themen/datenschutz/betrieblicher-datenschutz/04815_betrieblicher-datenschutz--warnung-fuer-blackberry-nutzer.php

BKA initiierte internationale Staatstrojaner-Arbeitsgruppe, 14.11.2011, http://www.heise.de/newsticker/meldung/BKA-initiierte-internationale-Staatstrojaner-Arbeitsgruppe-1378367.html

BKA wird neue Staatstrojaner-Zentrale, 09.12.2011, http://www.spiegel.de/netzwelt/netzpolitik/0,1518,802830,00.html

Blackberry: Datenschutz-Präzedenzfall in Saudi Arabien 09.08.2010, http://www.pcgames.de/Research-in-Motion-Firma-218467/News/Blackberry-Datenschutz-Praezedenzfall-in-Saudi-Arabien-766859/

Bouffier lehnt Sonderweg bei Online-Durchsuchung ab, 24.04.2008, http://www.faz.net/artikel/C30840/sicherheitspolitik-bouffier-lehnt-sonderweg-bei-online-durchsuchung-ab-30060160.html

Bundestrojaner, www.bundestrojaner.net

Bundestrojaner angeblich verfassungswidrig, 09.10.2011, http://www.stern.de/digital/computer/ccc-hackt-spionagesoftware-bundestrojaner-angeblich-verfassungswidrig-1736663.html

Bundestrojaner wird abgelehnt, 12.11.2007, http://www.compliancemagazin.de/markt/studien/avira121107.html

CCC findet Sicherheitslücken in Bundestrojaner, http://www.spiegel.de/netzwelt/netzpolitik/0,1518,790756,00.html

Chaos Computer Club analysiert Staatstrojaner, http://ccc.de/de/updates/2011/staatstrojaner

CSD, HSCSD, GPRS, UMTS, HSDPA – Begrifflichkeiten, http://www.rothberger.net/pages/faq/csd_hscsd_gprs.shtml

Das lokale Netzwerk, www.telefon.de/manuals/Netzwerk.html

Das neue Internetprotokoll IPv6, http://www.verivox.de/ratgeber/das-neue-internet-protokoll-ipv6-66366.aspx?p=1, http://www.verivox.de/ratgeber/das-neue-internet-protokoll-ipv6-66366.aspx?p=2

Definition of: e-mail header, http://www.pcmag.com/encyclopedia_term/0,2542,t=e-mail+header&i=42243,00.asp

Definition of: anonymous remailer, http://www.pcmag.com/encyclopedia_term/0,2542,t=anonymous+remailer&i=37793,00.asp

Dem Internet gehen die Adressen aus, 03.02.2011, http://computer.t-online.de/ipv6-umstellung-ip-adressen-im-internet-sind-aufgebraucht/id_44261476/index

Die Mail Protokolle (SMTP, POP3, IMAP4), http://de.kioskea.net/contents/internet/smtp.php3

Die Spur des Trojaners führt in die Länder, 10.10.2011, http://www.tagesschau.de/inland/trojaner112.html

Die Technik im Detail: Wie funktioniert EDGE?, http://www.teltarif.de/mobilfunk/edge/technik.html

EDGE - was ist es und was kann es?, http://www.dsl-magazin.de/edge/

Einführung in die Hypertext Markup Language HTML, http://velociraptor.mni.fh-giessen.de/html/einfuehr1.html

Erneut Forderungen nach Quellen-TKÜ, 24.11.2010, https://www.datenschutz.de/news/alle/detail/?nid=4639

Facebook in Zahlen, http://www.seo-united.de/blog/internet/facebook-in-zahlen.htm

Ganz einfach: Anonym im Internet surfen, http://www.computerbild.de/artikel /cb-Ratgeber-Kurse-Internet-Anonym-im-Internet-surfen-2206076.html

Gelöschte Daten wiederherstellen, 18.09.2010, http://www.spiegel.de/netzwelt/gadgets/a-716874.html, (Teil 1 - 7)

Germany Facebook Statistics, http://www.socialbakers.com/facebook-statistics/germany

Glossar - Begriffserklärungen HSDPA HSUPA UMTS EDGE GPRS, http://www.hsdpa-hsupa.de/begriffserklaerung-was-ist-hsdpa-hsupa-umts-edge

Google verwendet 1 Million Server, http://news.worldsites-schweiz.ch/google-verwendet-1-million-server.htm

Grundlegendes zu Telnet, http://technet.microsoft.com/de-de/library/cc754976%28WS.10%29.aspx

GSM - Global System for Mobile communications http://www-lehre.informatik.uni-osnabrueck.de/mc/material/smartphones /gsm_01.html

Gutachter bezweifeln Durchführbarkeit von heimlichen Online-Durchsuchungen, 04.10.2007, http://www.heise.de/newsticker/meldung/Gutachter-bezweifeln-Durchfuehrbarkeit-von-heimlichen-Online-Durchsuchungen-181769.html

Hosentaschen-Peilsender: Verwendung stiller SMS steigt drastisch an, 31.01.2012, http://www.computerbild.de/artikel/cb-Aktuell-Sicherheit-Handy-Ortung-stille-SMS-stealthy-ping-7249890.html

IIS Logfile auf Fehler beschränken, www.winfaq.de/faq_html/Content/tip0500/onlinefaq.php?h=tip0535.htm

Internetadressen: IPv6 kommt! Einführung eines neuen Internet-Protokolls, 10.03.2011, http://www.artikelmagazin.de/technik/internet/internetadressen-ipv6-kommt-einfuehrung-eines-neuen-internet-protokolls.html

Internationaler Trojaner-Stammtisch, 02.11.2011, http://www.heise.de/tp/artikel/35/35805/1.html

IPv6: Datenschützer besorgt über neues Internetprotokoll, 22.11.2011, http://www.teltarif.de/ipv6-adressen-datenschutz-peter-schaar/news/44705.html

IPv6 - Internet Protocol Version 6, http://www.elektronik-kompendium.de/sites/net/0812201.htm

IPv6: Telekom plant parallelen Betrieb, 07.06.2011, http://www.teltarif.de/ipv6-tag-deutsche-telekom-umstellung-paralleler-betrieb/news/42930.html

IP spoofing (IP address forgery or a host file hijack), http://searchsecurity.techtarget.com/definition/IP-spoofing

IRC Direct Client Connection (DCC) file transfer request (IRC_DCC_Chat), http://www.iss.net/security_center/reference/vuln/IRC_DCC_Chat.htm

Jeff Bezos' Risky Bet, http://www.businessweek.com/magazine/content/06_46/b4009001.htm

Keylogger: PC-Überwachung aus dem Hinterhalt, http://www.pcfreunde.de/artikel/a162/keylogger-pc-ueberwachung-aus-dem-hinterhalt/

Know How für Internet und Intranet, www.megerle.de/intranet.htm

Landgericht: LKA Bayern setzt rechtswidrig Screenshot-Trojaner ein, 28.01.2011, http://ijure.org/wp/archives/476

Löschen des Webseitenverlaufs, http://windows.microsoft.com/de-DE/windows-vista/Delete-webpage-history

Mobile Internetnutzung über das Handy 2010 stark gestiegen, http://www.destatis.de/jetspeed/portal/cms/Sites/destatis/Internet/DE/Presse/pm/2011/02/PD11__060__63931,templateId=renderPrint.psml

Mobiles Internet: Wie funktioniert Internet auf dem Handy?, http://www.areamobile.de/ratgeber/handy/internet/mobiles-internet-wie-funktioniert-internet-auf-dem-handy

MX Resource Record, http://checked-site.net/MX-Resource-Recordrn.html

Niedersachsen plant eigenes Gesetz zur Online-Durchsuchung, http://www.teltarif.de/arch/2008/kw09/s29069.html

Noch keine einzige Online-Durchsuchung, 15.10.2009, http://www.focus.de/politik/deutschland/parteien-noch-keine-einzige-online-durchsuchung_aid_444980.html

Online-Durchsuchungen auch für Geheimdienst interessant, 23.04.2008, http://www.spiegel.de/netzwelt/web/0,1518,549125,00.html

Online-Durchsuchung: Ausweitung auf Verfassungsschutz geplant, http://www.netzwelt.de/news/79985-online-durchsuchung-ausweitung-verfassungsschutz-geplant.html

Online-Durchsuchung light in Hessen, 28.01.2009, http://www.heise.de/security/meldung/Online-Durchsuchung-light-in-Hessen-203105.html

Online-Durchsuchungen laut BKA wichtig, aber noch nicht genutzt, http://www.teltarif.de/bka-online-durchsuchung-trojaner/news/36126.html

Peer-To-Peer-Technik, http://www.voip-information.de/peer-to-peer.html

Polizeigesetz Baden-Württemberg: Heimliche Online-Durchsuchung als Zankapfel, 11.08.2008, http://www.heise.de/newsticker/meldung/Polizeigesetz-Baden-Wuerttemberg-Heimliche-Online-Durchsuchung-als-Zankapfel-194779.html

Psychoterror im Internet, 13.02.2009, http://www.nzz.ch/nachrichten/hintergrund/dossiers/kolumnen_aus_der_digitalen_welt_/metatag/psychoterror_im_internet_1.1985806.html

Red Hat Enterprise Linux 4: Reference Guide, http://web.mit.edu/rhel-doc/4/RH-DOCS/rhel-rg-en-4/s1-bind-zone.html

Remailer, http://whatis.techtarget.com/definition/0,,sid9_gci212886,00.html

Remote Desktop Verbindung unter Windows Prof., http://www.easy-network.de/remote-desktop.html

Rheinland-Pfalz führt Online-Durchsuchungen ein, 27.01.2011, http://winfuture.de/news,61088.html

Router IP herausfinden: Die IP-Adresse des DSL/WLAN-Routers ermitteln, http://www.tipps-tricks-kniffe.de/router-ip-herausfinden-die-ip-adresse-des-dslwlan-routers-ermitteln/

Schweizer Regierung will Staatstrojaner beschränkt erlauben, 24.11.2011, http://www.heise.de/newsticker/meldung/Schweizer-Regierung-will-Staatstrojaner-beschraenkt-erlauben-1384479.html

Setcookie, http://php.net/manual/de/function.setcookie.php

So arbeiten Zielfahnder, 29.05.2009, http://www.abendblatt.de/hamburg/article1033428/So-arbeiten-Zielfahnder.html

Statistik: Über zwei Milliarden Internetnutzer weltweit, http://business-panorama.de/news.php?newsid=76290

Subscriber Identity Module – SIM, http://www.umtslink.at/content/GSM_SIM_Karte-158.html

Tagesschau: höchste Quote seit 20 Jahren, http://www.digitalfernsehen.de/Tagesschau-hoechste-Quote-seit-20-Jahren.news_12423.0.html

Telnet http://www.kibelka.de/go/netz/telnet.html, http://www.elektronik-kompendium.de/sites/net/0902271.htm

Tempest-Angriffe, http://www.atis.uka.de/801.php

The Web Bug FAQ, http://w2.eff.org/Privacy/Marketing/web_bug.html

TCP/IP - Das wichtigste Protokoll im Internet, http://fbeit.htwk-leipzig.de/kontakte/fechner/projekte/internet/tcp_ip.htm

Twitter in Zahlen, http://www.seo-united.de/blog/internet/twitter-in-zahlen.htm

Usenet, http://de.powerusenet.com/usenet.html

Van Eck Phreaking, http://www.techopedia.com/definition/16167/van-eck-phreaking

Verband: Deutsche Provider für IPv6 gerüstet, 30.10.2002, http://www.chip.de/news/Verband-Deutsche-Provider-fuer-IPv6-geruestet_34212120.html

Was bedeutet EDGE?, http://www.hsdpaflatrates.de/magazin/was-bedeutet-edge/

Was bringt der Proxy-Server?, http://www.uni-duesseldorf.de/Proxy/Artikel.shtml

Was ist eine dynamische IP-Adresse?, http://www.greatnet.de/cms/front_content.php?client=1&lang=1&idcat=44&idart=336

Was ist IRC?, http://irc.fu-berlin.de/einfuehrung.html#wasirc

Was ist WLAN?, http://www.was-ist-wlan.de

Web Bugs, http://www.anonymsurfen.net/web-bugs/, http://www.navina.ch/computer/webbugs.html

What are gatways - How Gateways works, http://www.freewimaxinfo.com/network-gateways.html

What Is The Difference Between SLIP And PPP?, http://www.blurtit.com/q532460.html

Wie funktioniert der Bundestrojaner?, http://www.tagesschau.de/inland/meldung490134.html

Wie funktioniert Filesharing und kostenlos Downloaden?, http://www.scheinschatten.de/wie-funktioniert-filesharing-und-kostenlos-downloaden.html

Wie-funktioniert-GPRS, http://www.virenschutz.info/Wie-funktioniert-GPRS-gprs-5.html

Wie funktioniert HTML?, http://www.fask.uni-mainz.de/cafl/doku/multimedia /webseiten-uebersetzung/2.2funktionsweise_html.htm

Wie funktioniert VoIP, http://www.voip-4u.de/wie-funktioniert-voip.html

Wie viel Server hat Microsoft?, http://blog.webmaster-homepage.de/item/2090

Wissenswertes über Proxy Caches, http://www.linofee.org/~jel/proxy/Knowledge/german.shtml

Zur Entstehung von VoIP, http://www.via-voip.de/Historie+der+Telefonie-VoIP-Technik-3.html

25 Jahre E-Mail in Deutschland, http://www.bitkom.org/de/presse/62013_60576.aspx

www.ingramcontent.com/pod-product-compliance
Ingram Content Group UK Ltd.
Pitfield, Milton Keynes, MK11 3LW, UK
UKHW021917290926
8980IPUK00015B/1324

9 783631 642177